经济管理类应用型基础课系列规划教材

U0598244

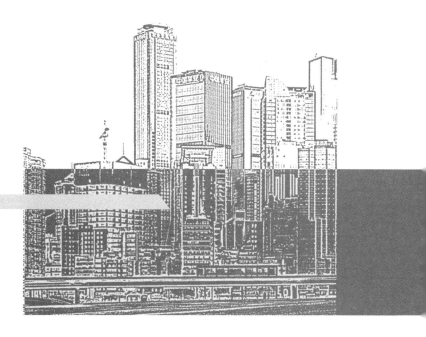

Electronic Commerce
Theory and Practice

电子商务：理论与实训

主　编◎袁红清　李绍英

ZHEJIANG UNIVERSITY PRESS
浙江大学出版社

图书在版编目（CIP）数据

电子商务:理论与实训 / 袁红清,李绍英主编. —杭州：
浙江大学出版社，2019.3
ISBN 978-7-308-19002-2

Ⅰ．①电… Ⅱ．①袁… ②李… Ⅲ．①电子商务－高
等学校－教材 Ⅳ．①F713.36

中国版本图书馆 CIP 数据核字（2019）第 039046 号

电子商务:理论与实训

主编　袁红清　李绍英

责任编辑	王元新
责任校对	徐　霞　李　晓
封面设计	春天书装
出版发行	浙江大学出版社
	（杭州市天目山路 148 号　邮政编码 310007）
	（网址：http://www.zjupress.com）
排　　版	杭州好友排版工作室
印　　刷	杭州钱江彩色印务有限公司
开　　本	787mm×1092mm　1/16
印　　张	24.25
字　　数	612 千
版 印 次	2019 年 3 月第 1 版　2019 年 3 月第 1 次印刷
书　　号	ISBN 978-7-308-19002-2
定　　价	59.00 元

前　言

电子商务是如此日新月异,圈定其相关框架和边界都变得十分困难。十几年前,我们讨论电子商务时在争论哪些商品和服务适合电子商务,而现在,全部倒过来,还有哪些商品和服务是电子商务无法运作的?

2009 年,我编写《电子商务:理论与实训》(经济科学出版社)时,还没有天猫,京东也没有出名;移动电商、社交新媒体都还没有出现,就连微信都没有诞生,所以当时参考了大量美国的电子商务资料。现在,中国的电子商务显然已经走在全球的前列。

2014 年年底,我在台北访学期间,已经写好了本书的大部分内容。但是,一直拖到现在才正式出版,是因为在这期间,出现了微商、网红,而那时又无法看清楚其中的脉络。如果不把微商、网红写进去,那么这本书一出版就严重落后了。当然,这个矛盾始终存在,一定又有许多新的概念还会冒出来。

本书的编写采用在教学目标指引下,按案例引导、理论阐述、问题思考、实训操作的步骤逐步展开每一章内容。

本书由我主笔,提出整体框架和内容次序安排,分电子商务基本概念、电子商务应用、电子商务营销、新兴电子商务平台四篇十一章。参加本书编写的人员还包括李绍英(浙江大学宁波理工学院),她编写了第九章、第十章和第十一章。

采用本书进行教学的老师,可以向我索要本书的课件(主要包括本书的全部图表),联系方式为 33505556@qq.com,也欢迎各位关注我的新浪微博(扫描下面的二维码),以便进一步沟通和分享。

最后要感谢互联网,本书的大部分资料来自互联网提供的开放知识体系,因此就不在本书的最后罗列参考资料了。

袁红清

宁波大学科学技术学院

情商-袁红清

扫描上面的二维码,关注我吧

目　　录

第一篇　　基本概念

第二篇　　电子商务应用

1

第三篇　电子商务营销

第四篇　新兴电子商务平台

第一篇　基本概念

第1章　电子商务导论

Introduction to Electronic Commerce

【学习目标】

❖ 描述电子商务的概念

❖ 辨析电子商务中的"三流"

❖ 理解电子商务的不同构面

❖ 列举电子商务框架的不同组成部分

❖ 列举电子商务的不同分类

❖ 知晓电子商务发展过程中的基本数据

❖ 知晓电子商务相关的网站和公司

❖ 描述电子商务的商业模式

❖ 理解电子商务的互联网思维

 引导案例

天猫"双11"再创奇迹　中国电商何去何从

央广网北京11月14日消息,据经济之声《央广财经评论》报道,刚刚过去的这个周末,"双11"网购狂欢是几乎所有人都在谈论的话题。而1207亿元这个"2016年天猫'双11'全球狂欢节"的交易额最终定格,也让很多人唏嘘不已。从超级都市到边远乡村,从中国到世界各地,11月11日这一天,全球参与和服务支撑"双11"的总人数接近6亿,覆盖235个国家和地区,这场源自阿里巴巴、来自中国的购物节,最终演变成了一次前所未有的全球狂欢。

根据阿里巴巴此前公布的财报,在2016财年全年,阿里巴巴中国零售平台商品交易额突破3万亿元,同比增长27%,已成为全球最大的移动经济实体。

那么,数字背后到底带给我们什么? 经济之声记者王思远带来了自己的观察和思考。

王思远:单日销售1207亿元,作为一个连续7年参加"双11"的人,不得不说记者对数字已经感到"麻木"。在大家看来,"双11"已经成了这样的活动,到场媒体都在抱怨"熬个夜就为了给阿里做个广告";消费者抱怨"最后还是让我们花钱",但是却不得不投身其中,因为它"互联网＋娱乐＋消费"的模式,做得足够大,玩得足够疯了。

此前,马云提出"传统电商消失"论,取而代之的"新制造、新零售、新技术、新金融、新能

源"的"五新"业态。通过现场大数据和炫酷的表现展示的新场景与新技术，我们也依稀看到了"五新"和新经济体的端倪。

比如新零售、新制造，每一个城市的经济"云图"，商品品类排行，购买者的职业、年龄、偏好、性别——正是因为如今的大数据更全面、更精准、更细分，帮助全球商家进行生产研发预判、营销规划和策略制定，所以 2016 年交易速度又上了一个档次，商家们被买家"爆仓"买光的情况也不少。而且，2016 年首次发布对于农村消费的即时销售排行榜，尽管热卖榜单的品牌对城市人来说并不熟悉，但不可否认，农村生产和消费端的上传下行更通畅了；再说新金融，曾几何时"双 11"的技术门槛是，支付宝能否经得住消费洪峰，不被堵塞、挂掉。如今这已不是问题，支付宝要解决的是如何让"网商贷"发挥重要的作用，比如每个小商家平均贷款额 8000 元，数额虽不多，但"星星之火可以燎原"，由蚂蚁花呗、支付宝和余额宝组成的"大众消费金融"三驾马车，打通了支付、理财和个人借贷功能。比如蚂蚁花呗，它已经在消费额里占比超过 28%，超过 90 亿元。这说明，信用早就成为生意和价值。为保证体验的各种保险也应运而生，甚至有"鞋子开胶险"这样的奇葩保险，同时支持 18 种货币交易。这就是新金融的变化，也都是大数据和新技术带来的改变。

当然就行业而言，我们也看到了一些有趣的变化，比如"猫狗大战"的另一端京东。相比以往，2016 年双方非常克制，都开始聚焦自身优势打法。比如你阿里不是提出"狂欢"吗，我京东的主题就主打"理性消费"——他们也更理性了，不像去年一样与阿里对飙晚会，而是做网络直播，刘强东亲自站台；把晚会的钱全部用于商品价格补贴和物流补贴，围绕物流优势，主打"极速和智能物流"，无人机、无人仓首次上阵。一方面阿里、京东双方"公关战"异常克制，没了唇枪舌剑"互黑"，另一方面也暗中对友商严防死守。对比一下双方在交易额、物流服务上的宣传口径，你会发现很多暗藏玄机的细节。这是一件好事，基因本就不同的两大巨头，2016 年"双 11"的打法有了明显分化，开始回归本质。对消费者而言，这是比数字更重要的变化。

天猫"双 11"再创奇迹，下一步中国电商何去何从？经济之声特约评论员王健对此进行了分析解读。

王健：2016 年"双 11"我也到了深圳现场，去之前心里也会想着一系列的问题。比如，今年电子商务的情况究竟会怎么样？商业模式会有什么样的变化？从蛛丝马迹中能看到宏观经济怎样的风向标？这些问题基本上都是理性的。但是当我站到大屏幕前时，第一感觉还是非常感性的。看着在大屏幕上跳动的数字，这些数字往往是冰冷的，但是当这个数字代表着 200 个国家近 6 亿的消费者在同一时间下单的情况时，想象一下这些人在电脑前或者拿起手机，购买自己早已看好的产品的时候，冲击力会非常强。在 50 多秒的时候就达到了 10 亿元，我脑子里也忍不住地想，在这个数字不断跳动的过程中，自己的家人买了多少东西，这就是一种非常感性的感觉。站在大屏幕前，我的感觉首先就是两个字——"文明"，这可能就是我们这个时代的"文明"。在过去，人类的文明是以物物交换为方式，现在能够在同一时间让这么多的交换同时发生，这都是拜互联网所赐。

但是在感性的背后，还得理性分析"双 11"究竟给我们带来了什么。

第一点，就是再次证明消费的力量。1207 亿元！在"双 11"开始之前，跟很多人交流，没有任何一个预言家说 2016 年可能不会增长，也没有人会说 2016 年低于 1000 亿元。大家基本判断都是 1000 亿元以上。

这个节日从 2009 年开始,从过去的"光棍节"到现在的"双 11",在消费的过程中,我们往往关注消费的能力,但事实上消费的意愿、消费的场景、消费的动机是非常重要。大家知道,在美国有一个黑色星期五,大家到实体店面去狂欢、去抢购相应的商品,有时甚至会把门挤破。而 2016 年的"双 11"也恰逢星期五,我们在线上同样可以缔造出一个相同的消费场景和消费意愿,这说明这个数字背后是庞大的消费力量,是中国消费者的力量、全球消费者的力量。那么,在做好供给侧结构性改革的过程中,怎么样做好消费的管理,怎么样做好需求侧的管理,是非常重要的。

第二点,马云曾说:"电子商务就是一个摆渡船,今后不再提电子商务了。"今年这一点也非常明显,线下的商家向线上延伸,线上的商家向线下延伸。2016 年的"双 11"不单是阿里、京东、1 号店彼此之间的角逐,连我们家门口的商场在前一段时间也发出短信说要搞"双 11"促销,甚至汽车 4S 店也会发短信说 2016 年"双 11"扫码送相应的机油等。可以看出,"双 11"不再单纯是线上的活动,而是实体商家跟电商的一场共同的盛宴,大家彼此向对方的领域延伸。阿里巴巴 CEO 张勇说:"'双 11'让我们看到全球正在经历全面的商业互联网化的变革。"

第三点,未来的跨境消费、跨境支付模式越来越清楚。2016 年"双 11",武汉卖家"梁龙"把自家制作的新款童装卖到了远在 15800 公里之外的巴西,这一点就说明,未来跨境消费的潜力。在过去,出境购买许多物品,但到了机场发现超重,就会往外掏东西,这是一个非常痛苦的过程。但是现在,轻点鼠标,就能在全球范围内购买心仪的产品。所以,2016 年阿里打出的口号是"买全球,卖全球",这一点体现得也比较清楚。尤其在 2016 年的背景下,上半年英国"脱欧",下半年特朗普当选美国总统。特朗普也表达过他对于贸易的观点,大家会有疑问,孤立主义是不是回潮了?到了"双 11"大家就会明白,全球化的步伐不是某一位政治人物的话就能逆转的,也不是某一个国家在政治上的一场公投就能够改变的。伴随着互联网的发展,"孤立主义"是永远没有回头路可走的。

第四点,我们看到了"双 11"大数据的力量。在深圳现场,看着大屏实时展现出各种各样的数据。比如:某一类商品前三位的买家是哪些?哪些国家的民众喜欢买哪类东西?甚至在"双 11"结束的第二天,我收到支付宝的一个推送,说"看看你今年和去年的'双 11'都花了多少钱"。大数据本身是一个重要的参考,能够让企业更好地去发展自己的产品,迎合消费者的需求。

第五点,当千亿峰值成为常态的时候,未来的路在哪儿?这一点大家都在思考。我觉得量的积累可能未来几年还会有,"双 11"的整个销售额可能还会往上增长,但更关键的是,在质上是否有突破?例如,近些年"双 11"频频出现的爆仓问题、下单时商品已经售罄的问题、物流速度的问题等。我觉得这些情况,在未来要依托大数据做出更多的分析。当万物智能互联成为未来一种大趋势的时候,当个性化的定制成为可能的时候,大数据可能在未来会支撑更多的买卖方式。当我们购买的冰箱、空调等都被记录为一种购买习惯的时候,当上一年"双 11"的数据被商家获得,从而对下一年"双 11"做出预见性判断的时候,我觉得像爆仓这种情况,未来就会变成一个小概率事件。

资料来源:http://finance.cnr.cn/jjpl/20161114/t20161114_523264368.shtml

1.1 电子商务的基本概念

现代管理学之父——彼得·德鲁克(1909—2005)在他的后期著作《下一个社会的管理》(2002 年)中对电子商务有这样的叙述:信息革命的影响才刚刚开始显露端倪,而推动这种影响的并不是"信息"本身,不是"人工智能",也不是电脑和数据处理,而是 10 年以前人们未能预见到或谈论过的"电子商务"。互联网的崛起,使得互联网成为全球产品和服务的主要流通渠道,甚至还成为管理与其他专业人才的流通渠道。也许互联网最终会成为全球最主要的流通渠道。这种变化将对经济、市场及产业结构,产品、服务及物流,和随之而来的对消费市场的细分、消费者行为及价值以及就业和劳动力市场产生深远的影响。不仅如此,这种变化对社会与政治所产生的影响会更大,更重要的是,它将完全改变我们对自己以及整个世界的看法。

电子商务在信息革命中的地位,就像铁路在工业革命中的地位一样,是史无前例的全新发展。电子商务像 170 年前的铁路一样,创造了新的热潮,迅速改变着当今的经济、社会和政治。

新的流通渠道改变了我们从前对顾客的定义:不仅改变了顾客的购买方式,也改变了顾客购买的东西,除此之外,还改变了顾客的行为、储蓄形态以及产业结构。简单地说,就是改变了整个经济。这种情形不仅在美国,也在其他工业国家及新兴市场出现,包括中国。

1.1.1 电子商务的定义

最近几年,中国电子商务蓬勃发展,不断迈上新台阶。2013 年,中国电子商务市场规模达到 10.67 万亿元,开始进入"十万亿时代"。与之相应的,各界对"电子商务"的认识不断扩展和深化,其基本概念先后经历了"工具""渠道""基础设施"等阶段,并逐步进入"电子商务经济体"新阶段,如表 1-1 所示。

表 1-1 电子商务基本概念

定义	概念描述
电子商务	从广义上说,是指以电子设备为媒介进行的商务活动;从狭义上说,是指以计算机网络为基础所进行的各种商务活动,包括商品和服务的提供者、广告商、消费者、中间商等有关各方行为的总和。一般研究报告中的电子商务是指狭义上的电子商务。电子商务也简称为电商
电子商务整体交易规模	包括 B2B 电子商务交易规模(含规模以上 B2B 电子商务交易规模和中小企业 B2B 电子商务交易规模)、网络购物交易规模、在线旅游及 O2O 交易规模,有些研究报告暂不包括付费数字产品下载、网络代缴费等商品类别的交易规模
网络购物	借助网络实现商品或服务从商家/卖家转移到个人用户(消费者)的过程,在整个过程中的资金流、物流和信息流,其中任何一个环节有网络的参与,都称为网络购物
网络购物用户	每半年至少有过一次网络购物经历的网民
网络购物市场交易规模	统计期内互联网及移动互联网渠道交易商品的价值总额,有些报告暂不包括付费数字产品下载、航空客票交易、网络代缴费等商品类别的交易规模

定义	概念描述
移动购物市场交易规模	统计期内移动互联网渠道交易商品的价值总额,有些报告暂不包括付费数字产品下载、航空客票交易、网络代缴费等商品类别的交易规模
月均覆盖人数	统计期内,该网站的独立访问用户总数,用户重复访问不重复统计
访问转化率	统计期内,该网站从访问到下单环节的流量转化率,按照网站月均的访问人次计算
规模以上B2B电子商务交易规模	统计期内规模以上企业通过电子化方式在企业间交易的货物、服务或信息价值的总额(贸易中任何一个环节采用了电子化形式,即认为成交的该笔贸易额为B2B电子商务交易额,不论贸易的支付方式是离线还是在线完成)
中小企业B2B电子商务交易规模	统计期内中小企业通过电子化方式在企业间交易的货物、服务或信息价值的总额(贸易中任何一个环节采用了电子化形式,即认为成交的该笔贸易额为B2B电子商务交易额,不论贸易的支付方式是离线还是在线完成)
在线旅游市场交易规模	统计期内在线旅游服务提供商通过在线或者呼叫中心预订并交易成功的机票、酒店、度假等所有旅游产品的价值总额。包括上游供应商的网络直销和第三方在线代理商的网络分销
网络团购市场交易规模	(1)广义O2O市场规模主要包括O2O市场交易规模及O2O市场交易规模,指用户通过互联网及移动互联网渠道下单购买的服务类为主的商品交易总额;(2)狭义O2O是指用户通过互联网及移动互联网下单购买的商品及服务的电子商务形式,狭义O2O市场规模包括餐饮、票务、美容美护和精品类团购四类交易规模;(3)反向O2O是广义O2O中的一种,是以扫码支付、声波支付等形式完成线下导流并在线上下单支付购买的商品及服务的电子商务形式,反向O2O市场规模包括扫码支付、声波支付等各类电子商务市场规模
移动购物市场交易规模	统计期内移动互联网渠道交易商品的价值总额,暂不包括付费数字产品下载、航空客票交易、网络代缴费等商品类别的交易规模

1.1.2 电子商务的重要概念

1. 电子商务中的"三流"

电子商务的任何一笔交易都包含了三种基本的"流",即物流、资金流和信息流,如图1-1所示。

物流主要是指商品和服务的配送和传输渠道。对于大多数商品和服务来说,物流可能仍然经由传统的经销渠道传输,然而对有些商品和服务来说,可以直接以网上传输的方式进行配送,如各种电子出版物、信息咨询服务、有价信息等。

资金流主要是指资金的转移过程,包括付款、转账、兑换等过程。

信息流既包括商品信息的提供、促销营销、技术支持、售后服务等内容,也包括询价单、报价单、付款通知单、转账通知单等商业贸易单证,还包括交易方的支付能力、支付信誉、中介信誉等。

2. 完全电子商务与非完全电子商务

按照电子商务是否包含支付内容,电子商务分为简单电子商务(非完全电子商务)和完

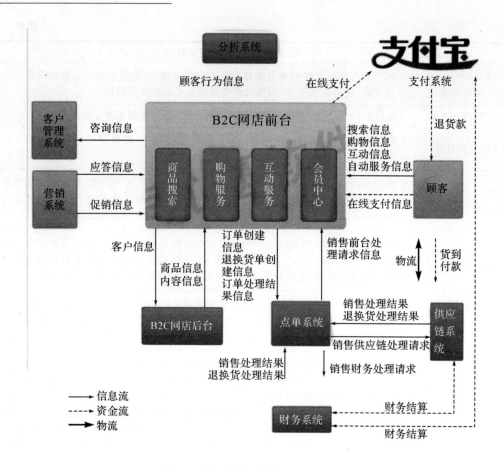

图 1-1　典型的电子商务"三流"系统

全电子商务（见图 1-2）。简单电子商务（非完全电子商务）是指通过网络达成交易，但在网下完成支付的电子商务，它是在网上支付存在困难或条件不成熟情况下采取的初级形态的电子商务；完全电子商务是指在交易过程中的信息流、资金流、物流都能够在网上完成，商品或服务的整个商务过程都可以在网络上实现的电子商务。另外，信息产品和信息服务不仅可以实现在线支付，而且可以实现在线履行，实现信息产品的转移，达到信息传递、货币支付、"货物"交付三位一体，是最典型的也是最完全的电子商务。

3.电子商务系统

电子商务通常是指在全球各地广泛的商业贸易活动中，在因特网开放的网络环境下，基于浏览器/服务器应用方式，买卖双方不谋面地进行各种商贸活动，实现消费者的网上购物、商户之间的网上交易和在线电子支付以及各种商务活动、交易活动、金融活动和相关的综合服务活动的一种新型的商业运营模式。

电子商务系统是保证以电子商务为基础的网上交易实现的体系。电子商务系统是由基于 Intranet（企业内部网）和 Extranet（外联网）的企业管理信息系统、电子商务站点和企业经营管理组织人员组成的（见图 1-3）。

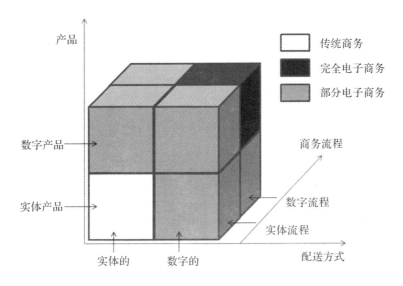

图 1-2　电子商务的不同构面

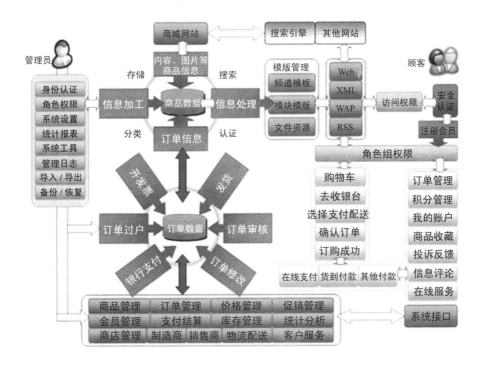

图 1-3　典型电子商务系统

1.1.3　电子商务的框架

电子商务涉及的领域非常广泛,包括多种类型的活动、组织机构以及技术。因此,用一个框架来描述电子商务的构成有助于我们对电子商务的理解。如图 1-4 所示是电子商务的框架。由图 1-4 可见,最高层电子商务的应用是丰富多彩的,为了实施这些应用,企业需要与之匹配的信息、基础设施和支持服务体系。图 1-4 表明电子商务的应用是由基础设施以

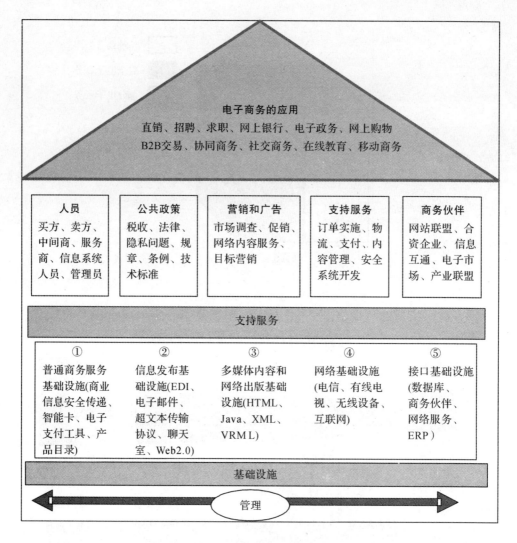

图 1-4 电子商务的框架

及五个政策支持领域来支撑的。这五个领域分别为:

(1)人员:买方、卖方、中间商、服务商、信息系统人员、其他员工以及任何其他参与者共同构成了一个重要的支持领域。

(2)公共政策:包括法律和其他政策问题,例如由政府决定的隐私保护和税收政策;还包括政府和行业权威机构制定的技术标准。

(3)营销和广告:和其他企业一样,电子商务常常需要市场营销和广告的支持,尤其是在买主和卖主通常互不认识的 B2B 网上交易中。

(4)支持服务:电子商务需要大量的支持服务,从内容创建到支付,再到订单传送。

(5)商务伙伴:合资、交易以及各种类型的业务合作在电子商务中经常出现,它们经常发生在整条供应链上,如企业与供应商、顾客和其他伙伴之间的交易。

图 1-4 的最底层是电子商务的基础设施,其中包括电子商务所运用的软件、硬件和网络系统。这些设施和支持服务都需要有良好的管理来协调。这就意味着企业需要规划、组织、

激励和制定战略。为了实现企业绩效的最优化,必要时还需利用电子商务模式和战略重组业务流程。管理者还需要解决战略层和运作层的决策问题。

图 1-4 可作为我们理解电子商务应用与其他几个电子商务组成部分之间关系的框架,也可作为开展电子商务领域研究的引导性框架。本书详尽地提供了框架中所包含组成部分的大多数内容。

1.2　电子商务的分类与发展

1.2.1　电子商务的分类

电子商务领域发展迅速又丰富多彩,很难进行有效的分类。即使依据不同视角进行了分类,但是缺乏业界的实际数据,也是很难确切了解的。有效地开展电子商务各类业务的一个经典案例就是阿里巴巴集团(Alibaba)。阿里巴巴集团包括以下业务。

1. 淘宝网(国内 B2C、C2C)

淘宝网(www.taobao.com)成立于 2003 年 5 月,是中国最受欢迎的 C2C 购物网站,致力于向消费者提供多元化且价格实惠的产品选择。截至 2014 年年底,淘宝网拥有注册会员近 5 亿,日活跃用户超 1.2 亿,在线商品数量达到 10 亿件。随着淘宝网规模的扩大和用户数量的增加,淘宝网也从单一的 C2C 网络集市变成了包括 C2C、分销、拍卖、直供、众筹、定制等多种电子商务模式在内的综合性零售商圈。

2. 天猫(国内 B2C)

天猫(www.tmall.com)是中国领先的平台式 B2C 购物网站,致力于提供优质的网购体验。天猫由淘宝网于 2008 年 4 月创立,于 2011 年 6 月成为独立业务,自行运营。自推出以来,天猫已发展成为日益成熟的中国消费者选购优质品牌产品的目的地。

3. 聚划算(团购网)

聚划算(www.juhuasuan.com)是中国全面的品质团购网站,由淘宝网于 2010 年 3 月推出,于 2011 年 10 月成为独立业务,其使命是结合消费者力量,以优惠的价格提供全面的优质商品及本地生活服务选择。

4. 全球速卖通(国际 B2C)

全球速卖通(www.aliexpress.com)创立于 2010 年 4 月,是全球领先的消费者电子商务平台之一,集结不同的小企业卖家提供多种价格实惠的消费类产品。全球速卖通服务数百万名来自 220 多个国家和地区的注册买家,覆盖 20 多个主要产品类目,其目标是向全球消费者提供具有特色的产品。

5. 阿里巴巴国际交易市场(国际 B2B)

阿里巴巴国际交易市场(www.alibaba.com)创立于 1999 年,为全球领先的小企业电子商务平台,旨在打造以英语为基础、任何两国之间的跨界贸易平台,并帮助全球小企业拓展海外市场。阿里巴巴国际交易市场服务全球 240 多个国家和地区数以百万计买家和供应商,展示超过 40 个行业类目的产品。

6. 1688(国内 B2B)

1688(www.1688.com,前称阿里巴巴中国交易市场)创立于1999年,现为中国领先的小企业国内贸易电子商务平台。1688早年定位为B2B电子商务平台,逐步发展成为网上批发及采购市场,其业务重点之一是满足淘宝系平台卖家的采购需求。

7. 阿里妈妈

阿里妈妈隶属于阿里巴巴集团,是国内领先的大数据营销平台,拥有阿里巴巴集团的核心商业数据。在这里,每天有超过50亿的推广流量完成超过3亿件商品的推广展现,覆盖高达98％的网民,实现数字媒体(PC端＋无线端＋互联网电视端)的一站式触达。

8. 飞猪

飞猪(www.fliggy.com)是淘宝网旗下的综合性旅游出行服务平台,为旅游者提供国内机票、火车票、国际机票、酒店客栈、景点门票、国内国际度假旅游、签证(通行证)、旅游卡券、租车、邮轮等旅游产品的信息搜索、购买、售后服务的一站式解决方案。

9. 阿里云计算(企业大数据)

阿里云计算(www.aliyun.com)于2009年9月创立,现为云计算与数据管理平台开发商,其目标是打造互联网数据分享第一服务平台,并提供以数据为中心的云计算服务。阿里云计算致力于向淘宝系平台卖家以及第三方用户提供完整的互联网计算服务,包括数据采集、数据处理和数据存储,以助推阿里巴巴集团及整个电子商务生态系统的成长。

10. 支付宝(网络支付、网络金融)

支付宝(www.alipay.com)成立于2004年12月,是中国最多人选用的第三方网上支付平台,致力于为上亿计的个人及企业用户提供安全可靠、方便快捷的网上支付和收款服务。支付宝是中国互联网商家首选的网上支付方案,它提供的第三方信用担保服务,让买家可以在确认所购商品满意后才将款项支付给商家,降低了消费者网上购物的交易风险。支付宝与多个金融机构(包括全国性银行、各大地区性银行以及维萨(Visa)和万事达(Master-Card))合作,为国内外商家提供支付方案。

11. 其他业务

阿里巴巴集团的其他业务还包括YunOS操作系统、万网(域名服务)、高德地图、UC浏览器、友盟＋(2016年1月26日,移动大数据服务平台友盟、中文网站统计分析平台cnzz及互联网数据服务平台缔元信在北京宣布合并,成立新公司"友盟＋")、虾米音乐、天天动听音乐(阿里星球)、来往、钉钉、优酷/土豆、阿里健康、阿里影业、阿里体育、网商银行等。

1.2.2　国内电子商务的发展

据商务部电子商务与信息化司介绍,2013年我国电子商务交易总额超过10万亿元,其中网络零售交易额大约为1.85万亿元,已经超过美国,成为世界上最大的网络零售市场。

1. 市场规模:20万亿等级

依据艾瑞咨询统计数据进行分类,电子商务主要包括企业间电子商务(B2B)和网络购物(B2C、C2C)、在线旅游和本地生活服务O2O。艾瑞咨询最新数据显示,2016年中国电子商务市场交易规模20.5万亿元,增长25.6％(见图1-5)。

据中国电子商务研究中心(100ec.cn)监测数据显示,2016年,中国电子商务交易额达22.97万亿元(见图1-5),同比增长25.5％。其中,B2B市场交易规模16.7万亿元,网络零

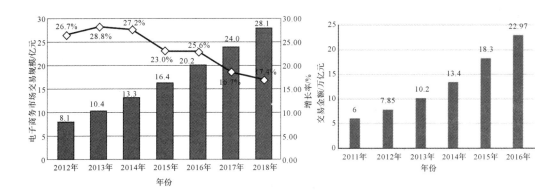

图 1-5 中国电子商务市场规模

来源：www.100ec.cn.

售市场交易规模5.3万亿元,生活服务电商交易规模9700亿元。

2017中国(北京)电子商务大会上,商务部电子商务和信息化司发布《中国电子商务报告(2016)》,指出,2016年,中国电子商务交易额26.1万亿元,同比增长19.8%,交易额约占全球电子商务零售市场的39.2%。

2. 市场结构:企业间电子商务仍占主导地位,网络购物占比继续提升

艾瑞咨询最新数据显示,2016年电子商务市场细分行业结构中,B2B电子商务合计占比超过七成,仍然是主体。中小企业B2B(44.4%)、网络购物(23.1%)、在线旅游(2.9%)交易规模的市场占比与2015年相比均有小幅上升(见图1-6)。

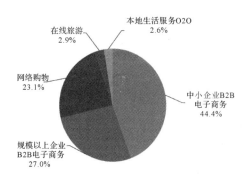

图 1-6 2016年中国电子商务市场细分行业构成

根据艾瑞咨询2016年中国网络购物市场数据,2016年中国网络购物市场交易规模达4.7万亿元,较上一年增长24.7%,仍然保持稳定的增长水平。网络购物市场交易规模占社会商品零售总额达到14.3%。

3. 电子商务的发展基础:网民与网站

截至 2016 年 12 月,我国网民规模达到 7.31 亿人,全年共计新增网民 4299 万人。互联网普及率为 53.2％,较 2015 年年底提升 2.9 个百分点(见图 1-7)。

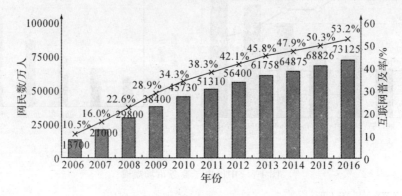

图 1-7 中国网民数及互联网普及率

截至 2016 年 12 月,我国手机网民规模达 6.95 亿人,较 2015 年年底增加 7550 万人。网民中使用手机上网的比例由 2015 年年底的 90.1％提升至 95.1％,手机在上网设备中占据主导地位。2016 年,中国网民的人均周上网时长为 26.4 小时,与 2015 年基本持平。

截至 2016 年 12 月,中国网站数量为 482 万个(见图 1-8)。

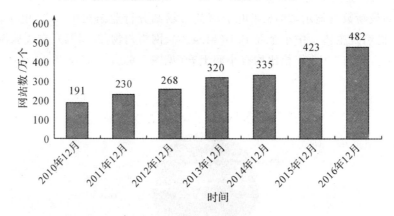

图 1-8 中国网站数量

来源:CNNIC 中国互联网络发展状况统计调查;注:数据中不包含.edu.cn 下的网站。

4. 整体互联网应用

2016 年,我国个人互联网应用保持快速发展,除电子邮件外,其他应用用户规模均呈上升趋势,其中网上订外卖、互联网医疗是增长最快的两个应用,年增长率分别为 83.7％和 28.0％,具体如表 1-2 所示。手机端的大部分应用均保持快速增长,其中手机订外卖、手机在线教育用户规模增长最为明显,年增长率分别达到 86.2％和 84.8％。

表 1-2　2015.12—2016.12 中国网民各类网络应用的使用率

应用	2015年		2016年		
	用户规模/万人	网民使用率	用户规模/万人	网民使用率	全年增长率
即时通信	62408	90.7%	66628	91.1%	6.8%
搜索引擎	56623	82.3%	60238	82.4%	6.4%
网络新闻	56440	82.0%	61390	84.0%	8.8%
网络视频	50391	73.2%	54455	74.5%	8.1%
网络音乐	50137	72.8%	50313	68.8%	0.4%
网上支付	41618	60.5%	47450	64.9%	14.0%
网络购物	41325	60.0%	46670	63.8%	12.9%
网络游戏	39148	56.9%	41704	57.0%	6.5%
网上银行	33639	48.9%	36552	50.0%	8.7%
网络文学	29674	43.1%	33319	45.6%	12.3%
旅行预订	25955	37.7%	29922	40.9%	15.3%
电子邮件	25847	37.6%	24815	33.9%	−4.0%
论坛/bbs	11901	17.3%	12079	16.5%	1.5%
互联网理财	9026	13.1%	9890	13.5%	9.6%
网上炒股或炒基金	5892	8.6%	6276	8.6%	6.5%
微博	23045	33.5%	27143	37.1%	17.8%
地图查询	37997	55.2%	46166	63.1%	21.5%
网上订外卖	11356	16.5%	20856	28.5%	8.4%
在线教育	11014	16.0%	13764	18.8%	25.0%
互联网医疗	15211	22.1%	19476	26.6%	28.0%
互联网政务	—	—	23897	32.7%	—

5. 中国城市电子商务发展指数

2010 年,阿里研究院联合中国社科院信息化研究中心启动"网商发展指数"研究,并在2010 至 2016 年间先后发布多份年度、季度网商发展指数报告,对全国网商发展情况进行评价。相关具体内容可以参看阿里研究院网站内容(http://www.aliresearch.com)。阿里巴巴电子商务发展指数的指标构成,如表 1-3 所示,各省区市电子商务发展指数如表 1-4 所示。

表 1-3　阿里巴巴电子商务发展指数的指标构成

一级指标(权重)	二级指标(权重)	计算方法
网商指数(0.5)	网商密度指数(0.5)	B2B网商密度=B2B网商数量/人口数量 零售网商密度=零售网商数量/人口数量
网购指数(0.5)	店均网络交易指数(0.5)	店均交易额=零售网商交易额/零售网商数量
	网购消费者密度指数(0.5)	网购消费者密度=网购消费者数量/人口数量
	人均网络消费指数(0.5)	人均消费额=网购消费额/网购消费者数量

来源: 阿里研究院,2014年1月。

表 1-4　各省区市电子商务发展指数（2013—2015 年）

排名	省区市	电子商务发展指数	排名	省区市	电子商务发展指数
1	北京	27.95	18	湖南	9.32
2	上海	27.16	19	陕西	9.24
3	浙江	22.29	20	安徽	8.89
4	广东	18.53	21	贵州	8.81
5	海南	16.63	22	山西	8.62
6	福建	15.72	23	河北	8.61
7	江苏	15.51	24	内蒙古	8.60
8	天津	15.31	25	江西	8.59
9	新疆	13.92	26	宁夏	8.55
10	台湾	13.85	27	广西	8.49
11	西藏	13.22	28	吉林	8.44
12	湖北	10.98	29	黑龙江	8.26
13	辽宁	10.71	30	云南	8.23
14	重庆	10.23	31	河南	7.69
15	山东	10.07	32	甘肃	7.20
16	四川	9.77	33	香港	6.83
17	青海	9.57	34	澳门	6.01

（城市样本数：294 个）
来源：阿里研究院，2014 年 3 月

排名	省区市	2014年电子商务发展指数	2015年电子商务发展指数	名次变化
1	广东	71.26	69.67	-
2	浙江	56.44	63.55	↑1
3	北京	60.87	58.94	↓1
4	上海	51.61	50.80	-
5	江苏	41.04	44.71	-
6	四川	16.94	27.11	↑4
7	福建	27.50	26.23	↓1
8	山东	21.68	22.54	↓1
9	陕西	12.63	21.34	↑10
10	安徽	19.08	20.10	↓1
11	湖北	14.16	18.46	↓2
12	海南	13.15	17.88	↑5
13	河北	16.09	17.83	↓2
14	天津	19.34	15.12	↓6
15	重庆	13.04	15.08	↓3
16	辽宁	13.69	13.57	↓2
17	河南	11.92	13.37	↓5
18	江西	9.09	12.86	↑8
19	贵州	7.59	12.40	↑12
20	山西	13.56	12.31	↓5
21	湖南	13.15	12.02	↓5
22	西藏	9.04	11.45	↓6
23	广西	8.98	11.12	↓6
24	黑龙江	7.97	10.80	↓6
25	云南	9.46	10.51	↓1

（1）电商百佳城市榜单出炉

根据"阿里巴巴电子商务发展指数"（aEDI）排名，阿里研究院形成"2016 年中国电子商务发展百佳城市"（简称"电商百佳城市"）榜单。杭州名列榜首，深圳和广州分列第二和第三位。排名第四到第十位的城市依次为金华、上海、北京、泉州、武汉、厦门、东莞（见图 1-9）。

排名	城市	电商应用指数	电商服务指数	电商发展指数
1	杭州	24.818	50.182	37.500
2	深圳	32.199	33.946	33.073
3	广州	27.710	35.927	31.819
4	金华	24.006	32.370	28.188
5	上海	19.798	29.134	24.466
6	北京	20.195	26.436	23.316
7	泉州	13.590	26.574	20.082
8	武汉	17.833	17.646	17.739
9	厦门	20.290	12.889	16.590
10	东莞	21.844	11.101	16.472

（a）前10位城市

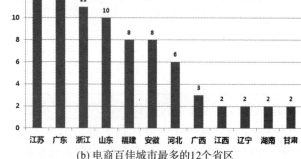

（b）电商百佳城市最多的12个省区

图 1-9　电子商务发展前 10 位城市与各省区电商百佳城市数量

（2）电子商务示范城市发挥重要支柱作用

国家发改委、商务部、财政部等部委先后确定了深圳、广州、杭州等 53 个城市为"国家电子商务示范城市"。阿里研究院分析发现：这 53 个城市的 B2B 网商数量（含内贸和外贸）在全国占比超过 70％，零售网商数量占比超过 65％，网购消费者数量占比超过 55％。可见，电子商务示范城市发挥着重要支柱作用。

（3）电子商务助力产业集群升级

近年，产业集群企业大批转型上网，由此催生线上产业带。据统计，截至 2014 年 3 月，在阿里巴巴等电子商务平台上的在线产业带超过 250 个。2013 年，淘宝卖家向产业带企业在线下单，形成的订单超过 3500 万笔。产业带企业由此共享到网络零售快速发展激发的巨大商机。

（3）电子商务服务业受益显著

电子商务蓬勃发展，带动快递、网络营销、电子支付、信息技术、运营服务等电子商务服务业高速增长。以快递服务业为例，国家邮政局数据显示：2013年，全国规模以上快递公司完成业务量达92亿件，其中超过60%来自网络零售。

1.2.3　电子商务国际比较

联合国贸易和发展会议（UNCTAD）的数据显示，2015年全球电商市场规模达22.1万亿美元，其中B2B电商规模为19.9万亿美元，B2C电商规模是2.2万亿美元。中国是全球最大的B2C电商市场，B2C销售额和网购消费者数量都是最高的。

2015年，中国网购消费者数量为4.13亿，消费者的年均网购开支为1508美元。中国的B2C电商规模达623亿美元，B2B为2078亿美元。美国的网购消费者数量为1.66亿，年均网购开支高于中国，达3072美元。美国的B2C销售额达5110亿美元，B2B为6072亿美元。

就网购消费者数量而言，前十大电商市场分别是中国、美国、日本、德国、英国、巴西、俄罗斯、法国、韩国和印度。虽然印度网购消费者排在第10位，但消费者的年均网购开支为891美元，要高于巴西和俄罗斯（见图1-10）。

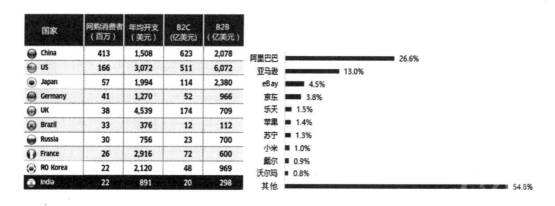

图 1-10　2015 年全球电商的国家和公司排名

来源：www.jyiou.com

据 Internet Retailer 最近发布的报告《全球 1000 强：全球零售电商的革新》称，2015年全球零售电商交易总额达到 1.74 万亿美元，并在过去三年保持年均 20% 的增速。从交易额来看，排在前十名的公司分别是：阿里巴巴、亚马逊、eBay、京东、乐天、苹果、苏宁、小米、戴尔、沃尔玛。这十家公司的总交易额占到全球的 54.8%，超过一半，而排名前三的阿里巴巴、亚马逊、eBay 的总份额又占到这十家的 80%。从这个角度来看，几大电商巨头占据了全球零售电商市场的半壁江山，且它们对零售电商市场的控制还在不断加强。

这十家公司除了乐天（Rakuten）属于日本公司外，其余 9 家被中美两国囊括，其中中国 4 家，美国 5 家。可以说，全球零售电商市场已经呈现出明显的中美两极并立的现象，这也跟全球互联网整体格局基本一致。电商的繁荣成了一个国家互联网发展的主要支撑。对中国而言，当下以电商为核心的互联网经济愈发成为拉动中国经济发展的新引擎。

中国的阿里巴巴集团是全球电商交易额最高的公司，美国的亚马逊其次。2015年，前者的交易额约为后者的两倍，主要原因是两者的模式不同，阿里巴巴的淘宝、天猫属于开放平台模式，而亚马逊主要是自营模式。若从营收来看，则亚马逊更胜一筹，以2016年第二季度为例，亚马逊营收是阿里巴巴的6倍。目前，两者都是各自国家的电商主导者，但同时面临来自国内的激烈竞争。另外，双方都在积极开拓和布局国际市场，比如印度，其被认为是互联网巨头国际化布局的关键一站。2015年2月和9月，阿里巴巴旗下的蚂蚁金服先后两次战略投资了印度领先的支付平台Paytm。2016年第二季度，阿里巴巴来自国际的营收为8%，亚马逊这一比例则高达32%。亚马逊创始人贝佐斯评价说：他们在全球的业务非常繁忙，特别是在印度市场。

十家公司中，苹果、小米、戴尔通过在线商城销售它们自己品牌的产品，其电商交易额均在沃尔玛之上，沃尔玛的电商交易额在全球占比不到1%。在互联网时代，作为全球线下零售业的老大，成立超过半个世纪的沃尔玛，其线上电商的成绩显然不理想。最近，沃尔玛正式宣布以30亿美元的价格收购仅运营一年的电商平台Jet.com，下定决心要拓展和加强自己的电商业务，甚至抱着与亚马逊一决雌雄的雄心，但事实上两者的差距已经十分明显且有逐渐拉大的趋势。随着亚马逊其他业务的逐渐开花，这些业务将反哺亚马逊的电商业务，助力亚马逊未来的电商发展。

传统的线下零售商面临电商转型，除了收购的途径外，与电商巨头展开战略合作也是一种常见的方法。苏宁在2015年8月接受阿里巴巴283亿元的战略投资，双方将在线上线下展开合作。未来，零售电商的竞争将是线上线下综合能力的比拼。除了阿里—苏宁联姻外，京东投资永辉、华润入股新美大等行业大事件已经充分证明零售行业线上线下融合的时代已经来临。

1.2.4　电子商务相关网站和公司

1. Alexa 排名

Alexa是亚马逊公司的一个子公司，是一家以搜索引擎起家的公司。Alexa创建于1996年4月，目的是让互联网网友在分享虚拟世界资源的同时，更多地参与互联网资源的组织。2002年5月，Alexa放弃了自己的搜索引擎转而与Google合作。Alexa每天在网上搜集超过1000GB的信息，然后进行整合发布。现在，它搜集的网址链接数量已经超过了Google。

虽然Alexa的搜索引擎很好用，但是网站浏览率统计和世界排名却是它最吸引人的地方。Alexa不仅给出多达几十亿的网址链接，而且为其中的每一个网站进行了排名。可以说，Alexa是当前拥有网址链接数量最庞大、排名信息发布最详尽的网站。

Alexa每三个月公布一次新的网站综合排名。此排名的依据是用户到达数（Users Reach）和页面浏览数（Page Views）三个月累计的几何平均值。

2017年6月的全球网站访问量排名如图1-11所示。

1	Google(谷歌搜索引擎)
2	YouTube(视频网站)
3	Facebook(SNS 交友社区)
4	Baidu(中文搜索引擎)
5	Wikipedia(维基百科)
6	Yahoo!（门户网站）
7	Google India(Google 印度分站)
8	QQ(中国腾讯即时通信平台)
9	Reddit(社交新闻站点)
10	Taobao(第三方网络购物平台,C2C 为主)
11	Twitter(推特,社交网络及微博客服务的网站)
12	Amazon(网络购物平台,B2C 平台)
13	Google Japan(Google 日本分站)
14	Sohu(门户网站)
15	Tmall(第三方网络购物平台,B2C)
16	Live(微软搜索引擎)
17	Vk(俄罗斯最大社交网站)
18	Instagram.com(图片分享网站)
19	Sina(新浪门户网站)
20	Jd(网络购物平台,B2C)

资料来源:http://www.alexa.com/topsites

图 1-11　Alexa 全球网站排名

2. 中国互联网上市公司

2016 年 6 月第二届中国互联网企业发展论坛上,工业和信息化部信息通信发展司司长闻库表示,互联网作为新一轮科技发展和产业变革的驱动力量,不仅是创新驱动发展的重要支撑,更是推动网络强国建设的关键力量。加快发展互联网,探求互联网创新驱动发展路径,对推动供给侧结构性改革、拓展经济发展新空间具有重大战略意义。中国发展互联网行业 20 多年来,互联网及其周边产业实现了迅猛发展,2015 年中国互联网增速超过了 40%,远高于同期的其他行业。2016 年,互联网行业仍持续快速发展,特别是"互联网＋"引发了生产、消费等新的经济发展方式,传媒、医疗、教育等行业领域的消费潜力进一步爆发。

截至 2017 年 3 月 31 日,我国 88 家上市互联网企业中,披露 2016 年四季度财报数据的共 54 家,营收总计 2880.3 亿元,同比增长 41%。上市互联网企业比重最大的业务为电子商务,占比超过 60%,并保持着 50% 的高速增长。增长最快的业务领域为网络视频和社交网络,增速分别为 88.4% 和 76.4%。我国上市互联网企业市值总额达 6.11 万亿元,较 2016 年年底上涨 16.2%,其中有 10 家企业进入全球互联网企业市值前 30 强,整体呈现较快攀升态势。如图 1-12 所示为中国主要上市互联网相关公司 2017 年 6 月 2 日的市值。

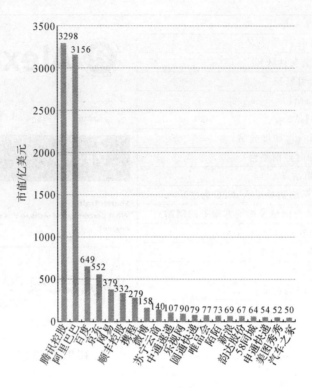

图 1-12 中国主要上市互联网公司市值(2017 年 6 月 2 日)

1.3 电子商务的商业模式

电子商务的一个重要特征就是它能不断催生新的商业模式。何谓商业模式？对此，理论界和实践界有不同的理解。通常而言，商业模式是指企业创造价值的基本逻辑，即企业为了实现客户价值最大化和持续盈利的目标，整合内外各要素，形成独特核心竞争力和自我可复制的价值链体系与生态系统。

1.3.1 商业模式的结构与特征

任何一个商业模式都是一个由客户价值、企业资源和能力、盈利方式构成的三维立体模式。如图 1-13 所示。

由哈佛大学教授约翰逊(Mark Johnson)、克里斯坦森(Clayton Christensen)和 SAP 公司的 CEO 孔翰宁(Henning Kagermann)共同撰写的《商业模式创新白皮书》将这三个要素概括为：

(1)"客户价值主张"，即在一个既定价格上，企业向其客户或消费者提供服务或产品时所需要完成的任务。

(2)"资源和生产过程"，即支持客户价值主张和盈利模式的具体经营模式。

(3)"盈利公式"，即企业用以为股东实现经济价值的过程。

一个复杂的商业模式一般包含以下十个要素：

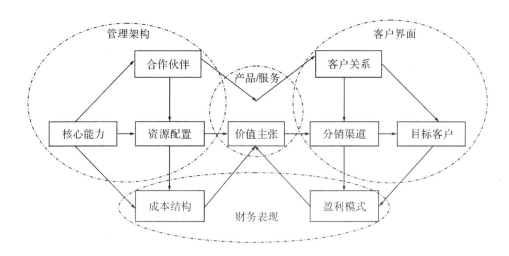

图 1-13 商业模式框架结构

(1)价值主张(value proposition):即公司通过其产品和服务能向消费者提供的价值。价值主张确认了公司对消费者的实用意义。

(2)消费者目标群体(target customer segments):即公司所瞄准的消费者群体。这些群体具有某些共性,从而使公司能够(针对这些共性)创造价值。定义消费者群体的过程也被称为市场划分。

(3)分销渠道(distribution channels):即公司用来接触消费者的各种途径。这里阐述了公司如何开拓市场。它涉及公司的市场和分销策略。

(4)客户关系(customer relationships):即公司同其消费者群体之间所建立的联系。我们所说的客户关系管理即与此相关。

(5)价值配置(value configurations):即资源和活动的配置。

(6)核心能力(core capabilities):即公司执行其商业模式所需的能力和资格。

(7)价值链(value chain):为了向客户提供产品和服务的价值,相互之间具有关联性的、支持性的活动。

(8)成本结构(cost structure):即所使用的工具和方法的货币描述。

(9)收入模型(revenue model):即公司通过各种收入流来创造财富的途径。

(10)裂变模式(business name consumer):公司商业模式转变的方式、转变的方向。

一个好的商业模式,必须围绕客户、产品(服务)、关键资源和核心能力四个要素进行。作为互联网企业来讲,其商业模式创新一般有如下几种路径:

(1)产品定位:产品是否具有竞争力,能否帮助客户快速实现价值增值。互联网企业作为内容创造的主体,个性化的产品和服务是企业价值和客户价值得以实现的前提条件。

(2)用户挖掘:是否符合网络用户的消费特点,并能引导和培育消费理念。年轻人是用户的中坚,但收入水平相对较低。随着互联网的发展和消费观念的转变,用户需求从单一走向多元,且娱乐化倾向明显。

(3)技术创新:互联网是技术密集型的行业,新技术的运用将是企业获取竞争力的重要手段。现在很多的商业模式,都是建立在技术创新的基础之上的,如 SNS 和微博,就是基于

Web 2.0 的。

(4)交易手段:交易手段和支付方式是否便捷和安全。交易手段直接涉及用户体验和企业价值能否顺利实现,快捷的物流配送体系和安全的网上交易系统将成为互联网企业追求的目标。

(5)成本控制:能否以最低的耗费创造出最大的价值。互联网是"烧钱"的行业,企业能否降低运营成本,缩短亏损到盈利的周期,将是考验企业创新力的重要方面。

商业模式也应包括价值主张,即对特定模式(包括可感知的和不可感知的)所产生的效益的分析,包括前面所介绍的顾客的价值主张。

1. 收益模式。

收益模式概括了企业或电子商务项目的收益来源,主要有以下几项:

● 销售:企业通过在网站上销售商品或服务来创造收益。例如,京东商城在网上每销售一件产品就会创造一部分收益。

● 交易费:公司根据交易额的大小收取佣金。例如,当网店售出一件商品时,通常向网店所在平台公司交纳交易服务费。销售的价值越高,所收取的佣金数额就越大。另一种收费方式是按照交易次数征收交易费。

● 预订服务费:顾客为了获取某项服务,通常需要每月支付固定数额的费用。例如,淘宝网、天猫商城提供大量的推广服务、数据分析服务。

● 广告费:电子商务公司允许其他公司在自己的网站上放置其企业标识,并收取一定的费用。

● 入会费:电子商务公司可通过把顾客引导到其他网站上而收取费用。

● 其他收益来源:一些公司为顾客提供游戏或比赛实况转播,并收取费用。另一个收益来源是注册费。注册费可以是年使用费,也可以是一次性使用费。

收益模式可以是价值主张的一个组成部分,也可以是价值主张的补充。

2. 价值主张。

商务模式还包括价值主张的说明。价值主张是指电子商务可以给企业带来的好处,包括无形的和非量化的好处。在 B2C 电子商务中,价值主张确定了一个公司的产品或服务用以实现顾客需求的好处。价值主张是任何一种产品或服务的市场营销计划的一个重要组成部分。

更确切地说,就是电子市场是怎样创造价值的。阿米特和佐特(Amit & Zott)指出由电子商务创造的四方面价值:搜索和交易的成本效率、互补性、成本机会、新奇性。查找和交易的成本效率使得决策的速度更快了,为决策提供的信息更多了,产品和服务的选择范围更宽泛了,而且产生的规模经济更大了。规模经济是指由于产品的大量生产和销售使得单位产品的成本降低了(如将小的购买者和销售商的需求及供应集中起来可以实现规模经济)。互补性是指将部分产品和服务一起销售可以创造出比单独销售更多的价值。成功机会归因于使顾客转移到某一特定供应商所需要的高转换成本。新奇性则是通过采用创新的交易结构、与合作者的联系方式以及培育新市场来创造价值。

巴克斯(Bakos)指出了类似的价值:降低的搜索成本、巨大的转换成本、规模经济和网络的外部性,即消费者认为使用某种商品或服务的市场越大,这种商品或服务的价值就越高。巴克斯认为,降低搜索成本是电子市场最独特的标志,它是电子市场各项研究的主题。

1.3.2 电子商务企业商业模式创新

中国电子商务研究中心认为,根据创新的程度,电子商务企业商业模式的创新可分为两大类型:一类是宏观创新;另一类是微观创新。前者是对原有商业模式颠覆性的变革,创造一种新的商业模式,主要有无中生有、模式衍生等;后者是在已有商业模式的基础上进行局部修订,提高商业运作的效率,包括精准用户定位、创新用户体验、完善物流体系、改变交易方式等。这些方法我们统称为"电子商务企业商业模式创新六式"。

1. 宏观创新

(1)无中生有:这种商业模式不是孤立地创造新的产品服务类型,也不是孤立地改变销售渠道和销售模式,而是改变整个价值链的运行方式,创造一种全新的商业模式。

(2)模式衍生:这是指已有商业模式之间相互融合、渗透,从而形成一种新的商业模式。这主要体现在电子商务与其他平台、介质或技术之间的结合,比如电子商务与 SNS 的融合、电子商务与移动互联网的融合、电子商务与云计算的融合等。随着新技术的应用和互联网的交互式发展,电子商务与其他应用平台的融合已是大势所趋,由此也将诞生出新的商业模式。

2. 微观创新

(1)精准用户定位:随着网民数量的急剧增长和网络消费习惯的形成,电子商务市场竞争日趋白热化,成为众多商家厮杀的"红海"。大至家电、数码,小至生活日用品,都有网商在介入,你很难再找到一片真正的"蓝海"。但是,这是否意味着在电子商务市场就没有机会了?当然不是。这取决于我们对细分市场的把握,以及是否实行了差异化的发展战略,而差异化战略的首要切入点,便是用户群体的差异化和精准化。

(2)创新用户体验:互联网经济是体验经济,用户体验也因此被称作创新 2.0 模式的精髓。而电子商务网站则具有更加鲜明的用户体验特性,这体现在:产品和服务的实用性、可靠性,即网站提供的"内容"必须是能满足消费者的实用需求,同时通过一系列的视觉呈现让消费者觉得可靠;平台系统的便捷性、安全性,导航系统、支付系统和物流系统要尽可能体现人性化的特征,满足消费者方便、快捷、安全的心理需求。因此,关心用户需求、增强用户体验已成为电子商务企业制胜的关键因素,也是商业模式微创新的一个重要手段。

(3)完善物流体系:物流配送是电子商务的重要组成部分,也是制约电子商务企业特别是 B2C 企业发展的瓶颈。在电子商务环境下,消费者对物流配送体系提出了更高的要求,比如配送的速度更快,配送的质量更高,配送的范围更广。因此,建立完善、高效的物流配送体系,将成为未来 B2C 电子商务企业赢得竞争优势的关键要素,也是电子商务企业商业模式创新的重要切入点。

(4)改变交易方式:交易方式是电子商务企业价值得以体现的最重要的环节,也是吸引用户关注、增加网站人气的重要路径。传统电子商务网站的交易以一对一或一对多的平价交易为主,而近几年诞生了如拍卖、秒杀和团购这样创新的交易方式。特别是团购的出现,在很大程度上改变了电子商务竞争的格局,吸引不少企业纷纷试水"团购"业务。

1.4 电子商务的互联网思维

"互联网思维"一词最早的提及者应该是李彦宏,在 2011 年,李彦宏在一些演讲中,就曾提到这个概念,意思是指要基于互联网的特征来思考,他的描述非常碎片化,所以并没有引起重视。2013 年后"互联网思维"突然蹿红,成为电子商务和互联网行业家喻户晓的词汇。通过百度指数可以看到,2013 年前几乎没有搜索,如图 1-14 所示。

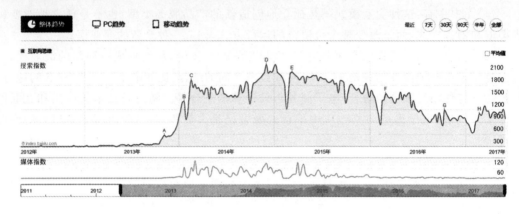

图 1-14　百度指数"互联网思维"

2012 年,雷军开始频繁提及一个相关词汇——互联网思想,几年来,雷军一直试图总结出互联网企业的与众不同,并进行结构性的分析。从他的两篇文章中,可以追溯他思路的变化:2008 年的《关于互联网的两次长考》以及 2012 年的《用互联网思想武装自己》。在 2012 年的每一场公开演讲中,雷军都会使用"互联网思维"这个词,但起初小米影响力尚有限,除了众多米粉十分推崇之外,并没有引起其他人包括媒体的跟进。2013 年,随着雷军曝光度的不断提高,一些如罗振宇等自媒体人士开始频繁提及"互联网思维",一些电信、媒体和科技(TMT)行业的记者也开始引用这个词。

1.4.1 互联网思想:七字诀

小米科技 CEO 雷军分享了他眼中的互联网思想七字诀——"专注、极致、口碑、快"。雷军强调,这是这些年对互联网的思考所得,并且就是用"七字诀"来做小米的。雷军提到,互联网不仅仅是一个工具,更多的是一种观念。互联网的这些观念的核心思想是七字诀,用互联网思想武装自己之后,做任何事情都可以战无不胜、攻无不克。以下是雷军有关七字诀的经典语录:

(1)专注:少就是多,大道至简

专注可能很多人都懂,其实对专注的理解就是:"少就是多",不是我们做很多事情就可以做好,往往我们应该把要做的事情砍掉 90%,只做 10%,认认真真地把那 10%做好就足够了。现在点子过剩,信息过剩,但是真正做好的往往很少。

（2）极致：做到自己能力的极限

极致就是做到自己能力的极限，极致就是把自己逼疯，把别人逼死。你自己尽了全力做到极致的产品，才能是真正好的产品。比如 Instagram，两年时间，15 个人，5000 万用户，把产品做到极致，被 Facebook 以 10 亿美元收购了。

（3）口碑：超越用户预期

我经常问大家一个问题，去过海底捞吗？海底捞就真的比五星级餐馆好吗？很多人说口碑就是好，口碑就是因为便宜。我要告诉大家，其实不是的，口碑的真谛是超越用户的希望值、期望值。因为海底捞都开在很一般的地方，当我们走进去的时候，他的服务超越了我们所有的期望值，我们觉得好。当我们去五星级餐馆的时候，我们的期望值很高，怎么可能超越呢？

（4）快：天下武功，唯快不破

我坚信"天下武功，唯快不破"，我觉得尤其是在互联网的今天。在今天这样一个快速变化的时代里面，快速反应是我们这个时代里面最核心的竞争力。

1.4.2　互联网思维：未来十年的企业变形计

在戴夫·柯本的《互联网新思维：未来十年的企业变形计》（2014）一书中结合六大思维总结了企业在互联网时代的八大原则：倾听、参与、客户价值观、简单、快速迭代、非凡的客户体验、透明和扁平化、社会化协作平台。这八个原则与六大思维相互呼应，形成了一个清晰的互联网思维模式。这个已经不是传统意义的互联网思维了，而是进行了进一步的迭代和颠覆。书中提到的互联网六大思维具体如下：

（1）用户思维：打破企业与消费者的疆界，实现商业民主化

在这个密切相连、由社交媒体驱动的互联网时代，公司已经不能庸庸碌碌地度日了，他们必须充分关注自己的用户，树立"用户至上"的思维和理念。而消费者也掌握了主动权，愿意参与其中，与企业共同来实现商业的民主化。

（2）简约思维：从产品到服务，力求专注与简单

了解人类的本性对于向顾客传递满意是至关重要的。在一个淹没在饱和的产品种类、充斥着广告和连续媒体流的环境中，简单就是竞争优势，是一种不可估量的力量。

（3）迭代思维：敏捷适应，力求做到精益求精

一个具有快速适应能力的企业能够满足消费者千变万化的需求。消费者不会停滞不前，同样，企业也不可能一成不变。在移动互联网时代，你无法止步不前，也不可能固守最初的产品和服务。

（4）服务思维：做好互联网服务，让客户愉悦

互联网时代，通过大数据为客户提供精准而愉悦的推荐。顾客在你的公司享受到愉悦的时候不应该感到惊喜；他们来你公司消费的时候就应该对你抱有这种期望。愉悦就是营造一种非凡的客户体验。

（5）社会化思维：社会化商业时代的到来

社会化商业时代的核心是互联网，而公司面对的消费者以互联网的形式存在，这将改变企业生产、销售、营销等整个形态。社交媒体成为企业与消费者之间沟通交流的平台。信息正以前所未有的速度传播，而商业丑闻也会迅速传播。不透明的公司都会被发现；隐藏真相

是不可能的，所以不要白费工夫了。

（6）平台思维：打造多方共赢的生态圈

互联网的平台思维就是开放、共享、共赢的思维，这就意味着要把企业打造成一个开放的、多方共赢互利的生态圈。这个企业的平台不仅要成为企业与消费者、供应商等联系的平台，还要成为员工发挥最大潜能的平台，甚至是一片属于他们自己的微创新、微创业的小天地。

1.4.3 互联网思维：独孤九剑

赵大伟主编的《互联网思维："独孤九剑"》（2014）是国内第一部系统阐述互联网思维的著作，用九大互联网思维（用户思维、简约思维、极致思维、迭代思维、流量思维、社会化思维、大数据思维、平台思维、跨界思维），以专业的视角全方位解读移动互联网给传统产业带来的变革，涉及战略规划、商业模式设计、品牌建设、产品研发、营销推广、组织转型、文化变革等企业经营价值链条的各个方面，如图1-15所示。

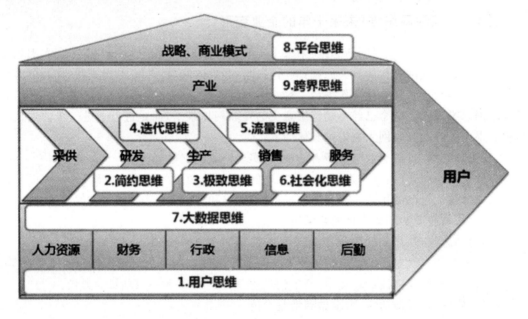

图1-15 互联网思维"独孤九剑"

赵大伟给互联网思维的定义是：在（移动）互联网、大数据、云计算等科技不断发展的背景下，对市场、对用户、对产品、对企业价值链乃至对整个商业生态进行重新审视的思考方式。这里的互联网，不单指桌面互联网或者移动互联网，而是泛互联网，因为未来的网络形态一定是跨越各种终端设备的，包括台式机、笔记本、平板、手机、手表、眼镜等。

不是因为有了互联网，才有了这些思维，而是因为互联网的出现和发展，这些思维才得以集中爆发。"独孤九剑"是华山派剑宗风清扬（马云在阿里巴巴集团内部自称风清扬）的武林绝学，强调"无招胜有招"，重在剑意。这与互联网思维有异曲同工之妙，也意味着互联网思维将像"独孤九剑"破解天下各派武功一样，努力去重塑及颠覆各类传统行业。

传统企业互联网化大致经过以下四个阶段（见图1-16）：首先是传播层面的互联网化，

即狭义的网络营销,即通过互联网工具实现品牌展示、产品宣传等功能;其次是渠道层面的互联网化,即狭义的电子商务,即通过互联网实现产品销售;再次是供应链层面的互联网化,即通过 C2B 模式,让消费者参与到产品设计和研发环节;最后是用互联网思维重新架构企业。

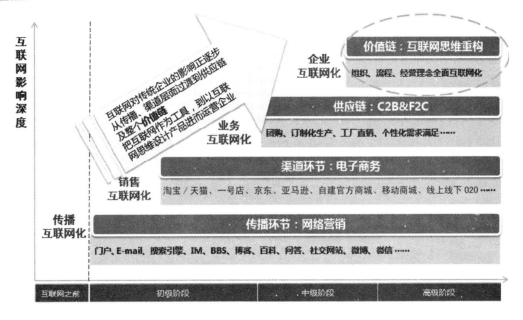

图 1-16　传统企业互联网化大致经过的四个阶段

传统行业企业如何转型互联网化?涉及三个关键词:体系、节奏与火候。

(1)体系:互联网九大思维(见图 1-17),每个思维该如何运用到企业转型的实际中?

(2)节奏:怎样的时间安排?怎样的战略步骤?配合什么样的资源?

"互联网思维" 九大思维20条法则

一、用户思维(对市场、消费者的理解)
法则1:得打工者得天下
法则2:兜售参与感
法则3:用户体验至上

二、简约思维(对产品规划、产品设计的理解)
法则4:专注、少即是多
法则5:简约即是美

三、极致思维(对产品/服务、用户体验的理解)
法则6:打造让用户尖叫的产品
法则7:服务即营销

四、迭代思维(对创新流程的理解)
法则8:小处着眼,微创新
法则9:精益创业、迅速迭代

五、流量思维(对经营模式的理解)
法则10:免费是为了更好地收费
法则11:坚持到质变的"临界点"

六、社会化思维(对关系链、传播链的理解)
法则12:利用社会化媒体,口碑营销
法则13:利用社会化网络,众包协作

七、大数据思维(对企业资产、竞争力的理解)
法则14:数据资产成为关键竞争力
法则15:你的用户不是一类人,而是每个人

八、平台思维(对商业模式、组织形态的理解)
法则16:打造多方共赢的生态圈
法则17:善用现有平台
法则18:把企业打造成员工的平台

九、跨界思维(对产业边界、产业链的理解)
法则19:携"用户"以令诸侯
法则20:用互联网思维,大胆颠覆式创新

图 1-17　互联网九大思维 20 条法则

（3）火候：如何解决线上线下的冲突？如何权衡长期利益与短期利益？如何解决人才瓶颈？

互联网成为生活中的"水和电"，成为我们的基础设施。互联网思维成为最根本的商业思维，是一切商业行为的起点。未来将不会再有互联网公司，因为所有企业都将成为互联网公司。

传统企业转型互联网，核心不是电商，不是微博微信营销，不是大数据，不是云计算，不是粉丝，而是互联网的思维体系。今天看一个产业有没有潜力，就看它离互联网有多远。任何一个在当今社会要立足的人，你都必须要建立一个互联网化的思维。能够真正用互联网思维重构的企业，才可能真正赢得未来。

美图秀秀董事长蔡文胜说：未来属于那些传统产业里懂互联网的人，而不是那些懂互联网但不懂传统产业的人。金山网络 CEO 傅盛说：这样的产业机会属于敢于用互联网向传统行业发起进攻的互联网人。未来一定是属于既能深刻理解传统商业的本质，也具有互联网思维的人。不管你是来自传统行业还是互联网领域，未来一定属于这种 O2O 两栖人才。

实例讨论

1. 举例说明电子商务对你的生活和学习带来的正面和负面影响。

2. 在电子商务分类中，你对哪些分类内容有接触，举例说明。

3. 电子商务网络购物不断刷新纪录，一度爆仓，而实体店经营状况每况愈下，甚至不断关门，对此你有什么评判？

4. 中国的电子商务，尤其是网络购物为什么会处于世界领先？

5. Alexa 全球网站排名中处于前列的，大部分与社交网络有关，对此你有什么看法？

6. 根据商业模式结构，你能举例说明一种新型的电子商务模式吗？

7. 互联网思维中，你特别赞同哪一条？请举例说明。

实训一　CNNIC 中国互联网信息中心

CNNIC 是经国家主管部门批准，于 1997 年 6 月 3 日组建的管理和服务机构，行使国家互联网络信息中心的职责。作为中国信息社会重要的基础设施建设者、运行者和管理者，CNNIC 以"为我国互联网络用户提供服务，促进我国互联网络健康、有序发展"为宗旨，不断追求成为"专业·责任·服务"的世界一流互联网络信息中心。

登录 CNNIC（http://www.cnnic.net.cn），了解互联网信息中心提供的各类查询功能，包括：

（1）基础资源服务中的 CN 域名查询。

（2）基础资源运维中的运行月报查询。

（3）国家域名安全中心的域名服务安全状况与态势分析报告。

（4）互联网发展研究中查询各类网络调查报告。

（5）下载中国互联网络发展状况统计报告，分析其中的网民行为及电子商务相关数据。

实训二 百度全球网站排名分析

登录 Alexa 网站(www.alexa.com),查看网站概述(http://site overview)、网站比较(site comparisons)、顶级网站(browse top sites)。

(1)在网站概述栏目中输入东方热线(www.cnool.net),查看 Alexa 对东方热线的分析报告。

(2)在顶级网站栏目中查看全球网站排名,分析排名前 50 位的网站,属于什么分类。

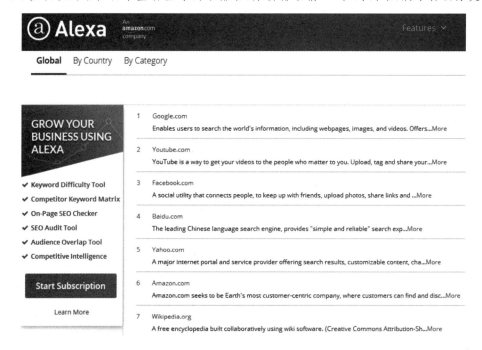

（3）在顶级网站栏目中查看中国网站排名，分析排名前50位的网站，属于什么分类。

（4）在顶级网站栏目中按照分类查看全球网站排名。

实训三　百度工具应用分析

登录百度（www.baidu.com），注册百度账户，点击"更多"进入百度产品大全，完成以下实验：

（1）用百度地图查询浙江省各地区的加油站数量，进一步查询宁波市的加油站布局。

（2）用百度指数查询"移动电商"，时间为2013至2017年，地区为全国，分别查看趋势研究、需求图谱、舆情管家、人群画像。

（3）用百度指数查询你所关心的热门词汇，时间为2013至2017年，按照你所在的地域，查看各地的趋势研究差异。

（4）进入百度云观测，测试一下你关注的网站的安全指数，查看百度提供的安全报告。

（5）在100多个百度应用中，选择几个陌生的、你感兴趣的百度应用进行试用。

（6）进入百度。

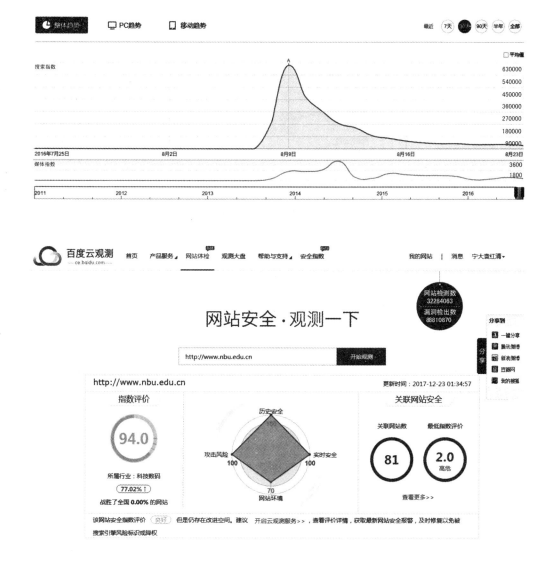

实训四　电商学习的资源汇总

电子商务发展实在太快,要进一步学习好电子商务,需要每天主动学习电子商务知识。下面提供 10 个电子商务知识平台供学习之用:

(1)派代网(http://www.paidai.com)

(2)中文互联网数据资讯中心(http://www.199it.com)

(3)中国电子商务研究中心(http://www.100ec.cn)

(4)亿邦动力(http://www.ebrun.com)

(5)天下网商(http://www.iwshang.com)

(6)艾瑞网(http://www.iresearch.cn)

（7）淘宝大学(https://daxue.taobao.com)

（8）友盟＋(http://www.umeng.com)

（9）焦点商学院(http://www.jdsxy.com)

（10）易观国际集团(http://www.analysys.cn)

关注电子商务相关的微博、微信公众号是了解电子商务知识和行业发展动态的一个便捷的方式。克劳锐(http://topklout.com)平台定期公布自媒体各类排行，可以登录该平台了解相关资讯。

（说明：克劳锐成立于2014年，由新浪微博、360、UC 以及 IMS 新媒体商业集团联合投资，旨在打造全球首家自媒体价值排行及版权经济管理机构，致力于为自媒体全产业链开发、商业价值挖掘变现、版权经济管理等提供整合解决方案）

第2章　电子商务规划

Electronic Commerce Planning

【学习目标】

❖ 充分理解传统转型电子商务的重点
❖ 理解电子商务转型必须把握的三件事
❖ 理解电子商务战略定位中的"小做""中做""大做"
❖ 了解柔性供应链相关概念
❖ 掌握电子商务运营的关键性数据和指标
❖ 了解电子商务运营相关计划

引导案例　从野蛮生长到生态比拼,二手车模式之争或已宣告结束

2017年的二手车电商领域就如同年初所有人预料的那样,延续了之前的火热。整个二手车电商行业继续保持强大的生命力,市场规模不断扩大,各平台有关商业模式的探索也已初露端倪。

当前,二手车电商围绕主营业务及商业模式延伸出了很多附加业务和渠道布局,其中就包括大众关注的新车金融、二手车金融、新零售等方面。二手车电商也已从过去的单一二手车买卖模式上升到商业金融的多维度生态竞争,行业准入门槛越来越高,泡沫基本被洗干净,慢慢由草莽造假年代,进入了"胜者为王"的模式精细化阶段。

盈利需求催生出的金融业务:渠道商争夺成竞争着力点

说起二手车电商问题,首当其冲的是盈利能力。事实也如此,据中国汽车流通协会介绍,2017年我国二手车交易总量突破1200万辆,增幅达15%。但在一片繁荣的背后却暴露出很多二手车平台收入微薄、入不敷出的多舛命运。9月底资金链断裂宣布破产的车来车往就是很好的证明。

在野蛮生长爆发时期,以瓜子、优信、人人车等为代表的二手车电商企业为了培育和发展市场,做了铺天盖地的广告,但"热闹"并不意味着从业者们过得舒坦。花得多、挣得少的问题一直与行业如影相随。

尽管这些二手车电商赚取了一定比例的交易佣金,以及其他增值服务的费用。但相对于其庞大的开销来说,这些营收可谓杯水车薪,收入覆盖不了经营成本。按照中国汽车流通协会的说法,二手车电商盈利难仍是当前无法回避的现实,无论是优信、瓜子、人人车,还是车易拍,目前都还需要依靠融资来推进持续的发展。再加上二手车本身的耐用属性使得其交易频率很低,让生存都成问题,于是乎,金融就成了它们实现盈利的关键所在。

汽车金融具体可分为新车金融和二手车金融。在新车金融方面,消费金融盛行,但汽车金融作为优质资产未来前景是可以肯定的,而且二手车金融渗透率较低,布局新车金融可以为之积累经验、技术,本质上这还是围绕自身的核心业务进行的企业扩张。于是瓜子推出了毛豆新车,美利金融推出了美利好车,优信推出付一成,易鑫资本推出开走吧等新业务。

然而布局新车金融并不是一件容易的事,行业玩家众多。以银行、互联网、融资租赁、P2P 等为代表的汽车金融公司,无论是从车的角度,还是从金融风控的角度来看,二手车平台们的优势并不突出。

二手车金融是附着在二手车产业链条上最具价值和活力的一环。对二手车企业来讲,二手车金融不但对加速行业转型、推动行业发展有着极大推动作用,还能拓宽自身企业经营项目,促进企业早日变现盈利,进一步扩大融资资本,维持企业活力,自我造血。因此,二手车金融成了二手车电商平台们争夺的主战场。

广州市汽车服务业协会秘书长郭俊荣表示,金融政策确实有利于二手车电商行业发展,但真正对二手车行业带来促进作用的,是整个交易流程中对车况信息的透明度,以及售后服务的保障政策。的确,二手车电商是台上风光,台下辛酸,盈利一直是被外界反复追问和猜测的话题。但要实现全面盈利何其难。

据《北京商报》报道,我国 95% 以上的二手车交易掌握在车商和黄牛手中,想要直接从线上抢夺十分困难,而且汽车本身是一个体验型的消费场景,外观、内饰、坐上去是否舒适、操控感如何是必须在亲身体验之后,才能得出结论的。因此,线下经销商渠道成为二手车金融问题的关键。

每个风口,都存在自己的窗口时期。在新零售的布局方面,各路玩家入局时间上的差异或将成为未来行业玩家之间差异的源泉。通过线上大数据、流量,线下实体店的联动,实现交易效率大幅提升的同时带动交易规模的提升。曾经号称"成交量遥遥领先"的瓜子在这次却显得有些后知后觉,直到最近才推出二手车新零售业务。众所周知,互联网的机会是稍纵即逝,一般来讲,错过了风口就只能作为后来者跟随。百度、阿里、腾讯等大公司就是抓住了各自领域的风口才成为国内互联网行业的霸主。

此次,二手车电商站在了"新零售"的风口上,市场规模以及线下渠道探索的先发与后发将会影响行业的发展,毕竟人的第一印象往往很难改变,谁先吃螃蟹谁就很可能成为行业的领导者。因为,追风口的玩家往往不如那些站在风口上的玩家。

然而,二手车企业蜂拥而至的赶风口,新车折购领域未来可能会成为加速二手车电商竞争的另一个增长点。

由野蛮生长上升到生态比拼:二手车模式之争或已宣告结束

虽然目前二手车电商获资本市场关注,未来前景光明,但仍然处于最为严峻的时期,无论是消费者信任度,还是经营模式都障碍重重。如今二手车电商由野蛮生长上升到行业生态的比拼,下半场争夺全面打响。

B2B 企业可能市场份额会更大一些,但是单纯的 B2B 决定了它这种商业模式毛利也是有限的,而且其他业务开展也会受到影响。C2B 模式虽然目前发展势头还算不错,但是获客成本高确是不争的事实,尤其是对初创企业,对资金的依赖程度相对较高,而这也预示着不稳定性的增加。B2C 和 C2C 两种 2C 型，无论是金融还是新零售，都绕不开线下渠道，也绕不开中间商，而平台与中间商的关系成了最大的障碍。

目前，我国本身征信体系也不健全，二手车买卖其实并不容易让人信任。对于汽车这种耐用品，用户在购买时通常比较谨慎，事实上，二手车电商行业经过这几年的竞争，始终没有形成一个标准，公平地对行业玩家进行排位，不像共享单车，可以根据用户量及使用时长去较量一番。拼营销、拼模式、拼服务，再到拼新车交易，二手车电商行业数据造假比拼的野蛮生长时代已经过去，行业将开启细化产品、提高服务、优化模式的精细化运作模式。

二手车电商在汽车＋金融的新零售风口下，将迎来新一轮的洗牌，只有更好地融合线上线下，更有效地打通汽车与金融的玩法，才能成为市场拼杀中的幸运儿。但未来行业无论怎样竞争，都应该恪守诚信的经商之道，虚假数据不会增大自己的门面，反而会抹黑自家的品牌形象。如何稳健发展，打牢根基，把控好供应链与经销商，循序渐进地拓展新模式，把二手车与零售、金融等生态因素紧密结合起来，才是二手车电商行业发展之道。

资料来源：http://tech.sina.com.cn/roll/2017-12-19/doc-ifypsvkp4740322.shtml

2.1　传统业务转型电子商务的重点

多年来，中国一直是全球互联网和移动互联网最发达的地区之一。互联网在诞生不久后便开始星火燎原一般渗透到人们日常生活的各个领域中。与此同时，很多传统实体企业也感受到了互联网浪潮带给自己的巨大压力，感觉传统行业将面临一次大洗牌，如果自己还是故步自封，将很快沦为商战中的炮灰。也就是说，你用过去成功的方式走到今天，你会发现如果你不进行变化的话，你一定会被淘汰，因为过去很多经验在今天不行了。换个角度看问题，"互联网＋"潮流的迅速蔓延，对于传统企业来说或许是危机，也或许是商机；有可能是寒冬，也有可能是让自己更上一层楼的第二个春天，究竟如何评判？就要看传统企业自己了。

随着"互联网＋"时代的不断向前发展，传统企业转型已是迫在眉睫。同时，随着大数据、人工智能、云计算等新技术的优势不断凸显出来，越来越多的互联网企业开始抓住机遇来帮助传统企业转型，而传统企业则可以借助互联网企业的翅膀，加快转型速度。传统企业之所以纷纷走向转型之路，很大程度上是受到互联网的冲击，而与互联网牵手无形之中就要求企业改变原有业务形态、创新商业模式，这却是摆在传统企业面前的一道难题。

传统企业在互联网＋大形势下遭遇的危机不仅仅是营销渠道的危机，还包括生态性的危机，你会发现你的市场环境、营销环境、消费者结构、传播形态甚至品牌本身的定义都出问题了，所以只是一味地改变营销渠道而不对商业模式进行创新的话，对解决企业营业额负增长等各种问题来说只是杯水车薪。

曾经也有人分析很多传统企业因为急于转型而导致的各种"死法"：步子太大摔死，认定一个想法不回头撞死，资金耗光耗死……传统企业把互联网＋当作自己的救命丹药，可是丹药服用不当也会成毒药。

传统企业面对互联网的大潮和来自新兴企业的商业挑战，不要害怕"商"不起，与其在夹缝中求生存，不如找准转型的方法和方向，勇于改变自己的传统商业模式。互联网带给传统行业的是挑战和压力,但也是让传统行业打破死寂重新活跃起来的动力。传统行业只要用好互联网这把双刃剑,定会将寒冬变暖春,一路高歌,翻开企业未来的新篇章。

2.1.1　转型电商必须把握好的三件事

1. 电商团队

首先,大家可以思考一个问题,电商公司或者品牌电商的根本竞争力在哪里? 有人说是供应链,也有人说是资金实力,更有人说是技术,从实战来说,对于电商公司或品牌电商来说,最重要的还是人。人才的培养,一直是中型和大型公司的痛点,同时也是小公司迫在眉睫的困难,从外部聘请"专家""大牛""阿里小二""技术能人",成了大多数电商公司的选择,也成了看似唯一可行的出路。其实公司运营好坏不在外聘人员的能力,而在于外聘人员是否完全能够理解布局者的意图和规划,能否完全参与到核心骨干该存在的经营环节中去,同时团队整体是否能够对于不同的管理方式和执行差异快速磨合。

说到组建团队,也是很多品牌持有方,在面临传统品牌电商转型时遇到的核心问题,在经过代运营(Transport Program,TP)公司的"折磨"后,大多数品牌持有方,也在这两年选择了收回品牌,开始准备自主运营,可接回来才发现,一切都是那么难以延续,原因不在别处,而在于人。

那么,我们应该如何在这种情况下,快速组盘,应该如何选择合适的人选去执行合适的岗位呢? 这里分为以下三种情况:

第一类:集团公司上市品牌(有完备的供应体系)

(1)明确组织构架:应该有哪些部门? 公司流程是否太过冗余?

(2)明确用人标准:什么样素质的人适合电商部门? 是否应该设置学历和年龄限制?

(3)明确组盘完成时间:什么时候完成? 完成度多少?

(4)明确电商部门薪酬体系:采用什么样的 KPI 考核制度? 采用何种晋升制度?

(5)明确团队文化建设及荣誉奖惩:什么事情可以奖励? 给予什么奖励? 惩罚是否得当?

(6)明确监察机制:采购、物流、推广、物料应该采用何种监察机制? 怎么去监督管理?

以上问题基本为核心问题,如果明确不了,或者下不了决心,组建出的团队也将面临极大的问题。大型构架的电商团队及 KPI 如图 2-1 所示。

第二类:自创品牌(淘品牌,自有供应链)

与大型公司不同,中型电商企业往往承担不了如此分工明细的组织架构,那么作为中型电商公司,我们应该怎么去搭建自己的电商团队呢? 首先应该明确以下几个问题:

(1)明确需要花钱的岗位与不需要花钱的岗位。

什么叫需要花钱的岗位? 如推广岗位、运营岗位、新媒体岗位。什么叫不需要花钱的岗位? 如设计岗位、仓储岗位、客服岗位。这里有一个万用思路:让花钱的岗位把钱花得更有性价比,让不花钱得岗位想办法把钱花在顾客身上。

(2)明确需要快速轮替的岗位与需要稳定性的岗位。

所有人员均采用个人 P 级和管理 M 级二级晋升制度,还需要快速轮换(以销售为主要目的,容易培养)。这里给大家一个思路:需要稳定性的岗位,不与销售挂钩,但与费用挂钩,KPI 注重费用控制;需要快速轮换的岗位,与销售直接挂钩,不与费用挂钩,KPI 注重销售

部门	人数	主要职责
运营部	3~10	产品架构、促销策划店铺日常维护等
推广部	3~10	流量引入、推广工具使用、转化提升等
设计部	4~10	店铺装修、页面设计、海报等
渠道部	3~10	分销政策、管控等
活动部	2~6	活动报名、策划、实施方案等
产品部	2~10	产品研发设计、品控等
客服部	4~50	客户接待、售后服务等
数据部	2~5	数据分析与挖掘、数据检测等
物流部	10~50	仓储发货、库存清点等
行业部	2~5	行业分析、竞争情报等

岗位	指标名称	权重	考核阶段	年度目标
运营部主管	销售收入	45%~55%	月	
	库存率	5%~15%	月	
	全店DSR评分	5%~15%	月	
	全店转化率	5%~15%	月	
	访客数	5%~15%	月	
	投入产出比	5%~10%	月	
	员工流失率	5%	月	

图 2-1　大型构架的电商团队及 KPI

结果。

(3)明确公司内部晋升制度。

(4)明确公司 KPI 指标分配。如图 2-2 所示。

部门	人数	主要职责
运营部	2~4	产品架构、促销策划店铺日常维护等
推广部	2~6	流量引入、推广工具使用、转化提升等
设计部	2~4	店铺装修、页面设计、海报等
渠道部	2~4	分销政策、管控等
活动部	1~2	活动报名、策划、实施方案等
客服部	4~10	客户接待、售后服务等
物流部	2~6	仓储发货、库存清点等

岗位	指标名称	权重	考核阶段	年度目标
物流部主管	销售收入	25%~35%	月	
	发货准确性	15%~20%	月	
	质量问题退货率	5%~15%	月	
	发货至第三方仓库零延误	5%~15%	月	
	入库零延误	5%~15%	月	
	库存零差错	5%~15%	月	
	仓库安全事故	5%		
	员工流失率	5%	月	

图 2-2　中型构架的电商团队及 KPI

第三类:初创型小店(以当口拿货为主)

对于没有自由供应链的初创型小店铺,该如何去组盘,如何快速地组建团队呢?这里应明确以下三个问题:

(1)我们有多少利润空间发工资?

(2)我们的订单量有多少?

(3)我们的老客多吗?

对于小而美的店铺,大多数是大学生创业,或者小夫妻自己开店,在当口集市拿货,或者家里或朋友家里是开商行的。从这些渠道拿货的店铺,一定要注意以上三个问题。

组织架构上可以这样简单地略做分工:耐性较好的,负责文字、直通车、钻展、设计、活动报名的工作;体力较好的,负责仓储物流、采货、打包、拆包、搬运的工作;擅长与人打交道的,负责老客户管理、客服、售后、渠道、淘客的工作。

同时,电商是一把手工程,要对电商团队充分授权或放权,尤其是在财务制度上(见图 2-3)。在这里重点提一下电商的财务问题,这也是传统企业在做电商的实践中遇到的让人最头痛的问题。许多员工都不大喜欢自己公司的财务部门,抱怨财务部门工作效率低下,许多业务整个流程几乎都要走完了,但就是卡在财务这里动弹不得。很多传统企业做电商失败不是因为人不行,也不是因为品牌力不够,而是败在财务这一点上。建议是要给电商部门单独的财务授权,这是一个很务实的经验。

龚文祥 V ♛
2014-7-16 16:28 来自 微博 weibo.com
电商是一把手工程:1.有什么样的老板,就应该匹配什么样的电商策略;2.一模一样的企业基础,老板的个性不同如激进还是保守,其电商策略完全不同,甚至相反;3.电商最后唯一决策人是老板,他的网感及个性,决定了电商思路;4.电商成功的因素,老板占60%,操盘手负责人占20%,整个电商团队只占20%

图 2-3　电商是一把手工程

2. 电商平台选择

传统企业转型应该首先在淘宝/天猫、京东两个平台试水,这是因为在中国电商市场上,阿里巴巴和京东已经形成双寡头市场,两个平台占中国 90% 左右的市场份额,这个格局在 5 年内不会改变。可以说,在最大的电商平台淘宝/天猫、京东上先建立起自己的电商渠道,是传统企业转型电商的第一步。基于淘宝/天猫、京东平台,传统企业需要建立起自己的电商团队、企业文化,同时完善自己的供应链及营销体系,在中国最大的电商平台上站稳脚跟。

在此基础上,完善自身电商团队建设,积累电商实战经验,优化原有业务流程。之后,传统企业可以进驻其他 B2C 平台、搜索平台、跨境平台、企业官网、服务本地化 O2O 平台,构建全网分销渠道。其中,企业官网 B2C 的发展,目前还不明朗。在美国,传统商业跟互联网的差距很小。因此,美国的十大电商里有七个是传统企业做的,沃尔玛、梅西百货都进入了十强。中国的线下与线上差距悬殊,互联网优势明显,因此中国的主要电商都是纯粹的互联网企业,前十名中只有一家(苏宁)是从线下传统零售做起的。

全中国仅有华为、小米等不到 10 家的官网 B2C 获得了成功(见图 2-4),传统企业官网 B2C 的失败率是很高的。其中用户获取成本高是最大原因之一。传统企业官网 B2C 获取一个购买用户的平均成本约为 300 元,而在淘宝上只需要 30 元。但是从长期看,企业官网 B2C 是需要的,一个公司在电商渠道上 80% 的销量都来自于淘宝、天猫,那么这个公司承担的风险会很大,会越来越被动。

图 2-4　华为商城和小米官网

3.试水微电商已经成为转型的新趋势

微电商作为依托于强大社交平台而衍生的新商业模式，其正在迎来蓬勃发展的全新春天。

到底什么是微电商？简单点说，主要就是在微信、微博、移动 APP 进行社交营销活动的商家。与淘宝这样的电商平台相比，微电商平台有何不同？前者主要是采取打折、满送等促销活动来吸引消费者，算是一种促销传播；购买者是属于该平台的，而不是自家的。而微电商平台则主要依托微信、微博等社交环境，相当于一种社交传播，平台只提供技术支持，所有的买卖活动，受众都是自己的粉丝。微电商的运营核心在于企业微信账号的粉丝质量和互动运营的黏性。微电商和微商的百度指数如图 2-5 所示。

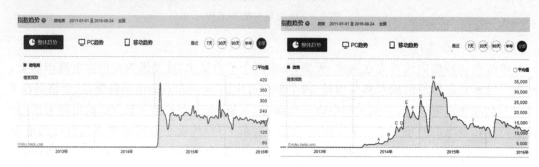

图 2-5　微电商和微商的百度指数

传统十大渠道分别是商场、超市、购物中心、小零售店、专卖店、专业市场、直销、电视购物、呼叫中心、直邮 DM 等；PC 电商十大渠道分别是淘宝/天猫、京东、其他 B2C、团购、支付、网上银行、CPS、积分、导航、比价等；那么现在微电商及移动社交电商渠道就是：微信、微博、O2O、手机淘宝/天猫、手机京东、手机 B2C 等。

2.1.2　战略定位

传统企业做电商，需要先明确自己的定位，根据市场规模、行业排名及综合实力来确定自己的电商思路："小做"是做渠道，"中做"是做产品，"大做"是建立新商业模式。如表 2-1 所示。

表 2-1　传统企业电商定位

定位/目标		描述	路径	案例
小做	新渠道	定位新生渠道，相对投入小，向线下妥协，鼠标依附于水泥，线上是线下的补充	进驻平台（如淘宝、京东、天猫）	唐狮
中做	新业务	定位新业务，相对投入大，线上独立：独立公司、独立预算、独立库存、独立定价策略，不受企业既有体系束缚	进驻平台＋独立 B2C＋授权网络分销	七匹狼、特步等
大做	新模式	全新模式，战略目标最高，不但线上投入大，线下也要进行改造投入，线上带动线下升级发展，线上与线下充分融合	独立直营 B2C	苏宁易购、科通芯城等

1. 小做是做渠道

小做是指把电商定位为企业销售产品的新渠道,实现路径一般是进驻淘宝、天猫、京东等大型电商平台。在这种模式下,传统企业的投入比较小,但线上销售主要是线下的补充,更容易向线下妥协,属于鼠标依附于水泥的模式。

2. 中做是做产品

中做是指把电商定位成传统企业的新业务,专门针对电商平台开发定义新产品,实现路径是建立公司独立的 B2C 网站+进驻主流电商平台+授权网络分销。相对来说,这种模式的投入比较大,但业务模块独立——独立公司、独立预算、独立库存、独立定位策略,不受企业原有体系的束缚。

3. 大做是建立新商业模式

大做是指把电商做成新的商业模式,实现路径是建立独立直营 B2C。这种模式下的战略目标最高,不但线上投入巨大,线下的改造投入也十分惊人。如果运行成功,则线上能够带动线下升级发展,线上与线下充分融合。

不同体量的企业的电商思路是不一样的,电商个体创业者与大型传统企业的电商策略完全不同;而大中型企业与小型企业的电商思路也完全不同。如图 2-6 所示是关于传统企业是否要做 APP 的观点。

龚文祥 V
2015-10-3 15:23 来自 搜狗高速浏览器
//@龚文祥: 对传统企业是否要做APP,我的观点是:1. 大型企业还是要有自己的APP,否则移动渠道永远控制在人家手上,长远来说十分被动;2. 对于 80%中小企业,成本太高,有微信公众号就够了,千万不要搞自有APP;3. 线下1亿规模是个是否要做自有APP的大致的判断标准。

图 2-6　传统企业是否要做 APP

2.1.3　柔性供应链

如今,流量获取已经不可能再持续成为品牌的核心竞争力,电商作为商业的一个渠道必然回归商业本质,因此产品必然成为未来电商竞争的真正核心。而消费者越来越鲜明的个性标榜和审美主张,导致产品的需求越来越多样化,小批量快速更新产品变成必然趋势,柔性供应链在新型的商业需求中变得至关重要。商品品质、团队、运营及营销水平、平台及支付等都不是电商最终成功与否的决定因素,柔性供应链才是电商的本质与核心。

柔性供应链的精髓在于:小批量,多批次,快速翻单。而柔性供应链的打造,核心点在于:

- 精准化设计
- 精益化生产
- 弹性产能的预备
- 强有力的计划中心
- 可视化的生产线
- 单件流的生产车间模式

具体来说就是新款小批量下单试销,销售过程中发现爆款,快速翻单,且多次分批翻单。

这样的模式是未来供应链的核心模式，而电商是推动这种模式变革的引导者。电商的供应链转速需求是线下传统供应链的20倍，因此电商们需要重新审视和改进自己的供应链。有关柔性供应链的打造，已经是一种必然需求，如图2-7所示。ZARA就是柔性供应链的发起者和引导者，ZARA新款试销时只下预估销售量的25%，款式到达店铺之后立即根据终端反馈快速翻单，7天内货品可以到达专柜，极大地缩减了顾客和产品之间的信息时间，企业可以更贴近用户需求做出生产计划，极大地降低企业库存风险，做到按需生产，而最终有望实现C2B。

图2-7　柔性供应链成为电商的第一核心要素

供应链是一个完整的链条，从设计研发到原材料采集再到生产、物流，都属于供应链的范畴。如果电商企业想建立一个完整优质的供应链，显然仅仅只改善生产制造环节是远远不够的。对于电商企业而言，必须从设计研发就开始着手，先做面料企划，再做商品企划，才可以给供应链创造实现柔性的极大便利条件。

可以肯定，柔性供应链在各个行业都将掀起新的模式改革潮流。以服装行业柔性改造为例，直到今天，也依然有很多企业认为不可能，认为小批量不可能，认为快速反应不可能，认为小批量快速反应且价格还不大幅提升不可能。但实际上，这一切都是可能的，关键点在于对于你的供应链链条，要采用一个通用的手法：集中—分散—集中。

具体而言，如果你个人不足以让你的产能达到量级，那么集合产能就是很好的办法，而在销售环节可以做分散，在最后物流派送环节再次集中，这些都是规模数量还不够的企业完全可以采用的方法。

"电商柔性供应链"不仅仅是未来电商竞争的一个核心，而且还会成为一个门槛。因为小批量生产的单子，有点规模的工厂不会接，不仅仅因为加工费的问题，工厂还要考虑生产的延续性。另外，对于缺乏自主研发设计能力的商家，柔性制造最大的问题就在于采购。如图2-8所示。

当然，这些困难不是不可以克服的。任何一个电商卖家，无论目前是否可以做到自己下单生产，都必须要有这个明确的意识：逐步让自己的企业走向品牌差异化。在量级比较小的时候，建议和其他的电商圈抱团成长，承包一些小型工厂的产能，将爆款交付给这些工厂来生产，不仅可以保证质量以及排期问题，而且可以抱团挖掘一些市场上的原始设计制造商（Original Design Manufacturer，ODM）类型的工厂。所有ODM类型的工厂都有研发的能力，相信可以给小型电商带来很大的帮助。此外，无论是否是电商企业，企业的最后竞争都会回归到产品本身。电商企业在过去的时间还享受到了因为信息不对称而带来的红利期，

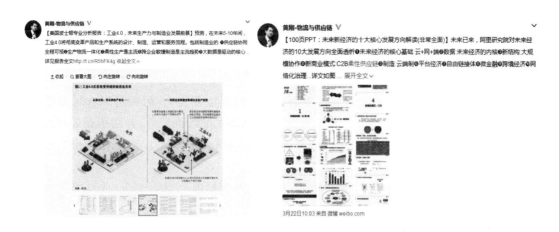

图 2-8　工业 4.0：未来生产力与制造业发展前景

但随着市场的日益成熟，产品必然是企业竞争的核心所在。目前我国的电商量级差异很大，基本上年销售 1000 万元以下的大部分电商还是在采用市场采买的方式，柔性生产看似还接触不到。

对于初次下单生产的商家来讲，应如何做到柔性供应链呢？

在你还没有直接和工厂合作过的时候，先挑选店铺最核心的款式尝试下单，如果初期的单量不够，可以和其他电商捆绑小型工厂尝试合作，不要自己单打独斗。不过，在珠三角地区，单款首单做到 100 件已经不是很难接受的事情了。

此外，关于柔性供应链的数据分析问题，在初期阶段你不需要看得太神秘和高深，你只需要花费更多的精力去研究店里的销售数据与产品之间的关系，尽量做到原材料可以集中，并把店铺的运营方式改成少库存量单位（Stock Keeping Unit，SKU）和多渠道的方式。这对于你锤炼供应链会有极大的帮助。

现在淘宝已经难有打造大爆款的好机会。不过，小爆款还是有机会的。在打造小爆款之前，有两个问题要处理好：①潜质的爆款如何判断？这个潜质，必须是要经过各种数据测算，点击的、收藏的、直通车点击和转化的，都要在测试之后用数据来判断。②快速翻单是必需的，把销售数量分成不同批次来下单，多次翻单，降低每一次翻单的数量。最后值得注意的是：

● 柔性供应链不是电商的专利，也并不适合所有电商。

● 柔性供应链并不适合所有的工厂。

● 市场供需和社会分工决定了部分商家和工厂会走规模化、批量化、高性价比的路线，另一部分走个性化、高附加值的路线。

● 目前绝大多数工厂都缺乏柔性供应链的能力，而这也恰恰是部分工厂的巨大机会，可以预见在不远的将来将会出现一批专门从事少量多款的柔性供应商。淘宝目前在扶持的"淘工厂"便是一个缩影。

● 工厂参与电商的路线绝不仅仅是在淘宝开个天猫店，确切地说大部分工厂都不适合去开网店做零售，而应该是优化产品设计和改良生产线，以适应市场和商家的需求，以期在未来如日中天的电商产业的供应环节占得一席之地。

2.2　电商运营的关键性数据

许多传统企业由于在资金及供应链方面拥有比较强大的实力，因而可以在转型做电商的过程中一下子投入大量资金用于电商运营、广告购买及品牌推广等，并期望在如此投入下能够立即把握电商大势，实现线上销售的突破。但往往就是这种急于求成、不顾电商运营节奏的做法让许多传统企业走了不少弯路。

不管传统企业拥有多少资金、多少资源，都需要注意电商发展的节奏，即订单到什么阶段就做什么事情，千万不要好高骛远。

2.2.1　三个经验性数据

衡量传统企业的电子商务运营节奏有三个经验性数据，这三个经验性的数据是电商自媒体龚文祥在最近几年的电商创业实践中总结的以及与各大传统企业电商总负责人探讨交流并一致认可的数据。这种来源于一线的实战数据是较靠谱的。

● 第一个数据：1%

判断何时可以开始大规模推广的经验性数据为：订单超过 100 笔/天，淘宝店或 B2C 网站的访问量每天超过 10000 人，即订单转化率超过 1%。订单转化率达到 1% 的基础目标，就可以开始大规模地推广。线上销售转化率没有达到 1% 标准的传统企业，其实也就意味着其在线上的运营基础还没做好，在这个时候不建议做大规模的烧钱推广。当然，这个数据是电商行业内的平均数据，每一个类目会有不同的表现，传统企业在判断自己的节奏时还需要结合自己的品类来考虑。

● 第二个数据：10%

判断传统企业电商事业是否及格的经验性数据为：线上销量占整体销量的 10%。达到 10% 表示传统企业的电商开始起步。

● 第三个数据：10%

判断传统企业现阶段是否已经跟上移动电商发展的经验性数据为：移动电商是否占到现在电商销售额的 10%。如果超过了 10%，则说明传统企业对于未来电商的布局是及格的。移动电商、微信电商以及 O2O 是大势所趋，传统企业需要在这些渠道上有一定的准备。

许多传统企业在制定目标的时候没有考虑到以上三个数据所反映出来的运营节奏，结果目标设定出现很大的偏差，最终导致资源及资金的浪费。节奏是如此重要，以至于陈天桥的个人电脑屏保设置的是"节奏就是王道"。

还有一个经验性的数据常常被传统企业所忽略，那就是自公司开始做电商之后，线下的销售量同比增长要达到 10%。在做电商渠道的同时，扩大了品牌的线上知名度，从而导致线下的销量也增长了 10%。与单纯的淘品牌不同，线下的市场是传统企业的根基，线下增长达到 10% 才是传统企业做电商比较健康的目标。例如，一个做服装行业的传统企业，其线下销售额已经达到 1 亿元，而线上的销售额是 1000 万元。在做电商的同时，该企业线下的销售额不仅不能减少，还需要增加 10%，即这家企业因为做了电商，线下的销售额变成了1.1 亿元了。

　　传统企业做电商除需要有稳健的运营节奏之外,还需要有稳健的电商渠道布局,不要只依靠某一个电商平台,需要分散风险,均衡不同的电商渠道。龚文祥认为 5∶2∶2∶1 的经营性数据比较符合目前传统企业成功转型电商的要求(见图 2-9)。这个经营性数据是指:50％的销售额在淘宝和天猫;20％的销售额在其他 B2C 平台;20％的销售额在网络分销渠道(网络分销不是企业自己做,而是交给代运营或者淘宝客等);最后的 10％销售额来自于企业官网或者微商等移动电商渠道。

图 2-9　电商运营的经验性数据

2.2.2　四个核心指标

　　量化公司日常运营健康状态的指标簇,相当于飞机的“仪盘表”(有时候也称为“晴雨表”),通过这些指标就能判定公司是否运行在正常的轨迹上。所有的世界 500 强企业都有晴雨表体系,它有两方面作用:一是决策支持;二是考核业绩。

　　通过数据指标判断一个网站是否健康就好比去医院,抽血化验,血小板总数、白细胞总数、红细胞压积容量、淋巴细胞百分比、粒细胞百分比等项目数据就类比于电商网站数据指标,通过指标就能判断网站是否运营良好,所以需要知道两类值:实际值和参考值。但难点在于,如果没有足够的经验,往往很难将数据指标与背后的问题一一对应起来。

　　鉴于电商行业的格局,天猫和淘宝所占的市场份额绝对领先,所以重点关注淘宝和天猫的数据指标,其他独立 B2C 商城数据指标可以适当参考这些指标,基本上大同小异。

　　1. 转化率

　　转化目标(goal):也叫作转化目标页面或目标页面,指商户希望访客在网站上完成的任务,如注册、下订单、付款等。

　　转化(convert):是指潜在客户完成一次推广商户期望的行动。转化可以指潜在客户:

- 在网站上停留了一定的时间;
- 浏览了网站上的特定页面,如注册页面,“联系我们”页面等;
- 在网站上注册或提交订单;
- 通过网站留言或网站在线即时通信工具进行咨询;
- 通过电话进行咨询;
- 上门访问、咨询、洽谈;
- 实际付款、成交(特别是对于电子商务类网站而言)。

　　转化次数(conversions):也叫作转化页面到达次数,指独立访客达到转化目标页面的次数。

转化率(conversion Rate)：是指在一个统计周期内，完成转化行为的次数占推广信息总点击次数的比率。计算公式为：转化率＝(转化次数/点击量)×100％。例如，每天1000名用户访问网站，其中3名用户有了后续购买的行为。那么，该网站的转化率就是(3/1000)×100％＝0.3％。0.3％是国内电商网店转化率的平均水平，成熟的B2C电子商务网站，如京东、当当网，转化率可以超过1％。

转化率是网站最终能否盈利的核心，提升网站转化率是网站综合运营实力的结果。电商行业转化率算法如下：

利润＝销售额×净利润率

    ＝(购买人数×客单价)×净利润率

    ＝进店人数×购买转化率×客单价×净利润率

    ＝广告展现×广告转化率×购买转化率×客单价×净利润率

    ＝推广展现×推广转化率×购买转化率×客单价×净利润率

    ＝搜索展现×搜索转化率×购买转化率×客单价×净利润率

无论是流量引导还是购买，都存在各种转化率。比如，打广告引导流量，我们就要知道广告会展现多少次，然后广告点击率就是到店的转化，最后，这群人会不会购买，就会产生购买转化率……

所以，这些都是一条链上的信息。有一环出问题都会不正常，比如点击率很高的时候，往往就是骗点击了，那必然导致到达页面的转化率降低。

对于电商们在努力的东西，却常常走偏，比如他们会降低客单价，提高展现数量，这其实并不能保证利润。电商追求的重点，毫无疑问应该是"转化率"，即在各个环节转化更高，才有真正的意义。如图2-10所示。

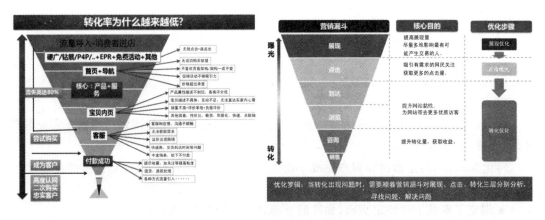

图2-10　电商运营的转化率

就市场推广效果来看，推广越精确，推广所带来的购物人群越多，转化率就越高。电商网站的线上投资回报率ROI一般是1∶1，京东、当当网可能做到1∶7，即一天投入10000元推广网站，如果当天不能带来10000元的销售额，就是失败的推广，也可以说这个网站或产品不值得推广。

2. 重复购买率

重复购买率是指消费者对该品牌产品或者服务的重复购买次数,重复购买率越高,则反映出消费者对品牌的忠诚度就越高,反之则越低。

重复购买率有两种计算方法:一种是所有购买过产品的顾客,以每个人为独立单位重复购买产品的次数,比如有 10 个客户购买了产品,5 个产生了重复购买,则重复购买率为 50%;另一种是单位时间内(如一年内)重复购买的总次数占比,比如 10 个客户购买了产品,中间有 3 个人有了第二次购买,这 3 人中的 1 个又有了第三次购买,则重复购买次数为 4 次,重复购买率为 40%。如图 2-11 所示。

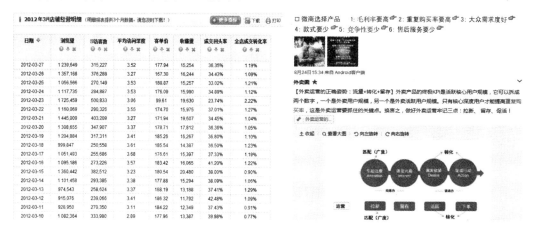

图 2-11　电商运营的重复购买率

3. 客单价(均单额)

客单价是指网店每一个顾客平均购买商品的金额。

均单额就是一个订单的平均金额,是衡量一个网站价值的指标。考虑到物流成本,均单额更为重要。

2012 年,淘宝的客单价为 190 元;当当网的平均客单价不到 100 元;京东为 555 元。2015 年,走秀网平均客单价达到了 1500 元,这一数字在 2014 年只有 500~800 元。在普遍亏损的生鲜电商中,2015 年生鲜电商的平均客单价才 150 元,其中物流履单成本占了 50%。如图 2-12 所示。

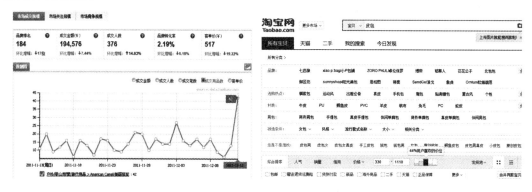

图 2-12　电商运营的客单价

4. 活跃用户数

活跃用户是相对于"流失用户"的一个概念,是指那些会时不时地光顾下网站,并为网站带来一些价值的用户。流失用户是指那些曾经访问过网站或注册过的用户,但由于对网站渐渐失去兴趣逐渐远离网站,进而彻底脱离网站的那批用户。活跃用户用于衡量网站的运营现状,反映了用户黏度;而流失用户用于分析网站是否存在被淘汰的风险以及网站是否有能力留住新用户。

我们经常看到某些数据分析报告中说:某某网站的注册用户数已经超过几百万,其实这些数据并没有太大的意义,因为这几百万里面很多用户可能都已经不再登录该网站(流失用户),真正最近登录过或有过操作行为的用户(活跃用户)其实就寥寥几万。所以,对于一个网站而言,真正有意义的是活跃用户数而非总用户数,因为只有这些用户在为网站创造价值。事实上,很多公司对活跃用户定义有不同的标准。它们为了吸引眼球,为自己的运营方案服务,往往有意拉长统计时间段。一般来说,应以 15 日和 30 日流失率为依据。

据中国电子商务研究中心(100ec.cn)监测数据显示,截至 2016 年 12 月 31 日,京东过去 12 个月的活跃用户数为 2.266 亿,较上年同期剔除拍拍网独立用户后的 1.55 亿活跃用户数,同比增长了 46%。

2.3 电商运营的计划书

本节以天猫店为例,用一个具体的《天猫店运营计划书》[①]说明电商运营的一般计划内容。

2.3.1 第一步:了解游戏规则

1. 需了解的内容

电商平台的游戏规则主要包括:入住流程、不同店铺类型的入住要求、资费标准、操作指南、服务项目。天猫店的组织架构,如表 2-2 所示。

表 2-2 天猫店的组织架构

岗位	岗位职责	岗位	岗位职责
运营总监	(1)负责商城日常管理和运营 (2)制订商城整体运营计划 (3)监督指导各部门的工作 (4)决策商城运营的各项方案 (5)制定员工薪酬制度	商城主管	(1)协同美工负责商城整体规划、风格设计 (2)熟悉商城运营流程和规则,指导协调各部门的工作,统筹商城整体运营 (3)制定各部门工作制度和岗位职责,细化岗位工作流程 (4)执行与配合公司相关营销活动,策划店铺促销活动方案

---

① 资料来源:http://www.100ec.cn/detail-6348824.html

岗位	岗位职责	岗位	岗位职责
网页美工	(1)负责图片、动画、视频的制作和美化 (2)负责商城的整体形象设计,界面风格、色彩和布局 (3)定期根据节假日、季节转换、店铺促销活动等制作网页模板 (4)熟悉商品发布规则,梳理商品类目,负责商品的上架、更新、下架	文案编辑	(1)熟悉商品描述规则,负责商品描述的编写和修饰。 (2)负责促销活动文案的构思和编写。 (3)负责网店产品标题的编辑和修改。 (4)负责网页所有文字信息的校验和修改。
策划推广	(1)熟悉商品知识,深入调研市场,充分了解客户需求,准确把握商品市场定位、价格定位和客户定位 (2)熟悉商品推广规则和可利用的推广资源,依据市场调研数据制定、执行、跟踪商品的促销活动和推广方案 (3)对商城客户的流量、流量的来源、咨询的问题、订单量进行统计和分析,实时改进促销活动和推广方案 (4)前期集中所有资源主推一两个商品,争取尽快盈利	仓储部	(1)实时关注订单情况,确认订单信息,统筹备货,妥善包装,及时发货 (2)实时登记商品入库、出库记录,统计库存商品报送售前客服 (3)实时跟踪物流行程,发货前通知客户,发货中向客户反馈商品行程,客户签收后催款
		财务部	(1)负责支付宝账户收支 (2)掌握淘宝商城的各项收费规则 (3)负责职员工资结算
客服中心——售前客服	(1)熟悉商品知识和卖点,掌握沟通技能和技巧,熟悉商品交易流程、商品交易规则 (2)熟练使用旺旺、QQ 等聊天软件,为客户提供咨询服务,解答客户疑问,引导客户购物热情,达成订单 (3)熟悉常用物流机构的价格、配送范围和运作流程,负责实时对商品的价格和库存进行调整修改 (4)实时了解商城的各项促销活动,协同企划部门改进促销活动和推广方案	客户中心——售后客服	(1)熟悉商品知识、沟通技能和技巧、商品交易流程、商品交易规则 (2)实时关注客户评价,对低分评价的客户及时沟通和安抚,争取客户的认可;对好评的客户给予鼓励并拉近关系 (3)客户投诉时,耐心倾听客户陈述,了解客户诉求,解决客户问题;不能解决的及时报请主管部门 (4)实时回访老客户,了解商品的效果,传达商城最新的促销活动信息,促成二次订单

2. 网店发展规划

(1)起步阶段:商品定位—熟悉平台—掌握规则—装修店铺。

(2)推广阶段:免费推广—付费推广—付费营销推广。

(3)整合阶段:软文写作、话题炒作、访谈报道、举办活动、参与评选等。

(4)华丽转身:品牌提升、粉丝经营、全网营销等。

2.3.2　第二步:网店年度发展计划

第一阶段:申请公司和专卖店。如图 2-13 所示为天猫商家的招商页面。

天猫开店费用需准备 16 万元以上。其主要工作内容及步骤如下:

(1)申请公司。

(2)解决签合同的一些细节问题。

(3)了解具体扶持政策。

(4)申请天猫店。

图 2-13　天猫商家的招商页面

第二阶段:正式投入运营。

初期外包装修费用,30000 元试水广告投放资金(包含前期销售造势),招聘 2 名客服、1 名美工,1000 元软件费用(见图 2-14);目标:30000 元/月营业额。其主要工作内容及步骤如下:

(1)策划店铺开业活动,确定主推单品及单品活动。

(2)与设计外包商协调页面,并制作出第一版页面。

(3)调整推广工具,前期以刷单和直通车为主。

(4)列出客服部的 KPI 业绩指标以及培训、工作流程。

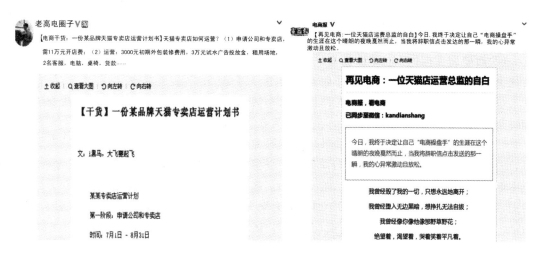

图 2-14　天猫运营的相关微博

(5)做好主推货品规划。

具体工作细则：

(1)策划店铺开业活动,确定主推单品及单品活动。

(2)主推单品初步定为以×××为代表的旗舰店 2 年内的主推款,配合单品活动:收藏店铺减×元、赠送运费险等;店铺整体活动以秋上新主题为主,会员招募为辅,设立旺旺群,从一开始就留下老顾客,进群还可领取优惠券。

(3)与设计外包商协调页面,并制作出第一版页面。需要出具一份具体的货品陈列及页面结构计划以供外包商制作页面。本页面主要包含店铺首页、店招、店招按钮、描述页关联部分、描述页左侧设计、分类页标签设计等。风格以旗舰店为参照,并与店铺自身的活动相结合。

(4)调整推广工具,前期以造势和直通车为主。造势主要以直通车流量平衡转化率,造势平台选为群内,每天配合 1～3 单;直通车前期投放词语主要以相关品牌词、周边相似品牌词以及类目长尾词为主,投放依据主要是店铺营业额增长率和直通车 ROI,不设上限。

(5)列出客服部的 KPI 以及培训、工作流程。前期客服的主要工作为售前和售后,入职之前需要从品牌方获取客服培训、产品知识资料,入职一周到半个月为试用期(视培训资料难易程度而定),考核通过则转正;客服的 KPI 前期主要以响应时间/平均回复字数等一些非业绩任务指标为主的数据考核点;工作内容主要包括接待流程、快捷回复语句、加群流程、售后接待流程、退换货流程等。

第三阶段:全店经销过渡阶段

招聘 1 名客服、1 名推广、2 名库管、1 名美工,购买员工电脑、桌椅、仓库货架、包装盒、各种办公用品;达成目标:月营业额 300000 元。其主要工作及步骤如下:

(1)列出各岗位 KPI、工作流程以及岗位职责、产品培训。在员工入职之前,准备好相关的培训资料,主要包括:产品知识培训,所属岗位的职责培训,工作流程培训;而美工的 KPI 数据化难度较大,因此考虑从任务完成度入手,薪资水平参照海报制作能力及本地平均工资水平来指定。推广的 KPI 主要以推广工具的点击率/流量成本/ROI 三方面权衡入手,薪资水平为 3000 元左右。两名库管的职责前期不宜分太细致,考核数据主要从店铺 DSR 发货速度、包裹发错率、质量问题退货占比三方面入手。

(2)旗舰店主推款。这部分需要优化内页,以收藏减价、送礼物等手段即可获得不错的转化率。流量来源主要以直通车小幅推广为主。

(3)清仓计划。遗留的库存,可以进行清仓活动。这时候买家的需求点往往在于送亲人和时效性,价格方面无须过于放开。抓住这两点需求,成功率会比较大。

(4)完善客服部的工作流程,提升一个客服主管。客服部理论上是电商工资最庞大的队伍,牵扯很多问题,因此考虑在前期即提拔一个主管,工作进行会顺利一些。提拔原则是:客服本职工作优秀,具有一定号召力,踏实肯学。客服主管除了要参与销售之外,还需要协调美工、推广、物流部门开展工作,KPI 初步定为个人销售绩效和团队销售绩效两方面。

(5)搭建店铺内老顾客维护框架,提升客户体验,增加店铺 SNS 元素。这部分工作主要是为了提升二次购买率,老顾客维护框架主要包括等级制度、老顾客落地点及维护、固定营销活动、节日营销活动、反馈建议制度、CRM 客户营销系统、包裹惊喜等。

提升客户体验的初期主要从客服服务和包裹惊喜两方面入手。

第四阶段:成熟阶段

聚划算资金支持,达成目标:月营业额 500000 元(不含聚划算)。其主要工作内容如下:

(1)完善部门建制、部门制度、工作流程、细分工作。例如,推广部的工作可划分为直通车、钻展、淘宝客、SNS 平台,4 人设置主管。该部门职责主要为以更低价格获取更多流量,同时保证 ROI,因此主管的 KPI 为流量达成以及广告费用支出比例。钻展专员工作流程为:提出图片需求、美工制作、测试、监控数据、返回修改、持续投放,其他岗位以此类推。

(2)周/月/季度会议制度。该制度主要是为了更好分配工作及跟进工作,及时调整工作方向。如周会,汇报上周工作,提出工作中碰到的问题并共同解决,与其他部门存在的衔接问题,下周的业绩目标,工作方向等。

(3)第一次聚划算活动策划。营业额想实现一个飞跃,必须依靠一个 2000 件以上的爆款持续销售才有可能,可以考虑用聚划算加快实现目标。聚划算用款计划测试出来后,买版、改版、报价,初期选择 2~4 款筛选且均为基础款且其他品牌热销爆款,通过后补货并跟进。

活动的大致策划:提前准备打印机、快递单并且和快递谈妥当日取件人数可多一些,通过累计的老顾客、钻展定向品牌方及其他店铺预告活动,监控收藏数据,提前打包 1/3 的货品,活动中以钻展定向为主要引流渠道,开始后客服部全程接待,其他部门留下必要人员,以部门为单位分别分配到扫描、打单、配货、打包等岗位。活动后 3 天为售后高峰开始,安排售后人员上夜班解决各种问题。

2.3.3 第三步:部门架构调整

以营业额规模为导向划分部门架构,营业额达到某个规模点提升至相应的架构,同时考虑每种人才招到的难易程度,决定每个阶段的人员数量。每个阶段人员支出成本为营业额的 6%~7%。

1. 营业额:10000 元

可用人员成本:4000 元

部门组建及人数:客服部员工 2 人,共计 4000 元

注释:前期人员成本有限,基础工作如售前、售后大家一起做,绩效也不必太过于严格,美工和其他人员成本过高,因此只招两个客服,分早晚班,每个班次 1 人。

2. 营业额:50000 元

人员成本:15000 元

部门组建及人数:

客服部:主管 1 人,员工 2 人,共计 6500 元

美工部:员工 1 人,共计 3000 元

推广部:员工 1 人,共计 3000 元

物流部:员工 1 人,共计 2500 元

总成本:15000 元

注释:客服部主管来源是第一批员工,这样做的原因有两个:一是让员工看到晋升希望;二是可分流一部分客服的工作,更好指导运营;美工部 3000 元的员工,水平不会太高,主要工作是模仿制作各种推广素材,店铺的装修依然依靠外包商;推广部员工日常的主要工作为调整各种推广工具,以及数据报表的总结和整理;组建物流部的原因是目前已有部分款式是从自有仓库直接发货,因此必须有一个人进行日常的质检、发货、收退件、整理货架等工作。

3. 营业额:80000 元

可用人员成本:17500 元

部门组建及人数:

客服部:主管 1 人,员工 2 人,6500 元

美工部:员工 1 人,3000 元

推广部:员工 1 人,3000 元

物流部:员工 2 人,5000 元

总成本:17500 元

注释:这一阶段增加一名物流部的员工,原因:一是发货量增多;二是仓库需要有一名和客服对接的人员,方便处理售后问题。其他人员暂时无调整。

4. 营业额:100000 元

可用人员成本:34000 元

部门组建及人数:

客服部:主管 1 人,员工 3 人,共计 9000 元

美工部:员工 2 人,共计 8000 元

推广部:员工 1 人,共计 3000 元

商品部:员工 1 人,共计 3000 元

物流部:主管 1 人,员工 2 人,共计 8000 元

策划部:员工 1 人,共计 3000 元

总成本:34000 元

注释:这一阶段主要增加 1 名客服,1 名美工,1 名商品专员,1 名物流主管,1 名策划文案。增加客服的原因是客服部划分为售前和售后两个组,分别用不同的绩效考核和一个主管来管理,这样做主要是为了精细化管理和个人专注于某一领域能力的提升。物流主管设

置的原因是物流部人员已经达到 3 人，方便规划日常工作及责任到人；商品专员日常的工作主要有产品转化数据分析、货品跟单、店铺货品摆放、由数据指导主推产品等工作；策划文案的工作主要包括店内活动以及店内海报、推广素材的文案。

全店经销后毛利率为 40%，大成本分为推广成本 10%，人员成本 6%，天猫扣点 5%，运费＋包装成本 5%，税收 4.5%，场地/聚会/天猫软件/员工福利成本 2%，最终利润率约为 7.5%。

2.3.4 第四步：薪资体系及人员考核

客服部属于直接营销部门，因此须计算个人业绩提成，薪资体系为：等级底薪＋业绩提成＋额外奖励＋福利。其中业绩提成分为个人业绩提成和团队业绩提成两种，团队业绩提成从组长开始享有，包括组长、经理。

客服人员按组划分，底薪为 2000 元，提成为个人业绩 0.2%；客服组长底薪 2500 元，提成为团队业绩 0.2%；客服经理底薪 3000 元，提成为团队业绩 0.2%。

客服的业绩考评指标包括：回复率、成交率、客户满意度。

回复率：回复过的客户数/总接待客户数，反映的是客服对客户的响应情况。

成交率：是指由判定规则计算的成功率，旺旺成功率＝售前成功人数/售前接待人数。在付款判定规则下，售前接待人数为接待的付款前咨询的人数（其为询单人数和下单后付款前联系的人数之和），售前成功人数为付款的人数。

客户满意度：客户好评/客户人数，反映的是客服对客户的服务情况。客户满意度是考评的最重要指标。

策划部与推广部、设计部、仓储部均属于间接营销部门，因此不参与个人业绩提成计算，薪资体系如下：底薪＋团队业绩提成＋岗位＋福利＋额外奖励。这四个部门的团队业绩提成为整店静默下单额的 1%，平均分配给每个人。

为激励大家更好工作，公司特设定额外奖励——每个月公司将会给表现优异的人员额外奖励，此款项均在当月工资结算时一并进行支付，无须另外支付。

客服部：售前主要负责客户的产品介绍，引导其下单；售中负责增加客户对公司的信任度、品牌黏性以及服务印象；售后负责其产品退换货以及其他纠纷等问题。

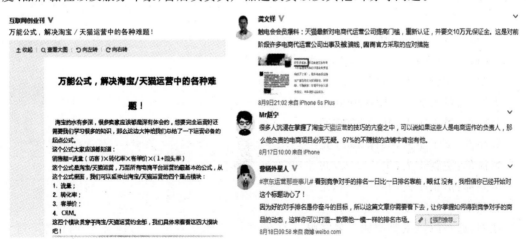

图 2-12　运营技巧不是万能的

运营部：主要负责店铺的正常运营，涵盖装修、推广、促销文案策划三大部分，50～150单配一个推广人员，150～250单配一个活动申报。

数据分析：统计其店铺整体运营数据结果以及店铺经营状况和同行数据信息分析。

财务部：涵盖三大块，人力成本、货物成本和企业运营成本。

产品部：负责研发新产品，同时针对市场价格以及成本趋势整理出零售价。

物流：涵盖三大块，仓储、物流和打包配货。50～100 单/天增加一个打包人员。

实例讨论

1. 传统企业究竟要不要自己做电商？要不要保留自己的电商团队？请举例说明。

2. 传统企业转型电商，为什么需要老板放权给电商部门？

3. 电商人一开始就要追求卖货，而不应该推广品牌，你同意吗？

4. 在国内，为什么传统企业做自己的官网 B2C 会有很高的失败率？

5. 如何看待网络上各类平台运营的秘籍（见下图）？

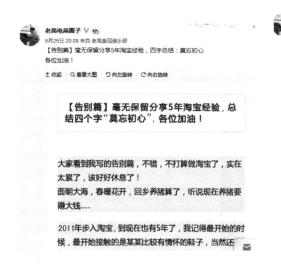
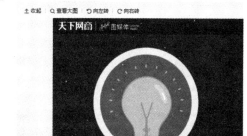

实训一　微博上的运营计划书

在新浪微博上搜寻 10 条淘宝或天猫的运营计划书。假如你是一个传统公司的电商部门负责人，该如何制订公司未来一年的电商运营计划。

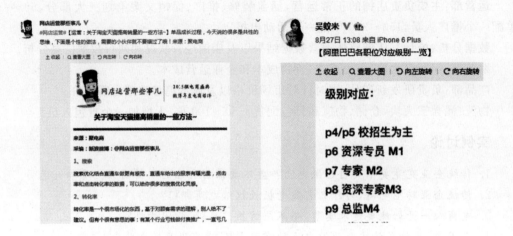

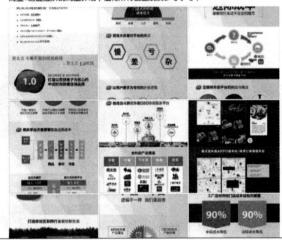

实训二　了解天猫、京东的招商政策

(1)登录天猫网首页,进入"商家支持"中的"商家入驻""商家中心""天猫智库""天猫规则",了解相关内容。

(2)登录京东网首页,了解入驻流程、开放平台规则、京东商学院、京东卖家论坛、京东服务帮等板块内容。

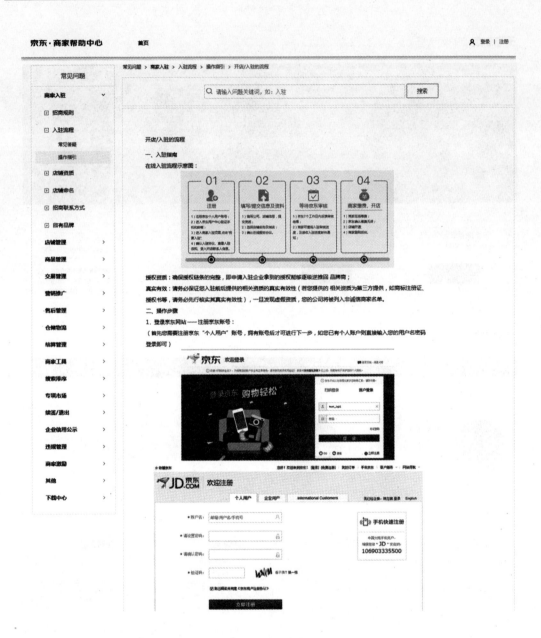

第二篇　电子商务应用

第3章 电子商务零售:实体产品

Electronic Commerce Retailing：Physical Products

【学习目标】

❖ 了解国内网络购物市场发展的总体格局

❖ 理解为什么 B2C 能逐渐赶超 C2C

❖ 熟悉电商平台中的类目与属性

❖ 知晓淘宝网主要服务和活动

❖ 理解和说明淘宝网运营的漏斗模型与销售额公式

❖ 了解淘宝网的直通车和钻石展位的基本运作方式

❖ 了解天猫网的"双 11"策略

❖ 了解京东网的"618"大促及物流运作

❖ 知晓国内主要的 B2C 平台入驻要求

 引导案例 **天猫阻击京东:砸 40 亿元补贴,在线商超进入寡头之战**

"烧钱"大战再一次在电商行业卷土重来

日前,在京东商超与沃尔玛宣布结盟 23 天之后,天猫超市以一场"下午茶"的形式在上海的黄浦江畔高调造势。这也是天猫超市首次向媒体开放采访,其阻击京东的意图十分明显。

阿里巴巴集团副总裁、天猫超市总经理江畔也首次接受了《21 世纪经济报》。记者的采访,他透露,在阿里巴巴集团内部,对天猫超市的定位是继淘宝、天猫、聚划算之后的第四个消费者平台。

"2015 年天猫超市销售额增幅超过了三倍,我们希望未来三年能做到千亿规模,争取行业第一。接下来我们要启动"双 20 亿"计划,持续补贴消费者。"江畔豪言补充道。

不过,江畔的话音刚落,便遭到了京东商城的反击。7 月 17 日,京东创始人刘强东公开对外表示,只要有足够时间,京东终究有一天会超过阿里,成为中国最大的互联网公司。自己正在考虑如何在三年之内结束商超之战,做到线上线下第一。

咨询机构弗若斯特沙利文大中华区总裁王昕认为,在电商行业,3C、服装和母婴等大的品类已经完成了圈地,虽然会继续增长但是很难有爆发。而在商超领域,渗透率还不是特别高,依然有很大的市场空间。但无论是天猫还是京东,要想占据行业第一的位置,依然面临如何解决生鲜品类最后一公里的难题。

模式之争

戏剧性的是,新上任的江畔在此之前已经在沃尔玛任职17年,担任沃尔玛中国区副总裁。2016年2月,原天猫超市负责人金诚2月份调岗后,江畔便走马上任。

对于自己的老东家,江畔并不愿意多谈。他颇为婉转地说:"我到阿里巴巴的前三个月,就是两点一线,从住的酒店到园区,所有的时间都花在了解这家新公司上。一个人要适应新的体系,并与团队很好地磨合不是一件容易的事,更何况两个完全不同的企业要去打通和融合,可想而知有多难?"

据他介绍,天猫超市在模式上进行了改良,既不同于天猫的平台模式,也不同于京东商城、一号店和苏宁易购的自营模式。据悉,各品牌商的商品会统一进入到菜鸟的11个中心仓库,用户在线下单后,天猫超市会将购物车的商品打包成一个包裹,然后统一发货。最后,由万象等落地配送公司去配送。

不过,天猫超市并不承担库存压力,只有出售的商品才会算到其销售额里,相当于一种"寄售"模式。目前,在具体类目运营层面,天猫超市采取本地化运营＋进口的方式。具体来说,天猫超市在11个城市实现了本地化运营,如在上海上线光明乳品、杏花楼月饼等。同时,进口商品是天猫超市深度运营的类目之一。

在线下资源的争取上,两家巨头也在不断加码。天猫和京东分别以"外资系"和"国内系"为特色,天猫超市搬来了诸多对标沃尔玛的外资伙伴,包括麦德龙、西班牙DIA、德国Inferno等在内的十余家海外超市正式入驻天猫超市。而京东除了沃尔玛之外,还与永辉、新一佳、武汉中百等国产商超达成了合作。

对于刘强东来说,京东商超的战略意义还在于,它能帮助京东吸引更多女性客户,从而进一步改善京东的客户结构。据悉,京东即将推出精选商超频道,从几百万种超市的SKU(库存量单位)中精选出5万个SKU,保证这些商品的品质,并通过京东自营的方式来销售。

王昕认为,线上商超平台和线下超市是两种完全不同的渠道。线上的优势是方便快捷,物品品种会更加丰富。而线下的优势是对实物有更好的体验,这种信任感是线上取代不了的。他说:"天猫超市的品类并不少,但它还是缺乏线下渠道的支撑,这是先天的基因决定的。但是,它胜在流量和用户量足够大。"

"生鲜"关难过

眼下,快消业的线下消费比例仍然远超线上。据江畔透露,快消行业虽在线上的销售增长非常快,超过了很多大行业,但实际消费占比还是很低。线下占到90％甚至更高程度,而线上只有7％,所以空间非常大。

而在王昕看来,虽然增幅明显,但也不能盲目神化线上渠道,线下渠道的核心优势还是生鲜领域。据他判断,在线下超市的销售额中,生鲜品类占据了近五成份额,而这一品类恰恰是电商平台的短板。"生鲜包括水果、蔬菜、肉类、冷鲜用品等,电商行业无论投入多少物流费用,都难以从根本上解决最后一公里的问题。"

市场调研机构尼尔森的报告显示,中国生鲜电子商务市场将在未来三年内呈现爆发式增长。2018年有望超过1500亿元,年均复合增长率达到50％。目前,生鲜食品在我国的电商渗透率不到1％,而服装和3C数码产品的电商渗透率已经超过了20％。

2016年5月,京东终于将年初刚成立的生鲜事业部推到台前,成为与3C、家电等并列的京东第六大事业部。刘强东放言,要从生鲜电商入手,投入巨资建立一个覆盖中国所有大中城市的冷藏冷冻一体化 B2C 网络。

而在 2013 年,易果生鲜获得了阿里巴巴数千万美元的战略投资,随后的 2014 年,阿里巴巴和云锋资本又联合对易果生鲜进行了 B 轮融资。阿里巴巴带给易果生鲜的"红利"十分明显,易果生鲜获得了天猫超市生鲜的独家运营权,年订单量增长达到 400%。

资深电商观察人士鲁振旺表示,生鲜电商必须要做本地化运营,本地采购、本地筛选、本地配送的成本非常高。他说:"像天猫超市很多活动都是靠补贴的,2015 年的车厘子 30 多块钱包邮,实际采购价都是 40 多块钱,一单要亏损几十块钱。也只有天猫才能进行价格战,小的平台烧不起这个钱。"

王昕则认为,"线上超市在标准品、日化品方面可以集中采购,形成价格优势,很容易帮助他们将交易额做上去,短期内冲刺第一也没问题。但是,长期来看,生鲜还是起到决定性的作用,毕竟购买频率要高很多,几乎每天都需要。如果生鲜品类不够丰富,用户的黏度会大打折扣。"

王昕同时指出,在天猫超市和京东商超相继发力后,其他线上商超几乎不会再有任何机会。而对于天猫超市来说,下一步的重点将是弥补其物流的短板。

资料来源:21 世纪经济报道,2016 年 8 月 26 日。

3.1　网络购物市场发展

网络购物(包括 B2C 电子商务和 C2C 电子商务)尽管不是电子商务交易额中最大的部分,但却是人们了解电子商务、媒体报道电子商务最热门的部分。

3.1.1　网络购物市场规模

1. 网络购物在社会消费品零售总额中的占比超过 10%

根据艾瑞咨询(iresearch.cn)提供的报告,2016 年中国网络购物市场交易规模达 4.7 万亿元,较 2015 年增长 24.7%,增速有所放缓。艾瑞咨询分析认为,网络购物行业发展日益成熟,各家电商企业除了继续不断扩充品类、优化物流及售后服务外,也在积极发展跨境网购、下沉渠道发展农村电商。在综合格局已定的情况下,一些企业瞄准母婴、医疗、家装等垂直领域深耕,这些将成为网络购物市场发展新的促进点。

2. B2C 逐渐赶超 C2C

艾瑞咨询的研究数据显示,2016 年中国网络购物市场 B2C 市场交易规模为 2.6 万亿元,在中国整体网络购物市场交易规模中的占比达到 55.3%,较 2015 年提高 3.2 个百分点;从增速来看,2016 年 B2C 网络购物市场增长 32.4%,远超 C2C 市场 16.4% 的增速。如图 3-1 所示。

艾瑞咨询分析认为,2016 年度过后 B2C 市场占比仍将持续增加。随着网络购物方式的成熟,产品品质及服务水平逐渐成为影响用户网购决策的重要原因,未来这一诉求将推动 B2C 市场继续高速发展,成为网购行业的主要推动力。而 C2C 市场具有市场体量大、品类齐全的特征,未来也仍有一定的增长空间。如图 3-2 所示。

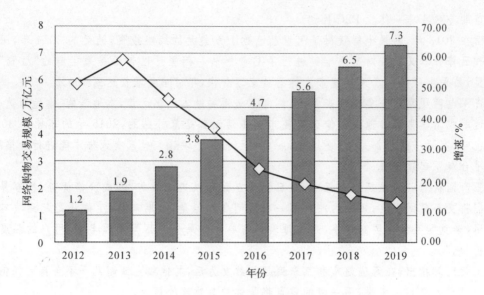

图 3-1　2012—2019 年中国网络购物市场交易规模

图 3-2　2012—2019 年中国网络购物市场 B2C 与 C2C 市场结构对比

来源：www.iresearch.com.cn

3. B2C 市场呈现"两超多强"格局，目前行业格局稳定

从市场份额来看，截至 2017 年 6 月，中国 B2C 市场中，天猫的市场份额仍为第一，京东位于第二，两家占比超过 80%，同比增长平均达到 47%，两个平台高基数叠加、高增长拉动 B2C 市场的持续扩大。其他电商企业竞争激烈，苏宁易购、国美等增速均高于 B2C 行业的整体增速。网易考拉海购作为跨境电商领域的代表性独立平台，其业务也保持了高速的增长。如图 3-3 所示。

天猫及京东仍然在网络购物行业保持绝对的优势，并通过入股、收购等方式进一步拓展垂直品类和线下业务的发展。行业内的各企业一方面积极布局跨境业务，另一方面加速发展农村电商。此外，也在母婴电商、医药电商等垂直细分领域进行持续不断的探索和发展。

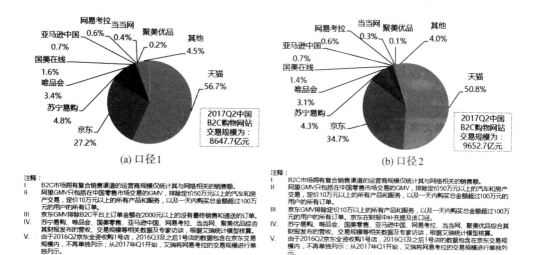

图 3-3　2017 年中国 B2C 网络购物市场份额

来源：www.iresearch.com.cn

未来中国 B2C 市场"两超多强"的竞争格局将持续演进，而天猫和京东在中国 B2C 市场中的领先地位短期内将难以被撼动，而其他 B2C 企业依托用户流量、供应链优势和差异化发展模式将在市场中获得或保持自己的一席之地。

3.1.2　电商的类目与属性

电商的本质就是销售商品，运营也好，促销也好，最终目的无非是吸引客户来购买这些商品。商品管理是运营中极其重要的环节，而类目和属性的管理是商品管理的基础。目前淘宝(天猫)或者京东的商品数量已经有数十亿个，如何让用户精准、快速、方便地找到他想要的商品已经成为一个比较棘手的问题。

2003 年淘宝网刚上线时，商品量很少，没有分类。后来商品量上百，开始对商品进行单级分类，有点类似于现在的一级行业类目。等到商品上万的时候，商品的单级分类已经不能满足需求，开始有了多级分类，即成了一棵类目树。从 2006 年开始引入了属性，商家按照属性模板填写属性，用户可以按照属性筛选商品(见图 3-4)。到了 2008 年，开始将前后台类目分开，用户根据前台类目筛选商品，商家将商品挂到后台类目上，前后台类目树之间建立好映射。目前，淘宝类目属性体系主要由后台类目树、前台类目树、挂载在后台叶子类目上的商品属性模板以及管理前后台类目之间映射关系的类目管理平台组成，整体架构如下。

1. 类目

一个用户在电商的行为轨迹，是从"导航/搜索/SNS"开始的。导航作为三大导购入口之一，它的转化率的大小极大地影响了电商最后的成交量。导航的一个重要组成部分就是分类，或者说类目，如何做好类目管理，是电商的重要命题。

所谓类目就是分类。当商城只有 10 件商品的时候，不需要分类，只需要一个列表展示 10 件商品，用户就可以很容易找到商品。当商城有 100 件商品，如果不分类，用户要在长达 100 件的列表中(很可能分成好几页)找到想要的商品，就不容易了，这时候就需要分类了；100 件商品，分成 10 类，平均每一类下面就只有 10 件商品，也容易找到。当商城有 1000 件

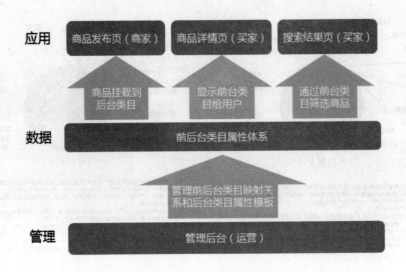

图 3-4　淘宝类目属性整体构架

商品，那么分成 10 类就不容易找了，可能就需要二级分类了，一级分类 10 个、二级分类 10 个，每一个二级分类下挂 10 个商品，这样用户寻找起来会比较方便。之所以要分类，最终的目的是为了方便用户找到想要的商品。

设想我们想买一件女式羽绒服。到了淘宝，我们会找"女装/男装/内衣"—"女装"—"羽绒服"，然后点进去，就可以看到一整个列表的羽绒服了。

为什么要将前后台类目分开呢？直接用一套类目体系不就行了吗？淘宝这样做是有原因的，到了 2008 年，淘宝商品日益增多，类目层级也越来越深，买家越来越难找到想要的商品。淘宝的店小二们就开始不断调整类目属性，把类目树变浅，让商品更容易被买家找到。只有一套类目体系的情况下，小二每次调整，卖家也必须跟着调整。如果只是改一次，卖家也能勉强接受，但这是周期性的。比如，在夏天服装这个类目下可能是连衣裙、衬衫等夏装，到了冬天就会变成打底裤、羽绒服等冬装了，而且卖家也都知道这些调整是合理的，但是一年到头这么调整，意味着他一年到头都在编辑类目，可能还得专门雇佣个人来做。一天到晚改类目，无形中提高了卖家的运营成本。

2008 年，有个淘宝的产品经理从线下零售巨头沃尔玛得到启发，他发现沃尔玛仓库里面的类目分区和货架区的类目分区是分离的，仓库里面的类目分区比较稳定，很少变化，而货架区的类目分区会根据活动和季节经常调整。类似的，淘宝也可以把原来的一套类目体系分为后台类目和前台类目，后台类目面向商家，用来挂载商品和属性模板，比较稳定，很少变化；前台类目面向用户，主要为了方便用户查找商品，很灵活，可以经常调整。后台类目和前台类目之间通过映射联系起来，一个后台类目可以映射到多个前台类目，一个前台类目也可以包含多个后台类目。从技术的角度来看，前台类目就是在后台类目的基础上建立了一个虚拟类目。如图 3-5 所示。

前台类目有如下特点：

(1)用户购买时看到的类目是前台类目。

(2)前台类目通过跟后台映射间接与商品关联。

(3)前台类目由后台叶子类目＋属性组成，一个前台类目可以包含多个后台类目，一个

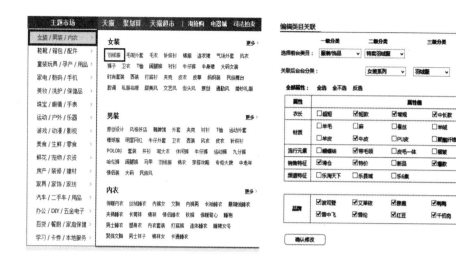

图 3-5 类目的前台与后台

后台类目也可以映射到多个前台类目。

（4）前台类目不直接挂载属性模版，前台类目对应的属性来自后台叶子类目的公共属性。

（5）前台类目很灵活，可重叠，可删除。

后台类目有如下特点：

（6）后台类目树中最重要的是叶子类目，也就是类目树上不能再往下分的类目，任何商品都必须挂载到后台叶子类目上。

（7）叶子类目挂载属性模版，商家发布商品时选择好后台类目之后会根据属性模版，补充必填的商品属性信息，方可成功上传商品。

（8）后台类目相对稳定，不能随便删除，叶子类目不能重复。

2. 属性

前面的类目的做法可能与一般消费者的心理模型不对应，也可能导航路径太长。前后台类目分离，一定程度上可以缓解这个问题，比如根据消费者心理变化而调整前台类目，适当压缩前台类目的层级。然而，消费者数量一旦庞大，不同消费者搜寻商品的方式是不一样的，他们的心理模型也是不一样的。就跟城市交通一样，同样都是从 A 到达 B，不同人走的路径可能不一样。类目的树状结构决定了，要从根节点到达某一叶子节点的路径是唯一的。这样，就需要一种新的辅助的手段，这就是标签。标签是比分类更为高级的检索手段，标签与物品可以是一对一，也可以是多对一的关系。

这里标签所属的"类"，也就是人们常说的"属性"。属性是挂在品类下的，每一个品类会有多种属性，每一种属性下又有多种标签可以选择，或者自己添加。属性之间进行连接，就形成了一个网络。用户可以选定某些属性（其他属性不进行指定），就能筛选出自己想要的商品列表。类目和属性两者结合，大大提高了买家搜寻商品的效率。

有了类目属性体系，可以做好搜索算法的垂直优化。也就是在每一个细分类目下，可以采用不同的商家权重和品牌权重，甚至可以有不同的排序公式。比如用户选择手机时，更多考虑各项参数和评测文章，这个时候相应的排序权重因子可以加强，而选择服装的时候，一张漂亮的主图无比重要，排序因子中主图质量的权重就需要提升。有了类目属性体系，还可以做基于类目和属性的个性化搜索。搜索引擎通过用户的类目属性筛选日志，可以挖掘出用户的一些特征，比如性别、意向价格区间、品牌偏好、品类偏好等，从而可以对这个用户做个性化的展示。如图 3-6 所示为牛仔裤的搜索属性。

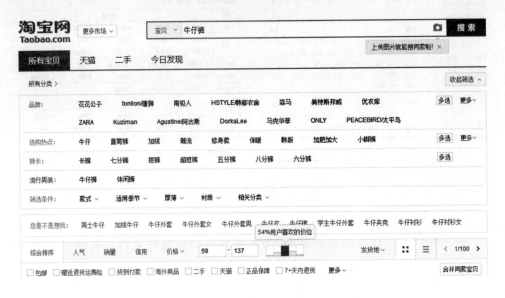

图 3-6　牛仔裤的搜索属性

3.2　淘宝网：中国最大的电子商务平台

阿里巴巴集团是中国最大的电子商务企业，于 1999 年创立。淘宝网成立于 2003 年，天猫成立于 2008 年，2011 年 6 月开始独立于淘宝网。目前大淘宝（淘宝网＋天猫）品类涵盖服装鞋包、3C 家电、图书、母婴、化妆品等众多品类，主要依靠广告和佣金盈利。

淘宝网是中国深受欢迎的网购零售平台，目前拥有近 5 亿的注册用户数，每天有超过6000 万的固定访客，同时每天的在线商品数已经超过了 8 亿件，涵盖 100 个不同的产品类目、2000 个子类目，平均每分钟售出 4.8 万件商品。截至 2017 年年底，有效店铺数超过 500万家。广告收入是淘宝网的主要收入，约占 80％，2013 年淘宝网广告收入 284.1 亿元。随着淘宝网规模的扩大和用户数量的增加，淘宝也从单一的 C2C 网络集市变成了包括 C2C、团购、分销、拍卖等多种电子商务模式在内的综合性零售商圈。目前已经成为世界范围内最大的电子商务交易平台之一。

据中国电子商务研究中心（100ec. cn）监测数据显示，仅 2013 年，淘宝网络安全部门查获虚假交易卖家就有约 120 万家，涉及交易约 5 亿笔，查获虚假交易买家账号 800 万家，交易额超 100 亿元。职业"炒信"买家保守统计约数万人，而这仅仅只是冰山一角。

3.2.1　淘宝网主要服务和活动

1. 阿里旺旺

阿里旺旺，一种即时通信软件，供网上注册的用户之间通信。阿里旺旺是淘宝网官方推荐的沟通工具。淘宝网同时支持用户以网站聊天室的形式通信，淘宝网交易认可阿里旺旺交易聊天内容保存的电子证据。

2. 淘宝店铺

淘宝店铺是指所有淘宝卖家在淘宝所使用的旺铺或者店铺，淘宝旺铺是相对普通店铺而诞生的，每个在淘宝新开店的都是系统默认产生的店铺界面，就是常说的普通店铺。而淘宝旺铺（个性化店铺）服务是由淘宝提供给淘宝卖家，允许卖家使用淘宝提供的计算机和网络技术，实现区别于淘宝一般店铺展现形式的个性化店铺页面展现功能的服务。

开淘宝个人店铺是需要个人身份证的，一张身份证只可以开一家淘宝个人店铺，详情见图 3-7。而淘宝企业店铺是需要企业营业执照作为主体的。

图 3-7　淘宝服务中心

3. 快乐淘宝

2009 年 12 月，淘宝网和湖南卫视合作组建"快乐淘宝"公司，联手拓展电视网购新市场，不仅于 2010 年 4 月在湖南卫视推出"快乐淘宝"节目，还在淘宝网上开辟"快乐淘宝"子频道专区和外部独立网站，创建电子商务结合电视传媒的全新商业模式。

4. 淘宝基金

2013 年 11 月 1 日中午，淘宝基金理财频道上线，泰达瑞利、国泰、鹏华、富国等多只基金成为首批上线的基金淘宝店。

5. 淘点点

淘宝网推出"淘点点"，希望重新定义"吃"。2013 年 12 月 20 日，淘宝网宣布正式推出移动餐饮服务平台淘点点。用手机下载"淘点点"体验发现,只需进入外卖频道,就可以方便地搜索到附近的盒饭、水果、饮料、蛋糕等外卖信息。通过淘点点,消费者可以随时随地自助下单、付款,留下送货地址和电话,一段时间后,外卖商户就会把新鲜出炉的美食送上门。

6. 聚划算

作为阿里巴巴集团旗下的团购网站,聚划算拥有强大的消费群体。依托其拥有的强大群体优势,2011年,淘宝聚划算启用聚划算顶级域名。据官方公布的数据显示,其2015年成交金额达100亿元,帮助千万网友节省超过110亿元,已成为展现淘宝优质卖家服务的互联网消费者首选团购平台,确立了国内最大团购网站地位。其相关类目包括聚点聚、品牌团、量贩团、聚名品、生活汇、旅游团、特卖汇、环球闪购等。

7. 淘金币

淘金币是淘宝网的虚拟积分。在淘金币平台上,买家能够兑换、竞拍到全网品牌折扣商品;也可以兑换、抽奖得到免费的商品或现金红包,并可以进行线上线下商家的积分兑入。

8. 天天特价

天天特价主要定位于淘宝网的小卖家,扶持特色货品、独立货源及有着一定经营潜力的小卖家,为小卖家提供流量增长、营销成长等方面的支持。其报名、审核、排期和展现均由系统自动完成,不收取任何费用。

9. 阿里指数

阿里指数是阿里巴巴出品的基于大数据研究的社会化数据展示平台,媒体、市场研究员以及其他希望了解阿里巴巴大数据的人可以从这里获取以阿里电商数据为核心的分析报告及相关地区与市场信息。基于阿里大数据,面向媒体、机构和社会大众提供地域和行业角度指数化的数据分析、数字新闻说明、社会热点专题发现,作为市场及行业研究的参考、社会热点的了解。如阿里指数分为区域指数、行业指数、数字新闻、专题观察等模块。如图3-8所示。

排名	搜索词	搜索指数		搜索涨幅	操作
1	女装秋装2016新款潮耗35	3,070		214802.76% ↑	
2	粉红玛瑙女装	2,070		144847.74% ↑	
3	无袖新复古定制	1,755		122757.82% ↑	
4	夏季女装新款时尚百搭显瘦	2,805		98096.62% ↑	
5	小别离 同款海清	1,063		74337.82% ↑	
6	墨墨精品女装店	1,013		70819.12% ↑	
7	新势力周 真丝连衣裙	812		56761.04% ↑	
8	新势力周 连衣裙修身	802		56105.90% ↑	
9	毛呢重同款	750		52453.43% ↑	
10	小别离 刘蒂娜同款	717		50147.19% ↑	

图3-8 阿里指数——区域指数、行业指数

3.2.2 淘宝网付费推广方式

由于淘宝在线商品数实在太多,而得到展示的商品非常有限。比如,在淘宝首页搜索宝贝"连衣裙",得到的宝贝数是1238.81万件(2016年7月后取消显示),而可以展示的数量

则少得可怜的，只有 4800 件（每页 48 件，共 100 页），显示率不到万分之四。为了能得到显示，通常会选择付费推广方式，这也是淘宝（包含天猫）的赚钱法则。

1. 直通车

直通车是为淘宝卖家量身定制的，是按点击量付费的营销工具，实现宝贝的精准推广。淘宝直通车推广，在给宝贝带来曝光量的同时，精准的搜索匹配也给宝贝带来了精准的潜在买家。淘宝直通车推广，用一个点击，让买家进入你的店铺，产生一次甚至多次的店铺内跳转流量，这种以点带面的关联效应可以降低整体推广的成本和提高整店的关联营销效果。同时，淘宝直通车还给用户提供了淘宝首页热卖单品活动和各个频道的热卖单品活动以及不定期的淘宝各类资源整合的直通车用户专享活动。

（1）直通车广告步骤

①您想推广某一个宝贝时，就要为该宝贝设置相应的竞价词及广告推广标题。

②当买家来淘宝任何地方搜索了你设置的竞价词，或者点击了你宝贝的类目的时候，您的广告就会出现，展示在搜索结果页最上方的右侧及最下方。

③如果买家点了您的直通车广告，系统就会根据您设定竞价词的点击价格来扣费，每次点击最低 0.05 元。如果广告只是展示，没人点击，则不计费。

直通车出现在淘宝网搜索宝贝结果页面的右侧（12 个单品广告位、3 个页面推广广告位）和宝贝结果页的最下端（5 个广告位）。搜索页面可一页一页往后翻，展示位以此类推。展现形式：图片＋文字（标题＋简介）。

（2）影响直通车综合排名质量得分的维度

①关键词：添加关键词时，请选择和宝贝所属类目、属性和标题相关的关键词，这样质量得分上会有较高的分值，如图 3-9 所示。

②宝贝信息：宝贝本身的类目、属性、标题、图片、详情页等信息和买家搜索意向要相符合。例如，遵守淘宝网商品发布规则，把宝贝放在最相关的类目进行推广；上传宝贝时，认真填写相关属性，宝贝属性和买家的搜索需求越吻合，质量得分越高，所以属性填的越全，宝贝总体质量的分也越高。

③宝贝标题与图片：增强宝贝本身的吸引力，例如，提高图片、详情页面质量，增加点击率。

④推广信息的客户反馈或者使用感受等信息。

⑤其他宝贝的相关因素。

对于开直通车的淘宝卖家来说，关键词的质量得分是很重要的，因为质量分意味着"钱"，提高质量分是做直通车首要的工作。

（3）质量分和哪些因素有关系

①宝贝上架时所选的类目属性一定要正确、完整。比如上架的是一款雪纺长裙，宝贝的属性有：柔美雪纺、修身显瘦、印花、拼接、拉链、纽扣、镂空等信息，在勾选的时候一定要全部选择。这不仅是提高质量得分的基础工作，也有利于提高宝贝的自然搜索排名。

②宝贝标题的优化。宝贝的标题和类目属性具有较大的关联性，当然也要综合考虑流量大的关键词或者热门搜索词。

③设置宝贝的推广标题。参加直通车的宝贝可以有两个标题，每个标题 30 个字，因此，一定要利用好这 30 个字。这 30 个字的内容要尽量把与宝贝的关联性最大的词语放进去，

图 3-9　淘宝直通车后台运作

比如刚才所说的雪纺长裙,是一款波西米亚风格的沙滩裙,那么就要把这些信息尽可能地填写进去。

　　④推广的连续性。如果只是白天从 8 点到晚上 12 点推广,周一到周五的话,质量分必然是会受到影响的。因此,在 0 点到 8 点这个时间段,可以设置按照比例来进行投放,这样就不会影响到质量分了。

　　⑤点击率。点击率越高,质量分也就越高,因此,能够提高点击率的、有促销文字和创意的图片也是提高直通车质量得分的有利法宝。

　　C 店到达 1 钻就可以开启直通车店铺推广。

　　(4)推广页面选择逻辑

　　店铺推广页面可以推广店铺搜索页面、已有导航页面、自定义页面。页面的选择要跟上运营的节奏。

　　①如果店铺有上新或促销活动,则优先选取活动页面做推广。

　　②在没有活动的情况下,需要看店铺首页是否在设计上有优势。良好的首页视觉设计会提升访客的转化与停留时间。

　　③很多小卖家在首页上没有做优化怎么办呢?可以选择推广店铺的搜索页面,直接把

主推的产品展现给消费者。

（5）关键词的筛选

每个推广页面最多可设置 1000 个关键词，店铺推广类似低价引流，所以要尽可能地多加关键词。

关键词的筛选需要尽可能地与页面相关，例如活动页面的宝贝有双肩包，那么关键词的选择就要以"双肩包"为主词，在相关词查询中输入"双肩包"，筛选延伸词。

店铺推广的点击付费（Pay Per Click，PPC）要比关键词推广的点击付费低，店铺推广的关键词的默认出价可以根据日常的 PPC×50％，再根据流量的情况：花费高了就降低出价，花费低了就提高出价，直至每天都可以均匀花费，且不超过预算。

（6）创意设计

创意标题填写的逻辑可以根据：促销内容＋长尾词＋类目词来进行。

创意图片格式要求是 210×315，推广图片可以根据店铺风格结合页面做设计，突出活动页面或者宝贝的卖点。但很多中小卖家没有专业的设计师怎么办？可以查看直通车报表中的创意列表，查看近 30 天的数据，按点击率从高往低排序，选取点击率高且效果好的推广创意图。再通过制图软件简单修改成为相应的大小和格式即可。

（7）操作技巧

可以创建多个推广单元，然后对不同的推广页面进行测试，把效果差的淘汰，主要对效果好的推广单元进行维护。

关键词的出价调整主要参考的维度有：点击量、点击率、加购收藏量、转化率、ROI、质量得分、PPC，如图 3-10 所示。其调整逻辑为：

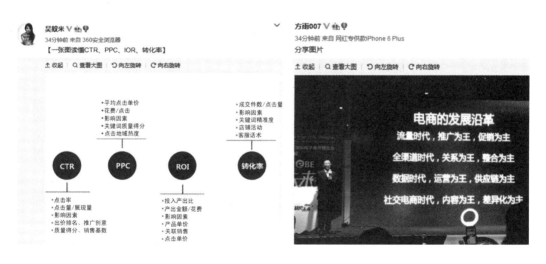

图 3-10　淘宝运作相关概念

①花费高、无转化或加购收藏率低的词调低。

②PPC 高的词但转化率低或无转化的调低或者删除。

③点击率低的调低。

④展现低，出价低，质量得分不低的调高并观察数据的反应。

⑤点击率高、加购收藏量多、效果好的调高。

按照这样的调整思路，质量得分可以非常快提升。查看近 7 或 14 天的数据，定期把创意推广图中点击率低、效果差的进行更换与调整。

（8）总结

①店铺推广的页面要跟上运营的节奏。

②添加的关键词要与所在的推广页面相关，初始出价为 PPC 的 50%。

③创意推广图的设计要结合店铺风格与突出卖点。

④推广单元、关键词与创意图要不断地进行测试、调整与优化。

2. 钻石展位

钻石展位（简称钻展）是淘宝网图片类广告位竞价投放平台，是为淘宝卖家提供的一种营销工具。钻石展位依靠图片创意吸引买家点击，获取巨大流量。钻石展位是按照流量竞价售卖的广告位，计费单位为每千次浏览单（cost per mile，CPM），按照出价从高到低进行展现。卖家可以根据群体（地域和人群）、访客、兴趣点三个维度设置定向展现。钻石展位还提供数据分析报表和优化指导。

钻石展位为卖家提供近 200 多个淘宝网内最优质展位，包括淘宝首页、内页频道页、门户、帮派、画报等多个淘宝站内广告位，每天拥有超过 8 亿的展现量，还可以帮助客户把广告投向站外，涵盖大型门户、垂直媒体、视频站、搜索引擎、中小媒体等各类媒体展位。如图 3-11 所示为淘宝女装栏目的钻石展位。

图 3-11　淘宝女装栏目的钻石展位

（1）推广形式

①单品推广。其适合热卖单品，季节性单品；适合想要打造爆款，通过一个爆款单品带动整个店铺的销量的卖家；适合需要长期引流，并不断提高单品页面的转化率的卖家。

②活动店铺推广。其适合有一定活动运营能力的成熟店铺；适合需要短时间内大量引流的店铺。

③品牌推广。其适合有明确品牌定位和品牌个性的卖家。

（2）投放步骤

①选择广告位。

②根据广告位的尺寸设计创意并上传。

③创意审核通过后，制作投放计划。

④充值。

⑤完成投放。

（3）制作技巧

①主题：要突出，主打品牌定位或促销信息。

②文字信息：字体和颜色不能超过 3 种；信息表达明确；文字创意与图片相结合。

③色彩搭配：创意主色不要超过 3 种。

④排版布局：黄金分割和适当留白。

简单来说，钻展投放就是后台创建完计划后开始投放计划、实时调整、分析数据，最终达到提高店铺转化率的目的。如图 3-12 所示。

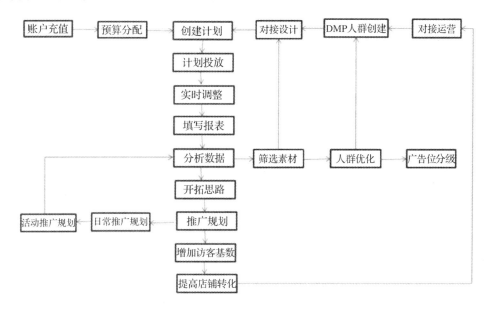

图 3-12　钻石展位投放流程

钻展后台的定向设置思路是：首先分析各个定向对应的流量特征，其次明确店铺的流量需求，是需要精准流量、次精准流量还是只需要一些随意的补充流量，最后再根据流量需求确定定向的选取。

（4）钻展出价技巧

①首次出价。钻展首次出价时需要以后台未来 3 天排名数据为参考，同时观察同行出价，在综合同行出价与后台数据后，根据经验选择最合适的出价。

②从计划看出价。这主要是观察行业占比、预算以及所需流量，除此之外，还需要考虑行业平均千人印象成本（CPM）出价。

③从定向看出价。定向推广主要分为群体定向、访客定向、兴趣点定向，根据这三种定向的实际需求选择底价与溢价进行出价。

④从数据反馈调出价。制定钻展计划报表、计划时段报表、定向报表以及定向时段报表，从数据的反馈结果中调整出价。

⑤分段营销：钻展和直通车一样，不同的时段有不同的投放效果，这就需要我们了解每个不同的时间段的特性以及买家的特征，对症下药，投放最有针对性的活动。

3. 淘宝客

淘宝客推广是一种按照成交来计费的推广模式。其由淘宝客（个人或网站）帮助淘宝商家推广商品，消费者通过推广的链接完成交易后，淘宝商家支付一定比例的佣金给帮助推广的淘宝客。简单来说，淘宝客就是指帮助卖家推广商品并获取佣金的人。

在淘宝客中，有淘宝联盟、卖家、淘客及买家四个角色。每个角色都是不可缺失的一环，如图3-13所示。

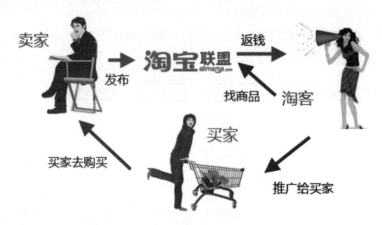

图 3-13　淘宝客推广

（1）淘宝联盟：一个推广平台，帮助卖家推广产品；帮助淘客赚取利润，每笔推广的交易抽取相应的服务费用。

（2）卖家：佣金支出者，他们提供自己需要推广的商品到淘宝联盟，并设置每卖出一个产品愿意支付的佣金。

（3）淘宝客：佣金赚取者，他们在淘宝联盟中找到卖家发布的产品，并且推广出去，当有买家通过自己的推广链接成交后，就能够赚到卖家所提供的佣金（其中一部分需要作为淘宝联盟的服务费）。

（4）买家：就是单纯的购买者，在线的购物人群。

举例说明：淘宝客在淘宝联盟中找到一款商品A，这款商品的佣金是12％，店里的类目佣金是10％，那么当淘宝客在其他的网站发布成功后，买家点击并连接到网店里购买了商品A，卖家就应该付给淘宝客成交金额的12％，这个费用是需要扣除运费的。如果买家点击后没有当时购买，而在15天内进行了购买，卖家依旧要付给淘宝客12％的报酬。如果没有购买淘宝客发布的商品A，而是在店里购买了其他的商品，卖家则按成交额的10％付给淘宝客报酬，同样也是15天内有效。

淘宝客可以在淘宝客推广专区复制单件商品的代码（即推广链接）后粘贴到自己想要推广的地方，如博客、微博、论坛、个人网站、QQ空间等地方；也可以一次性推广整个类目的商品，还可以选择推广某个卖家的整个店铺，推广后，买家将从淘宝客的推广链接直接进入淘宝卖家的店铺。

目前，很多人认为推广技术已经不是一家网店经营的核心，如图 3-14 所示。

龚文祥 ✓

中国淘宝电商的三个时代：1. 第一代淘宝电商：订单运营的时代：个体户和批发商的天下，关键词，草根创业，2003到2010年；人多货少；2. 第二代淘宝电商：类目运营时代，经销商与代运营的时代：关键词：传统企业触电；2010 到 2012 年，人多货多；3. 第三代淘宝电商，客户运营阶段，品牌满天下

2015-12-18 11:19 来自 iPhone 6 Plus

阿里巴巴"净网行动"再度出击，Lukoko/璐可可、瑞尔康、乐莎 3 个品牌的隐形眼镜被"全网清退"。 上述三个品牌的隐形眼镜在天猫医药组织的多次抽检中有 2 次检验结果不合格，因此将从阿里旗下电商平台天猫全面清退。（阿里净网行动尺度大！🐷）

阿里妈妈升级维权系统，利用淘宝客推广且通过平台完成交易的商家，如遇到恶意退货，付出的推广佣金可通过维权追回。据悉，在淘宝平台上，有超过 70% 的商家使用淘宝客进行推广，而阿里妈妈通过风控体系监察发现，部分买家通过恶意维权骗走的佣金可高达数百万元。（打击淘宝客恶意骗佣。👍）

逍遥子说："互联网纯粹的人口红利已走到了末端，但是流量可以通过内容再创造！"

鲁振旺 ✓

【淘猫运营三板斧】都在说淘宝性广三板斧：淘客、直通车和钻展，个人建议淘宝天猫运营三板斧：图文（美工+文案）、数据（品类分析、对手分析、运行分析、推广分析）和服务（客服、退换货、配送、包装），只有把运营做细，把用户做深，才能长远

2013-4-24 18:20 来自 iPhone 客户端

吴蚁米 ✓ 📷

2015-12-26 16:02 来自 iPhone 6 Plus

以前在淘宝可以靠技术吃饭，不管你是淘宝客、直通车、钻展还是刷单、报活动好……随着大量干货贴的曝光，技术已没有优势，因而竞争力体现为资源整合作战。道高一尺，魔高一丈，技术一旦到了天花板是很难再有突破的，只能互相搭架。技术已经不是经营好一个网店的核心，综合实力才能出奇迹。

图 3-14　推广技术已经不是一家网店经营的核心

3.3　天猫网：中国最大的 B2C 电子商务平台

天猫（英文：Tmall，天猫商城），是一个综合性购物网站。2012 年 1 月 11 日，淘宝商城正式宣布更名为"天猫"。2012 年 3 月 29 日，天猫发布全新 Logo 形象。2012 年 11 月 11 日，天猫借光棍节大赚一笔，宣称 13 小时卖 100 亿元，创世界纪录。2014 年"双 11"天猫再刷全球最大购物日记录，单日交易 571 亿元；2016 年天猫"双 11"全天成交额则为 1207 亿元（2017 年为 1682 亿元，因为销售方式有所改变，所以不能做简单数据对比）。天猫是淘宝网全新打造的 B2C 商业零售。其整合数千家品牌商、生产商，为商家和消费者提供一站式解决方案。天猫提供 100% 品质保证的商品，7 天无理由退货的售后服务，提供发票，以及购物积分返现等优质服务。2014 年 2 月 19 日，阿里集团宣布天猫国际正式上线，为国内消费者直供海外原装进口商品。目前，天猫已经拥有 4 亿多买家，9 万多家商户，10 万多个品牌。

天猫首页如图 3-15 所示。

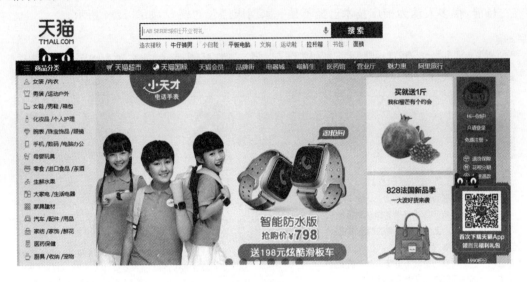

图 3-15　天猫首页

天猫的入驻条件比淘宝网要严格很多,天猫暂不接受个体工商户的入驻申请,亦不接受非中国大陆企业的入驻申请;续签时,如果上一年及下一年资费及资料未补足,天猫将于当年 12 月 31 日监管店铺并清退出天猫;因违规行为或资质造假被清退的不返还年费;企业名称中的商号出现与淘宝已有或是知名品牌类似的情形的,限制入驻;专营店不允许跨类目经营;严重违规、资质造假被天猫清退的,永久限制入驻;商家在一自然年内主动退出 2 次,6 个月内限制入驻。

3.3.1　天猫规则

天猫规则是对天猫用户增加基本义务或限制基本权利的条款。规则的思路是违规纠正(天猫有权对违规行为直接纠正)、教育为主(单次违规行为只扣分不处罚)、处罚为辅(累积到一定分值,按分分类处罚)。违规行为分为严重违规行为(严重破坏平台经营秩序或涉嫌违反国家法律法规的行为)、一般违规行为(除严重违规行为外的违规行为),两者分别扣分、分别累计、分别执行。如图 3-16 所示。

一般违规行为处罚:

1. 每扣十二分即被给予限制参加天猫营销活动七天、向天猫支付违约金一万元的处理。

2. 累计被扣分达二十四分,则给予店铺监管七天的处理;如果被扣分达四十八分,则给予店铺监管二十八天的处理。

严重违规行为处罚:

1. 累计达十二分的,给予店铺屏蔽、限制发布商品、限制创建店铺、限制发送站内信、限制社区功能及公示警告七天、限制参加天猫营销活动三十天、向天猫支付违约金两万元的处理。

2. 累计达二十四分的,给予店铺屏蔽、下架店铺内所有商品、限制发布商品、限制创建店铺、限制发送站内信、限制社区功能及公示警告十四天、限制参加天猫营销活动六十天、向天猫支付违约金三万元的处理。

违规类型	扣分节点	限制发布商品、限制创建店铺	限制发送站内信、限制社区功能及公示警告	店铺屏蔽	关闭店铺(删除店铺、下架所有商品、禁止再创建店铺)	下架店铺内所有商品	限制参加天猫营销活动	支付违约金
一般违规	12分	/	/	/	/	/	7天	1万元
	12分	7天	7天	7天	/	/	30天	2万元
	24分	14天	14天	14天	/	/	14天	60天	3万元
	36分	/	21天	/	21天	/	90天	4万元
严重违规	48分			清退				部分或全部保证金(该保证金是指商家被天猫进行清退处理时,其店铺应缴纳的保证金金额)

图 3-16　天猫规则与处罚

商家在天猫发布商品应当严格遵守《天猫行业标准》，商家若发生以下任一情形，天猫有权清退：

(1)未经商标注册人同意，更换其注册商标并将该更换商标的商品进行销售的；

(2)符合本规则总则中不当使用他人权利且情节严重的；

(3)向天猫提供伪造、变造的商家资质或商品资料；

(4)商家违反《天猫招商标准》的；

(5)严重违规扣分达 48 分。

天猫规则包含：基础规则、市场规范、其他规范、抽检及行业标准。基础规则中的"天猫规则"共有 6 章及附则，共 96 条。如图 3-17 所示。

常见的一般违规行为有：虚假交易、延迟发货、描述不符、违背承诺、恶意骚扰。

常见的严重违规行为有：泄露他人信息、骗取他人财物、出售假冒商品、发布非约定商品、假冒材质成分。

高危诈骗投诉包括：发票问题、线下交易、包邮问题、信用卡问题、泄露他人信息、关闭交易问题。

3.3.2　"双 11"购物狂欢节

"双 11"购物狂欢节指的是每年的 11 月 11 日，由于日期特殊，因此又被称为光棍节。同时也是天猫一年一度的全场大促销的日子。大型的电子商务网站一般会利用这一天来进行一些大规模的打折促销活动，以提高销售额。当"双 11"变成网购盛宴的代名词时，无论是电商界的大佬还是零售业的翘楚，都已经开始动作频频，意图在大战前夕抢得先机。

1."双 11"辉煌业绩

2015 年 11 月 12 日下午，吉尼斯世界纪录认证官 Charles Wharton 公布了天猫在"双11"期间创造的 9 项吉尼斯世界纪录。其中包括 24 小时单一网络平台手机销量超过 300 万台，当日公司的交易总额高达 912 亿元。

天猫"双 11"所创造的 9 项纪录，除了当天 91217036022 元人民币的交易额打破了"24小时单一公司网上零售额最高"吉尼斯世界纪录之外，还有其他的销售成绩包括牛奶10124263 升、坚果 6567 吨、苹果 641899 公斤、蜂蜜 269821 公斤、手机 3133289 台、电视机 643964 台、手表 1112561 支、汽车 6506 辆，八种产品成功刷新了销售业绩的吉尼斯世界纪录。

吉尼斯世界纪录认证官 Charles Wharton 表示："非常高兴能再度见证天猫在"双 11"期间创造的销售纪录，希望消费者在参与打破纪录的同时，也能够获得便捷高效的消费体验。"2014 年"双 11"天猫电器城就以销售 189 万台手机的成绩成功打破吉尼斯世界纪录，而2015 年以 313 万台的手机销售成绩将吉尼斯世界纪录再次刷新。

2016 年"双 11"晚会引入了国际化的制作团队与明星阵容，还加强了"手机＋电视＋直播"的多屏互动体验。此外，阿里巴巴集团旗下大文娱板块，包括合一集团(优酷土豆)、天猫魔盒、虾米音乐、UC 浏览器、天猫客户端等平台，组成此次晚会的联动直播矩阵。2016 年11 月 11 日全天的交易金额达到 1207 亿元。2016 年"双 11"的营销节奏分成：造势期、预热期、爆发期三个阶段。在这三个阶段，明星、意见领袖(key opinion leader，KOL)、直播和清单是贯穿全场营销的玩法。也就是说，商家要重视内容导购及个性化展现，增强渲染力和互动性,让消费者更直接地了解品牌,以实现最终的粉丝沉淀和转化。

天猫"双11"历年的成交额如图3-17所示。

图3-17 天猫"双11"历年成交额

2."双11"活动攻略

2017年天猫"双11"场依然由活动主会场、大促分会场、大促外场组成,商家通过海选报名最终入选"双11"商家行列,会场和会场之间仍将采用赛马的晋升机制。2017年"双11"营销节奏上,在每一个时间点,万店同庆、全球生活、Tmall Home、"双11"晚会、天猫X品牌、狂欢互动城等不同主题活动轮番上阵。同时,还启动了天猫电器美家"'双11'江湖十大高手"募集活动;另外,2017年新增购物津贴、"真五折"、群买返等新玩法。

2017年天猫"双11"活动时间如下:

(1)2017年天猫"双11"商家海选报名:8月28日—9月1日。

(2)"双11"海选结果公布:9月5日。

(3)天猫淘宝"双11"活动商品预售预热:10月19日。

(4)2017年天猫"双11"预热开始时间:11月1日。

(5)天猫"双11"大促正式活动:11月11日。

2017年天猫"双11"报名条件如下:

(1)要符合《淘宝网营销规则》,店铺创建时间90天以上且店铺信用等级为三心及以上。

(2)店铺内非虚拟交易笔数占比达90%,虚拟类目除外。

(3)近半年店铺非虚拟交易的卖家服务评级(detail seller rating,DSR)评分三项指标(描述、服务、物流)分别不得低于4.6。

(4)卖家店铺在线商品量≥10件,报名活动的商品必须符合该类目的店铺主营率≥80%。

(5)本年度因严重违规(B或C类)被处罚的卖家,均被禁止参加2017年天猫"双11"大促活动。而《2017年"双11"类目招商规则》包含但不限于品牌知名度、近期成交表现、开店时长、消费者热衷等纬度。

2017年天猫"双11"海选:8月28日,2017年天猫"双11"海选正式开启。海选商品报名共分为预售商品、正式商品、活动预热、正式活动四个阶段。2017年天猫"双11"海选报名条件涉及诚信经营、处罚扣分、综合排名、DSR评分、价格设置等因素,具体标准可以参照

《天猫营销活动基准规则》。9 月 5 日下午，天猫"双 11"海选结果出炉。海选审核通过的商家，需根据页面提示完成签运费险及诚信经营承诺协议、设置购物津贴玩法、补充报名信息等操作后，才能正式成为"双 11"活动商家。同步出炉的商家购物津贴的玩法是指消费者可以通过"'双 11'购物津贴"享受优惠，包括"双 11"正式商家和"双 11"欢乐总动员商家，且店铺全店商品均须支持使用"'双 11'购物津贴"（部分不支持"双 11"购物津贴使用的类目除外）。

2017 年天猫"双 11"招商：2017 年天猫"双 11"的商家由"'双 11'活动商家"和"'双 11'欢乐总动员商家"共同组成。天猫官方表示，会根据"双 11"活动的整体策略，优先选择能更好地为消费者服务的商家（优选条件包括但不限于品牌知名度、活动契合度、消费者需求、开店时长、诚信经营情况、是否提供运费险保障等）进行合作。

2017 年天猫"双 11"预售规则：预售从 9 月 22 日开始，预售活动共分为商品申报、活动预热、正式活动、定金支付、尾款支付环节。参加 2017 年的天猫"双 11"预售的条件，首先必须是海选通过的商家或者综合排名靠前的优质商家。入选 2017 年"双 11"预售的商品则不需要是新品，其预售价格必须是该商品在 2017 年 9 月 15 日至 10 月 20 日期间与天猫或天猫国际平台达成的最低真实成交价的基础上让利至少 10%，同一商品不支持同时报名预售和正式淘宝活动；同时，"双 11"预售销量不计入主搜索，同一淘宝商品不支持同时报名预售和正式活动；而"双 11"欢乐总动员的商家不能报名"双 11"预售活动，预热期不可正常销售，预售活动正式开始后才可以销售；另外，预售价不计入历史最低价。

2017 年天猫"双 11"会场：分为活动主会场、大促分会场、大促外场。其中，只要按成交或加购（加入购物车）金额最终胜出的卖家就能入围 2017 年天猫"双 11"活动主会场；"双 11"大促分会场则只要通过"双 11"活动审核，商家即可入驻；另外，外场虽然进入门槛低，但仍需要卖家进行报名并通过审核。2017 年天猫"双 11"活动的分会场，除了根据淘宝店铺的行业进行选择外，还有内衣配件、珠宝宠物、母婴用品、童装、手机数码、家电、家居家纺、家装、百货、美食、汽车配件、游戏、全球购等行业细分进行选择。

2017 年天猫"双 11"活动主会场：是展示大促最优质的商品和卖家的集中区域，大促会集中固定资源投放主会场。主会场内的内容，由各分会场内最为优秀的卖家及商品组成，通过一系列推荐及赛马方式，为消费者提供最优质的精选商品、最具服务能力的实力卖家。2017 年天猫"双 11"主会场涉及家电手机、服装鞋帽、医药健康、家纺纸品、装修建材、美妆个护、运动户外等领域，共计 33 个会场。

2017 年天猫"双 11"玩法：2017 年天猫"双 11"活动玩法中，除了常规的玩法之外，新增很多新颖的玩法。比如，购物津贴：这次优惠券不会限制名额和张数，最终津贴总额（优惠总额）显示在账户里，并且可以和店铺的优惠券叠加。可通过游戏等多个渠道发放，使用方法依然是每满 X 元减 Y 元、上不封顶且支持跨店支付使用。群买返：简单理解就是拼单返利，买家在 APP 里建一个购买群，合买一家店产品到一定金额，商家便会返现一定金额的优惠券（仅限"双 11"当天使用）。"真五折"：无需用券，即可享受到"真五折"的单价优惠；同时，"双 11"的价格政策规定：必须低于 9 月 15 日至 11 月 10 日期间成交最低价的九折；11 月 12 日至 12 月 11 日期间不得低于"双 11"当天售价出售。

3."双 11"的准备工作

"双 11"促销是一项庞大的系统工程，商家要动员所有能够调动的资源来备战。当然，做好准备工作的最好方式就是准备一份清单，然后分解成许多小项目逐个完成。"双11"促销主要从以下几个方面着手筹备：ERP系统及工具功能、员工、营销、客服、订单、仓储、配送、系统服务、环境等。

ERP系统及工具功能：支付宝明细与订单的自动对账；ERP系统支持直接操作退款订单；支持预售订单的处理，可设置订单的发货时间提醒；可以支持对含有顺丰包邮、预约发货等业务订单的筛选和相应的业务处理。

员工：员工子账户创建、子账号权限设置、高危权限分离、更改主账号密码、大促集中动员令、临时员工（实习生）资源准备。

营销：前期老会员预热、营销小工具准备、促销优惠设置、催付款小工具、关联营销设置、超卖预售方案准备。

客服：PC千牛版下载、客服排班计划准备、客服培训（应急、话术）、员工激励政策、客户辅助插件准备、客服巡查帮助岗。

订单：订单下载工具、高速打印机准备、订单审查应急人员、异常订单处理流程、退款处理流程、打印机耗材准备。

仓储：到货入库验收完成、准确完成库存盘点、临时仓库人员培训、单店独享库存设置、快递包材料准备、单件流特殊流程。

配送：快递区域需求预估、快递公司联系方式、快递面单准备、配送客户提醒短信、配送延迟通知短信、爆仓快速切换方案。

系统服务：系统服务商服务电话、服务器系统更新至稳定版本、软件系统升级至稳定版本、大促官方系统群加入、系统原有数据清理备份、大促系统应急方案。

环境：网络带宽环境（4G卡应急）、软件服务器大促扩容、员工电脑查杀毒、大促无关软件卸载与关闭、员工电脑备用机（笔记本电脑应急）、UPS电源。

"双11"行动项目表与各类分工执行表如表3-18所示。

4. 对"双11"的质疑

对电子商务企业来说，网上交易额（常被称作毛商品价值量GMV）是其市场份额是否在增大的标志。但如果算上未付款交易、退货和取消订单的情况，这个标准也不是那么准确——阿里巴巴、京东商城和eBay等业内领先公司的情况就是这样。

Gartner Inc.研究公司分析师沈哲怡（Sandy Shen）说，据行业估计，2013年光棍节约有25％的网购商品被退货。她说，中国电子商务公司的GMV也存在同样幅度的夸大。同时，据巴克莱（Barclays）分析师Alicia Yap称，中国全年网购退货率约为20％。控制着中国约80％网购市场的阿里巴巴说，其光棍节退货率低得多，占总销售额的比例不到10％。阿里巴巴并不披露全年交易取消或退货的百分比。

比如，部分商家"双11"促销猫腻：先涨价再打折，比如大宗商品的网购交易（如家居），真正容易产生纠纷的是售后，物流和安装都有可能产生各种意想不到的"麻烦"。

2017年有超过3.4亿网民参与"双11"，无数业绩纪录被打破。这个人造的线上购物节似乎与传统商家的节假日集中打折促销活动并无本质区别，但由于互联网的巨大聚合效应，"双11"的社会效应不可小看，它对中国社会可持续发展的影响值得深入反思。

例如，思考"双11"在哪些方面和多大程度上提高了社会福利？

(1)"双11"的集中购物模式是否真的提升了生产和流通效率？人为制造的高峰需求的

"双11"行动项目表

上一年分析总结		查看上一年"双11"的资料	回顾过程			
		讨论	安排人员和商品			
		总结	规划店铺内商品结构			
目标		设定"双11"销量目标（B店：冲2000万保1500万元，C店：冲300保100）				
		设定服务目标，DSR评分、纠纷率、回头率、响应率	通过"双11"完成目标			
		设定运营指标，转化率、跳失率、人均浏览页				
		设定客户CRM指标				
商品端		梳理商品计划，确定主推商品及价格	商品分层和定价（包括"双11"后主推商品）			
		主力商品价格申报	确保活动当天销售无误			
		确定能调整的商品库存	确保当天能有临时调拨库存，在当天能申报			
		库存盘点，精准库存	防止超卖投诉及售后问题			
		客服衣服试穿，尺码推荐培训	最大限度了解实物尺码，提高尺码推荐准确度			
		设置安全库存				
系统相关		价格申报系统学习及商品导入				
		财务人员跟进各种收费产品情况（图片空间、直通车、促销工具等）				
		图片移至淘宝图片空间				
		保证金冻结				
		物流系统对接调试				
促前	运营端	10月初开始"双11"预热				
		"双11"店铺首页模板确定（5套备选）				
		宝贝详情页优化（5套备选）	引导自助购物，"双11"活动说明、发货情况备注等相关信息			
		店铺自定义页面及商品列表页优化（2个方案）				
		活动当天规则确定及相关细节	规则、奖品、产品实现、时间点			
		直通车及明星店铺，充值并确定推广关键词和商品，	提高商品范围和推广力度，全力为0：00—24：00点引流			
		淘客调整佣金比例，确定淘客推广计划				
		短信群发，提醒老用户关注"双11"活动				
		商品标题优化，匹配商城关键字如去年："双11"购物狂欢节	提高搜索流量			
		旺旺群消息关注情况	关注会场群及各种商家群，确保最新通知无遗漏			
		友情链接	增加各个店铺的友情链接，最大化流量			
		所有"双11"快捷回复确认	（发货、优惠、规则、售后、尺码等）			
		短信模板、电话模板、催页模板等等	标准经跟服务			

"双11"项目分工执行表（模板）

序号	项目	责任人	工作内容（可根据企业具体内容进行修改）		内容要求	完成时间	负责人	跟进情况反馈			
								第一次跟进 8月15日	第二次跟进 9月15日	第三次跟进 9月29日	第四次跟进 10月10日
一	总览		1	活动时间（预热/销售）	确定好具体的阶段性活动内容	实时					
			2	官方活动内容及细则	必须时时跟进，并且通知到每一个负责人	实时					
二	广告资源		1	官方活动展位		实时					
			2	硬广告投放计划							
			3	直通车/钻石展位（商业流量）投放计划	具体的位置、投放时间、费用规划						
			4	搜索/橱窗推广	测试出具体款式，通过多方面全盘投放，并且列出重点						
			5	老用户营销计划							
			6	其他免费资源整合计划（出美/完成时间）							
三	货品规划		1	货品结构、活动商品选择及定价	具体的商品、深度计算、下单准备及采购计划						
			2	主推品类及主推产品选定价							
			3	部分单品新链接制作（根据实际情况）							
			4	活动款系统导入（根据实际情况）							
			5	货品到仓时间确定							
			6	质检（全检或抽检）计划							
四	形象开发		1	新品拍摄及部分数量重新拍摄							
			2	新品上架及单品重点包装（部分数量做链接等）							
			3	硬广及展位素材等多方案制作							
			4	店铺结构及页面设计初稿							
			5	店铺初稿确认及页面设计完成							
			6	DM单及EDM推广素材制作印刷							
五	活动策划		1	活动策划方案初稿框架							
			2	活动执行方案（详细一定）							
			3	页面所需文案及细则准							
六	数据分析		1	2013—2015年相关历史数据参考							
			2	货品定价等相关数据收集							
			3	实时数据跟进分析							
七	客户服务		1	客服接待量预测及活动期客服排班							
			2	售后接待量预测及排班							

图 3-18　"双11"行动项目表与各类分工执行表

负面效应相对显然，由于需求大幅波动，会导致生产无序，库存增加，成本升高，交通阻塞。对厂家而言，这样人为制造的需求高峰，会导致旺季产能供不应求，淡季资产闲置，造成成本上升。虽然"双11"期间订单量增加，但厂家利润并不会提高；相反，由于这期间各项成本的上涨，再加上打折售卖，利润反而被压低。此外，集中在一天的低价促销方式也给物流配送等领域的从业者造成巨大的负担。

(2)"双11"究竟扩大了需求,还是仅是时间和空间上的需求转移,即提前释放了冬季消费需求和来自传统销售渠道的需求?答案并不显然。尽管线上交易减少了中间环节,降低了交易成本,让利给顾客,在一定程度上刺激了消费,但人为制造的集中购买的负面影响也很显然:冲动消费、"捆绑销售"和凑单规则所产生的额外购买其实使用价值极低,不仅不是真正的需求,反而在一定程度是社会资源的浪费。

(3)"双11"对节省资源和环境保护有什么影响?这个答案反而相对明确。如果按业内每个包装箱0.2公斤的通常标准保守估算,2017年"双11"期间15亿件快递,将至少产生超过30万吨的垃圾。其中纸板、塑料袋、气泡垫、编织袋等数量有明显增加;再加上快递垃圾分类不到位,给处理带来难度,增加了清理成本。

(4)"双11"是否改善了人们的生活方式?"双11"为消费者带来了购物便利和实惠,但足不出户是电商的目标或是理想的生活方式吗?大学校园里通常有多个食堂和全日餐厅,相对物美价廉,但每天中午依然有大批送餐的电动车穿梭其中。每份快餐都少不了塑料包装和一次性餐具,有多少人想过,为了自己的一点便利,值得去这样破坏环境吗?

总之,剔除电商模式的贡献之后,"双11"类的集中购物对生产和流通效率的提升以及消费需求的扩大效果存疑,但对环境和可持续发展的负面影响值得担忧。

3.4 京东网:自主销售 B2C 电子商务平台

京东于2004年正式涉足电商领域。2016年,京东集团市场交易额达到9392亿元,2016年全年收入规模为2601亿元,同比增长43%。2017年第一季度活跃用户数为2.365亿,同比增长40%。京东是中国收入规模最大的互联网企业。2017年7月,京东再次入榜《财富》全球500强,位列第261位,成为排名最高的中国互联网企业,在全球仅次于亚马逊和Alphabet,位列互联网企业第三。

2014年5月,京东集团在美国纳斯达克证券交易所正式挂牌上市,是中国第一个成功赴美上市的大型综合型电商平台。2015年7月,京东凭借高成长性入选纳斯达克100指数和纳斯达克100平均加权指数。

截至2017年,京东集团拥有超过16万名正式员工,并间接拉动众包配送员、乡村推广员等就业人数上千万。

京东集团业务主要涉及电商、金融和物流三大板块。

(1)主营的电商业务——京东商城已成长为中国最大的自营式电商企业,保持了远快于行业平均增速的增长。京东商城致力于打造一站式综合购物平台,服务中国亿万家庭,3C、家电、消费品、服饰、家居家装、生鲜和新通路(B2B)全品类领航发力,满足消费者多元化需求。

在传统优势品类上,京东已成为中国最大手机、数码、电脑零售商,超过其他任何一家平台线上线下的销售总和。京东已成为中国线上线下最大的家电零售商,占据国内家电网购市场份额的62%。京东超市已成为线上线下第一超市。近年来,京东服饰销售额年均增长率超过100%,增速是行业平均增速的2倍以上。京东家居家装是中国品质家居生活首选平台,合作商家突破50000家,计划五年内成为国内线上线下最大的家居家装零售渠道。

2016 年京东商城积极布局生鲜业务，致力于成为中国消费者安全放心的品质生鲜首选电商平台，目前已在 300 余个城市实现自营生鲜产品次日达。新通路重释渠道价值，为全国中小门店提供正品行货；为品牌商打造透明、可控、高效的新通路，未来五年将打造百万家线下智慧门店——京东便利店。

（2）京东金融集团，于 2013 年 10 月开始独立运营，定位为金融科技公司。京东金融依托京东生态平台积累的交易记录数据和信用体系，向社会各阶层提供融资贷款、理财、支付、众筹等各类金融服务。夯实金融门户基础，并依托京东众创生态圈，为创业创新者提供全产业链一站式服务。京东金融现已建立十大业务板块，分别是供应链金融、消费金融、众筹、财富管理、支付、保险、证券、金融科技、农村金融、海外事业。京东金融 APP，为用户提供了"一站式金融生活移动平台"，涵盖了目前理财加消费的金融产品。2017 年 6 月，京东金融重组完成交割。

（3）京东集团于 2017 年 4 月 25 日正式成立京东物流子集团，以更好地向全社会输出京东物流的专业能力，帮助产业链上下游的合作伙伴降低供应链成本、提升流通效率，共同打造极致的客户体验。京东物流将为合作伙伴提供包括仓储、运输、配送、客服、售后的正逆向一体化供应链解决方案服务、物流云和物流科技服务、商家数据服务、跨境物流服务、快递与快运服务等全方位的产品和服务，致力于与商家和社会化物流企业协同发展，以科技创新打造智慧供应链的价值网络，并最终成为中国商业最重要的基础设施之一。

目前，京东是全球唯一拥有中小件、大件、冷链、B2B、跨境和众包（达达）六大物流网络的企业，凭借这六张大网在全球范围内的覆盖以及大数据、云计算、智能设备的引入应用，京东物流将打造一个从产品销量分析预测，到入库出库，再到运输配送各个环节无所不包，综合效率最优、算法最科学的智慧供应链服务系统。截至 2017 年，京东物流在全国范围内拥有超过 500 个大型仓库，运营了 13 个大型智能化物流中心"亚洲一号"，大件和中小件物流网络实现中国大陆行政区县 100% 覆盖，自营配送覆盖了全国 99% 的人口，将商品流通成本降低了 70%，物流的运营效率提升了 2 倍以上。另外，京东物流还通过一系列技术创新，研发并推广创新环保材料，全方位打造了"时效、环保、创新、智能"的绿色物流体系。

3.4.1　京东 618 大促

每年 6 月是京东的店庆月，每年 6 月 18 日是京东店庆日。在店庆月，京东都会推出一系列的大型促销活动，以"火红六月"为宣传点，其中 6 月 18 日是京东促销力度最大的一天。京东 618 大促是与"双 11"遥相呼应的又一大全民网购狂欢节。如图 3-19 所示。

根据易观千帆数据监测，京东和天猫主流电商 APP 在"618"和"双 11"期间活跃用户数较平时有明显的提升，并在活动当天达到峰值，两大节日在活跃用户数整体体量上不相上下。从图 3-20 看，在整个 2016 年京东 APP 均比天猫 APP 日活跃用户数更多。

2017 年京东 618 销量再创新高，6 月 1 日到 18 日的大促期间，京东累计订单量过 7 亿件，下单金额达到 1199 亿元。累计订单量前 5 位品类分别为：手机、纸品湿巾、空调、家电服务、平板电视。其中一、二线城市的贡献能力较大，北京、上海、广州、成都、深圳是购买力最强，下单量最多的五个城市。和往年相比，2017 年的 618 加入了很多新元素，如京东的配送机器人、无人机和无人仓。

图 3-19　京东首页

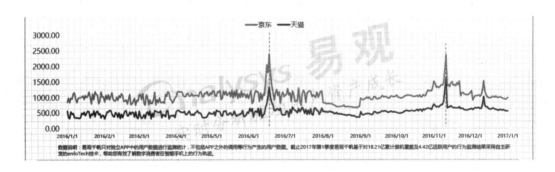

图 3-20　2016 年京东和天猫两大电商 APP 日活跃用户数

来源：www.analysys.cn

1. 抓住了品质消费风口

京东的快速发展，如果说抓住了什么大趋势的话，那就是品质消费的风口。随着电商的不断发展，竞争的不断加剧，出现了很多扭曲的现象。比如假冒伪劣、偷工减料、货不对板等，这些鱼目混珠的事情在电商平台上屡见不鲜，电商品控一直是个行业难题。而京东选择了一条以自营电商为主的品质经营道路，从一开始就以品牌产品为销售核心，把品质和体验做到极致，尤其是在自营物流上下了很大的功夫，终于打造出一条引领行业的物流体系。据第三方调查机构所做的消费者满意度调查显示，消费者对京东送货速度的满意度领先行业整体近 20 个百分点。

另外，在 618 销售额排行榜上，大品牌占据了非常重要的位置，这恰恰也证实了消费者对品质购物的需求，也能看出京东 618 在品质大牌合作方面做出的努力。3C 全品类销售额排名前列的包括小米、华为＋荣耀、苹果；家电销售额排名前列的包括美的、海尔、格力、奥克斯、飞利浦；个护清洁排名前列的包括蓝月亮、奥妙、清风、舒肤佳、云南白药；体育品牌销售额排名前列的包括 Adidas、Nikc、NewBalance 等。这样的品牌产品和优质服务让京东获取了一批高质量的用户,这些用户并非价格敏感性客户,他们对电商消费要求比较高,但忠诚度也同样比较高,选择了更省心放心的京东后,一般不会跨平台去比较或者转移消费,这给京东今天的高速发展打下了坚实的用户基础。"高品质的商品＋高质量的活跃用户＋高质量的服务"是京东成功的核心。

而 618 正是一次大品牌的强力促销活动,比起小品牌的虚假打折来说,对优质用户更有吸引力。艾瑞咨询最新数据显示,2017 年第二季度中国网络购物市场中 B2C 市场交易规模为 9690.8 亿元。其中,京东在中国 B2C 购物网站交易规模的市场份额首次超过 30％,达到 31.2％,增速领先整个行业。可以看到,品质定位助力了京东市场占有率的持续飙升。

2. 每一个进步都来自不断创新

在物流端,大家都知道好的物流带给京东更好的购物体验,但是这个物流究竟好到什么程度,大家就不知道了。零售最核心的追求是降低供应链成本,提升供应链效率,这是京东的核心竞争力。京东的运营费用率很低,大概是传统零售行业的一半左右,京东在库管理有超过 200 万个品种,但库存周转天数只有 30 多天,也是行业的一半。另外,京东还建设了 TC 仓(转运中心)、产地仓、协同仓等一系列创新物流仓储模式,实现一地送全国。这种创新,行业几乎没有办法模仿。当然,京东的追求也并未止步于此。2016 年京东宣布成立了 X 事业部,致力于研究无人系列技术。未来可以实现全自动化的配送流程,包括自动装载、自动起飞、自主巡航、自动着陆、自动卸货、自动返航等。

京东刚刚启用的智能分拣中心,则给行业树立了更高的标准。通过智能化和机械化的系统启用,京东智能分拣系统大大提升了分拣效率,人员投入比例减少了近 70％,效率提升了 5 倍,大部分工作已经脱离了对人的依赖。在物流自动化方面,将行业整体水平提升了很大一步。京东正是依托其在物流领域的强大积累、完整物流链、供应链的巨大优势,以及大数据、云计算等技术的充分应用才让京东智慧物流得以不断推进。

作为技术驱动的公司,技术创新也非常重要,京东大数据的逐渐完善,不但对行业有所启发,还能提供更为精准的用户画像。另外,随着京东 618 品质狂欢节的正式开启,京东"智能卖场"项目也正式上线,无论用户是从 PC、APP 还是微信端进入京东商城,都能看到满足自己个性化需求的京东页面,为不同用户呈现出最适合他的商品、店铺、品牌、优惠券以及相应的活动等。

3. 品类全面开花,品牌体验升级

互联网时代最重要的是流量,移动互联网最重要的是体验。每个消费者不再是一个流量,而更多的是一个实实在在的用户,所以和用户之间建立起更多的情感诉求,是移动互联网非常重要的工作。京东把自己的口号从最早的"多快好省"改为了"只为品质生活",开始从价格诉求转型为情感诉求,让用户把自己生活的品质提升和京东关联了起来。这看似是一个小的口号改变,但本质上是一个质的飞跃。另外,在 2017 年的 618 战报中,可以看到京东的改变,那就是京东早已不再是那个只以 3C 为傲的电商平台了,从数据中,我们看到了一个全品类遍地开花的京东,比如,京东是白酒线上线下最大的零售商,拉菲集团中国最大单体零售商,占据母婴快消品(奶粉、纸尿裤、洗护、辅食、喂养)线上交易市场 45％的份额。

3.4.2 自建物流提升运营效率

1. 配送服务说明:

(1)211 限时达:当日上午 11:00 前提交的现货订单(部分城市为上午 10 点前),以订单出库完成拣货时间点开始计算,当日送达;夜里 11:00 前提交的现货订单(以订单出库后完成拣货时间点开始计算),次日 15:00 前送达。截至 2017 年,"211 限时达"已覆盖全国 23 个城市。

(2)次日达:在一定时间点之前提交的现货订单(以订单出库后完成拣货的时间点开始计算),将于次日送达。除"211 限时达"服务外,京东"次日达"服务还覆盖全国 622 个区县。

(3)极速达:京东为消费者提供的一项个性化付费增值服务。消费者通过"在线支付"方式全额成功付款或"货到付款"方式成功提交订单,并勾选"极速达"服务后,京东会在服务时间内,3 小时将商品送至消费者所留地址。目前,"极速达"业务在北京、上海、广州、成都、武汉、沈阳六个城市提供服务。

(4)夜间配:京东为消费者提供的一项更快速、更便利的增值服务。消费者下单时在日历中选择"19:00—22:00"时段,属"夜间配"服务范围内的商品,京东会尽可能安排配送员在消费者选定当日晚间 19:00—22:00 送货上门。目前,"夜间配"业务在北京、上海、广州、成都、武汉、沈阳六个城市提供服务。

(5)京东物流配送服务项目与服务范围,具体可以查询 http://help.jd.com/user/issue/list-81.html。如图 3-21 所示。

图 3-21 手机京东订单物流查询

2. 自建物流的效率

京东在利润表中采取了和亚马逊一样的结构,因此我们可以对比来看。亚马逊在订单处理成本（即物流成本）、技术和内容以及市场费用上明显高于京东商城，因此亚马逊在费用销售占比上是京东的两倍多（见表 3-1）。这一方面显示了京东很好的成本控制能力，另一方面也说明京东在某些方面的投入还需要加强，尤其是技术方面的投入，这是未来竞争力的保证，也是支撑营收中服务收入的关键。

表 3-1　京东商城与亚马逊各项费用营收占比

年份	京东商城/%					亚马逊/%				
	2009	2010	2011	2012	2013	2009	2010	2011	2012	2013
订单处理成本	4.93	5.56	7.17	7.40	5.81	8.37	8.47	9.52	10.51	11.60
市场费用	1.47	2.33	2.27	2.65	2.17	2.77	3.01	3.39	3.94	4.09
技术和内容	0.48	0.55	1.14	1.54	1.40	5.06	5.07	6.05	7.47	9.62
一般管理费用	1.44	1.23	1.52	1.55	1.03	1.34	1.37	1.37	1.47	1.66
合计	8.32	9.67	12.10	13.14	10.41	17.54	17.92	20.33	23.39	26.97

值得一提的是，得益于京东物流投资规模效应的显现，京东的订单处理成本最近三年持续下降。国际化是京东的下一个战略目标，如果京东能在国际市场上继续保持这种低成本、高效率的运营模式，无疑是非常有竞争力的。

资产管理比率是衡量公司资产管理效率的财务指标，这里选取对零售企业最重要的存货周转天数和总资产周转天数进行对比。从表 3-2 中我们可以看出，随着京东不断从 3C 垂

表 3-2　京东与主要电商的资产管理效率对比

年份	流动资产周转天数/天					总资产周转天数/天				
	2009	2010	2011	2012	2013	2009	2010	2011	2012	2013
京东	29	46	48	42	48	55	108	183	158	177
亚马逊	32	34	38	36	45	206	201	192	194	238
阿里巴巴	1762	1539	636	582	—	2893	2239	1122	873	—
苏宁	40	46	52	64	96	224	212	232	283	379

直品类向图书、日用百货等全品类扩张，京东存货周转天数和总资产周转天数有所提升，但是相比亚马逊尤其是苏宁，仍然保持着较高的竞争力。

3.4.3　京东模式之困

2014 年京东在美国 IPO 时，很大程度上被看成是中国版的亚马逊。和亚马逊的创始人贝佐斯相似，信奉战略性亏损的刘强东也把京东定位成"中国亚马逊"，忽视短期盈利而关注公司的长期战略。"用今天的亏损换来明天别人无法超越的优势"是两人的座右铭。从图书电商立家到大手笔投入仓储物流，京东一直以亚马逊作为标杆，刘强东让外界深信，京东不但有能力实现盈利，而且还能挑战阿里巴巴的地位。

美国亚马逊和中国京东同样是电商平台，并且都属于自主销售型的 B2C 网站，采取自建物流仓储配送的方式，销售商品从单一品类扩展到综合类，经营模式如此相似，为何一个已经扭亏为盈，而另一个却还在持续亏损呢？

其实，亚马逊作为全球电商的领头羊，也曾在亏损的道路上走了二十年之久，直到 2015

年第二季度才开始扭亏为盈，到 2016 第一季度已经连续四个季度赢利，并获得了资本市场的追捧。驱动亚马逊赢利的最值得关注的因素还是云计算 AWS 业务（AWS 云计算营业额是 26 亿美元，营业利润 6.04 亿美元）。

自建物流对于京东来说，也是一个极烧钱的运营模式。自 2007 年提出要自建仓储配送以来，配送模式已由最初的简单配送演变成分布式仓储配送网络。发展至今，京东已经在全国建立了 13 个物流中心，每个大仓都有自己的服务半径，因此京东自营的大多数订单都能够当日达或者次日达。但是，这些业务所需要的投资额和履约费用是不容小觑的，数据显示，2015 年京东全年亏损 94 亿元，而其自建物流设备、设施的投入就高达 62.3 亿元，较年初增加 38 亿元，增幅达 159%。此外，2015 年一年京东仓储物流费用高达 139.2 亿元，相比 2014 年增幅高达 72.5%，同时，京东的人力成本在整个京东架构体系里占据了 80%，由此可见在盈利形式还不明朗的今天，京东在基础设施上的投入占据了相当大的成本。如图 3-22 所示为京东成本结构与业绩增长情况。

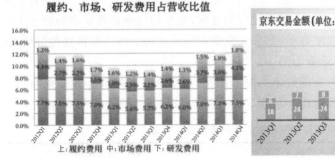

图 3-22　京东成本结构与业绩增长

京东受限于自身模式，当前的状态只能做到在微损与微利之间摇摆，是不可能像阿里巴巴那样赚钱的。因为，基于零售核心的电商本质上是一件这样的事情：与家门口的便利店相比，它不能卖得更贵，否则就没有优势，但它要把商品卖给你，它需要自己采购，采购完仓储，再自建物流配送，中间还有建平台、打广告、商品折旧、客服、售后退换等一系列工作，相比一个非常赚钱的利润中心，它更容易成为一个成本中心，所以自营电商基本是烧钱的宿命，这是行业基因决定的。在金融、O2O 等未来业务还未成长为供血单元之前，以京东商城为业务核心的京东集团，其本身的重资产模式就无法支撑一个高毛利的商业帝国。而京东选择的是：放缓增长，降低亏损，换取财务上的正向数字，但问题是以零售为核心的自营电商无法盈利（自营电商毛利率为 7%，而京东仅物流成本就要 7%），而解决之道就是增加毛利润率。但一旦做大开放平台业务，就会影响用户体验，因此目前开放平台业务保持在 40% 的水准，是京东目前可以维持在微利与微损之间的红线所在。

总的来说，京东未来或许可以通过京东金融和京东到家来扭亏为盈，但是目前这些新业务仍处于发展期，还需要京东的投入和支持。而在传统业务范围的农村电商拓展和自营平台租金提前持有方面，京东也同样面临着一些亟待解决的问题。

根据京东发布的 2017 年财报，2017 年度净收入为 3623 亿元，同比增长 40.3%，净利润 50 亿元，同比增长 140%。2017 年第四季度单季收入 1102 亿元，2017 年全年交易总额（GMV）近 1.3 万亿元。2017 年度活跃用户数达 2.925 亿，较 2016 年同期增长 29.1%。截至 2017 年 12 月 31 日,京东物流集团运营 486 个大型仓库,总面积约 1000 万平方米。

3.4.4 京东开放平台 POP

1. 基本合作模式

京东目前可以合作的模式有四种:FBP、LBP、SOP、SOPL,四种模式都是在京东 POP(platform open plan)开放平台开店时合作的。

FBP(fulfillment by POP)配送模式是一种全托管式的物流配送模式。工作流程如图 3-23 所示。商家与京东商城确定合作后,商家在京东商城上传店铺信息和标价并进行备货,京东商城在消费者产生订单后从仓库进行调货、打印发票,同时进行货物的配送,京东结束交易后与商家进行结算。京东商城根据消费者订单进行货物配送和开具发票,商家查看库存信息及时进行补货,从而在配送过程中减少货物运输的成本和物流配送成本。由于商家提前进行备货,京东商城能够第一时间进行货物配送,缩短配送时间,做到京东提出的"211 限时达"服务。

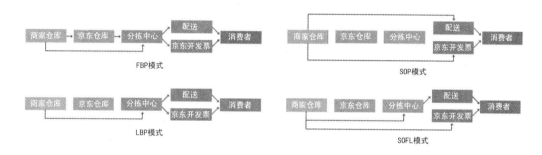

图 3-23 京东开放平台四种合作模式

LBP(logistics by POP)配送模式是一种无须提前备货的配送模式。商家与京东商城确定合作后,商家无须备货,只需在 12 小时内对订单进行包装和发货,36 小时内到达京东配送中心,由京东进行货物的配送和发票的开具。京东商城与商家合作时,只提供配送和客服两项服务,减轻了京东的库存压力。运用 LBP 模式的优势在于,产生订单后,商家能够第一时间进行配货,发货相对方便。但是货物在配送时需经过京东仓库,所以运输速度有所下降,配送周期有所增加。同时,加大商家的配送运输成本,降低京东的配送效率。

SOP(sale on POP)配送模式是一种直接由商家发货的物流配送模式,京东在物流过程中不起任何作用。京东商城只提供可操作的后台,物流配送的工作以及后期服务全部由商家自己完成。京东商城只要求商家在订单产生 12 小时内进行配货发送。SOP 模式的整个物流配送过程都由商家独自完成,大大降低了京东商城的物流配送压力,减少了配送支出和运输成本,减轻了京东的库存压力。SOP 模式的优势在于商家已有成型的团队,而且可以同时操作京东平台。

SOPL(sales on POP logistics)配送模式与 LBP 配送体系相似,商家与京东商城确定合作后,商家无须备货,只需在 12 小时内对订单进行包装和发货,36 小时内到达京东配送中心,由京东进行货物的配送。与 LBP 模式不同的是,SOPL 模式的发票开具环节是由商家完成的,京东在整个物流过程中只发挥仅有的配送服务,其他的工作都由商家自己完成。

SOPL 模式的运用，一定程度上减轻了京东仓储的压力，减少了物流配货过程中的配货成本。与 LBP 模式相同，订单的生成和发货从商家开始，会影响货物的发货速度和运输时间，降低配送效率，导致客户满意度下降。

京东商城的合作要求是要保证正品商城，保证优质的商家入驻，所以在条件上有一定的限制，基本的硬性条件如下：

FBP、LBP、SOP、SOPL 都要求商家的注册资金 50 万元以上，商家注册时间 2 年及以上。

FBP、LBP 的合作模式商家必须具备一般纳税人资格，需要给京东开具增值税发票（注：不是普通发票）。

SOP、SOPL 的合作模式商家不需要给京东开具发票，但需要给消费者直接开具发票（增值税发票或普通发票都可以），企业基本证件、商标、授权、质检报告及其他国家规定资质每一项都必须齐全。

这四种合作模式的服务对比如表 3-3 所示。

表 3-3 合作模式

商家合作模式	京东店铺	京东交易系统	京东仓储	京东配送	买方自提	京东货到付款	第三方货到付款
FBP	有	有	有	有	有	有	无
LBP	有	有	无	有	有	有	无
SOPL	有	有	无	有	有	无	无
SOP	有	有	无	无	无	无	无

图 3-28 京东 POP 合作模式服务对比

2. 模式特点

京东凭借自身强大的物流配送能力，提供 211 限时达、大家电 211 限时达、次日达、夜间配、大家电夜间配、定时达、极速达、隔日达、京准达、京尊达、上门自提、自提柜等多项特色配送服务。

（1）FBP 的模式：

①FBP 模式是跟京东自己采购的模式比较类似的一种模式，京东的仓储、配送、覆盖全国的自提点，都可以同样享有同等服务，京东给所有的消费者开具京东的发票。

②京东目前在全国有 7 个仓储中心：北京、上海、广州、成都、武汉、沈阳、西安，商家可选择将自己的产品入京东的仓储，每个仓储入多少货由商家来决定，商家可以选择其中的一个库入，或者几个库入，或者 7 个库都入。

③但是入哪个仓库只能在该仓库覆盖的区域进行销售；如果商家希望做活动，或者京东有网上促销等活动，那么做活动的产品必须 7 个库都有货。

④这种模式下，它的配送可以做到"211 限时达"和全场免运费的政策，用户体验和配送服务都会非常好，客户删单和退货率是最少的，发货速度是最快的。

⑤京东 70％的客户习惯采用货到付款（移动 POS、信用卡），上京东自提点自提，30％的客户采用在线支付。这种模式下，买家的退货也是京东来操作，京东上门或者消费者自己来退货，京东集中退还给商家。在这种模式下，京东 100％注册用户都能够覆盖到。

⑥FBP 模式适合那些上架商品数量少、商品售价高、能开增值税发票的商家。

（2）LBP 的模式

①LBP 模式适合诸如服装、鞋类以及其他 SKU（stock keeping unit，库存量单位）数非常多，但入库比较麻烦，或者库存比较紧张的商家。配送方式是顾客下订单后，商家把货发到顾客就近的京东分拣中心，由京东配送，例如，上海的顾客订货了，商家要把顾客所订的货物打包好发到上海的京东分拣中心，要预约才能入京东的分拣中心。

②每日早上 6 点至 16 点之间产生的订单，6 小时内发货；16 点至次日 6 点产生的订单 18 小时内发货，发货后 30 小时内保证配送至所在区域京东库房（以库房签收时间为准），54 小时内保证配送至非本区域京东库房（以库房签收时间为准）。

③预估订单有一定的数量，如果每天都有订单，每天都要发货到京东的分拣中心。

④优点是支持顾客货到付款、消费者上门自提等服务，即 100％的买家都能覆盖到；库存在商家自己的仓库中。

⑤缺点是配送费用较高，商家要支付两笔配送费用。一笔是从商家仓库到京东分拣中心的快递费；另一笔是京东的配送费（13 元/单），另外加扣点（即佣金）；顾客从下订单到收货的时间比较长。

（3）SOPL 模式

SOPL 模式配送方式跟 LBP 模式一样，只是开票方式不一样，其由商家直接开发票给顾客（顾客需要才开发票，可开增值税票或普通发票），商家不用开票给京东。京东收取配送费（12 元/单），另外加扣点（即佣金）。

（4）SOP 模式

①SOP 模式跟淘宝类似，商家负责产品的所有服务，包括退换货服务。

②目前只支持在线支付，即消费者通过网银、微信等在线支付后，商家才能在后台看到订单，商家发货。

③不能开具增值税发票的商家，建议采用该合作模式。

④优势在于，商家已有的团队可以同时操作京东平台。商家操作灵活，顾客从下单到收货的时间较快。由商家直接开发票给顾客（顾客需要才开发票，可开增值税票或普通发票），商家不用开票给京东。

⑤缺点是不支持顾客货到付款。

以上四种合作模式的商品上传、店铺装修维护、在线客服、店铺的营销推广，都是由商家负责的。所有结算均按照已完成订单实际销售额计算，以月为结算周期。每月月初对账，对上月全月的销售金额，走付款流程。商家有疑问可以通过京东的商家帮助中心得到帮助，如图 3-24 所示。

京东的开放平台采取的是与联营商户更紧密的合作体系。平台商户将可以借助京东的仓储、配送、客服、售后、货到付款、退换货、自提货等体系，优化网购体验，同时也进一步消减自建服务体系的成本，而消费者则可以通过开放平台购买到更丰富的商品。

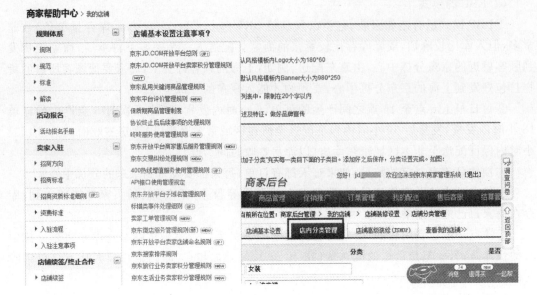

图 3-24　京东的商家帮助中心

3.5　其他 B2C 电子商务平台

1. 亚马逊中国

亚马逊中国(www.amazon.cn)是一家中国 B2C 电子商务网站,前身为卓越网,被亚马逊公司收购后,成为其子公司,经营图书、音像、软件、影视等。卓越网创立于 2000 年,为客户提供各类图书、音像、软件、玩具礼品、百货等商品。亚马逊中国总部设在北京,并成立了上海和广州分公司。目前已经成为中国网上零售的领先者之一。亚马逊中国是全球最大的电子商务公司亚马逊在中国的网站,致力于从低价、选品、便利三个方面为消费者打造一个可信赖的网上购物环境。

2. 苏宁易购

苏宁易购(www.suning.com),是苏宁云商集团股份有限公司旗下新一代 B2C 网上购物平台,现已覆盖传统家电、3C 电器、日用百货等品类。苏宁易购通过强化虚拟网络与实体店面的同步发展,不断提升网络市场份额。未来三年,苏宁易购将依托强大的物流、售后服务及信息化支持,继续保持快速的发展步伐;2020 年,苏宁易购计划实现 3000 亿元的销售规模,成为中国领先的 B2C 平台之一。苏宁易购总部位于江苏省南京市。

2015 年 8 月,阿里巴巴和苏宁云商宣布达成全面战略合作,苏宁易购入驻天猫,以 suing 域名的天猫旗舰店正式亮相。

3. 唯品会

唯品会(www.vip.com)率先在国内开创了特卖这一独特的商业模式。加上其"零库存"的物流管理以及与电子商务的无缝对接模式,唯品会得以在短时间内在电子商务领域生根发芽。

唯品会与知名国内外品牌代理商及厂家合作，向中国消费者提供低价优质、受欢迎的品牌正品。每天 100 个品牌授权特卖，商品囊括时装、配饰、鞋、美容化妆品、箱包、家纺、皮具、香水、3C、母婴等。

唯品会在 2016 年全年总营收 565.9 亿元人民币，同比大涨 40.8%；毛利润 136 亿元，较上年同期增长 37.4%；受益于公司运营能力的不断提升，按照非美国通用会计准则（Non-GAAP）计量，唯品会年度运营利润较上年增长 32.4% 至 34.9 亿元，2016 年全年归属于唯品会股东的净利润达到 28.7 亿元，同比增长 30.4%。除了各项指标的强劲增长外，唯品会全年活跃用户数同比劲增 42%，达到 5210 万；全年总订单量同比增长 40%，达到 2.698 亿单。其网站如图 3-25 所示。

图 3-25　唯品会：一家专门做特卖的网站

唯品会仅次于天猫、京东，位列第三，这意味着唯品会"精选＋导购"的在线折扣零售模式与天猫集市模式、京东传统 B2C 模式一起组成 B2C 电商模式的全新结构。2017 年 12 月，唯品会获腾讯、京东 8.63 亿美元联合战略投资。

4. 国美在线

2012 年 12 月初，国美电器集团做出决策，将国美在线与库巴网两家旗下电商公司进行后台重组，实现两大电商平台整合之后，国美电器网上商城将正式更名为"国美在线"（www.gome.com.cn）。更名为"国美在线"的国美电器网上商城将定位于面向 B2C 业务的跨品类综合性电商购物网站，依托国美在线的后台能力，以独立品牌、独立网站、独立运营的模式专注于综合类电商平台的发展。

5. 当当网

当当网（www.dangdang.com）是国内领先的 B2C 网上商城，成立于 1999 年 11 月，以图书零售起家，已发展成为领先的在线零售商：中国最大图书零售商、高速增长的百货业务和第三方招商平台。当当网致力于为用户提供一流的一站式购物体验，在线销售的商品包括图书音像、服装、孕婴童、家居、美妆和 3C 数码等几十个大类，在库图书超过 90 万种，百货超过 105 万种。当当网的注册用户遍及全国。当当网于美国时间 2010 年 12 月 8 日在纽约证券交易所正式挂牌上市，是中国第一家完全基于线上业务、在美国上市的 B2C 网上商城。

6.1 号店

1 号店(www. yhd. com)是国内首家网上超市，由世界 500 强戴尔前高管于刚和刘峻岭联合在上海张江高科技园区创立。2008 年 7 月，1 号店网站正式上线。成立以来，1 号店持续保持高速的增长势头，2013 年实现了 115.4 亿元的销售业绩。1 号店已成为国内最大的 B2C 食品电商。

2012 年 10 月，沃尔玛战略投资 1 号店。2016 年 6 月，京东宣布，与沃尔玛达成深度战略合作。作为合作的一部分，沃尔玛旗下 1 号店将并入京东。

目前，主要 B2C 平台商城入驻费用如表 3-4 所示。

表 3-4　主要 B2C 平台商城入驻费用

平台名称		明细	费用	备注
天猫商城		保证金	5 万元、10 万元、15 万元	保证金根据店铺性质及商标状态不同分为三等
		年费	3 万/年、6 万/年	视经营类目而定
		佣金	每单 0.5%～5%	视经营类目而定
京东商城		年费	6000 元/年	
		保证金	1 万～10 万元	视经营类目而定
		交易服务费	商家在京东商城以京东价售出的产品销售额×商品对应的毛利保证率	
亚马逊商城	自主物流模式	佣金	每单 4%～15%	视经营类目而定
	亚马逊物流模式	佣金	每单 4%～15%	视经营类目而定
		物流费		
		存储费		
QQ 商城（QQ 网购）2014 年 9 月已并入京东旗下		保证金	3 万元、5 万元	视经营类目而定
		年费	6000 元/年	
		佣金	每单 0.5%～5%	视经营类目而定
1 号店		保证金	5000～10000 元	
		年费	以每个店铺的 SKU 数计算，按年度交纳 SKU 数在 500 以内的，3000 元/年，SKU 数在 500 至 1000 的，5000 元/年；SKU 数超过 1000 的，10000 元/年	SKU=库存进出计量的单位

续表

平台名称		明细	费用	备注
当当网		年费	6000 元/年、12000 元/年	视经营类目而定
		保证金	1 万～10 万元	视经营类目而定
苏宁易购	经销商模式	年费	5000 元/年	经销模式一般都是大品牌入驻
		电子签单费	400 元	
	代销模式	年费	500 元/年＋销售规模(5 万以下 500 元/年、5 万～10 万元 1000 元/年、10 万～20 万元 2000 元/年、30 万元以上 3000 元/年)	根据每年销售规模的不同分级
易迅网		月费	500 元/月	
		保证金	10000 元	
		佣金	每单 2%～6%	视经营类目而定

实例讨论

1. 举例说明"双 11"网络购物节对你的消费方式带来哪些正面和负面的影响?

2. 京东 B2C 与天猫 B2C 有什么本质不同,你对哪些差异有感受,请举例说明。

3. 你对网络购物节日促销后的退货难、价格欺诈有什么体验?

4. 对于供应商而言,应以什么策略进军在线销售?

5. 传统零售企业进军电商为什么总在"打酱油"?

6. 如何理解淘宝漏斗模型和销售额公式?

实训一 淘宝网实践

(1)在淘宝注册自己的账号,在卖家中心(http://openshop.mai.taobao.com/openshop/welcome.htm)完成以下任务:

①免费开店的申请。

②出售二手闲置产品。

(2)登录淘宝大学(http://daxue.taobao.com),学习部分免费课程。

(3)通过 10 个你所希望购买的商品关键词搜索阿里指数(index.1688.com),并查看购买者的地域分布和人群定位。

(4)登录淘宝联盟(http://pub.alimama.com),学习如何成为一个淘宝客,并试着去推广一款产品。

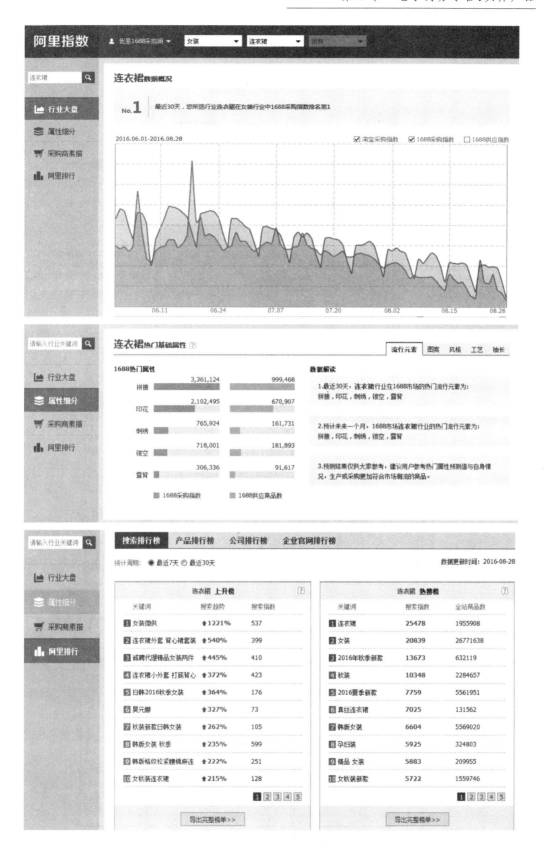

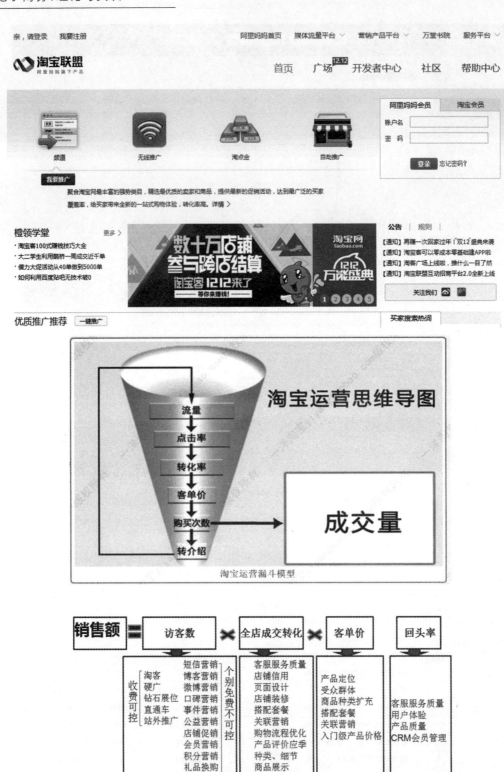

实训二　天猫网分析

　　登录天猫网站(www.tmall.com)，首页的商品分类中包含从开头的"女装/内衣"到最后的"图书音像"，共 16 个大类。

　　(1)每一个大类中选择一个小类，如女装/内衣大类中的"毛呢连衣裙"，查看有多少件相关商品，总共显示多少件相关商品，直通车位置有几个。

　　(2)对小类商品排名第一页的商品进行分析，从宝贝名称、产品信息、广告画片、卖点提炼、功能细节、品牌介绍、案例客户、好评展示、实力展示、使用说明、联系方式等方面入手。

　　(3)分析热销商品"连衣裙"，按照销量排序，对销量最高的前 2 页(120 件商品)进行汇总，分析它的平均价格、主图设计、促销内容、产品卖点；对 120 件宝贝的标题(30 个字)进行统计分析，得出标题的词频，并说明卖家后台添加宝贝时，为什么每一项信息都要认真核对。

　　(4)分析如何打造一款爆款商品。

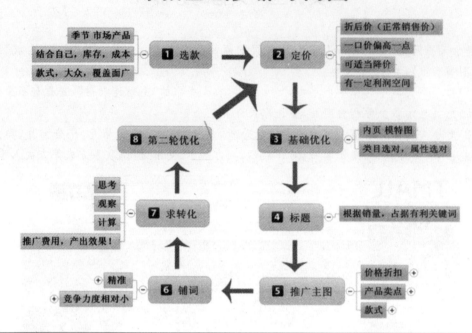

爆款基础步骤导向图

传统企业做淘宝和天猫电商的四个阶段:(1)流量吸引阶段;(2)产品定位阶段;(3)会员营销阶段;(4)电商品牌阶段。

推广成本:(1)淘宝硬广首焦 14 万元一天,获点击 PV15～20 万元,以转化率 2% 计,一用户成本 70 元;(2)直通车回报率 1:2.5,以平均单价 150 元计,直通车顾客成本 60 元;(3)淘宝客佣金 15%,150 元客单价算顾客成本 22.5 元。

传统企业做电商采取 2:7:1 的电商定价策略。也就是 20% 的产品一定要定低价,70% 的产品定中等价位,另外 10% 的产品定高价。整个定价策略类似于一个橄榄球的形状,两端占小部分的产品是低价与高价,中间占大部分的产品是中等价位。

实训三　京东物流配送与夺宝岛体验

登录京东商城(http://www.jd.com),注册京东账户,完成以下实验:

(1)每一个大类中选择一个小类,如"家用电器"大类中的"个护健康"里的"剃须刀",查看有多少件相关商品,总共显示多少。

(2)根据京东提供的"用户喜欢的价位"的价格范围与比例,估算全网该商品的平均价格。然后查看销量最好的前 2 页商品(120 件商品),计算平均价格,查看有哪些主要的品牌。

(3)搜索你希望购买的品类,查看选择与不选择"京东物流"之间有什么差别。

(4)浏览京东金融板块的众筹相关项目。

(5)浏览京东拍卖板块的夺宝岛里的"拍拍二手"，分析出价竞买的基本规律。

第4章 电子商务零售:数字产品

Electronic Commerce Retailing：Digital Products

【学习目标】

❖ 了解国内在线旅游市场的发展格局

❖ 理解在线旅游产业链

❖ 列举目前在线旅游的商业模式

❖ 知晓国内当前网络招聘典型模式

❖ 掌握如何在线发布招聘业务

❖ 掌握在线支付操作方法

❖ 了解如何在线买卖金融类产品

❖ 了解在线教育行业产业链

❖ 了解在线娱乐产品和服务

引导案例 **在线旅游为何热衷"捆绑销售"?**

一部手机在手,片刻浏览后,机票、酒店、接送车辆全部搞定,在线旅游让"说走就走"变成现实后也迎来繁荣,预计 2019 年中国在线旅游市场交易规模将超过万亿元。在线旅游迅猛发展的同时,不少乱象却给消费者增添不少麻烦。在中消协发布的 2017 年十大消费维权舆情热点中,在线旅游平台也因捆绑搭售机票成为消费投诉的一大重灾区。

"捆绑销售"几乎成了在线旅游网站一个普遍的行业现象,其背后是行业规则改变下,票务代理的获利空间被压缩的现实。当机票的蛋糕不再诱人,而针对企业的强制性惩罚缺乏、企业违规成本低的情况下,消费者的权益又当如何维护?

年关将至,网络订票成为很多人购买回家车票的第一选择。尽管目的地不尽相同,经历的"套路"却大同小异:"已经选好一张机票,却在付款时发现待付款金额高出实际票价,这才发现原来是在保险预选框内包含了一份 30 元的航空意外险。"

近年来,在线旅游网站捆绑销售的问题屡屡曝光。国内知名旅游网站——携程网被爆出其机票、酒店、高铁等预定业务存在"捆绑式"销售的行为,即给你原本预定的票上再添加一些"额外"的服务,比如一些优惠券、VIP 服务等,与票务捆绑式销售。而且附加的消费通常隐藏在款项的下拉栏里,若不仔细看很容易忽略,甚至发现了,寻找取消按钮也极为不便,造成大多数用户购买了不需要的"额外"消费。

2017年10月，微博大V、演员韩雪发微博炮轰喊着"携程在手，说走就走"的携程网存在订票乱象，号召大家"携程在手，看清楚再走"，在线旅游再次被推向风口浪尖。

对此，携程回应称经过多次优化界面，已不再自动"搭售"其他业务，并在"普通预订"窗口推出了不含任何附加增值产品的机票。以后顾客在预订机票时，增值服务不会默认勾选，而是需要消费者自己点击做选择，给予消费者更透明的机票价格。

不过，捆绑销售的并不只有携程一家，这几乎是业内默认的盈利模式。记者在多家在线旅游网站浏览发现，尽管"默认勾选保险"已经很少出现，但购票仍然存在不少"套路"，如不买保险难以享受"快速出票"，某旅行APP的火车票购买页面上，保险选项中包含了"不购买出行保障"选项，但在该栏下还标注着"有时需要排队，出票较慢"的字样，10元保险产品则注明了优先出票，20元、30元的保险注明了极速出票，在"一票难求"之际抓住了旅客的软肋。

有消费者抱怨称："个别平台上的保险产品位置隐蔽，我着急购票付款，不一定能在短时间内取消掉。发现不小心买到了已勾选保险产品的时候，也不知道怎么退保，但又不想影响已经买到的票。"

资料来源：工人日报，文/彭文卓　http://www.xinhuanet.com/fortune/2018-01/28/c_1122327179.htm

数字产品具有狭义和广义之分。狭义的数字产品是指信息内容基于数字格式的交换物或通过因特网以比特流方式运送的产品，而广义的数字产品除了包括狭义的数字产品外，还包括基于数字技术的电子产品或将其转化为数字形式通过网络来传播和收发，或者依托于一定的物理载体而存在的产品。

(1)依据数字产品的用途与性质，数字产品可分为内容性产品、交换工具、数字过程和服务三种类型。内容性产品是指表达一定内容的数字产品，主要有新闻、书刊、电影和音乐四种表达形式。交换工具是指代表某种契约的数字产品，如数字门票、数字化预订等。数字过程和服务主要指数字化的交互行为，如远程教育、网络游戏、交互式娱乐等。

(2)数字产品都属于比特流，消除了生产和使用的物理界限，因此将数字产品分为三类：

①信息和娱乐产品，如纸上信息产品、产品信息、图像图形、音频产品和视频产品。

②象征、符号和概念，如航班、音乐会、体育场的订票过程、支票、电子货币、信用卡等财务工具等。

③过程和服务，如政府服务、信件和传真电子消费、远程教育和交互式服务、数字咖啡馆和交互式娱乐等。

在本章我们主要关注在线旅游、在线招聘、在线地产/保险/金融、在线娱乐/游戏、在线教育以及其他的电子商务的在线服务。

4.1　在线旅游

旅游行业是轻资产、重服务的行业，不需要物流体系支持，重点在于渠道建设和客服支持。因此，旅游行业是非常适合发展电子商务的，旅游行业也必然会在电子商务时代形成新的发展局势，未来旅游市场也必然是呈十倍甚至是百倍的增长速度。

4.1.1　在线旅游市场

1. 基本概念

在线旅游的基本概念如表 4-1 所示。

表 4-1　在线旅游基本概念

概念	定义描述
在线旅游	指旅游消费者通过网络或电话向旅行服务提供商预订机票、酒店、度假产品等旅行产品或服务,并通过网上支付或者线下付费的行为
交易规模	指在线旅游服务提供商通过在线或者 Call Center 预订并交易成功的机票、酒店、度假等所有旅游产品的价值总额。包括上游供应商的网络直销和第三方在线代理商的网络分销
中国旅游总收入	涵盖游客旅行过程中"吃、住、行、游、娱、购"六大要素的所有花销。数据来源于国家旅游局
在线旅游渗透率	在线旅行预订市场交易规模/中国旅游业总收入
OTA 市场营收规模	指第三方在线旅行服务代理商(online travel agency,OTA)在网络旅行资源分销过程中所获得的分销佣金提成及其他旅行服务收入
GDS	GDS(global distribution system)即"全球分销系统",是应用于整个旅游业的大型计算机信息服务系统。通过 GDS,遍及全球的旅游销售机构可以及时地从航空公司、酒店、租车公司、旅游公司获取大量的与旅游相关的信息,从而为顾客提供服务

中国在线旅游产业链如图 4-1 所示。

2. 市场发展

艾瑞监测数据显示,2016 年中国在线旅游市场交易规模达 5934.6 亿元,增长率为 34.0%,2017 年中国在线旅游市场交易规模超过 7437.0 亿元。中国旅游产业线上渗透率达到 12.1%。在线旅游的增长主要取决于在线机票、酒店和度假等业务的增长。机票方面,在线机票预订业务趋于成熟,在整体机票预订中渗透率较高,出现增速放缓态势,但由于其高客单价的特点,故对在线旅游整体贡献较大。相比之下,受到在线休闲旅游迅速崛起的影响,其重要组成部分——酒店和度假业务迎来爆发增长期,其中度假业务在整体在线旅游市场中所占比重也逐年升高。另外,随着在线短租、在线租车和打车业务的兴起,在线旅游市场将迎来新增长点。

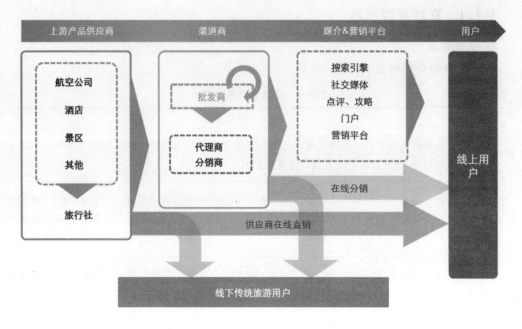

图 4-1　中国在线旅游产业链

2016 年，中国在线旅游市场中，在线度假交易额占比持续上升，2016 年交易规模占比为 16.2％，较 2015 年上升了 0.6 个百分点。随着出境游、定制游的持续火热，在线度假占比将会继续上涨。如图 4-2 所示。

2016 年，机票占比 58.8％，仍占据半壁江山，其占在线旅游行业的比重较为稳定。机票是市场中发展最成熟的板块。随着度假及其他品类业务的上升，机票交易比例出现下降趋势。如图 4-3 所示。

2016 年，中国在线住宿占比为 20.1％，较 2015 年下降 0.2 个百分点。在消费升级和中产阶级崛起的背景下，人们对出游品质的要求逐步提高，对住宿的需求也呈现个性化，因而未来中高端酒店及民宿等产品将逐渐受到用户的青睐。

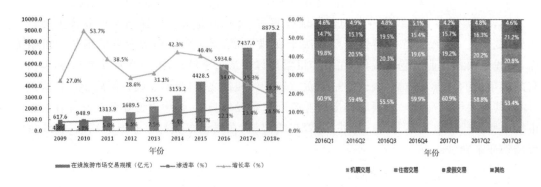

图 4-2　中国在线旅游市场交易规模及结构

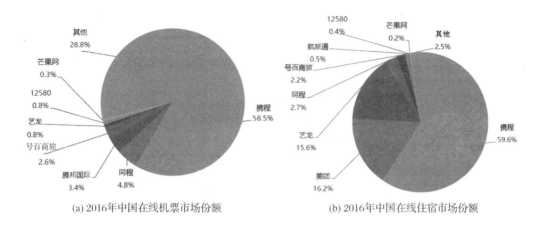

(a) 2016年中国在线机票市场份额　　　　　(b) 2016年中国在线住宿市场份额

图 4-3　中国在线旅游 OTA 市场份额

4.1.2　在线旅游商业模式

在线旅游行业已形成"携程系""海航系"为首的两大巨头；拥有上游资源的"万达系""首旅系"正在发力集中整合资源；此外，依托阿里生态圈的阿里旅行也在攻城略地，加速在线旅游行业的渗透。如图 4-4 所示。

图 4-4　在线旅游市场产业链

目前在线旅游网站的主流商业模式有以下三种：

(1)有积极拓展产业链的综合型 OTA(即"在线旅行社")网站[如携程(见图 4-5)、同程等)]。

图 4-5 携程网首页

（2）专注于专项度假领域的特色型 OTA［（如途牛网（见图 4-6）、马蜂窝等）］。

（3）有传统旅行社的线上扩张（如中青旅遨游网、众信旅游网等）。

在线旅游网站领域，综合型 OTA 龙头偏重相对轻资产的自助游，例如携程自助游占其

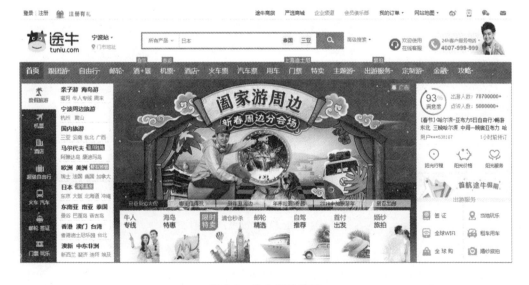

图 4-6 途牛网站首页

在线度假交易额近 3/4；而同程网自助游占比更是接近九成。特色型 OTA 则主要依靠在细分市场领域精耕细作，如途牛网发力在线跟团游并打造尾货平台（见图 4-6），欣欣网拓展旅行社行业的淘宝模式等。

马蜂窝目前的商业模式为"撮合交易"，即精准对接客户和旅行产品。该网站建立旅行社交网络（SNS），用户通过交互生成海量的原创内容（user generated content，UGC），这些内容通过其自主研发的攻略引擎技术进行大数据挖掘，形成多元化、结构化的出游和住宿攻略等。通过大数据挖掘，马蜂窝的多重旅游信息能够在 PC 端和移动端之间"穿梭"，并形成良性循环，网站能依据用户偏好对接个性化的旅行产品服务。

以马蜂窝关于我国香港地区的旅行为例，其香港旅游攻略关联了 2.2 万篇游记、8 万多条问答数据，以及 28 万多条点评和超过 36 万张的图片，攻略引擎会定期计算和更新这些信息，把信息按照餐饮、交通等行业进行归类、整理乃至最后发布，并向有相应需求的用户推送香港特价机票、酒店住宿特惠等目的地相关服务。已有 524.5 万人下载了香港攻略，被分享到社交网站 1.1 万多次。

从组织形式构成维度，携程和同程依托自身综合 OTA 平台优势，通过"交通＋地接"等形式向旅游产业链上、下游不断延伸。携程客户主要以京沪广深等一线城市为主导，而且携程在机票和酒店领域开放后台引入第三方产品，预计该公司未来在度假业务领域也将开放后台，引入更多第三方产品，以便更好地满足消费者的多元化需求。

此外，以传统旅行社的线上扩张为主要商业模式的中青旅遨游网，则向旅行者提供全方位的旅游度假预订、资讯等各项服务。中青旅遨游网既是中青旅旅游产品的在线销售渠道，也是公司面向互联网以及移动互联网"新市场、新需求、新业态"的创新业务单元。它既是中青旅现有主业的重要支撑，也是面向未来市场的创新投资。

1. 差异化竞争策略凸显

尽管在线旅游市场中携程仍是体量第一的"老大哥"，不过，一批批精准定位、打破传统客户和服务商固有思维模式、主打差异化竞争的新型商旅网已如雨后春笋般突起。其中，途牛网、遨游网、马蜂窝等一批在线旅游网站正闯出一片新天地。

现如今，旅客对亲身体验的要求愈来愈高，已不满足于以往的参团旅游或自由行，个性化私人定制旅游成为热门的旅游方式。2014 年 9 月 16 日，遨游网定制频道正式上线，欲以优质、专业的服务和较高的性价比为游客提供可靠的个性化、私人定制旅行服务。

近年来，国内游客早已不单纯看中价格的低廉，而是更希望得到具有深度和个性化的旅游体验，甚至有些游客就是希望自己的旅游线路与众不同，彰显个人风格。此前，遨游网曾尝试推出过一些个性化的旅游产品，其中"马尔代夫婚纱写真自由行"就深获游客欢迎。为了进一步满足游客的多元化、个性化需求，旅游定制频道便应运而生了。遨游网定制频道针对游客的个人爱好、目的地、行程天数不同，由资深旅游专家为其提供"一对一"个性化服务，从路线、方式等方面为旅游者量身打造专属旅行方案。旅行者可以通过遨游网选择自己想要的航班、火车列次、喜欢的住宿旅店、想要走的旅行路线，遨游网的资深导游顾问会在 30 分钟内与游客取得沟通，随后便为游客安排一场完全符合游客意愿的旅游套餐。如图 4-7 所示。

近年来，在线旅游网站领域也存在同质化现象，开拓创新并加快市场细分势在必行。个性化旅游的实质就是社交化旅游，每位游客在旅游网站中获取信息，同时也在不断分享自己的旅游体验。专注细分领域的在线旅游网站会愈来愈多，不断满足用户的个性化要求；此

图 4-7　中青旅遨游的定制团

外，那些不能提供令旅游者满意的个性化、便利化旅游产品和舒适服务的在线旅游网站，或将被淘汰出局。

2．挑战仍存、任重道远

目前在线旅游网站的挑战主要有三个：首先，如何在做大的同时实现早日盈利，这是在线旅游网站的长期健康发展最需要解决的瓶颈问题；其次，如何在与互联网商业巨头（如BAT）竞争中存活下来并取得发展，包括和在线旅游巨头的竞争；最后，它如何对接旅游行业资源的问题。旅游行业仍属传统行业，互联网化程度严重不足，在对接在线网站的开放心态、思维及能力上都存在不小的问题，这也是在线旅游网站发展扩张的重要障碍，但这样的障碍同样给创新能力较强的中小企业提供了重要商机。

目前来看，在线旅游市场处于发展变革期，消费升级带来了全新的服务需求和用户体验。尤其随着移动互联网的崛起，行业正面临着新一轮的洗牌，移动互联网逐渐成为各大在线旅游服务商的新战场。随着在线旅游市场的快速发展，用户对市场的需求越来越细分化、个性化。旅游网站亟须找到旅游者需求的关键点，并在细分领域中不断深耕。

与此同时，碎片化、移动化以及大数据正成为在线旅游网站的发展趋势。移动旅游市场正在占据愈来愈高的市场份额，各旅游巨头纷纷进行移动端布局，移动渠道变成在线旅游业实现增长的主要驱动力。此外，个性化旅游的需求愈发强烈，在线旅游网站要在满足标准需求和提供个性化服务之间找到平衡点。在大数据时代，在线旅游网站投入更多的资金和技术支持以提高其自身的数据分析能力，也尤为必要。

4.2　在线招聘

4.2.1　在线招聘市场

1．基本概念

在线招聘涉及的概念，如表 4-2 所示。

表 4-2 在线招聘涉及的概念

概念	定义描述
招聘服务	指帮助雇主和求职者完成招聘和求职的过程中，招聘服务运营商提供的服务，主要包括网络招聘、报纸杂志招聘、猎头服务、人力资源外包和招聘会五种形式
网络招聘	指运用互联网及相关技术，帮助雇主和求职者完成招聘和求职
网络招聘服务	指帮助雇主和求职者完成招聘和求职的过程中，招聘网站提供的互联网平台及相关技术手段，包括针对雇主的服务和针对求职者的服务，如招聘信息发布、简历下载、定制招聘专区、求职简历生成、职位搜索、薪酬查询等
网络招聘运营商	指拥有招聘网站，提供网络招聘服务的公司
网络招聘市场营收规模	指网络招聘运营商通过提供网络招聘服务所获得的营业收入之和，其不包括招聘网站提供的报纸、猎头、培训和举办招聘会等线下业务产生的收入

2. 市场发展

公开数据显示，2015 年我国员工平均在职时间为 34 个月，较美国员工短 22 个月；而其中男性员工平均在职时间稍长于女性员工。我国员工平均在职时间较短，说明我国人才流动较为频繁。伴随人才流动速度的提升，企业对于人才招聘的需求也将增加，这也将推动网络招聘行业市场规模进一步增长。

艾瑞数据显示，2016 年中国网络招聘行业雇主规模达到 428.2 万，增长率为 29.1%。艾瑞分析认为，中国整体国民经济稳步增长，网络招聘行业雇主招聘需求也随之增长；中国企业尤其是中小企业、微型企业招聘需求持续旺盛，供需量大，但匹配难度依然比较大；网络招聘企业拓展其他人力资源服务，提供诸如人才测评、人力资源外包等更多的人力资源服务。

2016 年，中国网络招聘行业求职者规模达到 14449.5 万人，增长率为 12.1%。互联网的普及进一步推动在线求职者数量的增加。由于求职者数量已经非常庞大，因此增速逐步减缓。2019 年预计突破 1.9 亿人。

艾瑞统计数据显示，2017 年上半年中国网络招聘市场规模为 27.1 亿元，同比增长率为 18.9%。行业规模增长主要来源于企业业务拓展和每雇主价值（average revenue per user，ARPU）增长两方面。随着核心企业网络招聘业务向二三线城市和蓝领人群扩张，带来雇主数量的增长。同时，网络招聘企业也逐步向测评、人力资源外包等人力资源服务渗透，为雇主带来更多人才服务，每雇主价值也随之增长。

艾瑞统计数据显示，2017 年上半年中国网络招聘市场中，前程无忧和智联招聘仍然领跑行业，其中前程无忧营收份额最高，占比 31.8%；智联招聘紧随其后，占比 30.7%（见图 4-8）。从营收份额来看，网络招聘市场目前仍是双巨头的市场格局（见图 4-9）。尽管近几年垂直招聘和新型招聘企业逐步增多，但新企业在商业化变现方面仍需要一定时日，因此未来市场仍将保持双巨头的格局。

图 4-8　2014—2017 年中国网络招聘市场营收规模与份额

图 4-9　中国网络招聘行业生态图谱

4.2.2　中国网络招聘典型模式

1. 综合类招聘网站

综合招聘模式,代表性企业有前程无忧、智联招聘等。综合招聘模式发展较早,是目前网络招聘的领军企业,市场份额超过 60%。

前程无忧(NASDAQ:JOBS)作为最早在纳斯达克上市的中国网络招聘企业,其仍然稳坐中国网络招聘头把交椅(见图 4-11)。其核心业务包括招聘猎头、培训测评和人事外包在内的全方位专业人力资源服务。2015 年收购应届生求职网并投资智鼎优源之后,同时推出了无忧精英网,前程无忧在招聘业务上结构更加完整,推动其招聘营收快速发展。如图 4-11 所示为招聘行业五大典型模式。

图 4-10　招聘行业五大典型模式

图 4-11　前程无忧网站

前程无忧财报数据显示，2017 年第二季度网络招聘营收占比 65.9%，其他人力资源相关营收占比 34.1%。其他人力资源相关营收占比呈现逐步增长的趋势，前程无忧未来将会继续向人力资源各个领域渗透。

智联招聘(NYSE：ZPIN)于 2014 年 6 月 12 日在美国纽约证券交易所挂牌上市，成为第二家在美上市的网络招聘企业。

智联招聘财报数据显示，2017 年第二季度智联招聘网络招聘营收占比 89.0%，其他服务营收占比为 11.0%。根据 2017 年第二季度数据显示，智联招聘的独立雇主人数为 45.4 万人，比上年同期增长 18.4%，主要由于其将战略重心放在了继续扩张地区性业务上。在扩张地区性业务的同时，智联招聘在校园招聘和职业测评业务上横向拓展，带动了其他人力资源相关服务营收的增长。2017 年上半年智联招聘其他人力资源及相关服务营收为 1.5 亿元，同比增长 33.3%。如图 4-10 所示为招聘行业五大典型模式。

2. 商务社交类招聘网站

LinkedIn(领英)创建于 2002 年，致力于向全球职场人士提供沟通平台，并协助他们事半功倍，发挥所长。作为全球最大的职业社交网站，LinkedIn 会员人数在世界范围内已超过 5.46 亿，覆盖 200 多个国家和地区，《财富》世界 500 强公司均有高管加入。LinkedIn 以艺术的广告投放方式营造了"高效""安全"且"有商务价值"的社交服务模式，为社交招聘提供了较强的参考价值。LinkedIn 在全球 27 个城市设立了分部及办事处。其愿景是为全球 33 亿劳动力创造商业机会，进而创建世界首个经济图谱。

LinkedIn 于 2014 年年初正式宣布进入中国市场，并于同年 2 月推出中文测试版（见图 4-12）。进入中国市场后，LinkedIn 开启了本土化进程，通过与微信合作，推出"领英名片"，迅速推广。

图 4-12　LinkedIn 中文网站

2016 年 6 月 13 日，微软官方博客宣布，微软和 LinkedIn 已经达成了一项最终协议，微软将以每股 196 美元，合计 262 亿美元的全现金收购包括 LinkedIn 的全部股权和净现金。2017 年，BrandZ 全球最具价值品牌 100 强，LinkedIn 以 135.94 亿美元排名第 79 名。

社交招聘网站在时效性、精准性方面优势很明显，社交化也是网络招聘的重要发展趋势。商务社交平台，定位为社交，功能不局限于求职，亦是高端人群交流合作的平台，这种社交与商务相结合的方式受到越来越多的商务人士关注。

在产业发展格局层面，一方面，海内外均涌现出一系列商务社交网站，以"商务"为基础，"社交"为工具，搭建出全新的社交招聘模式，典型代表企业有来自国外的 LinkedIn 和国内的大街网、天际网；另一方面，社交网站依托广泛的用户基础和数据积累，以"社交"为基础平台，"商务"为商业模块，搭建出另一类型的商务社交形态。前者的优势在于"商务"的专业性，后者的优势在于"社交"的用户基础。与此同时，社交化正成为其他传统类型网站的重要工具，期待能够通过"大数据"和"社交"元素获得新的创新和发展空间。

3. 垂直类招聘网站

垂直类招聘网站是指在网络招聘的某一个细分市场领域中所展开的专业化经营的网络招聘模式，包括地域细分、行业细分和市场细分（见图 4-13）。伴随着网络招聘行业向综合性人力资源服务平台方向发展，雇主越来越多的增值服务需求、越来越广阔的人力资源服务需求正成为网络招聘企业新的市场机遇。与此同时，如何能够专业化的、垂直化的服务客户是网络招聘企业的核心聚焦点。因此，在这一市场背景下，垂直招聘网站被推上前台。垂直类招聘网站的发展方向将是更看重除招聘以外的增值服务。

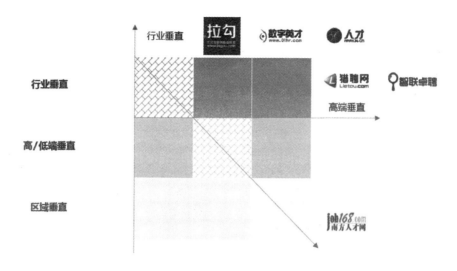

图 4-13　垂直招聘为传统招聘企业带来全新机遇

因此,无论是传统的综合性招聘网站,还是新兴的创业企业均瞄准了这一市场。

4.分类信息平台

以 58 同城(www.58.com)、赶集网(www.ganji.com)为代表的分类信息平台正在依托其广泛的用户基础、灵活的市场布局以及明确的市场定位快速布局网络招聘市场。58 同城、赶集网先后将"招聘"作为首推板块。目前,信息服务平台在招聘领域的核心定位在于基层、蓝领求职者群体,商业模式主要以广告费、会员费为主。

基层招聘市场的核心价值在于以下几方面:

(1)在于广阔的市场空间。传统招聘网站更加聚焦于中、高端学历用户,而伴随着中国城镇化速度的加快,大量基层求职者同样具有广泛的求职需求。与此同时,包括个体工商户在内的越来越多的经济主体也存在着大量的招聘需求,供求的对接将碰撞出更加广阔的网络招聘市场。

(2)在于雇主的需求差异化。基层求职者的招聘需求更具特殊性,具体表现为:①招聘需求大多属于劳动力密集型产业;②部分招聘需求强调蓝领、技术型人才;③人力资源需求量具有明显季节性和波动性;④弱化简历。

(3)在于移动端将更好契合基层求职者的需求。基层用户的触网行为通常发生在移动端,且基于雇主的需求和双方建立联系的方式。

5.新兴招聘模式

BOSS 直聘,看准网旗下的移动互联网招聘 APP,于 2014 年 7 月上线,是一款让求职者与招聘方直接在线聊天的招聘工具。产品采用去中介化理念,让求职者省去求职过程中投简历、等待、数轮面试等冗长环节,与直接用人的 BOSS 在线沟通,提升招聘和求职效率。同时,渴求人才的 BOSS 可以通过算法推荐和搜索,主动与合适的候选人"勾搭",展示自己和公司的诚意,将招聘时间缩至最短。BOSS 直聘业务模式如图 4-14 所示。

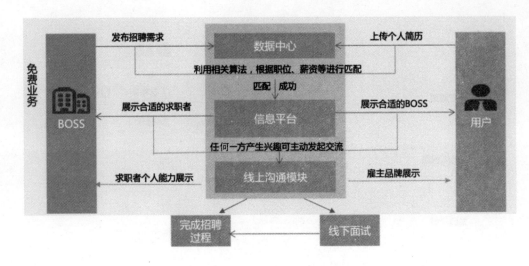

图 4-14　BOSS 直聘业务模式

4.3　在线支付与金融类业务

4.3.1　第三方支付

1. 相关概念

第三方支付的相关概念如表 4-3 所示。

表 4-3　相关概念

概念	定义描述
电子支付	是指用户通过电子终端,直接或间接向银行业金融机构发出支付指令,实现货币支付与资金转移的行为。根据使用终端的不同,电子支付可分为互联网支付、电话支付、手机支付、数字电视支付、POS 机刷卡支付、自助支付、服务终端支付等多种形式
第三方支付企业	是指独立于商户和银行,为商户和消费者提供支付结算服务的机构。中国的代表企业有支付宝、财付通、银联电子支付、快钱、汇付天下等
互联网支付	是指通过桌式电脑、便携式电脑等设备,依托互联网发起支付指令,实现用户和商户、商户和商户之间的货币资金转移的行为。一般研究中的互联网支付特指通过第三方支付平台实现的支付
移动支付	是指基于无线通信技术(蓝牙、红外、NFC、RFID、移动互联网、短信等),通过移动终端(手机、PAD、电子书、PSP 等)实现的非语音方式的货币资金的转移及支付行为。一般研究中的移动支付统计仅包括用户购买第三方平台提供的产品和服务的支付行为。从购买的商品种类来说,包括实物商品(如化妆品、图书)及信息化服务(如机票、游戏点卡),不包括虚拟产品(指彩铃、手机报等定制类产品及铃声、游戏等下载类产品)

概念	定义描述
电话支付	是指通过固定电话或手机等拨打商户呼叫中心，通过银行卡授权支付的方式，进行相关订单和服务款项的支付行为。一般研究中的电话支付特指通过第三方支付公司提供的服务通道所产生的电话支付交易，并不完全等同于电话银行业务的交易部分
银行卡收单	是指通过 POS 终端（传统 POS、移动 POS 等）以及自助支付服务终端（拉卡拉、缴费易、ATM 等），基于电话线、互联网以及移动互联网在特约商户为持卡人提供银行卡刷卡消费的授权、清算、拒付等业务过程
预付费卡	是指以营利为目的发行的、在发行机构指定范围内购买商品或服务的预付价值，包括采取磁条、芯片等技术以卡片、密码等形式发行的电子支付卡片，含多用途预付卡和单用途预付卡

近年来，中国网络经济市场规模发展迅速，为电子支付行业的发展提供了良好的交易环境。网上支付用户规模占整体网民的比例也在不断提高，2017 年 12 月占比达到 68.8%，网上支付用户渗透率不断提升，为中国电子支付行业的发展奠定了良好的用户基础。

中国电子支付行业的技术标准不断完善，为促进电子支付行业的健康发展提供了技术支持和保障。首先，安全性上，通过数据加密技术、数据签名技术、安全应用协议及安全认证体系等基础安全技术，使得电子支付过程中的用户信息及交易信息得到保护，确保安全；其次，便捷性上，通过支付应用技术、网络技术、设备技术、认证技术等多种支付技术相结合，能够在确保支付交易安全进行的前提下，提高电子支付的便捷性，使得电子支付的效率大大提高。

中国电子支付核心参与方中，由银联和央行支付系统所组成的支付清算处于电子支付体系最核心的位置，是整个电子支付产业的枢纽。商业银行、线上线下的第三方支付机构、通信运营商是电子支付体系主要的参与主体，其参与者数量和交易规模都在电子支付行业中领先。支付软硬件提供商和收单代理商是电子支付产业中起辅助作用的主体，整个体系由中国人民银行等监管方进行监督管理，为中国的用户和商户进行服务。如图 4-15 所示。

银行卡组织：核心商业模式有银行卡收单跨行交易手续费分润；ATM 跨行取款收费；非金融机构支付清算；银行卡发行品牌服务（类似冠名）。

商业银行：银行卡交易发卡行手续费分润；银行卡交易收单行手续费分润；电子银行转账等手续费；快捷支付手续费分润。

第三方支付：电商平台支付解决方案；电商交易佣金；沉淀资金利息收入等。

2017 年 3 月 31 日，非银行支付机构网络支付清算平台（简称"网联"）成功完成首笔资金交易验证，正式启动试运行，首批接入四家商业银行和三家最大的支付机构——支付宝、财付通和网银在线。2017 年 6 月 30 日正式启动切量。在支付机构接入方面，已有支付宝、财付通、京东支付、快钱、百度钱包、壹钱包、翼支付 7 家支付机构完成接入，联动优势、和包支付接入工作进入倒计时。上述 9 家大中型支付机构交易规模市场占比超过 96%。银行方面，已有中国银行、建设银行、工商银行、交通银行、招商银行、平安银行、中信银行、光大银

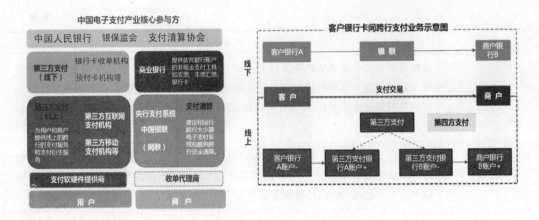

图 4-15　中国电子支付产业核心参与方

行、恒丰银行、浙商银行、渤海银行、华夏银行等 12 家全国性商业银行接入网联（见图 4-16）。上述接入银行所覆盖的个人银行账户数量，市场份额占比超过 70％。

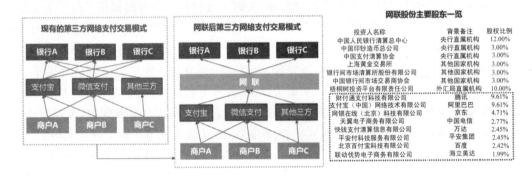

图 4-16　网联成立后的支付模式

2. 第三方支付发展

在第三方支付发展起来之前，并未产生第一方和第二方支付的概念。所谓的第一方支付就是现金支付；第二方支付是依托于银行的支付，如银行汇票、银行卡支付等。作为两种传统的支付方式，它们在国内有着悠久的发展历史。不过，由于现金支付以及银行卡支付在实际使用过程中会面临地域、距离、网点、时间的限制，在有了更加便捷快速的选择之后，这两种支付方式的存在感逐渐减弱。现金支付逐渐成为第三方支付的辅助支付手段，依托于银行的支付则转向了巨额交易的场景。

2017 年第三季度中国第三方移动支付交易规模达到 31.6 万亿元，环比增长 16.3％。相比于第二季度线下支付、电商的共同发力，第三季度的发力点更加侧重于线下支付，而 2016 年同期线下支付交易规模较小，因此 2017 年在线下支付增长的拉动下同比增速有所上涨。如图 4-17 所示。

2017 年第三季度中国第三方互联网支付交易规模结构中，互联网金融（包括理财销售、网络借贷等）占比为 42.5％，个人业务（包括转账业务、信用卡还款业务等）占比 23.1％，线上消费（包括网络购物、O2O、航空旅行等）占比 14.9％，充值缴费（包括生活缴费、话费充值、网络游戏、虚拟产品等）占比为 2.3％。如图 4-18 所示。

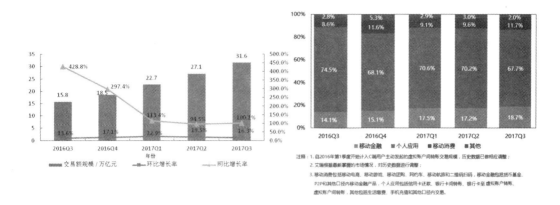

图 4-17　2016—2017 年第三方互联网支付规模与结构

来源:www.iresearch.com.cn

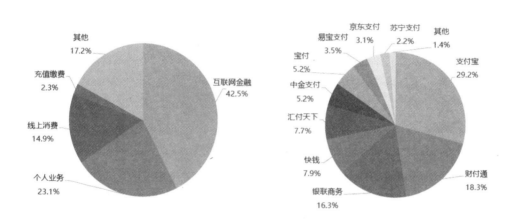

图 4-18　2017 年第三季度中国第三方互联网支付交易规模市场结构与份额

目前,两个占比最大的细分行业分别是互联网金融和个人业务,其中个人业务规模基本被支付宝和财付通两大龙头企业占领。而互联网金融一直是第二梯队的支付企业争夺的重要战场。目前,多家平台正在积极布局网络借贷、基金、保险等互联网金融细分领域,而被称为"新蓝海"的消费金融也是支付公司的下一个主要争夺点。

2017 年第三季度第三方互联网支付交易规模市场份额中,支付宝占比 29.2%,财付通占比 18.3%,网银在线占比 16.3%,快钱占比 7.9%,汇付天下占比 7.7%,中金支付占比 5.2%,宝付占比 5.2%,易宝支付占比 3.5%,京东支付占比 3.1%,苏宁支付占比 2.2%。随着支付宝、财付通从 PC 端支付到移动端支付的转移,互联网支付第二梯队企业本季度所占的市场份额相较上一季度有所提升。以汇付天下、宝付等支付企业为代表,正在积极发挥自身优势,走差异化发展道路,深耕细分领域,未来的互联网支付格局对各个参与者来说都充满了机会与挑战。

第三方支付有着频次高、用户感知能力强的特点。由于第三方支付的普及,大众已经习惯于将自己的金钱放在支付工具上进行消费。这就导致第三方支付工具里不可避免地存在着大量的沉淀资金。此时,余额宝的横空出世,无论对于互联网金融,还是其背后承载的普惠金融而言,都是一个标志性的事情。余额宝不仅成功地将支付工具里的沉淀资金很好地利用了起来,也借此打通了支付工具和金融理财之间的桥梁。余额宝从推出到现在,其每季度申购总份数从 2013 年第三季度的 1029 亿份飙涨到 2017 年第一季度的 25418 亿份,拥有着 125％的季度复合增长率(见图 4-19)。

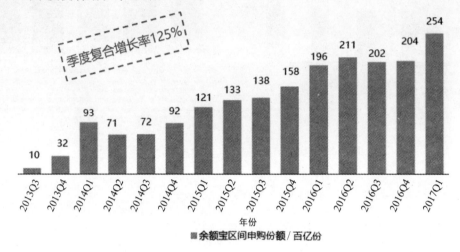

图 4-19　2013Q3—2017Q1 中国余额宝申购份额变化

余额宝的成功让整个金融行业看到了互联网强大的赋能价值。第三方支付从货币基金出发,开始向其他金融产品线延伸。用户开始意识到第三方支付工具可以成为自己进行投资理财的金融超市,金融产品从以前的高不可攀变成了现在的触手可得。如图 4-20 所示为支付宝的生态体系。

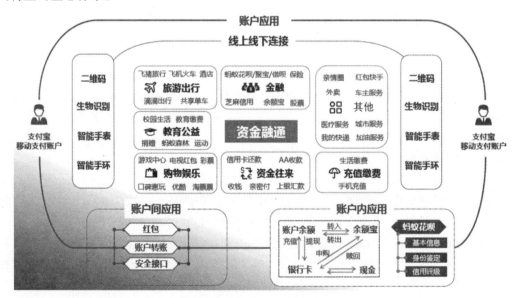

图 4-20　支付宝生态体系

2. 支付方式与场景

中国人民银行数据显示,自 2012 年起我国非现金支付笔数增长率超过 20％且增速呈上升趋势，大众越来越倾向于选择非现金方式。非现金支付笔数的上升离不开第三方支付的推动，随着第三方支付在消费、金融、个人应用等领域的渗透，对线上、线下场景的充分布局，实现了对银行、现金支付功能的全覆盖。在功能覆盖的基础上，第三方支付在用户体验上更优，也极大地推动了货币的电子化进程。

中国网民在不同时段可能接触的电子支付终端中，手机/平板的普及率最高，几乎涵盖了用户生活中的各个时段；其次是电脑，涵盖了用户的上班时间、平日闲暇时间、节假日；线下 POS 和互联网电视的普及率与前两者相比较低，用户只有在平日闲暇和节假日时间里可能接触到。因此，对于用户来说，能够接触到手机/平板的机会最多，主要的支付类型是第三方移动支付和手机银行支付，未来该如何提高用户的黏性将成为第三方移动支付和手机银行的战略重点（见图 4-21）；而用户能够接触到电脑的机会较多，主要支付类型是第三方互联网支付和网银支付；用户能够接触到线下 POS 的机会较少，主要支付类型是现金、刷卡机

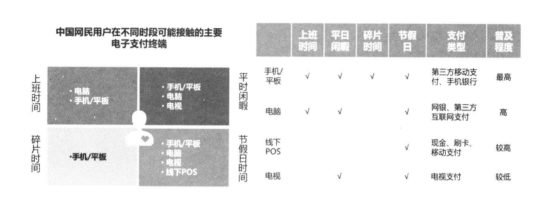

图 4-21　手机/平板成为普及程度最高的电子支付终端

移动支付；用户能够接触到互联网电视的机会最少，主要支付类型是电视支付中国第三方支付市场的快速增长，一方面得益于用户支付习惯的养成，另一方面也受益于不同年代的不同热点。2013 年以前，中国第三方支付的增速主要由以淘宝为代表的电商引领。2013 年余额宝出现后，金融成为新的增长点。2016 年，以春节微信红包为契机，转账成为交易规模的增长动力。未来随着用户线下移动支付习惯的养成，线下消费将成为新的交易规模增速支撑点。此外值得关注的是，近年来移动端支付规模增速高于 PC 端增速，用户支付习惯向移动端迁移，未来第三方支付将迈向移动支付时代。但由于账户、路径、场景的限制使得第三方互联网支付相对单一，如图 4-22 所示。

随着移动设备的普及和移动互联网技术的提升，移动支付以其便利性、快捷性优势覆盖了用户生活的各个场景，涵盖网络购物、转账汇款、公共缴费、手机话费、公共交通、商场购物、个人理财等诸多领域。在移动支付场景不断丰富的同时，为满足消费者的需求，移动支付产品的种类也在不断增加（见图 4-23）。在付款方，包括手机二维码支付，NFC（near field communication）刷卡，智能穿戴设备如指环、手表等；在收款方，最初的 POS 外接扫码枪逐渐被淘汰，新的产品不断涌现，如今市场上可以看到如智能 POS、二维码图、意锐扫码盒子等收款设备。

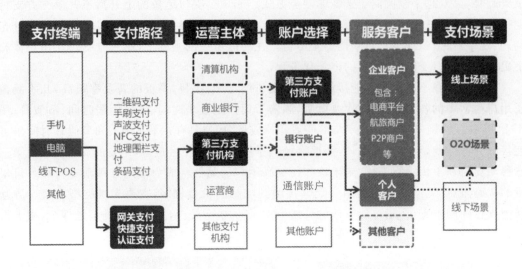

图 4-22 账户、路径、场景的限制使得第三方互联网支付相对单一

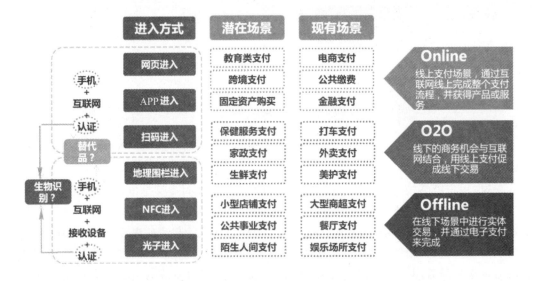

图 4-23 场景和进入场景方式的选择性将更多更巧妙

4.3.2 互联网保险业

互联网保险是指保险公司或保险中介机构通过互联网为客户提供产品及服务信息以实现网上营销、在线投保、承保、核保、保全和理赔等保险业务,并通过第三方机构实现保险相关费用的电子支付。

互联网保险的主要险种:人身保险(理财型寿险、健康保险、意外保险、旅游保险、传统寿险等)、财产保险(汽车保险、家财险等)、创新保险(电商平台信用保证保险、爱情保险、中秋赏月险等)。

互联网保险的核心参与方及其功能:保险公司以及旗下的保险电商公司;互联网保险公

司负责互联网保险产品设计，后由官网销售产品，同时交由第三方平台、专业中介代理平台、网络兼业代理平台进行展业。保险承保时经由第三方机构实现保险交易相关费用的电子支付。出险后保险公司或互联网保险公司负责理赔，若有定损需要，则由保险公估机构负责定损。保险全流程均由中国银保监会、中国保险行业协会监督约束，如图 4-24 所示。

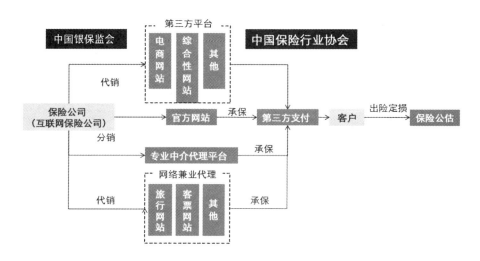

图 4-24　互联网保险多元化的核心参与方

1. 中国互联网保险——经济环境

2007 到 2013 年间，中国整体保险收入增长放缓，由 2008 年的 39.1％ 到 2011 年的 -1.3％，中国保险业面临了从粗放型增长到增长停滞甚至负增长的过程。2011 年后，保险行业整体的增长速度放缓，保险告别粗放的扩张式增长时期。我国保险深度一直在 3％ 左右徘徊，并没有呈现出增长趋势，可见保险行业在国民经济中的地位并未提升。美国在同期的保险深度达到了 7.5％～9％。对比来看，我国保险行业在国民经济中的占比还有相当大的发展空间。传统保险行业亟须变革的大背景给互联网保险发展带来很大的空间和机遇（见图 2-25）。

根据保监会发布的数据显示，2017 年保险业总资产已超过 15.7 万亿元，全国保费收入达 3.65 万亿元，同比增长 18.16％，近 5 年平均增长 22.48％。"十二五"期间，我国保险市场规模全球排名由第六位跃居至第三位。2015 年增长 20.0％，2016 年增长 27.5％，可见我国保险市场潜力巨大。预计，未来几年保费增速仍将保持在一个较高水平。

2015 年，互联网保险整体保费规模达到了 2234 亿元，同比增长 160.1％，开通互联网业务的保险公司数量已超过 100 家。2015 年全年互联网保费增长率为 160.1％，渗透率也从 2013 年的 1.7％、2014 年的 4.2％ 到 2015 年的 9.2％，如图 4-26 所示。

现阶段互联网保险高速增长主要基于以下原因：一是由于理财型保险产品在第三方电商平台等网络渠道上的销售热度继续，同时互联网车险保费收入增速处于一个明显的上升通道；二是由于保险公司对于互联网渠道重视度大增，加大了拓展力度，尤其是中小保险公司转战互联网，寻求新的市场空间。

2. 市场规模与结构

面对着保险这块大蛋糕，互联网巨头们在这个领域也都上演了重量级的布局，2013 年

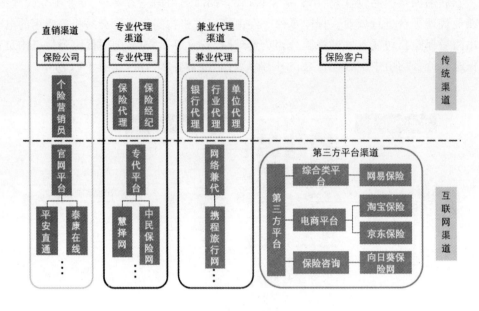

图 4-25　中国互联网保险和传统保险渠道对比

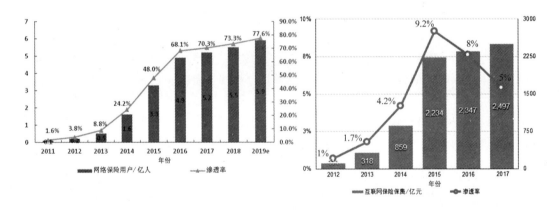

图 4-26　中国互联网保险发展规模

蚂蚁金服联合腾讯、中国平安成立众安在线,2015 年阿里巴巴控股国泰产险、挖角中国人寿电子商务公司副总裁、与太平洋安联联手进入健康险,申请互助保险。腾讯除了众安在线之外,也联合中信国安发起设立首家互联网寿险公司。姗姗来迟的百度在 2015 年 11 月联合安联保险、高瓴资本发起成立一家新的互联网保险公司——百安保险。京东也于 2015 年 5 月将保险作为第六大业务板块并入京东金融体系,在四川申请财险公司。此外,其他互联网公司也在保险方面有动作,巨人出资 100 亿元设立亚太再保险股份有限公司,携程、去哪儿开设了自己的保险经纪公司卖意外险,滴滴出行和 Uber 中国也在 2015 年纷纷推出了司机险。美团、饿了么推出外卖保险,网易也推出了网易保险。如图 4-27 所示。

随着互联网保险行业的快速发展,不仅仅是互联网大公司,更多传统的保险企业也开始涉足"互联网+"的模式。2015 年 6 月,保监会接连批准筹建易安财产保险股份有限公司、

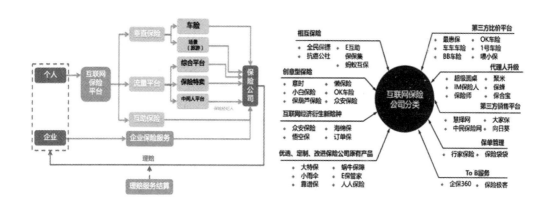

图 4-27　中国互联网保险模式与公司分类

安心财产保险有限责任公司、泰康在线财产保险股份有限公司三家互联网保险公司。易安保险、安心保险均由互联网科技企业参与发起设立，而泰康在线的东家则是国内老牌险企泰康人寿，三家新公司的注册资金均为 10 亿元。而众安保险首轮增资扩股方案也获保监会批准，仅成立一年多的众安保险，增资后的市值接近 500 亿元。根据保监会官网的信息，设立互联网平台的保险公司数量也在不断增加中，目前已超过 117 家。如图 4-28 所示。

图 4-28　中国互联网保险类型

在互联网保险（在发达国家，一般称为保险科技）设计中，可以拆分成五个环节，分别是：产品设计、定价承保、生态分销、理赔服务和技术系统。这五个环节皆因为互联网环境的介入而有所升级，最终的结果体现在产品明晰、场景化及基于大数据的精算三个方面。如图 4-29 所示。

而从产品形态中，互联网生态的保险种类也比较多，主要保险包括：退运险、信用保证保险、航延险、碎屏险等。值得注意的是，互联网内涵丰富，其留给保险的发展潜力非常大，所以未来互联网生态保险的种类还存在爆发的机会。

泛互联网保险强调公司渠道资源及品牌底蕴，所以中国人保和中国平安凭借其在保险行业的优势，在泛互联网财产保险中所占份额较高。而剔除车险这种典型的泛互联网保险后，在相对接近互联网生态财产保险的市场中，众安的优势非常明显，如图 4-30 所示。

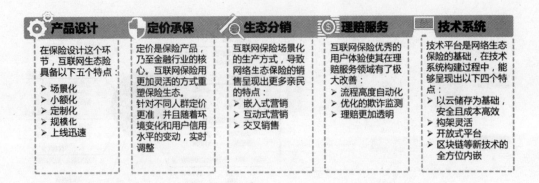

图 4-29　互联网保险价值链

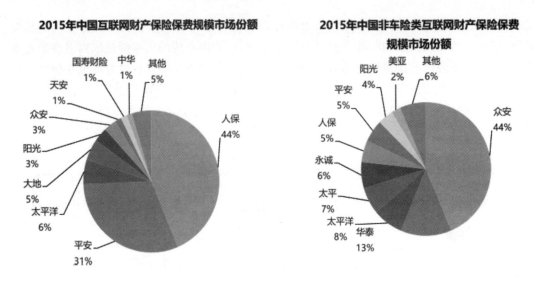

图 4-30　互联网保险市场份额

目前中国互联网保险行业还没有出现一家"赢家通吃型"的企业，但保险行业处于发展和巨变中，车险的市场化改革、健康险/养老险的税优税延政策、医疗业的改革、互助保险的起步等，加上移动互联网的普及，互联网保险会出现各种保险形式的创新，真正改变人们的生活（见图 4-31）。

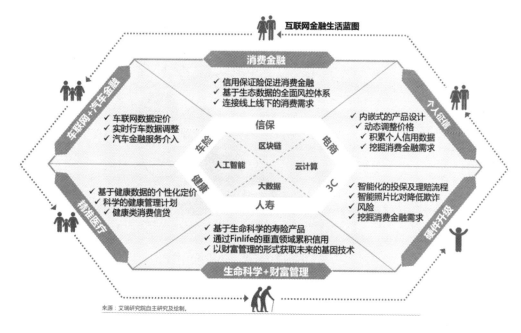

图 4-31 新科技下的互联网金融生活蓝图

4.4 在线教育

4.4.1 市场发展

伟大的乔布斯在去世前曾对不久的未来做出三大预言,其中一个预言就是电子科技将掌控未来教室,并在教育信息化领域取得丰厚的利润。在他去世两年后,在线教育、翻转课堂、微课、MOOC(massive open online course)、电子书包等各种新鲜名词,成为教育界、IT界、出版界、金融界热议的话题,甚至已有一些从事互联网教育的 IT 公司拿到了数额惊人的投融资。

根据中国互联网络信息中心(CNNIC)发布的《第 41 次中国互联网络发展状况统计报告》,截至 2017 年 12 月,我国在线教育用户规模达 1.55 亿,较 2016 年年底增加 1754 万,增长率为 12.7%;在线教育用户使用率为 20.1%,较 2016 年年底提高了 1.3 个百分点。手机在线教育用户规模为 1.19 亿,与 2016 年年底相比增加了 2092 万,增长率为 21.3%;手机在线教育使用率为 15.8%,相比 2016 年年底增长了 1.7 个百分点。

教育培训贯穿人的一生,学前、K12、大学、工作等阶段都有相应的产品和服务提供(见图 4-32)。由于体制内教育资源总量不足、分配不均,人往往通过额外的教育培训来投资自己和家人,希望未来能获得更好的学习、工作和生活。用户对美好明天的强烈期盼引发了教育培训行业的繁荣,也反映了社会阶层上升渠道仍相对畅通,大多数人对未来怀有希望。

根据 Analysys 易观数据监测,2016 年在线教育交易规模达 1601 亿元,同比增长 43.3%,预计未来几年还将保持快速发展。从在线教育细分市场看,高等教育(40.1%)、职

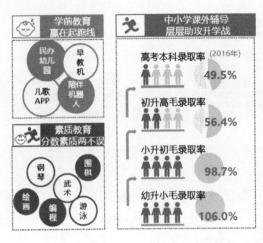  

图 4-32　教育培训在各个人生阶段的作用

业教育(25.6％)、语言教育(20.4％)仍占据主要地位,其次是 K12 教育(6.1％),如图 4-33 所示。

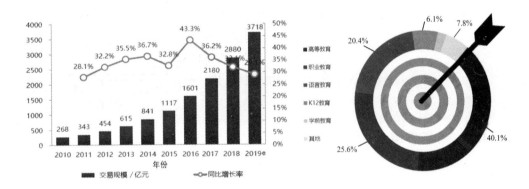

图 4-33　在线教育市场规模与细分结构

来源:www.analysys.com

　　从资本市场和创业者的不断涌入到回归理性,在线教育在近几年经历了一段快速发展期,自 2017 年开始逐渐进入初步成熟阶段,市场对教学教研能力更高、技术研发能力更强和运营服务水平更好的企业更具包容性,而创业者也将进一步深挖教育痛点以寻找新的创业机会。逐渐迈向成熟的行业以及资本市场的谨慎使得线下教育机构谋求向线上转型的难度增加,而教育和知识分享者的线上发展也受到限制,以 B2B2C 模式为主的在线教育平台为上述两类群体提供了机会和空间。

　　技术支持、内容供应、平台、分发推广四大环节构成了在线教育基本的产业结构。其中,技术支持目前已经不是难点,但技术支持的课程制作和工具开发等环节需要结合对教学的理解,而非单纯的技术进步即可完成;内容供应是整个产业链中的重点难点,目前内容供应方以中小机构和独立个人为主,优质内容依然稀缺;而平台作为连接供需双方的第三方,需要有一定的流量优势和品牌知名度,因此大型互联网企业占据先机。如图 4-34 所示。

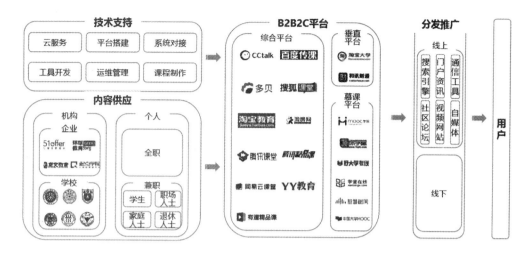

图 4-34　中国在线教育平台产业链图谱

在线教育的发展与科技发展水平、教育理念变革、用户教育需求升级和生活方式转变息息相关。随着互联网教育规模的不断扩大和商业模式的日渐稳定，教育用户学习需求的深化，消费意识的觉醒和消费能力的升级，中国在线教育在现阶段已经进入了学习领域垂直细分、学习方式丰富多样、资源开放共享、教育内容变现的智能教育时代。

4.4.2　细分领域布局

我国现代教育培训行业最早始于 20 世纪 80 年代，市场主体是以蓝翔和新东方为代表的职业培训。随着政府对留学的鼓励力度加大，20 世纪 90 年代起，出国留学培训热潮掀起。20 世纪末到 21 世纪初，大量面向中小学的学科辅导开始涌现。在家长对提分效率的强烈需求下，中小学课外辅导形态逐渐从个人家教演变为商业机构，班型也逐渐从大班演变为小班和一对一授课。同一时期，互联网进入中国，以 101 远程教育网为代表的第一批名校网校横空出世。21 世纪第一个十年之后，在政策、资本和技术的共同促进下，在线教育从 2010—2013 年的暗流涌动，进入到 2013—2015 年的疯狂爆发，经过 2016 年的反思沉淀，目前的从业者正逐渐走向理性，走向新一轮的稳定增长。其具体表现为：不再像前两年那样迷恋"免费""流量""纯线上"，不再对"自适应""VR""人工智能"等新概念怀有过高的期望；不再盲目创投，在线教育开始持续稳定发展。

从细分市场、接入终端、技术支持层面分析，在线教育行业表现出以下趋势：

（1）在线职业教育用户需求旺盛，发展空间广阔。随着经济的发展、知识更新换代速度的加快，一方面社会对技能型人才的需求越来越强烈，职业教育是大势所趋；另一方面"人才"为提升自身竞争力，主动接受职业技能培训的意愿强烈，且有相应的付费能力。在线职业教育用户群体清晰、盈利模式成熟，如能进一步与企业结合，做到"互联网＋教育＋就业"一站式资源整合，市场前景将十分乐观。

（2）移动教育正逐步成为在线教育的主流。与 PC 端相比，移动教育能提供个性化的学习场景，借助移动设备的触感、语音输出等方式，构建出更加个性化的人机交互场景，提升学习本身的趣味性，尤其对于题库类、数字阅读类、音频类在线教育产品，更适合从移动端切入。长远来看，基于移动终端，拥有优质教学内容、能寓教于乐的教育产品，在市场上更有优势。

（3）数据技术助力在线教育体验改善。在线教育平台通过大数据挖掘技术，掌握用户个人属性、教育水平、收入、消费等多维情况，帮助了解用户需求和学习动机，针对具体人群进行精准定位，推荐定制化的学习内容，同时增加平台的商业变现能力。此外，随着虚拟现实（virtual reality，VR）、增强现实（augmented reality，AR）技术的发展和相关硬件设备的开发，"沉浸式教学模式"成为可能，尤其在建筑、物理、医学、生物等专业课程中，为在线教育提供真实场景的教学体验，增强互动性，提升学习效率。

对我国在线教育市场而言，大部分教育资源依然保留在传统的教育体制内，行业产业链还不够完善，前期投入成本高，需要较长的培育期。传统教育机构、大型互联网企业作为在线教育行业的主要参与者各有优势，两者需要相互合作，相互融合，利用互联网的开放性和分享性，激发人们的学习愿望，促进在线教育行业的发展。

在众多教育细分市场中，K12方向由于聚焦基础教育，被视为最主要的潜力增长点。K12是指从幼儿园到高三年级的教育，在国际上也被用作对基础教育阶段的通称。

数据显示，目前考试担当着教育市场需求出口的主角，教育产业中，"K12＋高等教育"体量约占教育产业总额的84%。当教育与互联网结合时，K12方向仍被认为是最具吸引力的细分市场（见图4-35）。

图 4-35　K12 在线教育市场图谱

大型开放式网络课程，即 MOOC（massive open online courses），如图 4-36 所示。2012年，美国的顶尖大学陆续设立网络学习平台，在网上提供免费课程，Coursera、Udacity、edX三大课程提供商的兴起，给更多学生提供了系统学习的可能。2013 年 2 月，新加坡国立大学与美国公司 Coursera 合作，加入大型开放式网络课程平台。新加坡国立大学是第一所与Coursera 达成合作协议的新加坡大学，它 2014 年率先通过该公司平台推出量子物理学和古典音乐创作的课程。这三个大平台的课程全部针对高等教育，并且像真正的大学一样，有一套自己的学习和管理系统。再者，它们的课程都是免费的。

MOOC 模式兴起，带动在线教育市场发展。2015 年 4 月，教育部出台了《关于加强高等

图 4-36　果壳网旗下的 MOOC 学院

学校在线开放课程建设应用与管理的意见》，推动我国大规模在线开放课程建设走上"高校主体、政府支持、社会参与"的良性发展道路。在教育部的积极引导下，"爱课程网"的"中国大学 MOOC"、清华大学"学堂在线"、上海交通大学"好大学在线"以及多个高校、互联网企业开发的各种类型大规模在线开放课程平台纷纷上线，将中国顶级的高等教育课程免费开放，带动在线教育用户规模的持续增长。

　　2013 年 7 月，复旦大学、上海交通大学签约"MOOC"平台 Coursera。同年，果壳网旗下MOOC 学院上线。MOOC 学院是最大的中文 MOOC 学习社区，收录了 6000 多门各大MOOC 平台上的课程，有 50 万学习者在这里点评课程、分享笔记、讨论交流。2013 年 10 月10 日，清华大学正式推出"学堂在线"平台，面向全球提供在线课程。2014 年 4 月 29 日，"学堂在线"与 edX 签约，引进哈佛、麻省理工、加州伯克利、斯坦福等世界一流大学的优秀MOOC 课程。2014 年 5 月，由网易云课堂承接教育部国家精品开放课程任务，与爱课程网合作推出的"中国大学 MOOC"项目正式上线。2015 年 3 月 18 日，南京大学首批 4 门"MOOC"上线国际平台 Coursera，成为国内第五所加入国际"MOOC"平台的高校。

　　根据 Coursera 的数据显示，2013 年 Coursera 上注册的中国用户共有 13 万人，位居全球第 9 位。而在 2014 年达到了 65 万人，增长幅度远超其他国家。而 Coursera 的联合创始人和董事长吴恩达（Andrew Ng）在参与果壳网 MOOC 学院 2014 年度的在线教育主题论坛时的发言中谈到，现在每 8 个新增的学习者中，就有一个人来自中国。果壳网 CEO、MOOC

学院创始人姬十三也重点指出,和一年前相比,越来越多的中学生开始利用 MOOC 提前学习大学课程。以 MOOC 为代表的新型在线教育模式,为那些有超强学习欲望的 90 后提供了前所未有的机会和帮助。Coursera 现在也逐步开始和国内的一些企业合作,让更多中国大学的课程出现在 Coursera 平台上。

4.5 在线娱乐

娱乐可被看作是一种通过表现喜怒哀乐或自己和他人的技巧而使参与者喜悦,并带有一定启发性的活动。很显然,这种定义是广泛的,它包含了悲喜剧、各种比赛和游戏、音乐舞蹈表演和欣赏等。百度百科认为,歌舞厅、演艺厅、迪厅、KTV、夜总会、音乐茶座、台球、高尔夫球、保龄球场、游戏厅、游艺场所等娱乐场所,以及兼营歌舞表演的酒吧、餐厅、咖啡厅等为顾客进行娱乐活动提供服务的商业都可以称为娱乐业。电影、音乐、电视、广播等大众媒体也可以列为娱乐业。

百度地图搜索"娱乐"中,列表包括:电影院、KTV、体育场馆、健身、游泳馆、羽毛球馆、棋牌室、网吧、洗浴、按摩、足疗、SPA、美容、美发、美甲、瑜伽。

在线娱乐业包含哪些内容呢?比如新浪娱乐、腾讯娱乐。新浪娱乐是最新最全面的娱乐新闻信息综合站点,包括明星、电影、最新影讯/影评、电影院在线购票订座、电视剧、音乐、戏剧、演出、视频、图库、乐库等娱乐信息。腾讯娱乐提供明星、原创、电影、电视剧、综艺、音乐、演出、图片、视频、娱乐新闻等全方位娱乐资讯,如图 4-37 所示。

图 4-37 腾讯娱乐板块

据艾瑞咨询 2015 年 12 月公布的《中国在线娱乐行业研究报告》称,2015 年在线娱乐市场规模超过 2000 亿元,5 亿人已经离不开在线娱乐,每人每天花近 1 小时用于在线娱乐。其在过去五年增长超过 300%。在线娱乐的变化起于技术,忠于用户。在终端设备、娱乐形式、用户参与方式、娱乐内容、社交需求等诸多方面发生了巨大变化。

正是用户一步步重新定义在线娱乐,5.13 亿用户中,86.3％用户每天在线娱乐超过 1 小时,3.66 亿用户成为在线娱乐的传播者。71.3％的在线娱乐用户有过分享/推荐,包括向亲朋好友及陌生人推荐/分享视频、音乐、电子书、游戏等。51.9％的在线娱乐用户有评论/互动行为。在线娱乐的评论/互动包括在娱乐服务下进行评论、发弹幕等,以及和主播/发帖者/作者就娱乐内容进行互动交流等。27.4％的在线娱乐用户有自己上传娱乐内容/直播行为。如图 4-38 所示。

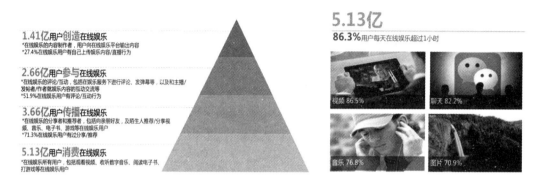

图 4-38　在线娱乐用户行为变化

4.5.1　泛娱乐 IP

泛娱乐,指的是基于互联网与移动互联网的多领域共生,打造明星 IP(intellectual property,知识产权)的粉丝经济,其核心是 IP,可以是一个故事、一个角色或者其他任何大量用户喜爱的事物。这一概念最早由腾讯公司副总裁程武于 2011 年提出。经过三年多的实践与培育,腾讯互娱在腾讯游戏基础上,相继推出腾讯动漫、腾讯文学、腾讯影业,共四大实体业务平台,目前已基本构建了一个打通游戏、文学、动漫、影视、戏剧等多个文创业务领域的互动娱乐新生态,初步打造了"同一明星 IP、多种文化创意产品体验"的创新业态。

2014 年,"泛娱乐"一词被文化部、新闻出版广电总局等中央部委的行业报告收录并重点提及。随着小米、华谊、阿里数娱、百度文学、艺动、通耀、360 等企业纷纷将"泛娱乐"作为公司战略大力推进,"泛娱乐"在 2015 年被业界公认为"互联网发展八大趋势之一"(另外七大趋势为:车联网、在线教育、大数据、在线视频、智能硬件、互联网企业、互联网金融)。

根据艾瑞咨询研究,泛娱乐市场由文学、影视、游戏、动漫、音乐、演出、衍生品等多元文化娱乐产业共同组成。IP 作为泛娱乐生态链的串联者,促进各参与产业的融合共生,通过改编衍生,泛娱乐 IP 能够产生持续性价值。在泛娱乐领域,IP 的表现形式繁多,可以是文学、动漫、影视剧、游戏、音乐、演出话剧、主题公园、周边衍生品等。IP 促进泛娱乐市场融合共生,持续产生价值。泛娱乐 IP 核心要素中体现为粉丝是核心基础、版权标识独占性、衍生体现价值(见图 4-39)。

IP 产业解决优质内容与变现模式错配的问题,自上而下,IP 贯穿内容生产到最终变现的全过程(见图 4-40 至图 4-43)。

在娱乐资本论看来,国内网络三巨头 BAT(百度、阿里巴巴、腾讯)各自在泛娱乐中发展的特点极为明显:

图 4-39　泛娱乐 IP 核心要素与竞争力

图 4-40　泛娱乐 IP 产业格局与发展趋势

图 4-41　泛娱乐 IP 产业图谱

(1)腾讯到底是做产品起家,在泛娱乐布局上也极为踏实,2011 年提出"泛娱乐"这一概念之后,并没有在娱乐行业进行大规模并购,而是在公司内部完成了游戏、文学、动漫、影视四块业务的布局,且积累了一批优秀的 IP,未来要在 IP 运营上发力,与好莱坞的思路有些类似。

(2)阿里的泛娱乐布局充满了资本印迹,马云在一年内花掉了数百亿元资金投资影视、

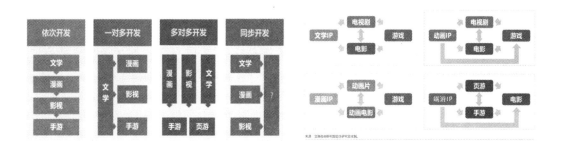

图 4-42　泛娱乐 IP 开发模式与方向

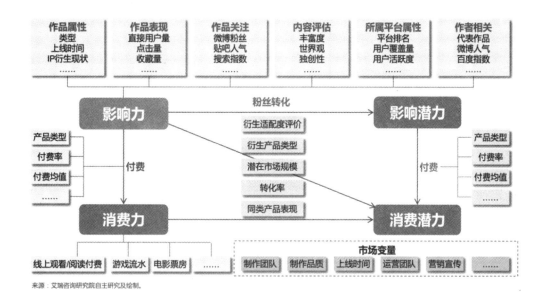

图 4-43　泛娱乐 IP 价值评估模型

传媒产业，如今，"阿里系"的泛娱乐公司林立，但相互之间如何整合协同仍有悬念。

（3）百度的泛娱乐布局更多依靠旗下的视频网站爱奇艺，这家公司近几年快速崛起，为百度在娱乐产业拼抢获得了机会，但在集团层面，这家公司似乎还没有整体的泛娱乐策略。

从另一个角度看，内容公司与 BAT 的博弈仍在继续，"给谁打工"这样的站队问题，并没有到非此即彼的时刻。国内最大的几家内容公司当中，华策影视跟百度绑定，华谊兄弟跟腾讯、阿里双绑定，光线传媒跟 360 关系暧昧，最早提出"打工说"的博纳影业，并未走进BAT 阵营，倒是跟复星集团"情投意合"。

4.5.2　网络游戏

网络游戏，英文名 Online Game，又称"在线游戏"，简称"网游"，通常以个人电脑（PC）、平板电脑、智能手机等载体为游戏平台，以游戏运营商服务器为处理器，以互联网为数据传输媒介，通过广域网网络传输方式（Internet、移动互联网、广电网等）实现多个用户同时参与的游戏，以通过对于游戏中人物角色或场景的操作实现以娱乐、交流为目的的游戏方式，具有可持续性、个体性的多人在线游戏。

PC 客户端游戏,简称端游,是需要在电脑上安装游戏客户端软件才能运行的游戏,包括角色扮演类多人在线网络客户端游戏(MMORPG)和休闲竞技类平台客户端游戏。

PC 浏览器游戏,又称为 Browser Game、无端游戏,指可以直接通过互联网浏览器玩的网络游戏,包括社交游戏、小游戏和网页游戏。

移动端游戏,是指运行在移动终端上的游戏软件。移动终端又称移动通信终端,是指在移动中使用的计算机设备,广义概念包括手机、笔记本电脑、平板电脑、车载电脑等,现主要指的是智能手机和平板电脑。

中国网络游戏市场规模持续上升,主要得益于以下三个方面:①从硬件上看,光纤网络和移动 4G 网络的全面普及为网络游戏的发展提供了良好的硬件设施;②从需求上看,人民生活水平快速提升,人们对娱乐的需求越来越重;③从企业经营来看,游戏泛娱乐化、影视文学动漫游戏化、文娱产业间的跨界联动频繁,拓宽了游戏产业的外延。但随着人口红利用尽,行业的增长将会进入一个稳定状态。同时,随着监管的介入,行业会向更规范、更健康方向发展(见图 4-44)。

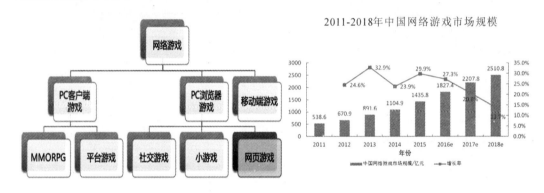

图 4-44　网络游戏类型与发展规模

硬件的升级促成了网络游戏产业的重点转移。随着用户接入互联网主要端口从 PC 转向移动,移动游戏超过端游市场份额,增长至 57.2%,成为最大的细分市场。移动端和 PC 端游戏虽然在玩家的时间上是竞争关系,但手游在承接端游流失用户的同时,还会吸引更多新游戏玩家。而现在很多端游 IP 都推出了手游版本,两者实际是相互导流、相互促进,共同提升了该游戏 IP 的价值(见图 4-45)。手游和端游,只是游戏在不同平台的不同展现形式,对应的是用户在不同时期、不同场景的不同需求。能不能吸引用户,给用户带来快乐,进而让用户愿意留下来,还是要看游戏本身的可玩性和创新度。

随着游戏全民化和重度化的发展,之前由于投入过高导致用户入门难的主机游戏在 2017 年有较大幅度的提升。随着技术的成熟,以 VR、AR 等新技术为卖点的创新游戏预计在 2018 年前后迎来爆发。

中国游戏市场规模占全球市场规模比例不断攀升,已成为全球最大的游戏市场,2016 年占比约为 27%(全球游戏市场规模约 6474 亿元)。中国的移动游戏占中国游戏市场份额过半,并有继续扩大的趋势。而国外游戏市场基本是主机游戏、PC 端游戏、移动游戏三分天下。

随着游戏人口红利逐步消退,质量提升成为游戏行业的新方向。2016 年移动游戏用户

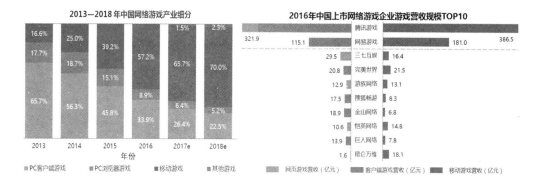

图 4-45　网络游戏分类与市场格局

规模约 5.21 亿人,而 PC 端游戏用户规模约为 4.46 亿人。移动游戏经过前两年的爆发式增长,人口红利逐步消退,用户规模几乎达到天花板。而由于移动市场的冲击,PC 端游戏用户规模更是出现明显下滑,2016 年比上一年的用户规模下降了 1.5%。无论是 PC 端,还是移动端,游戏的用户规模均已经达到了瓶颈,中国游戏市场规模想要进一步提升需要在精细运营、产品创新、产业融合、国际化发展等方面寻找突破口。中国网络游戏产生链如图 4-46 所示。

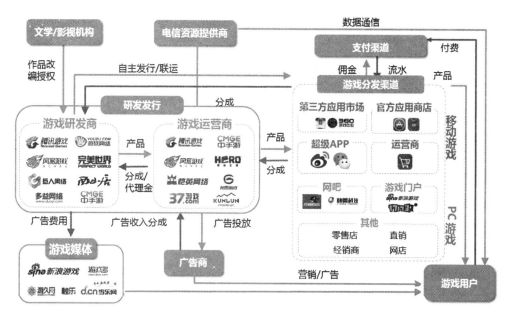

图 4-46　中国网络游戏产业链

腾讯游戏 2016 年营收超过 700 亿元,是全球游戏收入最高的公司。腾讯核心优势在于其以社交为庞大的用户基数,这让腾讯在流量为王的移动互联网时代所向披靡。同时,其坚持研发与发行并重,从最开始的休闲类游戏,逐渐丰富产品线、加深游戏的深度、扩大游戏品类、用不同的产品吸引不同的用户。就像传统快销品需要以多品牌战略抢占货架一样,面对有限的广告位、榜单位,游戏一定程度上也需要以量取胜。腾讯从 2015 年起提出泛娱乐战略，并逐步丰富这一战略内涵，拓宽游戏业务外延，将所有文娱相关产业串联起来，形成泛娱乐生态闭环（见图4-47）。

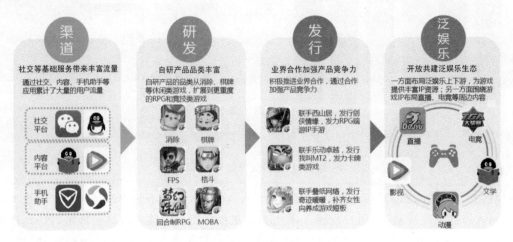

图 4-47　腾讯游戏竞争产业链与优势

中国网络游戏发展具有以下趋势：

1. 泛娱乐化：游戏艺术性的提升有利于泛娱乐化发展

游戏是继绘画、雕刻、建筑、音乐、诗歌（文学）、舞蹈、戏剧、电影八大艺术形式之后，被人们公认的"第九艺术"。与其他八大艺术一样，游戏以自己独有的语言向玩家呈现了另一个虚拟世界的模样。游戏的艺术性决定了向其他艺术形式转化的可能。对于游戏来讲，其要点就在于鲜活的角色现象、完整的世界观、丰富的剧情内容以及适时推出的话题点。

2. 全民化：游戏类型的丰富和硬件提升为全民化打下坚实基础

丰富的游戏类型能够满足各人群需求，游戏覆盖的人群越来越广。而且，游戏的仿真度越来越高，很多现实生活中的传统行业都可以在游戏中得到体现。有很多游戏已经不单单是一个游戏这么简单，那是一个完整的世界，玩家可以在里面"生活""学习""恋爱""就业"。游戏里面也有"金融""教育""社交"等元素。随着VR、AR、MR技术的进步，游戏的仿真度会进一步提升，跟现实生活的结合也会越来越紧密。

3. 重度化：端游页游产品的移动化使得手游重度化愈加明显

随着端游和页游厂商纷纷介入移动游戏，将原来大体量的端游和页游产品移植到移动端来，拉长了移动游戏的平均游戏时长。调查显示，仅有18％的用户表示其游戏时长小于半小时，28％的玩家表示玩移动游戏的时间变长了。

4. 社会化游戏分发：社交流量入口成为游戏分发的必争之地

人口红利用尽后，游戏市场逐渐从增量市场向存量市场过渡，如何抢夺现有的游戏用户成了游戏厂商最为头疼的问题，而用户每天都必然会接触到的社交软件（如微信、微博）成了兵家必争之地。社会化游戏分发的重要性逐渐凸显。

4.5.3　在线视频与音乐

1. 在线视频

根据中国互联网络信息中心(CNNIC)发布的《第 41 次中国互联网络发展状况统计报告》，截至 2017 年 12 月，我国网络视频用户规模达 5.79 亿，较 2016 年年底增加 3437 万，在网民中的使用率为 75.0%。2015 年 12 月，网络视频用户规模首次超过网络音乐，成为娱乐类第一大应用。网络视频用户实现了在高位的持续稳健增长，与网络音乐之间的差距进一步拉大。2017 年，网络视频行业在设备、内容、商业模式上表现出以下特点：

(1)收看设备方面，多屏趋势明显，手机端与智能电视多点发力。一方面，网络视频用户不断向手机端迁移。截至 2017 年 12 月，手机端网络视频用户 5.49 亿，94.8% 的视频用户分布在手机端；手机端用户规模半年增长率为 9.7%；主流视频网站移动端的流量占整体流量的 70% 左右，且有进一步增长趋势，手机屏成为个人网络视频服务中最重要的一屏。另一方面，随着智能电视的普及，28.2% 的中国网民使用电视上网，且呈逐年上升趋势，这为视频用户的增长开拓了新的空间。未来，VR 设备也将成为视频厂商争夺的另一个硬件入口。

(2)视频内容方面，各大视频网站在版权购买上的竞争趋缓，自制内容朝着精品化、差异化方向发展。随着网络视频产业链成熟，主流视频平台基本都涉足上游内容研发与制作，专业化的运作显著提升了自制内容的水准。目前各主流视频平台自制节目数量有赶超版权购买之势。各大视频网站一方面保持对超级 IP、纯网络综艺节目的投入力度，另一方面加大对体育、财经、漫画、音乐等垂直领域的内容建设，打造差异化的内容平台。

(3)商业模式方面，优质内容推动用户付费习惯进一步养成，视频用户增值消费潜力的增长空间较大。自 2015 年起，在众多因素的带动下，视频网站付费用户数量迅速增加，会员收入在整体收入中的占比增大。目前，主流视频网站主要通过热门剧目的差异化编排方式来吸引用户付费，未来基于大数据对会员用户的深度运营和需求挖掘，能探索出更多的增值消费方式。此外，视频网站的直播频道/直播产品、自媒体频道的繁荣，都会带动增值服务模式发展，丰富视频平台收入来源。

2016 年中国在线视频市场规模达到 637.1 亿元，同比增长率为 58%，如图 4-48 所示。在线视频整体市场规模保持快速增长，且出现了一些新的增长点。首先，视频用户付费市场在各家视频企业的推动下有了长足的增长，付费用户数量大幅增加；其次，视频广告开始产品化，各视频企业纷纷推出了不同类型的创新营销产品，针对广告主不同的需求，面向不同

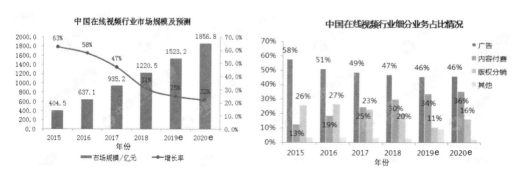

图 4-48　中国在线视频行业市场规模与细分业务占比

的用户群体，根据大数据实现视频广告的精准性和创新性，促使视频广告出现新的增长；最后，视频行业对于内容的追求精益求精，IP策略和内容运营以及对内容自制的推动，使得视频内容有了更多的利润空间。

2016年的在线视频收入当中，广告收入占比为51％。视频增值服务，即用户付费收入占比为19％。相比2015年，2016年，用户付费市场实现了强劲增长。未来几年仍是付费用户的爆发期，市场环境已经发展成熟，在各视频企业的推动下，视频增值服务将逐渐发展为与广告同等重要的收入来源。

抢占用户时间便是抢占传播机遇，从分媒体广告收入情况来看，2014年中国网络广告投放规模首次超过电视广告，这一差距也在进一步凸显。2015年，中国网络广告投放规模将首次突破2000亿元，远超其他媒体广告。而用户对视频内容的依赖直接刺激了在线视频行业市场规模的快速增长。

2017年中国在线视频广告市场规模达到457.9亿元，增长率为42％，随着在线视频行业提升对内容的主导性，发力用户内容付费业务，广告市场增长率将有所下降，但仍在持续增长，2018年中国在线视频广告市场规模达到600亿元，增长率超过30％。

随着智能手机和4G网络的普及，打破了视频消费的时间和空间局限，推动着短视频行业的快速发展。2016年短视频（播放时长在五分钟以下）兴起，2017年短视频火热，用户规模的增长和广告主的关注带动整体市场规模提升，2017年短视频市场规模达57.3亿元，同比增长达183.9％。未来1～2年内，短视频平台将开放大量的商业化机会，流量变现带来较大的市场规模增长。与此同时，随着短视频内容营销质量的不断提升，内容变现也将出现较大机会。预计2020年短视频市场规模将超300亿元。

根据短视频平台定位和内容诉求的不同，在时长上也有不同的要求。当前短视频主要集中在15秒、57秒和4分钟三个时长概念上，不同的短视频平台根据其定位，在内容时长上也会有对应的偏好和引导，一方面，在内容审核上会侧重对时长概念的筛选，另一方面，在平台内置拍摄功能上也会有时长的限制。①15秒及以下，通常为UGC（user generated content）内容，侧重于普通用户的自我表达，代表平台有美拍、抖音等。②1分钟左右，侧重故事或情节的展示，内容表达相对完整，代表平台有快手等。③2～5分钟，通常为PGC（partner generated content）内容，有完整且专业的编排和加工剪辑，内容维度丰富，侧重媒体属性，代表平台有梨视频、西瓜视频等。另外，有部分平台同时开放两个时长内容，并用版块进行区别，如土豆；也有部分短视频平台目前在时长上不作界定，如秒拍（见图4-49）。

2. 在线音乐

在线音乐主要指用户通过互联网（包括移动互联网）在在线音乐平台上获取的包括收听、下载在内的数字音乐服务。在线音乐按终端划分，可以分为PC端音乐和移动端音乐。

2015年，全球数字音乐规模达到67.0亿美元，其中下载服务收入占比为45％，流媒体服务收入占比为43％，虽然数字音乐中下载服务收入比上一年下降了10.5％，但受流媒体音乐45.2％增速的影响，数字音乐整体规模仍保持了9.8％的增长。受智能手机用户大规模增长、高品质音乐订阅服务增加及相关乐迷向正版音乐服务迁移等的影响，未来，流媒体收入将很快超过下载服务收入，成为数字音乐的主要收入来源。

2015年12月，国家新闻出版广电总局发布的《关于促进中国音乐产业发展的若干意见》指出，计划在"十三五"期间，打通音乐创作、录制、出版、复制、发行、进出口、版权交易、演

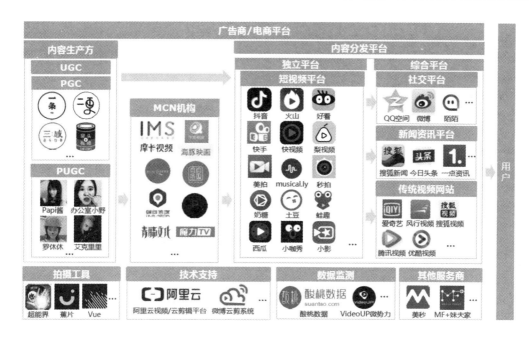

图 4-49 短视频产业链图谱

出、教育培训、音乐衍生产品等纵向产业链，连接音乐与广播、影视、动漫、游戏、网络、硬件播放设备、乐器生产等横向产业链，基本形成上下游相互呼应、各环节要素相互支撑的音乐产业综合体系。到"十三五"期末，整个音乐产业实现产值 3000 亿元。

2017 年，我国个人互联网应用发展迅速，网络娱乐类应用稳步发展，优质 IP 拉动娱乐应用快速增长。2017 年我国在线音乐用户规模达到 5.48 亿人，增长 8.9%。在所有互联网应用中，在线音乐成为仅次于即时通信、搜索引擎、网络新闻和网络视频的第五大互联网应用，是网民日常使用的重要应用类型。

2016 年中国数字音乐市场规模为 529 亿元，增长 6.2%。随着版权市场逐渐规范，特别是 2015 年 7 月以来国家对在线音乐版权市场的监管力度逐渐加大，在线音乐市场发展将更为正规有序。

在音乐市场收入结构中，广告、游戏联运等模式比较成熟，增长稳定；直播、用户付费等增长快速，是企业重要的收入来源，预计未来仍将保持较快增长；另外，O2O 演出、衍生商品售卖等虽然目前在市场中占比较小，但未来也有较大成长空间。在市场商业模式多元化的作用下，用户付费、广告、直播、音乐周边产品销售等收入模式将共同促进市场继续平稳快速增长。

从整个行业的健康发展看，内容提供商为服务提供商提供版权内容，服务提供商基于版权内容为用户提供个性化服务，用户为获得的优质服务向服务提供商付费，获得收入的服务提供商向内容提供商支付音乐版权费，从而使内容提供商可以有资金用于优质内容生产上，然后再提供给服务商，由此进入一个良性的行业发展循环。如图 4-50 所示。

从典型音乐平台发展情况看，在音乐业务基础上，各平台发展呈现出差异化的特点，酷狗音乐在直播方面优势明显，直播业务成为其重要的收入来源；QQ 音乐的数字专辑售卖、O2O 等业务表现突出，成为 QQ 音乐发力的重点；网易云音乐基于个性化推荐的歌单、朋友社交等功能吸引了大量的活跃用户，增长迅速。如图 4-51 所示。

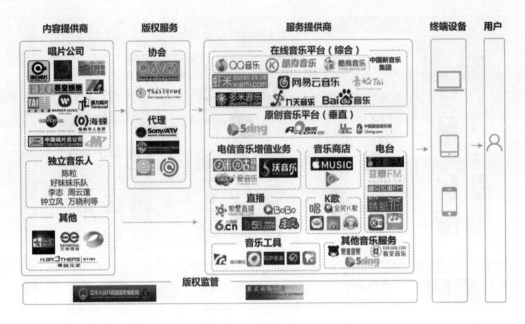

图 4-50 中国在线音乐产业链

平台	定位	用户数	服务特色功能	主要盈利模式	音乐付费方式
QQ音乐	以粉丝为切入点，打造听看玩唱的音乐生态	2015年9月，QQ音乐宣布截至目前，QQ音乐覆盖8亿用户，日活跃用户突破1亿	数字专辑，O2O	会员收入、音乐付费、广告、演出O2O等	绿钻贵族：12元/月、30元/季度、118元/年 绿钻豪华：18元/月、45元/季度、178元/年 豪华付费音乐包：12元/月、68元/半年、128元/年 流量包：江苏移动20元/月，电信（河南、江苏、上海）10元/月，联通9元/月
酷狗音乐	涵盖听歌、电台、直播、K歌等功能的一体化娱乐服务平台	暂无公开官方最新数据	直播	直播收入、广告、游戏联运收入、音乐收费、衍生商品销售等	300首音乐包：8元/月 500首音乐包：12元/月 VIP：12元/月 300首音乐包：VIP-15元/月
网易云音乐	侧重发现和分享的社交音乐产品	2015年7月，网易云音乐宣布其用户数突破1亿	个性化推荐，朋友	广告、音乐付费、衍生商品销售等	付费音乐标准包（300首/月下载）：8元/月、45元/半年、88元/年 付费音乐豪华包（500首/月下载）：12元/月、68元/半年、128元/年 流量包：联通9元/月、电信10元/月
音悦台	以音乐视频为切入点，深挖粉丝服务，打造泛娱乐服务平台	2016年3月，音悦台官方数据显示，月度活跃用户为3500万，日活跃用户350万	音悦V榜，饭团，音悦stage	专辑、广告、明星周边、会员、直播等	会员服务费：15元/月；144元/年，连续付费会员特权升级

图 4-51 2016 年典型音乐平台发展情况对比

实例讨论

1. BAT 决战打车软件，掀起"三国杀"的真正目的是什么？

2. 在线旅游服务在未来还可能出现别的商业模式吗？请举例说明。

3. 作为专门的在线旅游服务商该如何抵御电商巨头（如 BAT）进军在线旅游市场？

4. 对于用人单位而言，如何更有效地使用在线招聘服务？

5. 作为一个毕业生，你更倾向使用哪类在线招聘平台的招聘服务？

6. 面对国内疯狂的隐私泄露和电信欺诈，如何才能让移动支付更安全？

7. 面对在线教育服务兴起，高校应该如何改善自身的服务能力？

8. 你在泛娱乐活动中,付费参与了哪些活动? 参与形式是什么?

实训一　在线旅游网

(1)在携程网(www.ctrip.com)注册自己的账号。

如果需要你组织一个家庭的小规模短期旅行,应该完成的任务包括:

● 如何搜索　　　　　　　● 如何比较

● 如何订购　　　　　　　● 如何支付与线下联系

(2)如果 3 人自助游去厦门短期旅游 4 天 3 晚,请设计一份详细的旅行方案,准备几个备用方案,并进行比较。请详细说明行程安排、费用支出和出行路线图。

实训二　在线招聘网

(1)在前程无忧网、智联招聘网上如何搜索本专业的招聘信息,并根据最近一个月的招聘信息描述本专业毕业生面临的就业情况。

招聘信息包括如下内容:

● 招聘岗位工作的学历要求　　　● 公司性质

● 月薪范围　　　　　　　　　　● 工作类型

● 公司规模　　　　　　　　　　● 具体岗位知识和技能要求

● 工作地区

同时,还要并对以上 2 个招聘网站的信息进行比较。

(2)在 58 同城上注册,并进行个人简历的投递和发布。

实训三　在线课程与文库平台

学堂在线是由清华大学研发的网络开放课程平台，于 2013 年 10 月 10 日正式启动，面向全球提供在线课程。任何拥有上网条件的学生均可通过该平台，在网上学习课程视频。

"学堂在线"平台合作伙伴包括北京大学、浙江大学、南京大学、上海交通大学等部分 C9 联盟高校。

(1)在学堂在线(http://www.xuetangx.com/courses)上注册账号，然后搜索正在开设的在线课程，选择一门你感兴趣的课程进行听课。并根据选课、听课情况进行自我总结。

百度文库是百度发布的供网友在线分享文档的平台。百度文库的文档由百度用户上传,需要经过百度的审核才能发布,百度自身不编辑或修改用户上传的文档内容。网友可以在线阅读和下载这些文档。百度文库的文档包括教学资料、考试题库、专业资料、公文写作、法律文件等多个领域的资料。百度用户上传文档可以得到一定的积分,下载有标价的文档则需要消耗积分。当前平台支持主流的.doc(.docx)、ppt(.pptx)、xls(.xlsx)、pot、pps、vsd、rtf、wps、et、dps、pdf、txt 文件格式。

平台于 2009 年 11 月 12 日推出,2010 年 7 月 8 日百度文库手机版上线。2010 年 11 月 10 日,百度文库文档数量突破 1000 万。2011 年 12 月文库优化改版,内容专注于教育、PPT、专业文献、应用文书四大领域。2013 年 11 月正式推出文库个人认证项目。2014 年 4 月文库文档数量已突破 1 亿。

(2)在百度文库中,搜索你所需要的文库,并上传你的文档,以赚取财富值。

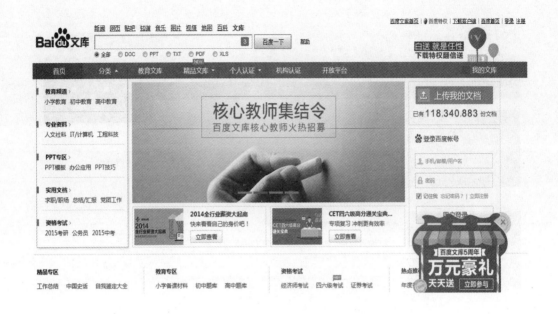

实训四　在线支付与理财

（1）登录支付宝安全中心，了解其最新的有关保护资金安全、账户安全、隐私安全的服务条款。

（2）用支付宝账户进行转账到支付宝、手机充值、信用卡还款、生活缴费等操作。

（3）了解余额宝、招财宝、芝麻信用、蚂蚁花呗等相关功能，进行小额理财和信用消费。

微信支付是集成在微信客户端中的支付功能，用户可以通过手机完成快速的支付流程。微信支付以绑定银行卡的快捷支付为基础，向用户提供安全、快捷、高效的支付服务。2014年9月26日，腾讯公司发布的腾讯手机管家5.1版本为微信支付打造了"手机管家软件

锁"，在安全入口上独创了"微信支付加密"功能，为微信提供了立体式的保护，为用户"钱包"安全再上一把"锁"。用户只需在微信中关联一张银行卡，并完成身份认证，即可将装有微信APP 的智能手机变成一个全能钱包，之后即可购买合作商户的商品及服务，用户在支付时只需在自己的智能手机上输入密码，无须任何刷卡步骤即可完成支付，整个过程简便流畅。

目前微信支付已实现刷卡支付、扫码支付、公众号支付、APP 支付，并提供企业红包、代金券、立减优惠等营销新工具，满足用户及商户的不同支付场景。

（4）通过微信收付款功能进行付费和收款操作。

（5）通过微信进行相关微信红包和转账的操作。

（6）通过腾讯理财通进行相关理财和投资操作。

第5章　B2B 电子商务

Business to Business Electronic Commerce

【学习目标】

- ❖ 了解 B2B 电子商务的商务模式与交易模式
- ❖ 了解国内 B2B 市场的格局
- ❖ 熟悉阿里巴巴 1688 内贸批发平台的操作
- ❖ 熟悉诚信通和阿里巴巴 1688 平台上的主要营销工具
- ❖ 了解网上采购的商业模式
- ❖ 了解在线采购的购买者特征
- ❖ 了解企业级网上采购平台的基本应用
- ❖ 了解 B2B 拍卖的类型与价值
- ❖ 了解 B2B 团购的特征与价值

引导案例　B2B"老树发新芽"：悄然成"网红"

"忽如一夜春风来"，刚刚进入 2016 年，之前沉寂多年的 B2B 行业，就开始不断出现新闻。

这个行业出现了什么变化？参考 B2C 的发展历程，B2B 行业中的"天猫"或者"京东"是否已经呼之欲出？《每日经济新闻》记者搜集了多个行业的信息，面对面地与多位行业领军人物交谈，以期为读者展现行业概貌，并发掘其中的投资机会。

还记得 O2O 吗？这个曾经火到不行、创业者纷纷涌入、上市公司争相炒作的商业概念，已迅速沉寂了，进入 2016 年更是少有人再提，甚至有文章调侃称，O2O 已经上了天使投资人"打死也不投"的黑名单。

但是，另一个领域却在悄悄萌出新意。都说 2015 年是资本寒冬，但是，之前不被关注的 B2B 领域，却迎来了暖春。2015 年，企业服务领域的融资金额比 2014 年翻倍增长，进入 2016 年更是快马加鞭，俨然一副新"网红"的感觉。

政策支持：B2B 逢天时地利

在淘宝、京东等兴起之前，B2B 就已经兴起。从 1997 年开始，类似于中国化工网这样的网站便已经在提供黄页服务，只是到了 2008 年之后，B2C 迅速崛起，吸引了几乎所有人的注意力，而 B2B 似乎就沉寂了。不过，在大家的目光常常被"'双 11'交易额再创新高"这样的

B2C 领域新闻所吸引之时,B2B 一直在默默生长。

虽然 B2C 市场增长快,但 B2B 占了电子商务交易总额的 76％,交易额是同期 B2C 市场的 3 倍多。

为何 B2B 会有这么大的交易额呢?有分析认为,这是由于近年来经济存在两大问题,一是产能过剩,使得原本强势的大宗商品上游卖家不得不放低身段,参与到网络撮合交易中;二是企业成本上升,这使得企业下游买家不得不向精细管理要利润,向供应链要利润。这些都使得 B2B 的爆点提前到来了。

而鼓励 B2B 行业发展的政策也在此时出台。2015 年 9 月,国务院办公厅印发《关于推进线上线下互动 加快商贸流通创新发展转型升级的意见》,其中明确提到,鼓励批发业应用互联网平台向上下游延伸,由商品批发向供应链管理服务转型;以电子商务和现代物流为核心,推动大宗商品交易市场提高效率。

资本发力:B2B 迎来强风口

在 2015 年,B2B 这把火开始烧起来了。IDG 全球常务副总裁熊晓鸽说:“下一代的 BAT 会在 B2B 领域里产生”。小米科技创始人雷军说:“未来十年的风口,第一个是农村互联网,第二个是企业应用。”

从 B2B 行业吸引资本的规模来看,B2B 已经站上了风口。2013 年,B2B 领域的投资项目是 10 个,2014 年是 14 个项目,到了 2015 年的上半年,项目数量就达到了 68 个。B2B 老兵、慧聪网 CEO 郭江就在不同场合说过,未来五年是 B2B 最好的机会。因为产能过剩,行业面临困局,而流通环节效率过低,他希望通过电子商务,让工厂直接对接终端零售商或用户。

记者在采访过程中,不止一位采访对象表示,B2B“火了”不是没有原因的。张周平总结说:一是受 B2C 的影响,用户接受度增加了;二是政策鼓励;三是资本助力。“资本是最聪明的,他们知道哪里蕴含着最多的机会。”

专注于 B2B 领域投资的零一创投,在 2016 年年初发布了一份《2015 年企业服务领域创业观察报告》,其中显示,垂直行业 B2B 交易平台,每一个细分市场几乎都是万亿级市场,整个 B2B 交易平台市场的总体容量达数十万亿级,无论如何也不能忽视。据零一创投统计,2015 年 B2B 交易平台获投家数达 103 家,金额超过 50 亿元,与 2014 年相比数量增长 329％,获投总金额增长了 699％。

精挑细选:何处是 B2B 蓝海?

那么,在行业整体爆发的节点上,哪些领域更容易受到青睐?

在《2015 年企业服务领域创业观察报告》中,将企业服务分为四类:B2D——云储存、大数据等开发者服务;SaaS1.0——通用管理型 SaaS;B2B——垂直行业交易平台;SaaS2.0——垂直行业 SaaS 工具＋交易。

前两类都是“金矿边的卖水人”模式,为企业提供多项软件和数据等服务。这一类企业中,已经出现了如阿里云、环信、听云、纷享销客等行业佼佼者。这一领域被广泛看好,不过其市场容量应为千亿级,与 B2B 交易平台的万亿级庞大市场不可同日而语。

那么在 B2B 交易平台中,哪些行业更有希望脱颖而出?大宗商品首当其冲。国元证券为 B2B 设了一个八维模型,即适合引入 B2B 的八个维度:规模大、上下游分散(特别是下游)、标准化程度高、SKU 多、信息化程度低、贸易环节多、价格变动频繁、客单价适中。规模小难以起量产生入口价值，下游分散才有足够客户量，贸易环节多说明流通环节效率较低，平台可挖掘其中价值，标准化产品便于线上交易。

除了大宗商品之外，农业、工业品、电子元器件、食品饮料及物流等行业，也满足多个维度，因此，这些领域的 B2B 平台，已经有不少做得风生水起。这些行业均是大市场，国元证券称，2013 年各个行业的市场规模是这样的：煤炭 11 万亿元、钢铁 3.6 万亿元、化工 7.4 万亿元、农业 3 万亿元、MRO（非生产物料）1 万亿元……

资料来源：http://news.iresearch.cn/content/2016/04/260301.shtml

5.1 B2B 电子商务发展与竞争格局

企业对企业电子商务（business-to-business e-commerce，B2B EC），通常也被称为 eB2B 或者 B2B，是指企业之间通过互联网、外部网、内部网或者企业私有网络以电子方式实现的交易。这些交易可以发生在企业及其供应链成员之间，也可以发生在一个企业和其他企业之间。在这里，企业泛指任何私有的或公有的、营利的或非营利的组织。B2B 的主要特点是企业希望通过电子自动交易或沟通过程来提高它们自身的效率。特别要注意的是，B2B 商务可以不通过互联网实现。

Analysys 易观将电子商务 B2B 业务定义为：以企业为主体，在企业之间通过互联网进行的产品、服务及信息的交换。

电子商务 B2B 业务可以细分为以下三个部分：

（1）B2B 信息与交易服务：是指通过第三方电子商务平台进行信息发布或信息搜索完成交易撮合的服务，其以收取会员费、广告费、信息服务费为主要盈利方式。

（2）B2B 应用服务：是指以电子商务 B2B 平台为基础、以数据为支撑的整合产业链上下游资源的基础设施与系统集成服务。其主要表现为提供应用软件、管理软件服务等，也包括云存储、云计算的云端服务。

（3）B2B 供应链协同服务：是指基于 B2B 供应链实现企业协同。其主要包括配合电子商务的物流与配送服务、IT 基础设施服务、支付服务、企业间金融服务、信用安全认证服务、技术平台服务等。

5.1.1 B2B 电子商务的特征

1. 商务模式

（1）面向制造业或商业的垂直 B2B

垂直 B2B（Vertical B2B）可以分为上游和下游两个方向，如图 5-1 所示。生产商或商业零售商可以与上游的供应商之间形成供货关系，比如联想电脑公司与上游的芯片和主板制造商就是通过这种方式进行合作的。生产商与下游的经销商可以形成销货关系，比如华为与其分销商之间进行的合作。

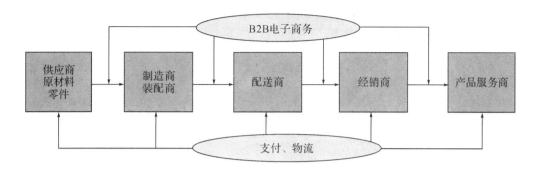

图 5-1　B2B 电子商务各环节

（2）面向中间交易市场的水平 B2B

水平 B2B 是将各个行业中相近的交易过程集中到一个场所,为企业的采购方和供应方提供了一个交易的机会。水平 B2B 只是企业实现电子商务的一个开始,它的应用将会得到不断拓展和完善。

企业要实现完善的 B2B 需要许多系统的共同支持,比如制造企业需要有财务系统、企业资源计划 ERP 系统、供应链管理 SCM 系统、客户关系管理 CRM 系统等,并且这些系统能有机地整合在一起实现信息共享、业务流程的自动化。

2. 交易模式（见图 5-2）

（1）卖方控制型市场战略:由单一卖方建立,以期寻求众多的买者,旨在建立或维持其在交易中的市场势力的一种市场战略。其包括只提供信息的卖主平台和通过网络订货的卖主平台。

（2）买方控制型市场战略:由一个或多个购买者建立,旨在把市场势力和价值转移到买

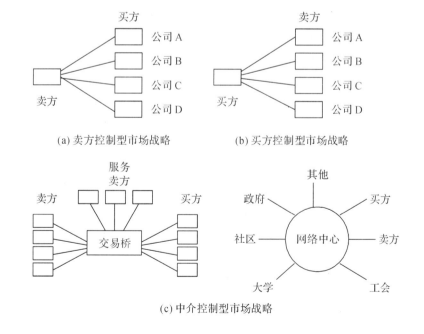

(a) 卖方控制型市场战略　　　　(b) 买方控制型市场战略

(c) 中介控制型市场战略

图 5-2　B2B 电子商务的类型

方的市场战略。买方控制型市场战略除了由一个购买者直接建立的电子市场之外,还包括买方代理型和买方合作型两种。它们可以通过网络发布采购信息,进行反向拍卖,或进行采购信息搜集,加入团体购买计划等。

(3)中介控制型市场战略:是由买卖双方之外的第三者建立,以便匹配买卖双方的需求与价格的市场战略。与买卖方控制的大中型企业服务为主有所不同,中立的第三方控制主要以中小企业服务为主。商业模式包括:特定产业或产品的搜索、信息超市(获取卖主和产品信息的通道)、企业广场(包括众多卖主的网店)、拍卖场。

5.1.2 B2B 电子商务的发展

1. 中国电子商务 B2B 市场 AMC 模型

AMC(application maturity curve,应用成熟度曲线)模型是以时间为参照系,从市场价值、用户规模、产业收入规模等多个维度对产业发展成熟度及产业发展阶段进行分析的模型。基于 AMC 可以对所有市场发展成熟度进行精准刻画,定义市场发展阶段,描述市场特点,提出市场发展建议。

中国 B2B 电子商务市场经过多年的发展已经具备相当大的体量,阿里巴巴、慧聪网、环球资源网等已具备相对稳定的市场位置。伴随着"互联网+"的浪潮,相对"封闭"的钢铁、化工、电子、农业等领域纷纷"涉足"电子商务 B2B 垂直领域。以找钢网、科通芯城等为代表的垂直 B2B 平台的崛起,为 B2B 行业带来了新的增长"动力",也促进了整个电子商务 B2B 市场"迈向"高速发展期,如图 5-3 所示。

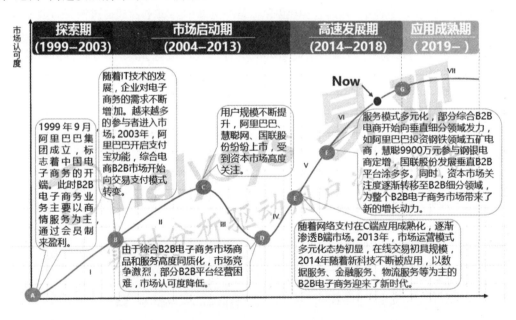

图 5-3 中国电子商务 B2B 市场 AMC 模型(2017 年,易观)

(1)探索期(1999—2003)

在综合 B2B 电商发展初期,企业对于低成本商机获取的需求较为强烈,使电子商务作为其拓展业务的渠道迅速发展。在该阶段,有大量综合性的 B2B 平台相继出现,如阿里巴巴、中国制造网、中国网库等。这个时期的综合 B2B 电商企业主要以提供信息服务为主要，或称之为 B2B 1.0 时代。经营模式从信息资讯入手,通过信息资讯联通供需双方,以信息资讯平台带动商业平台,主要经营模式为信息黄页。盈利模式主要是会员服务、广告展示、流量变现、竞价排名和线下展会。

(2)市场启动期(2004—2013)

随着信息化进程的不断推进,越来越多的参与者进入市场。2008 年中国的综合 B2B 电商市场达到第一次顶峰。由于服务模式同质化,导致市场竞争激烈,平台付费会员服务效果逐渐下降,B2B 电商进入电商低迷期。以信息服务、广告服务、企业推广为主的 B2B 1.0 时代逐渐退去。2011 年,以在线交易模式为主的多元化运营态势初显,B2B 2.0 到来。这个时期的 B2B 电商平台除了信息展示外,出现了在线交易工具以满足企业间的线上交易需求,主要经营模式有自营、撮合、代售等。盈利模式除了通过传统的会员、营销增值服务盈利外,收取交易佣金、依靠平台沉淀资金理财成为新的盈利方式。

(3)高速发展期(2014—2018)

2014 年以后,随着互联网红利的消失,综合性电子商务平台格局基本定型,阿里巴巴的优势地位在短时间内无法撼动,专做细分领域的垂直 B2B 电商开始崛起。以在线交易、数据服务、信务服务、金融服务、物流服务等为主的 B2B 电商进入 3.0 时代。B2B 电商为采购双方提供包括仓储、金融信贷、大数据分析等在内的一系列高附加价值的服务。通过打通供应链,盈利模式变得多样化,数据服务、信息服务、物流服务、金融服务都成为可以盈利的方式。

(4)应用成熟期(2019—　)

在应用成熟期,物流和仓储的供应链协同体系将更加完善,由交易数据所带来的企业信用评级体系助力金融服务发展。同时数据服务和营销服务也将更加健全,移动端应用趋势更加明显。

2. B2B 整体市场规模

随着传统综合 B2B 电商商业模式持续深化,营业收入不断提升,特别是综合跨境电商,受国家利好政策影响发展成为亮点。新兴垂直 B2B 电商,也从疯狂的"跑马圈地"阶段,进入理性调整期(见图 5-4)。企业更加注重精细化运营、区域化发展,全产业链服务能力不断增强,纷纷布局供应链金融领域。部分钢铁和快消品企业出现了盈利。

受以上环境影响,2016 年 B2B 电商市场交易规模达到 14.4 万亿元,环比增长 23.9%。得益于钢铁、化工等垂直大宗电商 B2B 市场收入的快速增长,2016 年电商 B2B 市场规模达 2582.6 亿元,增速达到 70.5%。

据中国电子商务研究中心(100ec. cn)监测数据显示,2017 年上半年中国电子商务交易额 13.35 万亿元,同比增长 27.1%。其中,B2B 市场交易额 9.8 万亿元,占中国电子商务整体市场的 73.4%,网络零售(C2C、B2C)市场交易额 3.1 万亿元,生活服务电商(O2O)交易额 0.45 万亿元。

中国 B2B 电子商务兴起于黄页信息展示,发展于撮合交易,走向大数据整合。随着云计算和大数据技术的提高,B2B 电子商务得到了极大的发展。一方面,能够更为精准地分析市场需求,提高交易的质量和效率;另一方面,通过云计算和大数据分析,B2B 电商能够将企业的交易数据提供给银行等相关金融机构,作为企业融资的重要信用凭证。

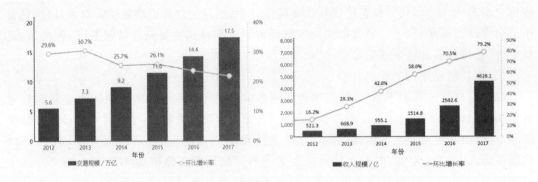

图 5-4　2011—2017 年中国电子商务 B2B 市场交易规模与收入规模

3. B2B 市场产业链

B2B 是以电子商务 B2B 平台以及大数据为基础,通过整合产业链上下游资源完成企业与企业之间营销关系的电子商务活动。随着 B2B 产业模式的创新发展,B2B 产业链发生了很大的变化(见图 5-5)。

图 5-5　中国电子商务 B2B 产业链

目前,电子商务 B2B 市场的参与者主要有:

(1)供应方和采购方,包括原材料供应商、半成品制造商、工业品生产商、消费品生产商、流通贸易商等。面对市场竞争,中小微企业的电子商务意识逐步提高,电子商务模式更加多样化,行业大型龙头企业加大了信息化建设力度,有些搭建了以自身产品供应链为核心的行业化电子商务平台。

(2)B2B 电商平台,包括内贸自建电商平台,如海尔、天联在线等;内贸综合电商平台如

1688、慧聪网、马可波罗网、中国网库、铭万网等；内贸垂直电商平台如找钢网、科通芯城等；跨境 B2B 平台，如阿里巴巴国际、中国制造网、敦煌网等。整合产业链上下游资源、提供综合性解决方案是电商平台的发展方向，而垂直类电商平台由于行业固定、用户集中、企业间信任度高，更加容易实现在线交易。

（3）电子商务 B2B 市场相关的媒体和推广服务商，如百度、托比网等。

（4）产业园与集散地，如亦庄电商产业园、华南城等。产业园的兴起为企业转型提供了生态支持与服务支撑，提升了产业升级效率。

（5）电商产业的促进者，如中国电子商务产业园联盟、中国进出口商品交易会等。政府、行业协会、线下交易会等对企业互联网化转型起到了极大的助推作用。

（6）电子商务 B2B 的支撑服务，如支付、结算、金融服务、平台搭建、数据咨询、云服务、营销培训服务、仓储物流服务、外贸服务、信用认证、安全认证服务等。在线交易一直是电子商务 B2B 平台主要探索的方向，而供应链金融、大数据、云计算是电子商务 B2B 平台新的业务增长点。传统企业在互联网化转型中人才、理念、管理方式上的滞后给托管代运营、培训、咨询等服务提供了发展契机。

目前，中国电子商务 B2B 市场发展呈现如下特点：

- 传统电子商务 B2B 企业加快商业模式转型升级的步伐。
- 大数据已成为电子商务 B2B 平台最核心的价值点。
- 在线供应链金融服务是电子商务 B2B 平台新的业务增长点。
- 垂直细分电子商务 B2B 平台持续受到资本市场关注。
- 电子商务 B2B 市场的移动之路已经来临。

5.1.3　中小企业 B2B 运营商的竞争格局

根据易观数据显示，2016 年综合 B2B 电商市场规模达 248.2 亿元，9 家核心企业占比为 69.8%。其中，阿里巴巴占 B2B 电商运营商平台营收的比例为 45.0%，稳居首位，继续领跑综合 B2B 电商市场；慧聪网、环球资源网分别位列二、三，占比分别为 7.9%、4.2%；其他 B2B 电商运营商表现相对平稳，市场份额变化较小。

截至 2017 年上半年，综合 B2B 电商市场营业规模达到 141.2 亿元，环比增速达到 18.2%。受"一带一路"政策影响，未来跨境 B2B 电商将成为新的增长点。

阿里巴巴国内和国际业务双向发展，B2B 电商市场份额仍居榜首。目前综合 B2B 电商平台销售产品类型多是近消费端的商品，平台更多承担了零售批发的职责，所以客户群体多是中小企业。由于小 B 端需求碎片化导致平台订单碎片化，B2B 电商平台运营方式更多地向 B2C 电商平台靠拢。阿里巴巴借助 2C 端积累的商户数量、技术优势、运营经验等资源，在市场上占有先机（见图 5-6）。

根据易观发布的《2017 中国电子商务 B2B 市场年度综合分析报告》，易观对 2016—2017 年主要 B2B 厂商在实力矩阵中所处的位置、执行能力和创新能力的变化做出解读（见图 5-7）。从整体来看，主要厂商的执行能力和创新能力均逐步提升，特别是创新能力越发凸显，2017 年，中国电子商务 B2B 平台正在向业务多元化、行业多元化、服务纵深化发展。

2017 年中国电子商务 B2B 市场的领先者为：阿里巴巴、慧聪网。2015 年后，阿里巴巴 B2B 业务逐步回归商业的本质，为企业解决切身痛点。阿里巴巴 B2B 业务已经发展了近 20

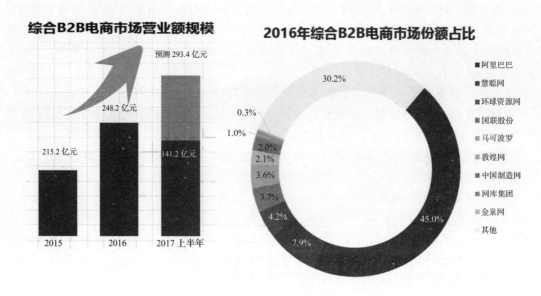

图 5-6　中小企业 B2B 运营商规模与份额

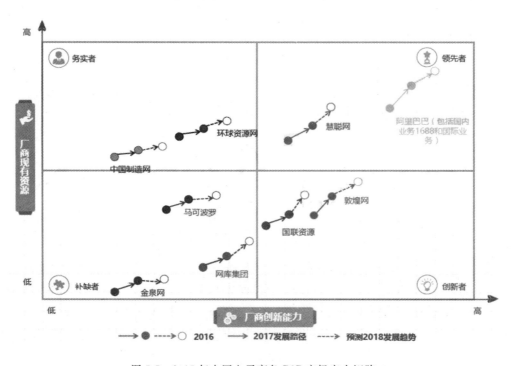

图 5-7　2015 年中国电子商务 B2B 市场实力矩阵

年,无论是内贸平台 1688.com,还是阿里巴巴国际 Alibaba.com,都在充分运用 20 年间阿里巴巴在交易平台中沉淀的数据为企业服务。2015 年后,阿里巴巴仍在力推信用保障服务,解决跨境贸易中买卖双方信任问题,同时,阿里巴巴在浙江、江苏、安徽等多省启动了城市合伙人计划,通过城市合伙人机制为社区店提供货源、配送等服务。

2015 年是慧聪网的二次转型之年，其在在线交易、供应链金融、O2O 电子商务产业园等方面都有了实质性的突破。2015 年，慧聪网以 15 亿元全资收购中关村在线，加大慧聪垂直电商版图的范围；慧聪网完成了对内蒙古呼和浩特金谷农村商业银行的二次增资，占有10％的股权，希望通过此举在金融服务环节获得更高的盈利；同时，2015 年，慧聪网在自身的 O2O 战略上踏出了实质性的一步，慧聪家电城正式落户广东顺德，为企业提供线上线下一体化服务。2017 年上半年慧聪网实现营收 13.42 亿元，同比增长 188.3％。2017 年上半年，慧聪网依托家电、机械、塑化、五金工具、纺织等十几个平台，共协助中小企业完成成交总额约 432 亿元人民币。而 2016 年上半年则约为 152 亿元人民币，同比增加约 184％。

5.2　B2B 电子商务商业模式

5.2.1　信息服务模式

目前，国内的电商 B2B 平台大部分仍以提供信息服务为主，从信息资讯入手，通过信息资讯联通供需双方，以信息资讯平台带动商业平台。以提供信息服务为主的电商 B2B 网站主要建立了分类齐全、产品品种多、产品参数完善、产品介绍详细的产品数据库，不断更新真实、准确的产品信息，提升买家的采购体验，吸引更多的采购商和供应商来发布和查找信息。目前，以提供信息服务为主的 B2B 电商网站的盈利模式主要有会员费、广告费、竞价排名、线下服务、网络营销服务等。

1. 会员服务

会员费是目前 B2B 网站收入的主要来源之一，需要信息服务的供需双方需要注册为B2B 网站的会员，并且每年缴纳一定的会员费用，才能够享受 B2B 网站的各种服务。阿里巴巴 1688.com（见图 5-8）的注册会员数已经突破 1.2 亿人，付费会员超过 100 万元。

图 5-8　阿里巴巴 1688 采购批发平台诚信通业务

2. 竞价排名

企业为了促进产品的销售，为了在 B2B 网站的搜索中排名靠前，B2B 网站会根据会员交费的不同对排名顺序做出调整。阿里巴巴的竞价排名是会员专享的搜索排名服务,当买家在搜索供应商信息时,竞价企业的信息会出现在搜索结果的前端位置,容易引起用户的点击和关注。竞价排名实际上是按效果付费的推广方式,通过投入资金带来大量潜在的客户,有效提升供应商的销售额和知名度。

3. 线下服务

线下服务是国内 B2B 网站的传统优势服务项目,主要以举办展会、线下交流会以及发行期刊为主。对于 B2B 来说,线下展会是促成交易十分重要的一环,供应商和采购商能够面对面的交流。很多中小企业仍对这种能够见面洽谈的方式有所青睐。从知名 B2B 企业环球资源网(见图 5-9)公开的财报看,环球资源网的线上收入已经出现逐年下滑的趋势,而环球资源网的展会、杂志等线下服务已经占到其收入的一半左右,而且线下收入继续增长的态势也有所显现。

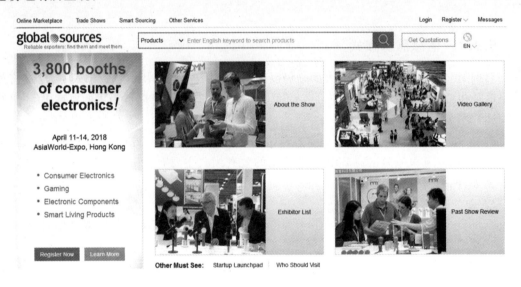

图 5-9　环球资源网相关展会介绍

4. 增值服务

B2B 网站除了为企业提供供求信息之外,还会提供如企业认证、独立域名、行业分析报告、搜索引擎优化、现货认证等增值服务。除此之外,B2B 网站还联合各大搜索引擎,如慧聪网与百度、谷歌、360 等合作,会员企业可以独享行业内 99％的绿色流量,提升询盘的选择。这种遍布多平台投放的方式,能够精准锁定目标客户,效果明显。

5.2.2　在线交易服务模式

2014—2015 年是电子商务 B2B 平台从信息服务平台向在线交易服务平台的转型之年,传统的信息加广告的服务模式已经远远不能满足 B2B 企业供需双方的服务需求,国内知名的 B2B 平台,如阿里巴巴、慧聪网等都利用各类采购汇、促销汇等活动意在培养 B 类企业的在线交易习惯,同时也为电商平台的其他增值服务打开窗口。目前,B2B 在线的支付方式主要有如下几类:

(1)即时到账:即买家在下单之后将资金打入卖家账号,卖家即进行发货,或卖家先行发货,买家即将资金打入卖家账号。该模式的优势在于把买家、卖家账期降到最小值;劣势在于对买家与卖家无保障,如果买家先付款,则货品质量、买家权益无法保障;如果买家签收后付款,则卖家无收款保障。

(2)担保交易:即将第三方机构(如银行等)作为货款的中间过渡机构,优势是可以比较好地保障买家和卖家的利益;劣势是由于存在货款中间状态,会导致买家和卖家都有账期,资金压力大。

由于即时到账的支付方式对采购方和供应方来讲安全保障率较低,目前 B2B 平台的在线交易系统主要是采用担保支付的方式进行。通过在线交易系统,采购方先在线确认订单,供应商通过合作支付机构付款到合作银行监管账户,采购方确认收到货物以后,供应商可将资金从合作银行监管账户提取到自己名下的银行账户,完成在线交易的整个流程。B2B 平台的担保交易服务方式为中小企业的线上交易提供了安全上的保证,相较于传统的交易方式和交易手段来说,更加高效和安全。

目前,B2B 平台的在线交易系统由安全保障体系、在线支付体系、订单管理体系、资金管理体系等部分组成(见图 5-10)。

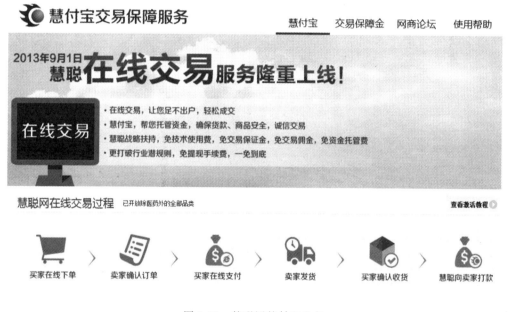

图 5-10　慧聪网慧付宝业务

5.2.3　金融服务模式

供应链金融服务是 2015 年后各 B2B 电商平台增值服务的重心之一,供应链融资是把供应链的核心企业及其相关的上下游的企业作为一个整体,根据供应链中企业的交易关系和行业特点制定基于货权及现金流控制的整体金融解决方案的一种融资模式。供应链融资解决了上下游企业融资难、担保难的问题,通过打通上下游的融资瓶颈,可以降低供应链条的融资成本,提高核心企业及配套企业的竞争力。

传统的供应链融资方式主要有应收账款融资模式以及质押仓单融资模式。

(1)应收账款融资模式:2016年年末,规模以上工业企业应收账款达12.6万亿元。企业以未到期应收账款做质押取得贷款或者将其出售给银行办理融资。根据应收账款单据是否具有后续追索权又分为应收账款质押融资以及应收账款保理。应收账款质押融资是融资企业将应收账款质押给银行,从核心企业获得付款后再归还贷款给银行;应收账款保理是融资企业将应收账款打包卖给银行或其他金融机构。应收账款单据作为质押品,比较容易被商业银行和融资企业接受,商业银行对应收账款享有追索权,且应收账款具有易变现、易保管、回收期短等特点。在应收账款质押融资模式下,商业银行可以向融资企业提供短期贷款,来弥补企业流动资金临时性的不足,从而保证企业生产持续运作以及供应链的畅通,从而提高供应链整体的竞争力。

(2)质押仓单融资模式:是融资企业将货物存放在第三方物流企业的仓库中,并根据第三方物流企业开具的仓单向商业银行办理融资的模式。这不同于传统的质押不动产或信誉担保融资模式。可质押的动产包括:商品、存货、生产原材料等,这给没有足够不动产和第三方担保人的中小企业融资带来了很多便利。

目前,国内第三方电子商务B2B平台发展十分迅速。随着国内电子商务B2B平台的转型,电子商务B2B平台已经成为集电子商务、物流、金融服务为一体的综合服务平台。2015年后,B2B电商平台通过与银行的合作,提供更广泛的金融服务。

B2B供应链金融是银行或金融机构和第三方B2B电子商务平台合作,通过借助电子商务企业的信用实力和企业的信用交易记录,根据企业未来的收益或货物流通价值,对B2B电子商务中供应链单个企业或上下游多个企业提供的融资服务。B2B供应链金融服务的企业对象是整个产业链中资金流动性较差的中小企业,主要解决中小企业在电子商务中由于存在应收账款、存货或预付款等资金滞留的环节而产生的流动资金周转的难题。

B2B供应链金融是基于传统供应链融资产生的新模式——1+N模式,1是指供应链上的核心大型企业,以核心大型企业为出发点,为供应链提供金融支持;N是指处在供应链上下游的中小企业。通过中小企业与核心企业建立长期战略协同关系,增强中小企业的商业信用,提升供应链的竞争力。

结合B2B电子商务交易的特点和供应链金融理念,并将传统的供应链融资模式应用到B2B电子商务中,可将传统的供应链融资拓展为电子订单融资模式和电子仓单融资模式。

(1)电子订单融资模式:是电子商务B2B平台凭借与优质大中型企业(核心企业)的有效订单合同向银行申请的无抵押的融资业务,电子订单融资业务的适用对象是那些与优质大中型企业(核心企业)保持稳定合作关系的电子商务B2B平台的会员,并且能够提供与核心企业真实有效的合同、订单记录或销售证明文件。

(2)电子仓单融资模式:B2B电子商务平台上的会员企业将货物存放在B2B企业和银行指定的第三方物流企业的仓库中,生成有效的电子仓单后,凭借电子仓单向银行申请贷款的融资业务。电子仓单融资模式用资金流盘活物流,能够减少存货对资金的占用以及加快资金流转,为企业获得融资贷款。这种模式非常适合库存占用资金过多,临时性资金周转困难的中小企业(见图5-11)。

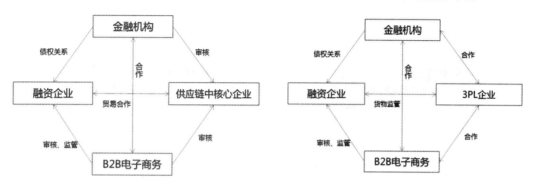

图 5-11　电子订单与电子仓单融资运作主体及相互关系

5.2.4　供应链协同服务模式

1. B2B 系统集成

企业之间信息化建设不断加强,内部信息交流也越来越强烈。目前,大部分企业的应用系统是由不同的供应商产生,并且系统在开发时采用不同的编程语言和框架平台来实现,采用的数据交换格式和通信协议也不尽相同,这样,企业之间在信息共享上存在着很大的难题,企业内部不同应用系统之间也存在信息孤岛的问题。B2B 系统集成的实现主要是通过应用适配器、数据库适配器、通信适配器等和各个应用系统互联,把各个应用系统无缝连接起来,实现不同应用系统之间的信息交互和共享。通过实现供应链上下游企业之间的信息交互和共享,帮助 B 类企业快速建立异构信息的互联互通。

2. 供应链大数据

供应链大数据是通过高效的数据采集、数据交换、数据处理和数据分析,帮助企业级用户实现需求驱动的供应链体系。供应链大数据的应用对于 B2B 供应链金融有着至关重要的作用。在真实的 B2B 数据的支撑之下,金融业务将更安全可靠,使得 B2B 产业链上下游中小企业的交易流程更加快捷方便。B2B 企业提供的供应链大数据服务可以无缝对接企业内部和外部数据,支持企业后台 ERP 系统、各种国际电子数据交换标准和企业自定义的格式。

3. 供应链协同软件服务

随着国内产业转型的加剧,企业通常面临无法及时响应采购需求、无法及时获取货物信息、无法及时处理交付风险、无法预计高库存或库存不足产生的交付延迟、无法及时获取销售数据进行市场分析和调整生产计划等情况。因此,企业需要内部精细化运作的提升以及与上下游伙伴的无缝协作,并通过提升整个供应链的协作水平来提升企业的综合竞争力。供应链协同软件服务是以先进的信息技术手段,通过易用的软件应用服务满足企业与上下游企业的业务协同过程,达到各个业务操作在整个链条的无缝对接。供应链协同软件将制造商、品牌商、供应商、经销商、物流服务商等供应链的不同角色进行联合,更好地管理与上下游企业的协同过程并进行及时的信息共享(见图 5-12)。

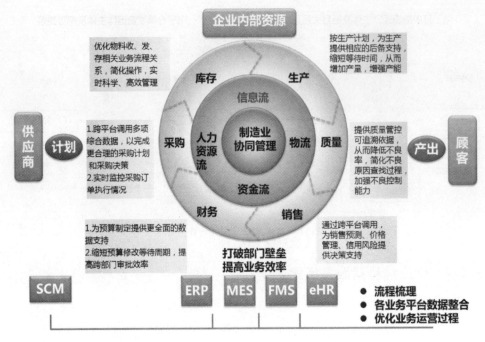

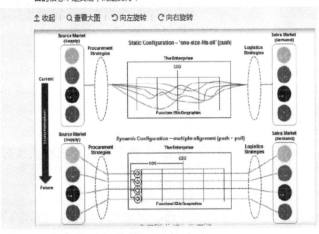

图 5-12　供应链协同与供应链核心

4．移动应用服务

随着智能手机的大范围普及，智能设备也被广泛应用到 B2B 领域，移动智能设备的丰富使 B2B 企业在传统的工业级手持终端之外有了更多选择。企业通过移动设备随时将物流网络接入互联网，提高供应链的服务和响应能力。使用移动设备连接系统并采集信息，可以随时查询货物的状态、位置、图片及各种单据信息;利用移动设备良好的交互性,使签收快捷方便,同时,移动设备可以使用摄像头扫描,结合二维码技术,实现一扫收货、一扫交接、一扫查询等功能,提高物流作业的效率。此外,移动设备自带的导航设备可以让使用者将其与自己的运输任务结合使用,更加便利地到达目的地。值得一提的是,移动设备可以与市场上广泛的社交工具(如微信、微博等)联合,能够最大限度地实现便利性和人性化。

5.2.5　其他创新商业模式

1. B2B2C 模式

B2B2C 是新的网络通信销售模式,第一个 B 是卖方,包括成品、半成品、材料提供商等;第二个 B 是交易平台、电商企业、提供卖方与买方联系的平台,同时能够提供高附加值服务;C 是指买方,是在第二个 B 构建的电商平台的消费者。B2B2C 的模式来源于目前 B2B、B2C 两种模式,通过 B2B2C 模式,电商企业构建自己的供应链系统,提供一站式服务。在 B2B2C 型电商平台上同时存在着企业(B)与企业(B)之间的交易、企业(B)与最终客户(C)之间的交易。

2. F2B+O2O 模式

F2B 模式是起于家具领域的模式,主要是让工厂为电子商务商家提供前端研发和制造的专业化服务。典型的如家具行业,虽然家具行业制造实力雄厚,但其主导的渠道优势在一定程度上制约了家具品牌的发展,也影响了家具的价格,中间商环节和灰色地带使得产品的价格是成本的 3～6 倍。F2B 模式基于厂家大批量、标准化的生产优势,有效地降低了家具厂商采购产品的直接成本。这种模式依托于工厂强大的制造能力和仓储能力,能够保证电商卖家的产品质量和及时供应,同时工厂积累了成熟的物流体系,可以有效地为电商企业提供可靠的物流支撑。

3. CBBS 模式

CBBS 模式是基于地方产业带的新模式,打破了 B2B、B2C 和 C2C 的模式,是消费者、渠道商、制造商、电子商务服务提供商之间的模式。这种模式让服务商参与其中,重构整个产业链。电商平台与政府、运营商、服务商、产业基地等联合,通过线上线下结合的方式,协助当地政府搭建具有地方特色的电子商务平台,突出具有地方特色的产业优势,全方位打造当地的电子商务产业,创造优良的电子商务环境和条件。

5.3　阿里巴巴 1688 平台

阿里巴巴集团相关平台包括:淘宝网、天猫、聚划算、全球速卖通、阿里巴巴国际交易市场、1688、阿里妈妈、阿里云计算、蚂蚁金服、菜鸟网络等。其中的 B2B 电子商务是阿里巴巴集团最早的旗舰业务,现在包括阿里巴巴国际交易市场、全球速卖通、1688。

1688(www.1688.com,前称"阿里巴巴中国交易市场")创立于 1999 年,是中国领先的网上批发平台。1688 为在阿里巴巴集团旗下零售市场经营业务的商家,提供了从本地批发商采购产品的渠道。

5.3.1 1688 平台的定位和服务

1. 1688 的定位

马云于 1999 年创办了阿里巴巴网站，即 1688 的前身。1688 现为阿里巴巴集团的旗舰业务，是中国领先的小企业国内贸易电子商务平台。作为阿里巴巴集团旗下子公司，1688（见图 5-13）在 CBBS 电子商务体系中代表企业的利益，为全球数千万的买家和供应商提供商机和便捷安全的在线交易，也是商人们以商会友、真实互动的社区。

图 5-13 阿里巴巴 1688 采购批发平台

1688 经过 18 年的发展已成为：全球首个 B 类注册用户超过 1.2 亿的平台，每天超过 1200 万客户来访；每天产生 1.5 亿次在线浏览；有 1000 万企业开通公司商铺，覆盖服装、家居、工业品等 49 个一级行业，1709 个二级行业；目前，1688 已和全国百强产业带达成合作，带动产业带政府实现电商化，更有效地服务更多线上的采购批发商。

2017 年，阿里巴巴核心电商收入为 1338.8 亿元，其中 B2B 电商业务收入为 111.8 亿元，占比为 8.4%。2017 年第二季度，阿里巴巴 1688 业务首次超过阿里巴巴国际业务。

2. 1688 的服务项目

（1）诚信通

诚信通是 1688 为从事中国国内贸易的中小企业推出的会员制网上贸易服务，主要用以解决网络贸易信用和认证问题，为会员提供基础建站、全网引流、促进交易和客户管理等服务。

（2）产业带

产业带聚集了生产设备、原材料、面辅料、设计、货运等各类以生产为中心的上下游企业，建立经济技术协作圈。这里汇聚了好商好货，旨在帮助买家直达原产地优质货源，帮助卖家提升竞争力，降低竞争成本，同时促成产业带当地政府与第三方服务商合作运营，优势共享。

（3）伙拼

伙拼是 1688 推出的批发型团购频道。目前,伙拼产品的行业覆盖了服装、母婴、食品、美容、百货、家纺、家装、工业品等几乎全部的产品品类,让所有批发商以低成本、高效率进行网络批发。

（4）淘工厂

淘工厂提供链接电商卖家与工厂的加工定制服务。一方面解决电商卖家找工厂难、试单难、翻单难、新款开发难的问题;另一方面将线下工厂产能商品化,通过淘工厂平台推向广大电商卖家,从而帮助工厂获取订单,实现工厂电商化转型,打造贯通整个线上供应链的生态体系。

（5）商友圈

商友圈是聚集不同行业、不同地域、不同专业市场的卖家和买家专业群体的电子商务社区。其汇聚全国各地各行业超过一万个商盟,五十万个生产厂家、企业主、经销商,横跨数千个行业,每天有超过五十万人活跃用户。商友们可以在这里发现专业的交友、互动圈子,与各行各业专家、企业主交流商业经验,分享商业知识,参与各种类型商圈线上、线下活动,聚集商业人脉。

（6）生意经

生意经是 1688 为广大用户提供的专注于商业领域,通过问答的手段解决商业难题,并通过 wiki 手段积累商业实战知识的平台。每天有超过 300 万商友通过生意经沟通商业难题。生意经旨在"让天下没有解决不了的生意上的难题!"

（7）新品快订

新品快订是 1688 新上线的新品订货专业频道。其深度整合尖端设计师、产业集群地工厂、外贸大厂及尖端面料商等供应链上游资源,旨在为淘宝/天猫卖家、线下品牌商等核心零售商提供海量的首发、原创设计款,打造"小批量、快生产、高品质"的一站式"快时尚"订货模式。

（8）代理加盟

代理加盟是为 1688 商家提供的渠道发展服务的,其支持品牌商家的线上代销、加盟、代理等方式的渠道招募。

（9）采购商城

采购商城是 1688 旗下自营的工业品采购超市,面向国内生产制造企业,提供涵盖五金工具、劳保防护、电工电气、机械部件、行政办公、物流包装、LED 照明、精细化学和公用设施等产品品类。采购商城保障所有商品为正品真货,并提供七天无理由退换服务。采购商城承诺按约发货,并由商城统一提供发票。

5.3.2　诚信通与应用市场工具

1. 诚信通:阿里巴巴集市上的摊位

诚信通是阿里巴巴针对内贸企业量身打造的,以企业诚信体系为内核的电子商务会员服务,是建立在阿里巴巴上的一个摊位,通过这个摊位可直接销售产品,并宣传企业和产品。

（1）诚信通之网上商铺

诚信通帮卖家(网上商铺)开展网络营销,可以发布产品图片和买卖信息,充分利用网络营销产品，并在阿里巴巴大市场享有各项优先权：排名靠前、独享买家信息、免费使用在线联系和客户管理工具等（见图 5-14）。

图 5-14　诚信通服务

（2）诚信通之资质认证

企业身份通过第三方独立机构确认，企业交易信用被长期记载和积累，故在竞争中享有优势，成为买家首选。调查显示，85％的买家和 92％的卖家，优先选择与诚信通会员做生意。

企业身份认证是指第三方具有独立资质的认证公司，对申请企业版诚信通服务的会员进行"企业的合法性、真实性"的核实以及"申请人是否隶属该企业且经过企业授权"的查证。企业身份认证是诚信通服务的基础，每年进行一次，未通过认证的企业不能使用企业版诚信通服务。

认证内容包括：工商注册信息（名称、注册号、注册地址、法人代表、经营范围、企业类型、注册资本、成立时间、营业期限、登记机关、最近年检时间）、认证申请人信息（认证申请人姓名、性别、部门、职位）。

（3）诚信通之安全交易

诚信通会员在交易时可以使用支付宝安全交易，支付宝是阿里巴巴推出的在线安全支付工具，交易中，货和款都安全，它同时兼顾了两个方面：买家货到了才付款，卖家款到了才发货（见图 5-15）。

（4）诚信通之网上服务

网上服务包括 A&V（authentication and verification）认证，拥有诚信通档案，拥有诚信通企业商铺；提供强大的查看功能，独享大量买家信息；发布商业信息时优先排序，获得买家关注；管理信息，方便查看和管理；留言反馈，买家询盘，第一时间即时了解。

（5）诚信通之线下服务

线下服务包括展会、采购洽谈会、培训会、交流（以商会友）、专业服务。

2. 应用市场工具

1688 平台还为会员提供了众多的营销及推广工具，如图 5-16 所示。

图 5-15　诚信通会员的公司页面

图 5-16　应用市场的部分应用工具

5.4 网上采购

网上采购是指用户以互联网为媒介,以通过采购商的买方交易系统或供应商的卖方交易系统为基础,或者第三方的交易平台完成采购行为的一种交易方式。

5.4.1 网上采购的商业模式

网上采购包括网上提交采购需求、网上确认采购资金和采购方式、网上发布采购信息、接受供应商网上投标报价、网上开标定标、网上公布采购结果以及网上办理结算手续等,如图 5-17 所示。

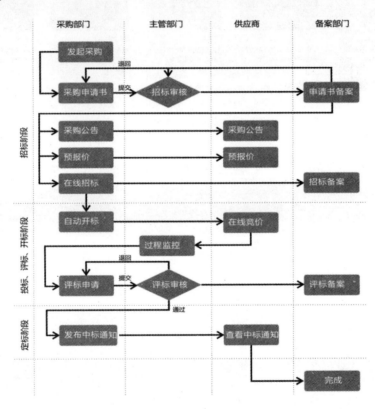

图 5-17 采购过程

网上采购减少了采购需要的书面文档材料,减少了对电话传真等传统通信工具的依赖,提高了采购效率,大幅降低了采购成本,使采购范围国际化,有效地保证了采购质量,并在一定程度上减少了采购过程中的人为干扰因素。

网上采购的主要商业运营模式分别为供应商卖方系统(sell-side systems)、采购商买方系统(buy-side systems)和第三方交易平台/门户(third-party systems/portals)。

1. 供应商卖方系统

供应商卖方系统是一个或多个供应商建立的电子商务系统,它通常与供应商的内网相连,与客户关系管理系统(CRM)对接,促进公司产品的网络推广和销售。供应商卖方系统的优点是访问容易,可以接触较多的采购商,大量节约销售费用;缺点是采购商难以跟踪和控制采购开支。例如,思科公司的产品有 85% 是用于互联网的网络设备,每天通过 Cisco 卖方平台销售的产品超过 4000 万美元,每年至少节约 8 亿美元的营销成本。全天 24 小时,世界范围内的购买者都可以登录思科网站的网络产品市场区域进行网上采购。在国内,如华为、联想都有自己作为企业级产品的销售平台。

2. 采购商买方系统

采购商买方系统是由一个或多个企业联合建立的电子商务系统,目的是把市场的权力和价值转向买方。采购商买方系统通常与企业的内网相连,与企业资源计划系统(ERP 系统)对接。在国外,跨国公司一般都拥有自己的一套网上采购系统,例如,通用电气(GE)的全球供应商网络,通用汽车、福特汽车和戴姆勒—克莱斯勒汽车公司联合组建的全球汽车零配件供应商网络;在国内,部分大型企业集团也建立了自己的采购平台,例如,中国石化集团公司结合公司物资采购与供应实际建立的集采购、销售功能于一体的电商平台——易派客(https://mall.epec.com,见图 5-18),类似的 SOHO 中国也建立了自己的采购平台(http://pp.sohochina.com)。此外,除大型企业建立的买方系统外,各级地方政府部门也建立起政府采购网站,主要面向办公用品的在线招标或竞价采购。

图 5-18　中国石化旗下电子商务网站——易派客

3. 第三方交易平台/门户

在互联网上有两类门户:垂直门户(vertical portals)和水平门户(horizontal portals)。人们把那些大型的综合性的门户网站称为水平门户,而垂直门户是经营某个行业产品的网上市场,如钢材、化工、能源等,主要吸引本行业中的买主。

第三方交易平台/门户又可进一步细分为采购代理、联盟采购和中介市场。

(1)采购代理

采购代理为企业提供了一个安全的网上采购场所,也提供诸如在线投标和实时拍卖的服务,它们把技术授权给各企业使用,使其有权访问它们的供应商。

（2）联盟采购

联盟采购是指一组不同的企业把他们要采购的相同或相似的产品在数量上加以累积来增加它们的集体购买力,以便获得价格优惠。这种第三方系统由这个自愿的企业联盟共同开发和维护。

（3）中介市场

中介市场由专门的网上采购公司建立,用来匹配企业和多个供应商的在线交易。这是最常见的一种第三方电子市场。除了提供技术手段外,网上采购公司还通过咨询和市场分析等活动为企业采购提供决策辅助与流程增值。第三方系统/门户的好处是企业不需要大量资金和人力投入,只需购买第三方的服务,利用第三方提供的技术进行网上采购。其缺点是不能对采购开支进行跟踪和控制。

5.4.2　企业级网上采购平台

2016 年中国政府采购总额达到 3.1 万亿元,包括政府采购、国企采购在内的全国公共采购市场总规模超过 20 万亿元。虽然市场规模如此庞大,但政府及企业采购电商化的普及率仅为 20%～25%,远远落后于美国的 72%～85%。经过 20 多年的发展,电子商务已经改变了消费者的购物习惯,也是时候变革政府及企业的采购习惯了。正因为国内电商采购的普及率非常低,企业传统采购会耗费大量的人力投入到筛选供应商、招标比价、催促交付、验收和协调售后服务等诸多环节之中,采购周期长,效率还难以保证。很多全国性的集团公司还需要考虑全国各地分支机构的采购如何统一管控的问题。

推动采购电商化进程的另一项重要因素,则是公众对采购阳光透明的呼声。由于采购工作的专业化特点,普通公众对于采购业务是比较陌生的,而采购预算的管理、采购招标的操作涉及企业经营的敏感信息,往往不适合对外公开,这进一步增加了采购工作的神秘感,再加上缺乏有效的监督机制,采购领域更容易成为职务贪腐的高发区。

电子商务能够有效解决信息不对称和流程烦琐复杂的问题,可以为政府及企业采购提供一个全天候、全透明、超时空的公开平台。电子商务作为一个开放的平台,能够快速高效地传递交易价格及信息,并对交易行为进行全流程跟踪,从而使低成本、高效率、开放透明的采购模式的建立成为可能。

1. 慧聪网采购平台

慧聪网(www. hc360. com)成立于 1992 年,是一家专注于电子商务的企业,主要面向工业品等 B 类商品(见图 5-19)。慧聪网注册企业用户已超过 1500 万家,买家资源达到 1120 万个,覆盖行业超过 70 余个。

凭借过去 20 多年在各行业市场积累的专业经验和技能,慧聪集团不仅以采用互联网技术为基础的产品买卖通及关键词搜索为中小企业提供全面的营销解决方案,还通过慧聪集团传统的营销产品——线下活动及《慧聪商情广告》与《中国信息大全》为客户提供多渠道的、线上与线下相互配合的全方位服务。慧聪集团依靠其媒体资源及客户基础,成功举办涉及约 50 个行业的行业品牌盛宴,帮助中小企业树立品牌和促进业务交易。这种优势互补、纵横交错的架构,帮助慧聪集团打造出一条独特的发展道路。

慧聪网的"名企采购"(http://info. chat. hc360. com/list/caigou. shtml)频道,入驻名企 530 家,包括世界 500 强企业 66 家,中国 500 强企业 123 家,2017 年各名企在慧聪网发布的

图 5-19　慧聪网首页

采购项目金额达 392.6 亿元。

2. 京东企业级采购平台

针对企业采购面临的难题,京东重磅推出了"智采""慧采""云采"三个企业级电商化采购平台,依托京东丰富的自营式电商经验以及品牌实力,帮助企业打破传统采购瓶颈,简化采购流程,有效提升采购效率,满足不同规模、不同类型企业的采购需求。

"智采"平台是为集团型企业开发的智能、便捷、定制化的采购平台,能够为企业级客户提供商品、订单、库存、物流等标准服务接口。智采平台特别适合那些已建有内部电子商城的企业。

"慧采"平台是针对企业级客户打造的研发零投入的专属采购平台。对于没有自建采购管理系统的企业而言,直接使用京东的慧采平台是最佳选择之一。企业用户登录即可使用,得到的是专属服务。

"云采"平台是京东围绕企业频道(b.jd.com)打造的综合电商服务平台,如图 5-20 所示。云采平台是一个零门槛的平台,中小微企业只要注册企业账户就可以轻松使用。这就如同城市里的综合服务广场,是中小企业的聚集地,企业可以得到购物、互动、信息发布等一体化的综合服务。

3. 众美联 B2B 平台

众美联主营 B2B 业务板块,是中国领先的餐饮酒店行业 B2B 全球采购平台,如图 5-21 所示。该平台由中国 40 余家餐饮一线品牌企业联合发起,聚焦行业核心资源,汇集全国 100 个城市 1000 家领军品牌,辐射 58000 家品牌终端门店,以全供应链为切入点,运用信息化手段深耕产业链垂直细分领域;采用平台交易撮合、自营贸易、供应链集成服务三位一体 B2B 全产业链供应体系的平台运营发展模式,为企业直降采购成本 10%～20%,同时引入供应链金融服务实现企业信用变现,构建行业信用及食品安全源头追溯体系,形成产业端和消费端

图 5-20　京东企业频道

图 5-21　众美联:餐饮酒店 B2B 平台

大数据集成与运用,最终完成产业价值生态圈的构建,推动产业新商业文明的建设与发展。

众美联供应链平台充分汲取了国际主流 B2B 平台技术,并与中国餐饮酒店业供应链实际需求相结合,打造具有国际领先水平的供应链综合服务平台。在顺利实现上下游企业交易的基础上,平台通过建立数据中心对平台交易生成的大数据进行采集和分析,帮助餐饮行业供应链的供需双方实现电商化和信息化,更好地推动行业发展。平台主要提供的采购供应品类包括:酒店综合用品、厨房用具、粮油调料、食材、酒水饮料、专业设备、办公用品、家具、信息化系统、基建装潢。

5.5　网上拍卖与团购

5.5.1　B2B 拍卖

拍卖已经成为一种普遍的 B2B 销售方式,包括正向拍卖(卖方拍卖)与买方逆向拍卖。

1. 正向拍卖

多年前,美国英迈(Ingram Micro)和 CompUSA 公司通过正向拍卖销售过多的库存。在这种情况下,物品在拍卖场(私有的或公共的)被迅速处理掉。正向拍卖给 B2B 卖家提供了许多好处:

(1)产生收益。通过正向拍卖能扩展到在线销售,甚至所有的销售。正向拍卖还给企业提供了一个非常便捷地处理多余、废弃和返修产品的好途经。惠而浦公司在 2003 年出售了价值 2000 万美元的废金属料,这一售价比平常高出了 15%。

(2)节约成本。除了产生新的收益外,正向拍卖还减少了出售拍卖品的费用,这样也就增加了卖方收益。

(3)增加网页点击率。正向拍卖给网站带来"黏性"。黏性是表示客户对网站忠实度的一个特征,这个特征表现为访问网站的频率和时间长短。

(4)吸引和保持会员。所有拍卖都会引来更多的注册会员,他们将会在生意上进行接触。另外,拍卖软件还会帮助卖方寻找相关拍卖活动的行情,方便他们分析和使用信息。

(5)正向拍卖有两种途径:公司自己的网站或者中介网站,如 ebay.com 或 auction-deals.com

①公司自己的网站。像英迈这样经常进行拍卖的大型知名公司,建立了一套在本公司网站上拍卖的机制。当然,如果公司要在自己的网站上进行拍卖,首先要设置相应机构和进行网站相关业务的维护,会增加开支。但如果公司已经有了一个通过电子产品目录进行销售的在线市场,那么增加拍卖功能的追加成本就不会太高。

②中介网站。大部分中介商都设置 B2B 拍卖网站(如 www.equipmentone.com,见图 5-22)。中介商可以在自己的网站或者卖方的网站上与卖方进行私下拍卖。但一家公司也可以选择在公共交易市场借助第三方进行拍卖(如 eBay,它为小公司提供了一种特殊的"商业交换")。

借助第三方拍卖有很多好处。首先是不需要其他资源(如硬件、宽带、技术人员),不需要支付薪金、运营成本以及公司资源再调整带来的附加费用。B2B 拍卖还为公司提供实时的市场,公司可以随时根据需要举办一次活跃的拍卖。如果没有中介商,企业通常要花费几个星期才能组织一次拍卖。

2. 买方逆向拍卖

买方逆向拍卖也称为反向拍卖。它是指买方利用互联网进行采购招标,接受报价邀请的供应商在预定时段内通过互联网竞价投标,直到投标价格接近或低于采购招标的底价为止。买者置于网上的采购软件可对供应商的投标进行自动处理,在投标结束时可产生一个框架性采购协议,在此基础上买卖双方谈判和签订采购合同。

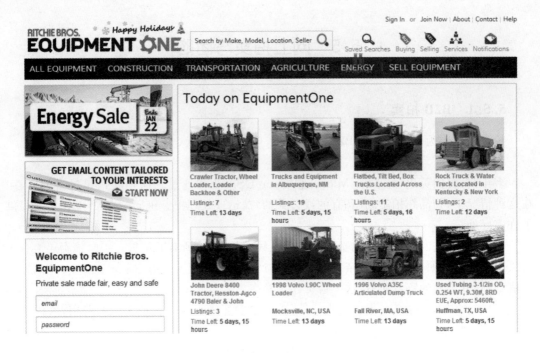

图 5-22 在线设备拍卖网站

买方逆向拍卖从 2001 年开始在中国部分企业和政府的采购中应用。由于媒体很少报道买方逆向拍卖失败的案例,而国内又言过其实地报道买方逆向拍卖为买家节约了大量采购资金的案例,使我国各地的企业和政府采购都对买方逆向拍卖情有独钟,认为买方逆向拍卖能确保采购成功,实际上并非如此。统计显示,美国 21.4% 的买方逆向拍卖是失败的。

供应商参与买方逆向拍卖的动因如下:

(1)参与买方逆向拍卖可能使供应商的产品或服务的销售量增加。因而竞争力强的供应商一般不会错过买方逆向拍卖带来的竞价投标机会。

(2)供应商通过参与买方逆向拍卖,可准确了解自己所提供的产品或服务的市场价格的变化,这有利于供应商在日后的营销中灵活地运用竞价策略,进入新市场。

(3)可降低供应商库存量。与传统的密封投标相比,买方逆向拍卖使供应商从投标准备到中标、合同签定的过程大为缩短,使供应商可早日安排生产,避免因长时间等待供货合同所造成的原料库存增加。

(4)传统采购相比,买方逆向拍卖一般可缩短买方 50%~90% 的采购时间;同样作为卖方,供应商参与采购的时间也可节约 50%~90%。

买家应用买方逆向拍卖的动因则是:使用买方逆向拍卖可使采购价格降低 15% 左右,使采购成本降低 25%~30%,买家存货水平可降低 50%。这是因为,买家在买方逆向拍卖合同签订时,可通过交付条款和发送条款安排供应商实时供货,因此,买家只需要较少的安全库存量。

Priceline 是美国人 Jay Walker 于 1998 年创立的一家基于 C2B 商业模式(买方逆向拍卖)的旅游服务网站,是目前美国最大的在线旅游公司。在 Priceline 网站,最直观的可选项目就是机票、酒店、租车、旅游保险(见图 5-23)。Priceline 属于典型的网络经纪人,它为买卖双方提供一个信息平台，以便交易，同时提取一定佣金。

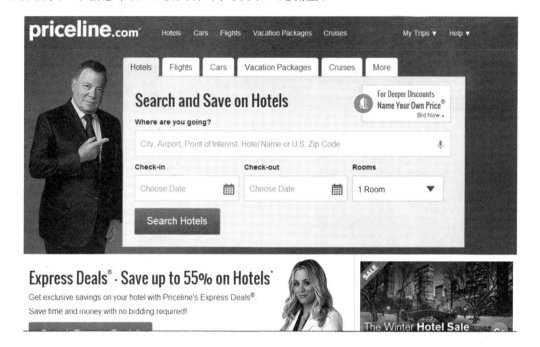

图 5-23　逆向拍卖鼻祖 Priceline

5.5.2　B2B 团购

1. 什么是 B2B 团购

团购也叫集采，是团体购买和集体采购的简称，其实质是将具有相同购买意向的零散消费者集合起来，向厂商进行大批量购买的行为（实质就是批发），现在多以网络团购的形式出现。此处说的团购与我们平时关注的生活类团购（如美团网、大众点评网）不同，B2B 团购是由买方发起和掌控的。

B2B 团购网站的产品服务，为当地的小企业主提供了非常大的折扣。企业主总是在寻找好的产品和服务来发展业务，同时降低成本、节省时间、更有效地运作。B2B 团购网站是一个利基的集体购买市场，起源于大的社交购买类团购网站，如 Groupon（见图 5-24）和 LivingSocial。

众所周知，一种商品，批发商的价格要比零售商的价格低很多，这得益于批发商大批量进货，其享受的是厂家的一级代理价格，享受这种价格的前提是必须达到厂家对对量的要求。所以，要想低价必须有量的保证。但是个人在购买某件商品时是不可能达到厂家对量的要求的，所以商品的终端购买者——终端客户永远都是多重利润（一级代理、二级代理、终端门店）的受害者。团购要做的就是把零散的终端购买进行汇总，最终达到厂家对量的要求，使终端消费者享受到一级代理的价格。

团购的产品包括装修建材、家居用品、汽车、房屋、家电、电脑、生活用品等各个领域，如图 5-25 所示。团购最早在北京、上海、深圳等城市兴起，目前已发展成熟，成为众多消费者追求的一种现代、时尚的购物方式。

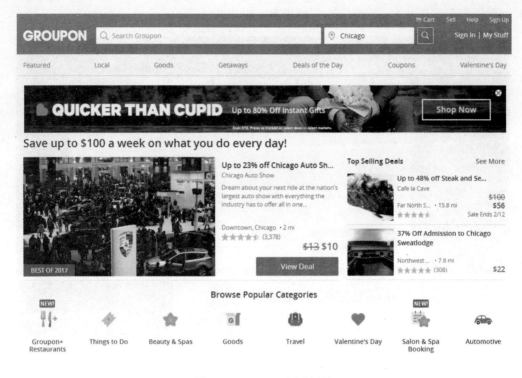

图 5-24　Groupon 团购网站

图 5-25　食品添加剂和配料交易平台上的团购

2. 团购的好处和风险

砍价的本事来源于生活的积累,砍价时要充分利用经验、胆识和精确的计算。如果你不具有这方面的才能,建议你参加团购,时下这种消费模式已经比较成熟。但是注意尽量不要参加个体组织的团购,这种团购的货源与售后服务无法得到保障。目前各大城市都有专业的团购组织,属于公司行为,它们的团购价格一般比个体购买的价格低很多,而且它们与商家的合作有合同与法律的约束,一般货源与售后可以得到保障。

团购的好处主要表现在两方面:一是团购价格低于产品市场最低零售价;二是产品的质量和服务能够得到有效的保证。团购能够带来上述好处的原因,一是参加团购能够有效降低消费者的交易成本,在保证质量和服务的前提下,获得合理的低价格。团购实质相当于批发,团购价格相当于批发价格。通过网络团购,可以将被动的分散购买变成主动的大宗购买,所以购买同样质量的产品,能够享受更低的价格和更优质的服务。二是能够彻底转变传统消费行为中因市场不透明和信息不对称而导致的消费者的弱势地位。通过参加团购可以更多地了解产品的规格、性能、合理价格区间,并参考团购组织者和其他购买者对产品客观公正的评价,在购买和服务过程中占据主动地位,真正买到质量好、服务好、价格合理、称心如意的产品,达到省时、省心、省力、省钱的目的。

网络团购目前存在着一些陷阱。例如,建材、家具等行业的产品价格缺乏透明度,有的商家暗地里拉高标价再打折,这样消费者就很被动。现在有的网络团购很多是由隐藏在背后的商家发起的,这样的团购其实就是促销。此外,网络团购还存在售后服务不完善等问题。因此,消费者在参与网络团购,尤其是购买一些大件商品时,一定要咨询律师或其他相关人士,以避免不必要的麻烦。消费者还要关注商家的专业水平、售后服务等信息。参加团购时,避免将钱款交付给代购者。

网络团购毕竟只是出于某一特定目的而临时组织的松散团体,现实中团购者交易成功后就分散了,售后一旦出现纠纷,往往难以再组织起来,这给买方日后的维权工作带来困难。因此,网络团购的参与者还应该想办法签订团购协议来规避各种风险。

实例讨论

1.“中国互联网发展 20 年,B2B 平台发展 15 年,但 B2B 平台的变化显得完全不够互联网化,会员费+广告费的一招鲜用了这么多年,无论实际效果,还是客户感知,都在走下坡路。国内主要的 B2B 平台大多是上市公司,再不顺应趋势变革,也无法向投资者交代。”请收集资料,分析这种讲法。

2. 金银岛 CEO 黄海新表示,互联网中很大的一块是电子商务,电子商务最大的一块其实是 B2B,B2B 的整个电子商务发展趋势是这样的。首先是电子信息时代,然后商务电子化。商务电子化就是说可以把我们的商务在网上签合同、网上支付,其他的商务活动也可以从网上做。再往下走是电子交易,接着是电子商务生态。请收集资料,分析这种讲法。

3. 企业间通过拍卖处理不必要的资产在美国非常普遍,而这种做法在中国很少有相关的介绍和相应的网站。请收集资料,分析这种状况。

实训一　阿里巴巴 1688 平台

(1)在阿里巴巴 1688 平台(http://www.1688.com)搜索栏处完成以下任务:
①在“产品”类目中搜寻“节能灯”。
②在 20.6 万产品中,浏览排序在首页的产品,查看他们的特点。

③按照品牌、规格、价格进行筛选查看。

④按照产品价格、所在区域、经营模式进行筛选查看。

⑤在"供应商"类目中搜寻"节能灯"，并以所在地区"采购距离"进行筛选查看。

⑥在"生意经"里查看有关"节能灯"相关问题的知识解答。

（2）在阿里巴巴1688平台"产业带"类目完成以下任务：

①在左栏目的品类中查看产业带情况。

②在"行业产地""产业地图"等栏目中查看产业带情况。

（3）依次通过"伙拼""淘工厂""采购商城""大企业采购""以商会友""生意经"等栏目查阅平台功能。

（4）进入"诚信通服务"栏目，详细了解诚信通的服务和要求。

实训二　慧聪网平台

(1)在慧聪网平台(http://www.hc360.com)搜索栏完成以下操作:

①在"供应"类目中搜寻"涂料",查看搜寻结果。

②在"求购"类目中搜寻"涂料",查看搜寻结果。

③在"公司"类目中搜寻"涂料",查看搜寻结果。

（2）在"产业带""拼实惠""微门户""智慧采购""企业集采""交易会"等栏目中逐一查阅慧聪网提供的几类服务。

（3）了解慧聪网的"买卖通""标王""互通宝"服务。

实训三　环球资源网内贸平台

在环球资源内贸网平台（http://www.globalsources.com.cn）完成以下操作：

（1）了解最近的展会信息。

（2）了解环球资源网上"安防监控设备"的供应信息。

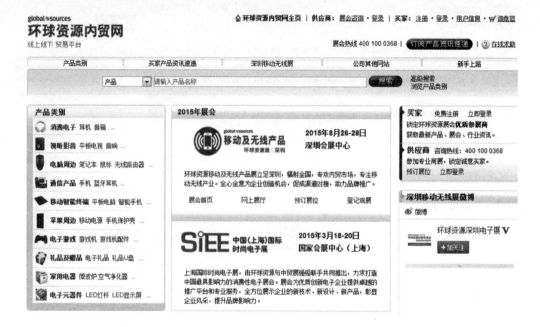

第6章　跨境电子商务

Cross-border E-commerce

【学习目标】

❖ 从狭义和广义两方面理解跨境电商的概念
❖ 了解跨境电商发展的政策环境
❖ 了解中国跨境电商试点城市和业务范围
❖ 了解中国跨境电商产业链各环节的主要服务商
❖ 了解中国跨境电商发展的基本情况
❖ 熟悉出口跨境电商 B2B 主要服务商及其特点
❖ 熟悉出口跨境电商 B2C 服务平台及其运营方法
❖ 熟悉进口跨境电商主要服务平台及其运营方法

引导案例　首届世界海关跨境电商大会达成基本共识——跨境电商将成世界贸易主角

首届世界海关跨境电商大会 2018 年 2 月 9 日在北京开幕,本次大会由世界海关组织与中国海关共同举办。会议主题为"创新、包容、审慎、协同,推动跨境电商可持续发展",大会讨论了跨境电商带来的各种机遇和挑战,并提出了包容、创新的解决方案。

有统计显示,20 年前中国全年的包裹数量不过 1 亿多个,2017 年中国的包裹数量达到 300 多亿个,平均每天约 1 亿个。据估算,再过 8 到 10 年,中国每天就可能产生包裹 10 亿个,其中 15% 以上来自于跨境贸易。

中国的跨境电商虽起步较晚,但发展迅速,尤其是零售进口业务 B2C、C2C 的大幅增长,让中国跨境电商迅速成为国际贸易中的一支新力量。据海关总署统计,2017 年通过海关跨境电商管理平台的零售进出口总额达 902.4 亿元,同比增长 80.6%。

"中国海关坚持'创新、包容、审慎、协同'理念,会同相关部门和业界不断探索实践,逐步建立起一套适应跨境电商发展的监管新模式。近三年来,中国海关跨境电商进出口额年均增长 50% 以上。"海关总署署长于广洲说。

曾经遥不可及的美洲干果、欧洲化妆品、非洲工艺品、澳大利亚奶粉等,如今已便捷地走进了中国的寻常百姓家,足不出户"买全球、卖全球"已变成现实。中国是如何做到的呢?

"跨境电子商务是创新的产物,要用创新的思路来监管,改革创新是助推跨境电子商务的内在动力。"海关总署监管司副处长白晓东表示,中国海关始终用发展的眼光看待跨境电

（2）从广义上看，跨境电商基本等同于外贸电商，是指分属不同关境的交易主体，通过电子商务的手段将传统进出口贸易中的展示、洽谈和成交环节电子化，并通过跨境物流送达商品、完成交易的一种国际商业活动。

（3）从更广意义上看，跨境电商是指电子商务在进出口贸易中的应用，是传统国际贸易商务流程的电子化、数字化和网络化。它涉及许多方面的活动，包括货物的电子贸易、在线数据传递、电子资金划拨、电子货运单证等内容。从这个意义上看，在国际贸易环节中只要涉及电子商务应用都可以纳入这个统计范畴内。

本章的跨境电商是指广义的跨境电商，主要指跨境电子商务中商品交易部分（不含跨境电商服务部分），不仅包含跨境电商交易中的跨境零售，还包括跨境电商 B2B 部分，不仅包括跨境电商 B2B 中通过跨境交易平台实现线上成交的部分，还包括跨境电商 B2B 中通过互联网渠道撮合线下实现成交的部分，如图 6-1 所示。

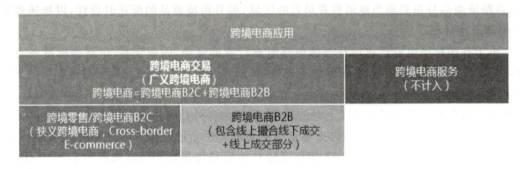

图 6-1　跨境电商的概念图

按交互类型划分，跨境电子商务的主要模式可分为 B2B、B2C、C2C 等若干种，其中 B2C、C2C 都是面向最终消费者的，因此又可统称为跨境网络零售；从经营主体划分，跨境电子商务可分为平台型、自营型、混合型（平台＋自营，如图 6-2 所示）。

经营模式	平台型	自营型
跨境B2B（出口）	阿里巴巴国际站、中国制造网、环球资源网、敦煌网	略
跨境B2B（进口）	1688、海带网	略
跨境电商零售（出口）	速卖通、eBay、Amazon、Wish	兰亭集势、DX、米兰网
跨境电商零售（进口）	天猫国际、海宝全球购、洋码头	网易考拉、京东全球购、聚美优品、小红书

图 6-2　中国主要跨境电商经营模式分类

6.1.2　跨境电商的政策环境

在当前复杂严峻的外贸形势下，传统的外贸模式存在过度依赖传统渠道、买家需求封闭、订单周期长、利润空间低等问题，这些问题制约着中小企业进出口贸易的发展。而跨境电商作为基于互联网的运营模式,正在重塑中小企业国际贸易链条。跨境电商打破了传统外贸模式下的国外渠道如进口商、批发商、分销商甚至零售商的垄断,使得企业可以直接面对个体批发商、零售商和消费者,有效减少了贸易中间环节和商品流转成本,节省的中间环节成本为企业获利能力提升及消费者获得实惠提供了可能(见图 6-3)。

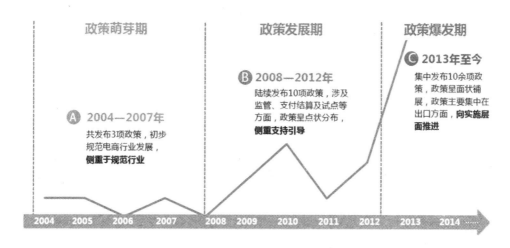

图 6-3 中国跨境电商政策发展历程

2012 年之前传统外贸和传统制造业企业基本没有进入电商行业。在 2013 年左右,很多的传统企业开始进入这一领域,跨境电商逐渐受到传统企业的重视,成为传统企业发展的重要选择。

目前通过跨境电商方式成交的商品主要通过三种方式出入境:

(1)货物方式通关:我国进出口企业与外国批发商和零售商通过互联网进行线上产品展示和交易,线下按一般贸易完成的货物进出口,本质上仍属传统贸易。该部分以货物贸易方式出入境的商品,已经全部纳入海关贸易统计。此外,有一些通过创建电子平台为外贸企业提供进出口服务的公司,如深圳的一达通,所实现的中小企业商品进出口,在实际跨境过程中都向海关进行申报,海关全部纳入贸易统计。以货物方式通关的商品,由于是按传统的一般贸易方式完成的货物进出口,在通关商检、结汇及退税等方面运作相对成熟和规范。

(2)快件方式通关:通过跨境电商方式成交的商品以快件的方式出入境。海关总署通过对国内 5 家最大的快件公司进行调查显示,其中 95% 以上的快件商品是按照进出口货物向海关进行报关,海关纳入货物统计范畴内,仅有不到 5% 的比例是按照个人自用物品向海关申报,根据现行海关统计相关制度,这部分暂时还没有纳入海关贸易统计。

(3)邮件方式通关:通过跨境电商方式成交的商品以邮局的邮政渠道出入境。这部分主要是消费者所购买的日常消费用品,供个人自用。按照我国的《海关法》和国务院颁布的《海关统计条例》规定,个人自用的商品在自用合理数量范围内的实行建议报关的制度,不纳入海关的统计。

随着跨境电商的发展,贸易碎片化的现象越来越明显,过去传统贸易中有一部分通过碎片化方式转移到跨境电商,通过邮件、快件的方式出入境。海关总署正在积极研究完善统计制度,将来在制度完善的基础上将其纳入贸易统计。

从跨境电商贸易方式看，各种贸易方式下的通关方式存在一定的差异，具体情况如下：

（1）跨境电商 B2B 进出口：在规模化方式进出口的情况下，按货物方式进行的一般贸易进出口本质上仍属于传统贸易，流程规范，运作相对成熟；在碎片化方式进出口的情况下，按快件及邮寄方式出入境，很难拿到海关正式报关单，在通关安检、结汇及退税方面存在问题。

（2）跨境电商 B2C 出口：由于主要面对海外消费者，订单额较小，频率高，一般采用快件和邮寄的方式出境，暂时未纳入海关货物监管中，在通关商检、结汇及退税方面存在问题。

（3）跨境电商 B2C 进口：以快件及邮寄方式入境，主要是国内消费者购买的日常消费用品，用作个人自用，不纳入海关统计。由于国内消费者对海外商品需求旺盛，出现了"水客"、非法代购等问题，且目前按现行货物或物品方式监管可操作性较差，海关等部门也逐渐在规范和健全对这部分商品的监管。

针对以快件或邮寄方式通关的跨境贸易存在难以快速通关、规范结汇及退税等问题，海关总署组织有关示范城市开展跨境贸易电子商务服务试点工作，研究跨境电商相关基础信息标准规范、管理制度，提高通关管理和服务水平。

试点工作主要从两个方面进行创新：一是政策业务创新，探索适应跨境电商发展的管理制度。二是信息化手段创新，依托电子口岸协调机制和平台建设优势，实现口岸相关部门与电商、支付、物流等企业的业务协同及数据共享，解决跨境电商存在的问题。

2012 年 12 月，海关总署在郑州召开跨境贸易电子商务服务试点工作启动部署会，上海、重庆等 5 个试点城市成为承建单位，标志着跨境贸易电子商务服务试点工作的全面启动。2013 年 10 月，我国跨境电子商务城市试点开始在全国有条件的地方全面铺展。从试点城市的特点来看，试点城市主要集中在物流集散地、口岸或是产品生产地等。跨境电商试点城市共有四种可申报的业务模式，不同城市的业务试点模式范围有明显的限定，目前，国家海关总署明确可以做跨境电商进口试点的城市共有重庆、广州、上海等 6 个城市，其他获批的试点城市均只有出口试点的资格，如图 6-4 所示。

中国跨境贸易电子商务服务试点城市审批情况

批次	批准时间	试点城市	审批单位
试点启动期	2012年	郑州、上海、重庆、杭州、宁波5个城市	海关总署
全面铺展期	2013年-2014年	广州、深圳、苏州、青岛、长沙、平潭、银川、牡丹江、哈尔滨、烟台、西安、长春等十几个城市	海关总署

中国部分跨境贸易电子商务服务试点城市业务模式限定范围

代表城市	直购进口模式	保税进口模式	一般出口模式	保税出口模式
重庆	√	√	√	√
广州	√	√	√	√
上海	√	√	√	
宁波			√	√
杭州	√		√	√
郑州			√	√

图 6-4　中国跨境电商试点城市

目前，跨境电商业务模式的探索大致可以分为出口和进口两方面：

（1）出口方面，目前主要采用"清单核放、汇总申报"的管理模式，根据海关总署的数据，解决电商出口退税、结汇问题。

（2）进口方面，各试点城市充分发挥海关特殊监管区域的功能和优势，建立网购保税进口模式和直购进口模式。跨境电商进口业务试点城市进行了较多尝试，各政府指导下的跨境电商平台先后上线，如上海的跨境通、宁波的跨境购等。

目前，进口方面的直购进口模式和保税进口模式的大致情况如表 6-1 所示。

表 6-1　跨境电商两种进口业务模式分析

跨境电商进口业务模式	直购进口模式	保税进口模式
运作方式	消费者购买境外商品，境外商品通过国际运输的方式发送商品，直接送达境内消费者。	境外商品入境后暂存保税区内，消费者购买后以个人物品出区，包裹通过国内物流的方式送达境内消费者。
优缺点	优点：产品丰富多样，中国消费者可以直接购买稀缺、优质、新奇的全球商品，并可与海外商家直接沟通 缺点：收货时间稍长，7～10 天	优点：缩短物流时间，海关监管保证质量，方便退换货等售后服务，优化购物体验 缺点：商品可供选择范围有限
商品价格构成	商品标价+物流费用+行邮税（具体依商家有所调整）	商品标价+行邮税（具体依商家有所调整）
典型试点	杭州、广州	上海的"跨境通"、宁波的"跨境购"、郑州的"E贸易"平台、重庆的"爱购保税"
试点成果	略	根据上海及宁波海关信息，2013 年年底跨境通上线，截至 2014 年 3 月底，保税进口模式下跨境通累计成交订单 26766 笔，订单商品主要为星冰乐、奶粉等进口食品。宁波跨境电商进口业务自 2013 年 11 月底开展以来，截至 2014 年 3 月 30 日，共验放 15017 票商品，货值 497.5 万元，品种主要是尿不湿、不锈钢保温杯、食品等。

2016 年 4 月 8 日起，一直被行业内关注的跨境电商税收新政开始实施，跨境进口电商按货物标准征收相应关税、增值税与消费税，同时对行邮税进行上调。

对于税改的目的，一般认为：第一，维护全国税收政策、法律法规执行中的统一性，并尽可能减少国家进口税款流失；第二，降低线上线下进口消费品的价差，维护传统进口贸易、商品流通渠道的合法利益，减少因政策不到位引起的对当下实体零售业的冲击；第三，规范过去几年一直"野蛮生长"的跨境进口电商行业，尤其是个人"海淘"代购行为。

2017 年 9 月 20 日，国务院决定，将跨境电商零售进口监管过渡期政策再延长一年至 2018 年年底，即继续按照试点模式进行监管，对天津、上海、杭州、宁波、郑州、广州、深圳、重庆、福州、平潭 10 个试点城市（地区）跨境电商零售进口商品暂按照个人物品监管。自 2018 年 1 月 1 日起，将跨境电商零售进口监管过渡期政策使用范围，从原本的 10 个试点城市，扩大到包括合肥、成都、大连、青岛和苏州在内的 15 个城市。

6.2　跨境电商的产业链与行业规模

6.2.1　跨境电商的产业链

1. 中国跨境电商流程

从跨境电商出口的流程看，生产商或制造商将生产的商品在跨境电商平台上展示，在商品被选购下单并完成支付后，跨境电商平台将商品交付给物流企业进行投递，经过两次（出口国和进口国）海关通关商检后，最终送达消费者或企业手中，也有的跨境电商企业直接与第三方综合服务平台合作，让第三方综合服务平台代办物流、通关商检等一系列环节，从而完成整个跨境电商交易的过程。跨境电商进口的流程除了与出口流程的方向相反外，其他内容基本相同，如图 6-5 所示。

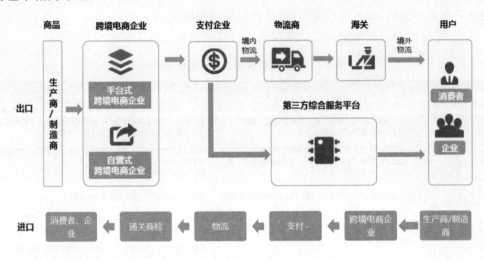

图 6-5　中国跨境电商流程

2. 中国跨境电商产业链及各环节

跨境电商整体产业链如图 6-6 和图 6-7 所示，包含跨境电商 B2B、B2C，第三方服务（信息、商务、支付、物流等）。

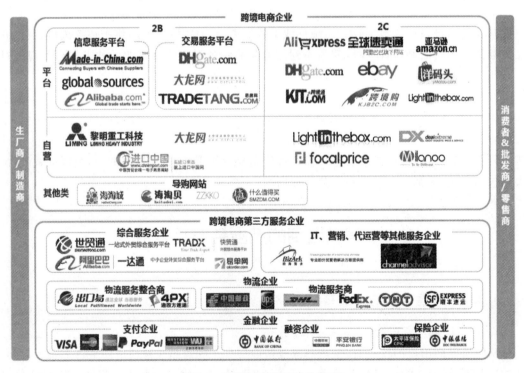

图 6-6　跨境电商各环节分类（1）

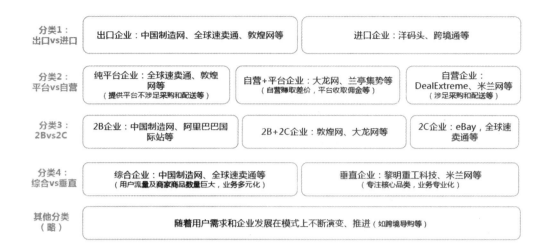

图 6-7　跨境电商各环节分类(2)

6.2.2　跨境电商行业规模与发展

1. 中国跨境电商的发展

从 1998 年开始,以阿里巴巴、中国制造网等为代表的早一批跨境电商 B2B 网站诞生,这批网站主要提供信息发布和撮合交易服务,建立买卖双方之间的桥梁。这种简单的信息撮合平台存在一些问题:①对各个行业的服务不够专业深入、物流和支付的问题没有解决;②平台服务基本为交易信息撮合服务,缺乏更具深度、广度的专业服务;③询盘后企业转为线下沟通与交易。随着行业的发展,以敦煌网为代表的 B2B 企业诞生,这批 B2B 企业开始向交易平台的方向转变,并以收取交易佣金作为主要的盈利模式。2013 年开始,B2B 企业所提供的服务开始向交易中和交易后拓展,开始提供物流仓储、融资等多方面的服务,逐渐成为企业在线资源整合的平台。与此同时,从 2006 年开始,以 DX(DealeXtreme)、兰亭集势、大龙网为代表的跨境 B2C 企业先后成立,这批企业最大化地缩减了产业链的中间环节,从产品进销差价中赚取了丰厚利润,获得了快速发展,如图 6-8 所示。

2. 中国跨境电商行业规模及发展现状

据埃森哲数据显示,预计到 2020 年,全球 B2B 电商的交易额将达到 6.7 万亿美元,其中超过 1/3 来自跨境交易(约为 2.32 万亿美元)。其中,中国跨境 B2B 电商交易额将达到 1.24 万亿美元,全球占比超过一半,将成为跨境电商发展的最主要驱动力。

据中国电子商务研究中心(100ec.cn)监测数据显示,2017 年,中国跨境电商整体交易规模(包括 B2B 和零售)达 7.6 万亿元,2018 年跨境电商交易规模达到 9.0 万亿元。

(1)政策利好不断,行业地位提升。2015 年后,国家不仅给予跨境电商行业政策上的指引,更是逐步在行业涉及的各个环节给出了具体措施和政策调整。随着跨境电商领域政策的逐步明晰以及规范,行业会向更深更广的方向发展。

(2)"互联网＋"的风口将助产业发展一臂之力。随着 2015 年"互联网＋"时代的来临,跨境电商已经站到了资本市场的风口上。在国家政策的支持下,跨境电商的发展将迎来史无前例的融资环境,是培育经济增长全新引擎的又一着力点。

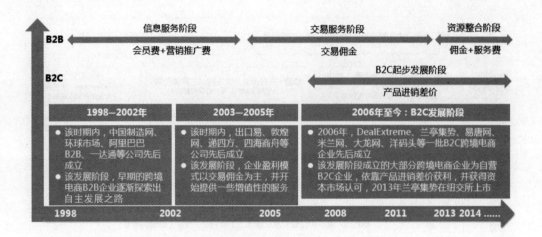

图 6-8 跨境电商行业平台发展历程

(3)跨境电商有望成为对冲出口增速下降的利器。近年来,随着国际贸易条件的恶化,以及欧洲、日本的需求持续疲弱,中国出口贸易增速出现了较大减缓。而以跨境电商为代表的新型贸易近年来的发展脚步正在逐渐加快,并有望成为中国贸易乃至整个经济的全新增长引擎。

(4)跨境电商主题受到资本市场追捧。跨境电商经过了漫长的探索,在 2015 年终于迎来了爆发。例如,洋码头获 1 亿美元 B 轮融资,街蜜、小红书等相继完成数百万与数千万美元的融资、百度领投蜜芽 1.5 亿美元 D 轮融资等,资本对跨境电商的看好与目前行业的良好走势有关。

2016 年,中国跨境电商的交易模式中,B2B 交易占 86.8%,B2C 交易占 13.2%,B2B 交易占据绝对优势。

(1)从商业模式上看,跨境电商 B2B 模式将长期占据主流,并且已经处于成熟阶段,未来行业发展格局趋于稳定。跨境电商 B2C 模式受降低交易成本、满足消费者个性化需求的驱动,以及互联网技术、物流支付环节的支持,近年来迎来较大成长空间。

(2)未来中国跨境电商重点将从 B2C 转向 B2B,电子商务的 B2B 具有更大的发展潜力。特别是通过推动制造型企业上线,促进外贸综合服务企业和现代物流企业转型,从生产、销售端共同发力,成为跨境贸易电子商务发展的主要力量。

(3)相比跨境 B2B 模式,跨境电商 B2C 模式存在较大缺陷,如基础物流服务跟不上、本地化的售前售后服务难以满足、国际法务摩擦日益加大等缺陷。由于地区和距离的因素,加上海关通关、检验检疫,可能导致小包裹物流不稳定,而在法务问题上,B2C 模式要解决的困难更多,做跨境 B2C 就是要跟世界各国的法务系统打交道,要熟悉各个国家的规章制度,所以不借助本地商家将困难重重。

6.3　出口跨境电商 B2B

6.3.1　信息服务平台类

1. 阿里巴巴国际站

"阿里巴巴国际站"(http://www.alibaba.com,见图 6-9)是帮助中小企业拓展国际贸易的出口营销推广服务平台,它基于全球领先的企业间电子商务网站阿里巴巴国际站贸易平台,通过向海外买家展示、推广供应商的企业和产品(见图 6-10),进而获得贸易商机和订单,是出口企业拓展国际贸易的首选网络平台。"阿里巴巴国际站"提供一站式的店铺装修、产品展示、营销推广、生意洽谈及店铺管理等全系列线上服务和工具,帮助企业降低成本、高效率地开拓外贸大市场。

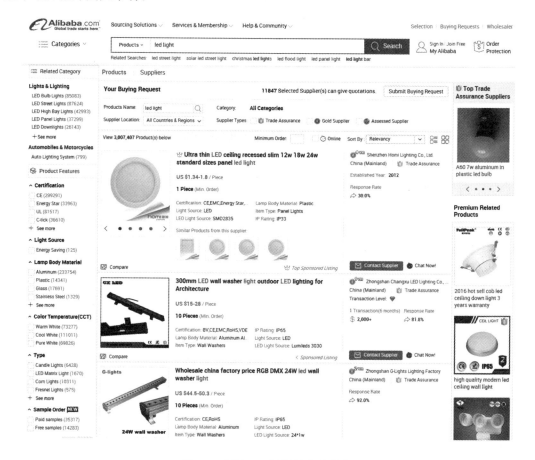

图 6-9　阿里巴巴国际站产品检索

2017 财年阿里巴巴国际 B2B 业务收入为 60.01 亿元,同比 2016 年的 54.25 亿元增长了 11%。2015 年后,阿里巴巴集团旗下外贸 B2B 平台"阿里巴巴国际站"转型为交易平台,将改变长期以来线上询盘、线下交付的成交习惯。

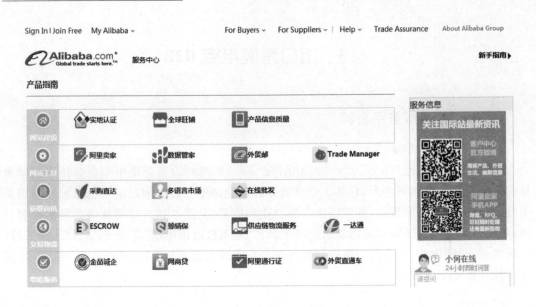

图 6-10　阿里巴巴国际站提供供应商的服务产品

2. 中国制造网

中国制造网(http://www.made-in-china.com,如图 6-11 所示)是一个中国产品信息荟萃的网上世界,面向全球提供中国产品的电子商务服务,旨在利用互联网将中国制造的产品介绍给全球采购商。中国制造网创建于 1998 年,是由焦点科技公司开发和运营的,是国内最著名的 B2B 电子商务网站之一,已连续四年被《互联网周刊》评为中国最具商业价值百强网站。中国制造网汇集中国企业产品,面向全球采购商,提供高效可靠的信息交流与贸易服务平台,为中国企业与全球采购商创造了无限商机,是国内中小企业通过互联网开展国际贸易的首选 B2B 网站之一,也是国际上有影响的电子商务平台。

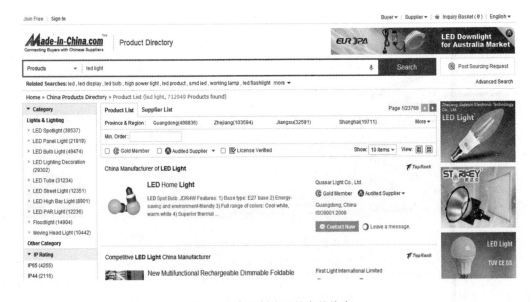

图 6-11　中国制造网的产品检索

　　焦点科技公司 2017 年实现营收 12.23 亿元,同比增长 78.5%。公司升级了跨境电商业务,推出美国本土在线交易平台开锣网(crov.com),建设了美国仓库,可实现海外交易,可降低客户交易成本、提高效率。同时打造一站式外贸全流程解决方案。焦点科技公司对其现有进出口服务进行整合与梳理,重新推出了流程服务、融资服务、信保服务、信用证服务四大服务。

　　(3)环球资源网

　　环球资源网(http://www.globalsources.com)是一家业界领先的多渠道 B2B 媒体公司,致力于促进大中华地区的对外贸易。环球资源网的市场定位于为专业的大额买家及供应商社群提供服务。环球资源网于 2000 年在美国纳斯达克股票市场公开上市,2017 年退市。环球资源网 2016 年公司净营收 1.577 亿美元,同比下降 8%。环球资源接近 90% 及以上的业务来自中国内地。2017 年 5 月,环球资源网被收购成为 Expo Holdings 全资子公司,Expo Holdings 是全球顶级资产管理机构黑石集团旗下公司。公司的核心业务是通过一系列英文媒体,包括环球资源网、印刷及电子杂志、采购资讯报告、"买家专场采购会"及贸易展览会,促进亚洲与全球各国的贸易往来。公司的业务收入主要包括展览业务收入(约50%)、网站业务收入(约 40%)、杂志业务收入(约 5%)、其他业务收入(约 5%)。如图 6-12所示。

图 6-12　环球资源网的多渠道整合推广方案

6.3.2　交易服务平台类

1. 一达通

　　深圳市一达通企业服务公司成立于 2001 年,其建立了国内第一家面向中小企业的进出口流程外包服务平台,通过互联网一站式为中小企业和个人提供通关、物流、外汇、退税、金融等所有进出口环节服务,并在 2003 年申请国家专利 031185 号。2010 年与张家港政府共同组建了江苏一达通企业服务有限公司。2010 年,阿里巴巴(中国)网络技术有限公司控股一达通。2014 年,一达通正式成为阿里巴巴的全资子公司。如图 6-13 所示。

图 6-13　阿里巴巴国际站一达通服务(onetouch. alibaba. com)

根据中国海关统计发布的 2015 年我国一般贸易出口企业百强榜,华为技术有限公司高居榜首,位居第二、第三位的分别是一达通、中兴通讯。从模式上来看,一达通是代理出口,华为、中兴是自营出口,两者可比性不大。但这两年一达通从百强榜之外迅速蹿升至前三甲,也着实令人惊叹。

那么,一达通具体提供什么服务呢?

一达通属于典型的外贸综合服务平台。外贸中涉及的所有服务,一达通都能提供。比如,出口一个集装箱货物,其中涉及通关(报关及报检)、结汇、退税等政务服务,还需要物流、金融等商务服务,这些都是一达通的服务范围。只不过,一达通将政务服务称为基础服务,将商务服务称为增值服务。

在一达通,基础服务是免费提供的,并且还给予一定的补贴。这一举措完全颠覆了传统的外贸代理行业。一直以来,外贸代理都是收费的,毕竟其为客户办理报关、报检、结汇、退税等手续时有一定的成本。实际上,在 2014 年 5 月之前,一达通也是向客户收取 1000 元/单的基础服务费。此后,背靠阿里巴巴的一达通启动烧钱模式,不仅免费提供基础服务,而且补贴这些通过一达通平台出口的企业。实际上,这是典型的互联网思维。基础服务是"流量入口",一旦免费开放,大量的中小企业涌入一达通服务平台,这将衍生出巨大的增值服务市场。

在外贸领域,增值服务包括物流和金融两块。目前,一达通聚集了 3 万多家外贸企业,这些企业都以一达通的名义出口。这样,一达通将这些企业的物流/金融服务需求聚集起来,去跟相关的物流公司、金融机构谈判,以获取更低的费率。例如,一个 20 尺货柜从上海港到悉尼,中小企业一年也就那么几十个货柜的量,只能拿到船公司代理商的报价 900 美元。一达通就不一样了,一年出口的货柜可能有几十万个,便可拿到船公司的直接报价 800美元。这样,一达通再以 850 美元的报价给使用其服务的中小企业,一达通赚了 50 美元,中小企业也省了 50 美元。此外,船公司也高兴了,其本来需要通过一级一级分散的代理商去服务这些中小企业,现在通过一达通就能直接服务到位,服务成本降低了,当然也乐意降低报价。以此类推,陆运服务、空运服务、保险服务、贷款服务、结汇服务等都能通过这个模式,既让中小企业省钱,又让上游服务提供商省心,还能使一达通自身从中挣钱。这就是规模效应下的服务"团购"。

以上的基础服务和增值服务是一达通一直在做的。一达通投靠阿里巴巴,是因为阿里巴巴可以利用其资金优势、品牌优势将一达通的这些服务做得更大。举例来说,假如没有阿里巴巴支持,一达通是没有能力对基础服务进行免费开放的,更别谈相应的出口补贴了。既然阿里巴巴已经帮助一达通实现了爆发式发展,那一达通能帮助到阿里巴巴什么呢?答案很简单,就是上面提到的"信息平台到交易平台的转型"。

大额外贸 B2B 一直难以实现闭环,这不仅是阿里巴巴的难题,也是全球外贸的难题。毕竟,跨境电商 B2B 比跨境电商 B2C 要复杂得多,面临的风险也更大:①跨境电商 B2B 是真正的互联网+外贸,其中涉及的通关、结汇、退税等都需要按照传统外贸流程来,而跨境电商 B2C 将所有的流程都做了最大限度地简化。②跨境电商 B2B 涉及的是大额贸易,金额通常在几十万美元以上,一旦发生违约(确实也经常有违约现象),平台、卖家、买家三者之间将存在繁杂的责任追索;跨境电商 B2C 每次交易中涉及的金额很小,就算发生违约风险,平台也能轻易承担。

2. 敦煌网

敦煌网(http://www.dhgate.com)是国内首个为中小企业提供 B2B 网上交易的网站。2004 年卓越网创始人及首任 CEO 王树彤女士创办敦煌网(见图 6-14),它采取佣金制、免注册费,只在买卖双方交易成功后收取费用。据 Paypal 交易平台数据显示,敦煌网是在线外贸交易额中亚太地区排名第一、全球排名第六的电子商务网站,其在 2011 年的交易达到 100 亿元规模。作为中小额 B2B 海外电子商务的创新者,敦煌网采用 EDM(电子邮件营销)的营销模式,低成本、高效率的拓展海外市场,自建的 DHgate 平台,为海外用户提供了高质量的商品信息,用户可以自由订阅英文 EDM 商品信息,第一时间了解市场最新供应情况。

第一代电子商务模式是把过去传统的广交会变成 365 天的广交会,实际上跟传统的贸易方式没有任何差别。第二代电子商务是把 B2B 更推进了一步,不仅实现了信息的展示,也把物流、支付、客户关系管理都集成在一个平台上。敦煌网的"为成功付费"打破了以往的传统电子商务"会员收费"的经营模式,既减小了企业风险,又节省了企业不必要的开支,同时避开了与阿里巴巴 B2B、环球资源网等的竞争。平台上销售的产品品类主要是电子产品、手机及配件、计算机及网络、婚礼用品等,主要目标市场是欧美、澳大利亚等发达市场。目前,敦煌网已经实现 140 多万国内供应商在线、4000 万种商品,遍布全球 230 个国家和地区以及 1000 万买家在线购买的规模。每小时有 10 万买家实时在线采购,每 1.6 秒产生一张订单。

在敦煌网,买家可以根据卖家提供的信息来生成订单,可以选择直接批量采购,也可以选择先小量购买样品,再大量采购。这种线上小额批发一般使用快递,快递公司一般在一定金额范围内会代理报关。敦煌网与 DHL、联邦快递等国际物流巨头保持密切合作,以网络庞大的业务量为基础,可使中小企业的同等物流成本至少下降 50%。一般情况下,这类订单的数量不会太大,有些可以省去报关手续。以普通的数码产品为例,买家一次的订单量在十几个到几十个不等。这种小额交易比较频繁,不像传统的外贸订单,可能是半年下一次订单,一个订单几乎就是卖家一年的"口粮"。"用淘宝的方式卖阿里巴巴 B2B 上的货物",是

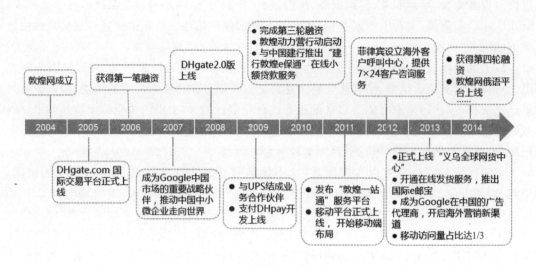

图 6-14　敦煌网的发展历史

对敦煌网交易模式的一个有趣概括。

　　敦煌网作为一个交易平台，为买卖双方提供交易服务，以促使双方在网上达成交易。基于这个定位，敦煌网主要有两种盈利模式：①佣金收入。作为平台，敦煌网提供一个交易市场，买家和卖家可以在这个平台上交易，交易成功之后，向买家收取一定比例的交易佣金。②服务费收入。由于跨境电商面向全球 230 多个国家和地区十几万个城市，复杂程度远远高于内贸电商，同时跨境电商整个交易流程较长，买卖双方对交易中涉及的服务有较高要求。跨境平台的交易复杂性及商务性，决定了整个跨境交易过程需要很多服务环节。基于这个特点，敦煌网也会向企业提供集约化物流服务、金融服务、代运营服务等，并收取一定的服务费，如图 6-15 所示。

交易：交易佣金模式

● **交易佣金**：敦煌网免费注册、免费上传产品、免费展示，只在买卖双方交易成功后按交易额收取买家的佣金。

● **佣金模式**：敦煌网采用单一佣金率模式，按照平台类目分别设定固定佣金比例来收取佣金，并实行"阶梯佣金"政策，当单笔订单金额达到300美元，平台佣金率统一为4.5%。

服务：服务费模式

● **服务费**：指敦煌网提供从商家入驻开店、平台运营、营销推广、资金结算等方面一系列的服务。

● **营销推广**：为卖家提供提高产品曝光的营销工具，包括定价广告、竞价广告、展示计划等，采取购买敦煌币的方式付费。

● **代运营服务**：针对商家提供的培训、店铺装修及优化、账号托管等服务，根据服务类型不同收取一定的费用。

● **一体化外贸服务**：提供互联网金融服务、物流集约化品牌、国内仓和海外仓的仓储服务、通关、退税、质检等一套服务，并收取一定的服务费。

图 6-15　敦煌网的服务特点

3．大龙网

大龙网（http://www.dinodirect.com/；http://www.osell.com）成立于 2009 年，销售的主要产品是电子类、服装类及园艺类。目前在全球拥有 10 余家分公司，分布于美国、加拿大、日本及澳大利亚等地，中外员工近千名，是目前中国最大的跨境电子商务 O2O 平台之一。目前大龙网在全球有 1000 多家本地销售渠道、20 多个海外仓、50 多家物流渠道合作商及 70 多种支付方式（见图 6-16）。

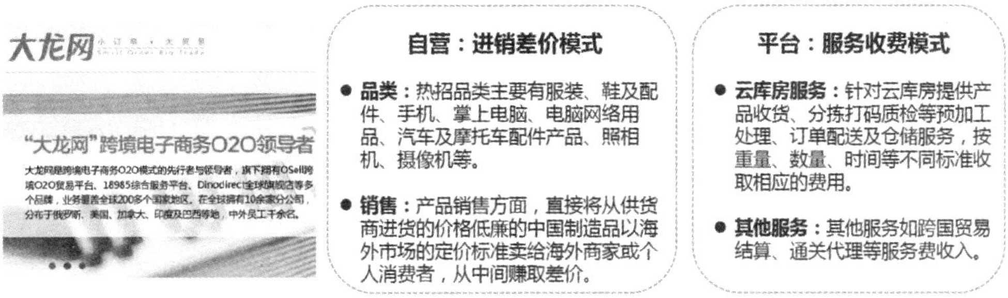

图 6-16　大龙网业务架构

大龙网目前采用的是跨境 O2O 模式，如图 6-17 所示。从产品供应看，除了自营部分通过自己采买外，平台部分通过 18985 中国供应商平台（http://www.18985.com）和 OSell 跨境 O2O 网贸会（http://cn.osell.com）进行招商，中国供应商既可通过 18985 平台系统实现一站式新品上架、订单管理、客户管理及电子钱包收付款等，也可通过参展跨境 O2O 网贸会将商品直接推送给海外零售圈。从产品销售看，大龙网在海外采用 OSell 跨境 O2O 平台，建立并联盟海外零售体系，解决跨境销售最后一公里售后服务的问题。从整体上看，大龙网

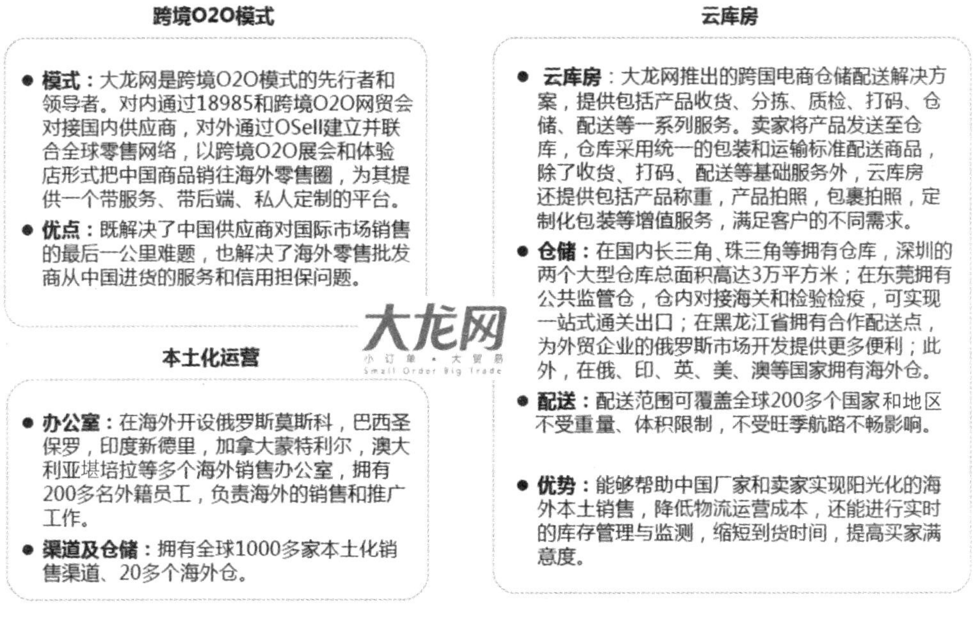

图 6-17　大龙网商业模式

199

的赢利模式包括两种:①自营部分,主要靠销售商品的进销差价赢利。②平台部分,主要靠提供服务赚取的服务费赢利。

6.4　出口跨境电商 B2C

一个钥匙扣在国内售价1元人民币,出口到澳大利亚售价是1澳元,约合5元人民币。假设它的销售终端是社区商场的精品店,那通常毛利率达到35%,其中分销商毛利率20%,进口商毛利率15%。一般情况下,如果目标价格是1澳元,那么该零售终端的进货价就是0.65澳元,分销商进货价为0.45澳元,进口商进货价为0.35澳元(到岸价格含物流费用),这样按照国际正常商务渠道利润分配,厂家应得的价格应该是0.35澳元,合1.75元人民币(到岸价格),减去所有的中间费用,这个钥匙扣的出厂价格约为1.65元人民币/个。

而国内义乌小商品市场中,销售这个钥匙扣,出厂价为0.60元人民币。因为是有品牌的产品,厂家会按照零售价的8折报价,客人还价后往往在7折成交,也就是每个钥匙扣出厂价格0.70元人民币/个,国内物流商检加0.10元,离岸价格0.80元,加上退税,加0.09元,厂家实际出厂价格人民币约0.89元/个。撇开出口退税的因素,本来厂家的出厂价格可以最低是1.65元,可实际的出厂价格还不到0.90元,中间相差0.75,接近厂家出厂价格的1倍。

这个钥匙扣的价值实现过程中,流通中介获得了最大份额的价值,原因有几点:①国内的供应商必须通过这些国外进口商、代理商进入国外市场;②国内供应商是通过国外进口商、代理商了解国外市场的需求;③国内供应商不完全具备向终端消费者营销自己产品的能力。

如果自己能直接和国外的分销商合作,即使让对方的毛利率达到零售价的35%,那自己的出厂价也能提升到1.2元以上,这样双方的利润都能高出20%以上。

从上述案例中我们看到,由于流通环节较多,实际上,我们的工厂在其中只赚取了很小一部分利润,大部分的利润实际上是被国外的进口商、批发商、零售商赚取了。如图6-18所示,在贸易流程中,流程较长,每增加一个中介,产品的价格都会提高一些,当产品最终达到国外消费者手中时,其价格往往比出厂价高出很多。

6.4.1　全球速卖通

全球速卖通(AliExpress)正式上线于2010年4月,是阿里巴巴旗下唯一面向全球市场打造的在线交易平台,被广大卖家称为"国际版淘宝"。全球速卖通面向海外买家,通过支付宝国际账户进行担保交易,并使用国际快递发货,是全球第三大英文在线购物网站,如图6-19所示。

全球速卖通是阿里巴巴为了帮助中小企业接触终端批发零售商,小批量、多批次、快速销售,拓展利润空间而全力打造的融合订单、支付、物流于一体的外贸在线交易平台,如图6-20所示。

全球速卖通已经覆盖全球230多个国家和地区的买家;覆盖服装服饰、3C、家居、饰品等共30个一级行业类目;海外买家流量超过5000万/日;交易额年增长速度持续超过

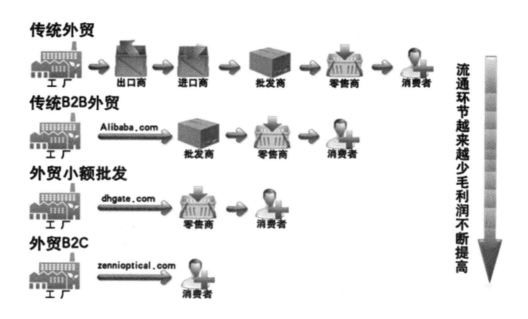

图 6-18　外贸流通环节的变革

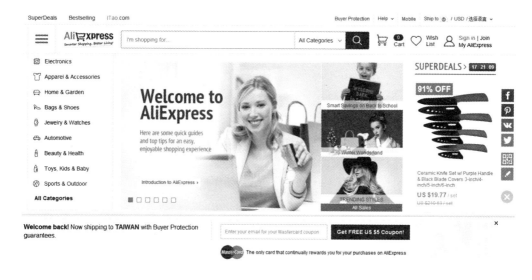

图 6-19　全球速卖通买家首页

400％；全球网站 Alexa 流量排名第 49 位（2018 年 3 月 6 日）。2016 年全球速卖通实现 GMV（订单流水总额）101 亿美元，同比增长 20％。

　　根据美国 Alexa 网站分析，全球速卖通网站的蹦失率（Bounce Rate，又可译为跳失率，是指用户浏览第一个页面就离开的访问次数占该入口总访问次数的比例）为 21.70％，每个访问者平均访问 10.87 个页面，停留 13 分 38 秒，如图 6-21 所示。访问者主要来自于俄罗斯（25.0％）、美国（5.7％）、西班牙（5.0％）、巴西（4.8％）。

图 6-20　全球速卖通卖家首页

图 6-21　全球速卖通的 Alexa 网站分析（2018 年 3 月）

6.4.2　亚马逊

1. 亚马逊经营状况

亚马逊公司简称亚马逊（Amazon），是美国最大的一家网络电子商务公司，也是网络上最早开始经营电子商务的公司之一。亚马逊成立于 1995 年，一开始只经营网络的书籍销售业务，现在已扩及范围相当广的其他产品，已成为全球商品品种最多的网上零售商和全球第二大互联网企业，在其名下有 Alexa Internet、A9、Lab126 和互联网电影数据库（Internet Movie Database，IMD）等子公司。亚马逊 2017 年营业收入为 1779 亿美元，同比增长 31%，净利润为 30 亿美元。2018 年 2 月市值达到 7200 亿美元，超越微软公司，成为美国第三大上市公司，亚马逊 CEO 贝索斯也以 1243 亿美元成为当年世界首富。

亚马逊的业务一共分为以下六大块业务：

第一块是自营网上商城业务，是亚马逊最传统的业务模块，业务包含书籍、音乐、视频、游戏和软件等一系列商品的销售，2017 财年净销售收入达到 1083.54 亿美元，占比接近 61%。

第二块是线下实体店业务，亚马逊从 2017 年才开始做，主力是 137 亿美元收购的全食超市。2017 年的线下实体店业务净销售额为 57.98 亿美元，占比 3.3%，主要就是全食超市贡献的。

第三块是第三方销售服务，提供交易平台和技术服务，抽取交易佣金。2017 年的净销售额为 318.81 亿美元，占比 21.4%。

第四块是用户订阅收入，即 Prime 会员缴纳的会员费，付费会员人数高达 1.2 亿，会员费业务 2017 年的净销售额为 97.21 亿美元，占比 5.5%。

第五块是 AWS(即云计算)业务，这是相当有潜力的一块业务，很多大的公司如 Netflix、Quora、Intergram 等都在使用。这一块业务的增长非常迅速，2015 年、2016 年和 2017 年分别实现净销售额为 78.8 亿美元、122.19 亿美元和 174.59 亿美元，每年的增长率都超过 50%。

最后一块为广告业务，这是一块轻资产、高利润、高成长的业务，在做成平台垄断后价值极大。2017 年实现净销售额为 46.53 亿美元，同比增长超过 50%。

2004 年 8 月亚马逊全资收购中国的卓越网，使亚马逊全球领先的网上零售专长与卓越网深厚的中国市场经验相结合，进一步提升客户体验，并促进中国电子商务的成长，现为亚马逊中国分站，如图 6-22 所示。

图 6-22　亚马逊(中国站)

2. 亚马逊上开店

2014 年，亚马逊中国大幅扩张团队，不仅让中国卖家入驻全球亚马逊站点，还开启了本土化的中文服务。一时间，海外市场成为许多小卖家心目中的新蓝海，这也直接促成了 B2C 跨境电商在 2015—2016 年的爆发。在亚马逊平台上，其第三方卖家销售比例已经远远超过亚马逊自营，这个比例还在逐年提高。目前，亚马逊在全球已经拥有 13 个站点，包括美国、英国、德国、法国、加拿大、日本、印度、意大利、西班牙、墨西哥、巴西、澳大利亚和中国,比其他同类电商平台覆盖面都要广,仓储和物流服务也更加完善,如图 6-23 所示。

图 6-23 在亚马逊上全球开店

仅 2015 年一年,亚马逊中国卖家的总销售额就比上一年增长了两倍;仅美国站,中国卖家的销售额增长了 10 倍。截至 2017 年 11 月 30 日,2017 年有 1001210 名新卖家入驻亚马逊全球 12 个站点,近三分之一是来自中国。根据亚马逊欧洲平台所提供的数据显示,中国卖家在亚马逊平台上的份额约为 25%。

在长期摸索和博弈之后,中国卖家在亚马逊平台上也积累了不少经验,或谓"亚马逊生存哲学"。

(1)卖家能做多大,取决于卖货的行业是否有巨头,不要试图和他们抢食。亚马逊数据显示,目前平台 18% 的 TOP 卖家主营电子产品,占比最高。一般卖家做 3C 产品较难成功,因为目前头部已经有 Anker 这类大卖家品牌盘踞。由于亚马逊平台是基于 A9 算法来向用户推荐产品,所以新入卖家很有可能连前 20 页都排不上。

(2)遵守亚马逊发货要求,突破关税的游戏漏洞。目前,在亚马逊、速卖通、eBay 和 Wish 四大跨境电商中,后三家都可以自发货,只有亚马逊是要求卖家必须通过平台来发货,亚马逊会根据产品品类对入驻的卖家收取 8%～15% 的佣金,其中包含配送费(见图 6-24)。想在亚马逊做大,就必须使用 FBA(即卖家把产品存到亚马逊当地仓库,亚马逊自动发货)。目前阿里巴巴,还有一些大卖家也在筹建自己的海外仓。但是,亚马逊 FBA 只接受已经完成清关的货物进仓,不承担货物的进关清关和进口产生的关税等费用。在关税上,不同国家之间有差别,比如美国是 800 美元以内不用收关税,有时一些卖家发一大包写着 750 美元的物品过去,也不会轻易被查,但欧洲就会查得相对严格。

(3)需要筹措资金或融资。对于一个中小卖家来说,资金投入并不是小数,首先,生产需

图 6-24　在亚马逊北美站、欧洲站上开店的销售计划与定价

要几十万元,销售押款几十万元。对于才开户的商家,亚马逊会要求他们预留资金,来给用户退款。对于一个小商家来说,可能要押上百万元资金,但如果想要多做几个产品的话,周转资金要 300 万元以上。

亚马逊的魅力到底在哪? 外贸发展早期,由于中国制造的物美价廉,国内外贸易商通过大宗商品交易密集出海。随着电商平台的发展、物流的升级、互联网行业的去中心化,越来越多的卖家会直接向海外客户直接发货。其中,中国中小卖家最熟悉的就是亚马逊、速卖通两个平台。

速卖通平台的特点是,门槛低、中国卖家多、主打新兴市场。基本上,亚马逊没做的市场,速卖通就做,一些中国小卖家早期一般都尝试速卖通,但产品同质化比较严重。速卖通从 2014 年开始深耕俄罗斯、巴西等新兴市场,在当地排名高于同类电商平台,但目前和亚马逊比起来,整体影响力有限。

在亚马逊,有一句广为流传的话:"如果你希望成功,你一定要首先从顾客的需求开始。"因此,也诞生了一种"亚马逊式客户体验"。这种体验的最直观感受是,在买家搜索新产品之前,平台会分析该用户早前的浏览记录、消费习惯,为用户更精准地推荐合适的产品。这是在大数据和技术的支持下,亚马逊平台实行了"A9 算法"的结果。另一个受到一致好评的体验是:买家只要选择退钱,平台就会立刻退款,哪怕产品被顾客损坏;如果买家给了差评,卖家也不能通过"折扣""赠送商品"等方式来诱导客户修改评价,一旦被客户投诉,卖家便会被封号。亚马逊对版权的保护,也是小卖家选择它的重要原因。不像国内一些仿品泛滥的平台,亚马逊对入驻卖家相对严格,比如为了避免你卖假货,卖家要做好品牌备案,注册美国品牌。

对于卖家来说,尽量让自己的产品排名靠前被推荐是最主要的。在亚马逊的 Amazon Seller Central 上,亚马逊将其排名因素对卖家解释得非常清楚,主要包括转化率、相关性和买家的满意度与留存度。转化率受产品的销量排名、买家评论、质量和价格等因素影响,占算法比重最大,这些都与客户行为有密切关系;另外,顾客点击率和页面关键词的匹配度,以及与产品页面资料的关键词、标题深度关联;买家的满意度和留存率,都是基于用户的反馈来计算的。

6.4.3　eBay

eBay(电子港湾、亿贝、易贝)是一个可让全球民众上网买卖物品的线上拍卖及购物网站,如图 6-25 所示。eBay 于 1995 年 9 月 4 日由 Pierre Omidyar 以 AuctionWeb 的名称创立于加利福尼亚州圣荷西。人们可以在 eBay 上通过网络出售商品。eBay 以 C2C 拍卖模式为特色,以和亚马逊等 B2C 网站区别竞争。

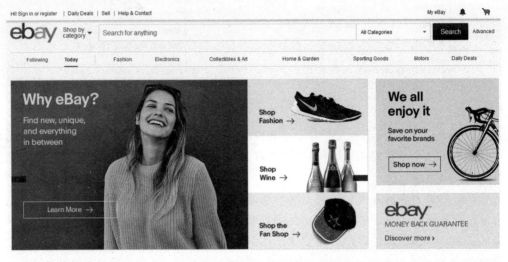

图 6-25　eBay 首页

目前,eBay 已有 2500 万卖家,1.68 亿注册用户,覆盖全球 29 个国家和地区,每天都有涉及几千个分类的几百万件商品销售,成为世界上最大的电子集市之一(见图 6-26)。eBay 2017 年总商品交易额(GMV)为 884 亿美元,净营收为 95.67 亿美元,比 2016 年的 89.79 亿美元增长了 7%。

eBay 的主要业务构架包括:①集市(占总营业收入的 50%),主要指 eBay 最主要的网站 ebay.com,还包括 eBay 旗下的分类信息网站、票务网站 Subhub、比价网站 Shopping.com 等;②支付(占总营业收入的 40%),主要指 2002 年 eBay 收购的 PayPal、2008 年收购的信用支付工具 Bill Me Later、2011 年收购的移动支付工具 Zong;③电商(占总营业收入的 10%),主要指 2011 年 eBay 收购的电商代运营企业 GSI,其向品牌商提供网站技术支持、物流及客服服务、互动营销服务等;④开发平台,是 2011 年下半年推出的为商家和开发者搭建的平台,开发针对商家的网站管理、购物车、支付、库存管理、推广等工具。

eBay 的收入主要来源于两部分:交易佣金(包括 eBay 平台费和 PayPal 的交易手续费等)和提供营销推广服务而产生的广告费。交易佣金是 eBay 的主要收入来源,近十年占整体营收的比例在 85% 以上;eBay 的广告及其他收入占比呈上升趋势,这和 eBay 收购了大量分类信息网站有关。

作为新手在 eBay 上开店,首先在挑选产品时,它需要符合以下五个特征:

(1)价格在 50～300 美元。一方面,能保证你的利润率不会太低;另一方面,销售价格和

图 6-26 eBay 中国官网

利润太高的产品,可能会给你带来巨大的财务风险。

(2)产品重量。这里考虑的是物流成本问题,物品越轻,邮费越便宜,物品越重,运费越高,你的利润率就越低。另外,倘若客户对产品不满意可以退货,但要考虑退货的运费问题。因此过重的产品,并不利于卖家的业务发展。

(3)不要试图进入产品价格竞争力大的利基市场。这些市场风险大,需要消耗大量资金,经验丰富的卖家将产品降到最低价,就能轻易将你打败。照相机、平板电脑市场就在这个范围,产品非常受欢迎,需求旺盛,但同时竞争激烈。如果你仍在考虑进入一个利基市场,可以尝试竞争力比较小的产品,如滑雪板等。

(4)易于使用和组装。不易组装的复杂产品容易引起客户对产品的不满,影响你的收益,甚至使你破产。例如销售 GPS 系统,复杂的产品非常消费时间,还会影响业务增长,因为很多时候,他们需要与客户进行视频通话,指导用户安装 GPS 里的新地图。

(5)销售你了解的产品,可为你带来巨大的市场优势。拥有产品相关知识,将帮你简单地指导用户使用产品,增强你的客户服务。

在 eBay 上销售,卖家必须遵守一定的规则。以下这几个要点是你需要注意的(尤其是新手卖家):

(1)在获得足够销售经验(意味着你售出的产品至少要达到 100 件,经营时间达到 6 个月)之前,不要涉足昂贵的产品。你可以从销售 20~50 美元的产品开始,慢慢学习 eBay 的规则,获得产品运输经验,学会解决客户问题。

(2)可以考虑销售一些简单的产品,如玩具、厨具或办公用品等。这类物品有足够的市场需求,但价格相对便宜,一旦你不小心犯错,损失也会小一些。

（3）不要销售违禁、未经认证或 eBay 禁止销售的物品，否则你会被冻结账号。

（4）注意那些网络诈骗者，买家也有可能进行欺诈。这些人通常将缺少经验、易于突破的新卖家作为攻击目标，他们通常根据店铺的开店日期和反馈数量来确定你是否是新手卖家。

6.4.4 Wish

Wish 是 2011 年成立的一家高科技公司，有 90％的卖家来自中国，也是北美和欧洲最大的移动电商平台之一。它使用一种优化算法大规模获取数据，并快速了解如何为每个客户提供最相关的商品，让消费者在移动端便捷购物的同时享受购物的乐趣，被评为硅谷最佳创新平台和欧美最受欢迎的购物类 APP。如图 6-27 所示。

Wish 旗下共拥有 6 个垂直的 APP：Wish，提供多种产品类别；Geek，主要提供高科技设备；Mama，主要提供孕妇和婴幼儿用品；Cute，专注于美容产品、化妆品、配饰和衣服；Home，提供各种家居配件；Wish for Merchants，是专门为卖方设计的移动 APP（见图 6-27）。

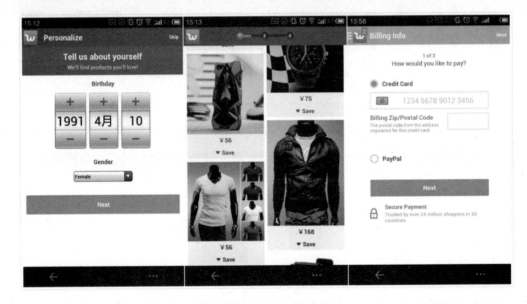

图 6-27　Wish APP

不同于亚马逊、eBay、速卖通等跨境电商平台，Wish 有更多的娱乐感，有更强的用户黏性。亚马逊、eBay 等平台是由 PC 端发展起来的传统电商，更多的是注重商品的买卖交易；Wish 虽然本质上也是提供交易服务的电商平台，但其专注于移动端的"算法推荐"购物，呈现给用户的商品大多是用户关注的、喜欢的，每一个用户看到的商品信息不一样，同一用户在不同时间看到的商品也不一样。

不同于 Wanelo 等社交导购网站，Wish 不依附于其他购物网站，本身就能直接实现闭环的商品交易。作为社交导购网站，用户在 Wanelo 发现自己喜欢的商品后，如果需要购买，则会跳转到相应的购物网站上，无疑妨碍了购物体验。在 Wish 平台上，用户在浏览到自己喜欢的商品图片后，可以直接在站内实现购买。

不同于 Pinterest 等社交图片网站，Wish 提供商品的购买服务。在 Pinterest 上，用户可以收集并分享自己喜欢的图片,但如果想要拥有图片上的商品,却只能通过其他渠道去购买。Wish 上面也有大量的精美商品图片,但只要用户喜欢,便可以随时购买。

截至 2017 年 8 月,Wish 平台有 33.8 万个独立注册账号(商户),10 个月内增长近 90%。平台有 4.2 亿的注册用户,日活跃用户超过 1000 万,月活跃用户为 7000 万,活跃 SKU 达 1.5 亿个。

2016 年中国卖家通过 Wish 实现出口额近 30 亿美元,来自中国的商品占销售额 90% 以上。

6.5　进口跨境电商

随着互联网的发展,中国进口贸易中的电商渗透率持续增长。2016 年,进口跨境电商市场交易规模达 12000 亿元,增长率为 33.3%,渗透率(占进口贸易额)达 11.5%。2017 年上半年,中国跨境电商交易规模 3.6 万亿元,同比增长 30.7%。其中,出口跨境电商交易规模 2.75 万亿元;进口跨境电商交易规模 0.86 万亿元。中国消费者的跨境购物自 2005 年起步以来,经历了个人代购、代购体系化、海淘、进口零售电商几个阶段,随着进口零售电商的兴起,整个行业出现明显增长。

跨境进口零售电商是指国内电子商务企业将国外商品销售给国内个人消费者,通过电子商务平台达成交易、支付结算,并通过跨境物流送达商品、完成交易的一种商业活动。跨境进口零售电商与海淘的销售主体不同,前者为国内购物网站,后者为国外购物网站。在代购中,在电商网站上完成的交易属于跨境进口零售电商,其他情况的代购则不属于。

我国跨境电商零售进口发展基本采取先试点、后推广的策略,并逐步从税收、支付等方面完善监管。2010 至 2013 年,中国跨境电商得到初步发展,以 C2C 代购模式为主的洋码头、跨境电商购物经验分享社区小红书相继成立。2014 至 2015 年年初为政策红利期,大量跨境电商平台成立,天猫、亚马逊、网易、京东等巨头纷纷进入此市场。2015 年,顺丰推出丰趣海淘,海淘平台 XY 和蜜惠相继成立。市场竞争激烈,部分竞争力稍弱的平台被迅速淘汰。2016 年以来,跨境电商平台市场快速发展,竞争升级。如图 6-28 所示为进口零售电商行业产业链图谱及主要平台。

6.5.1　跨境进口零售电商行业发展现状

跨境进口零售电商可根据模式、销售主体、企业性质、销售品类进行分类:

(1)按模式分,可以分为平台类(电商企业提供交易平台,商家或个人在平台上开店销售)和自营类(电商企业自身即为零售商,负责商品的购买、运输等,并在自身平台上销售)如图 6-29 所示。

(2)按销售主体分,可以分为 C2C(销售商品的为个人,一般都为平台式)和 B2C(销售商品的为企业,分为平台类 B2C 和自营类 B2C)。

(3)按企业性质分,可以分为内贸电商企业(以内贸电商为主营业务,进口零售是整体业务的一部分,如天猫国际、京东全球购等)和独立跨境电商企业(以进口零售电商为主营业务,内贸电商业务基本不涉及,多为初创企业,如洋码头、小红书等)。

图 6-28　进口零售电商行业产业链图谱及主要平台

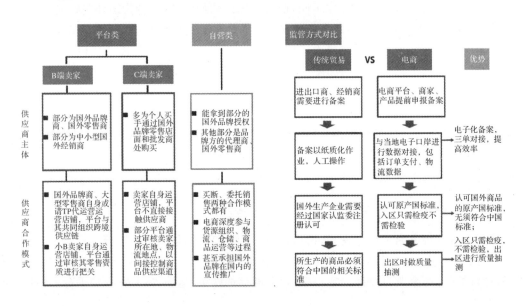

图 6-29　跨境进口零售电商模式比较(1)

中国跨境电商主要物流模式分为直邮模式和保税模式,两者的主要差异在于下单顺序和清关方式,如图 6-30 所示。清关方面,目前两种模式均按行邮税缴纳,在流程上,保税模式先入境,下单后才清关,必须报关;直邮模式在入境时即需清关,非全部报关,海关对其进行抽查。集货相当于直邮升级版,货物先在国外集中以降低物流成本,与海淘的转运模式、

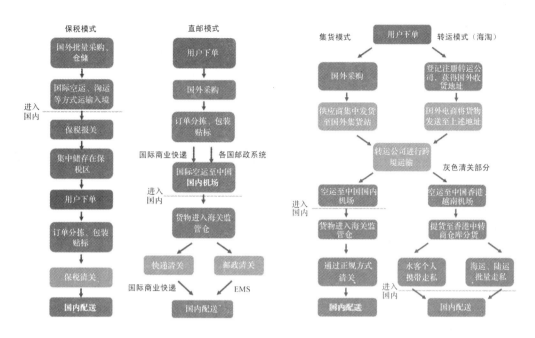

图 6-30 跨境进口零售电商模式比较(2)

流程相似。

目前直邮主要分为 EMS 直邮、个人快件和 BC 直邮三种模式。EMS 直邮的好处是速度相对较快,也比较稳定。对跨境电商来说比较关键的一点就是,除了抽查,它基本上是不用缴税的。而 EMS 的劣势也比较明显——价格较高。个人快件原则上是海外的个人发给国内的个人,用于自身使用的物品,因此这些物品都不需要备案,也不会受到正面清单的约束,这也是个人快件最主要的特点。但税率很高,根据商品类型分别有 15%、30% 和 60% 三档税率,虽然有 50 元的免征额度,但综合来说依然比跨境电商综合税高得多。BC 直邮又称保税直邮,是国家主推的一种方式。它相对较快也较稳定,并且合法合规。但每一单都必须缴税,并且需要进行备案,并受到正面清单的限制。

保税仓又称保税备货模式,货物进入保税区以后,是处于保税状态(暂时不交关税增值税,出区的时候要缴纳),发货的时候因为有订单、支付单、运单,以及消费者实名认证信息,所以是按照个人物品出区的,不征收关税增值税。

随着跨境进口电商行业的发展,跨境运输业务需求剧增,国内快递公司纷纷布局国际转运业务。邮政相对于快递税率低,但未来这方面监管或许将加强。相比一般贸易进口,保税与直邮模式均按行邮税计算,能够通过不同方式规避一定税费,如图 6-31 所示。

艾媒咨询数据显示,2017 年跨境电商整体交易规模(含零售及 B2B)达 7.6 万亿元人民币,增速可观。2018 年跨境电商交易规模有望增至 9.0 万亿元。在"新消费"观念和消费升级潮流的冲击下,商品质量更有保障的跨境电商市场规模保持快速增长。随着平台物流水平和供应链打造逐渐完善,未来市场有望得到进一步扩大。

近年来,人们消费水平不断提高,对商品消费从单纯物质满足向追求高品质的商品发展,注重品牌的消费观念逐渐凸显。人们消费观念的转变对商品质量更有保障的跨境电商

	保税模式	直邮模式	集货模式
物流服务商	大宗货物物流服务商	国际快递：DHL/UPS/Fedex/TNT/EMS 邮政：中国内地邮政、中国香港邮政、英国皇家邮政等	申通、圆通、韵达；洋码头的贝海物流 许多国内快递公司正在布局跨境快递市场，抢占集货模式下的国际转运业务。
清关政策	保税区内理论上没有入境，所以货物批量进入保税区的时候可以不用报关和交税，而以零售包裹入境时才要报关交税	■ **快递**：进出境快件监管一般都有信息化系统，监管比较严密。 ■ **邮政**：邮政系统由于承担着"平邮"这一最传统的邮递方式，加之各国邮政管理信息水平参差不齐，达不到全信息化管理和数据申报的要求，所以海关对邮递物品的管理目前以手工为主。在量少的情况下税率较低。 **税收政策动向** 未来可能将邮政邮件归到电商范畴，大数据会对一个人每年购进情况进行筛选，来甄别自用和非自用，以严格监管和收税。	

	直邮进口	保税进口	一般贸易进口
征税对象	■ 入境人员携带的行李物品 ■ 邮递物品	跨境进口零售企业的货物	企业们线下贸易的货物
报关概率	有的报关，有的不报关，抽查	全部报关	全部报关
应缴税费	不缴税，或仅缴纳行邮税	需缴增值税和关税，奢侈品、化妆品需缴纳消费税	
计算公式	■ 税额少于50元：免征税费 ■ 税额大于50元：应征税额=完税价格×商品税率	■ 进口关税=到岸价×关税税率 ■ 消费税=（（到岸价+关税额）/（1-消费税率））×消费税率 ■ 增值税=（到岸价+进口关税额+消费税额）×增值税率	
税率	享用行邮税率，按品类分为10%、20%、30%和50%四档	■ 关税根据不同品类不同税率 ■ 增值税17% ■ 消费税30%	
避税方式	■ 对大额订单进行拆单 ■ 销售价格较低的商品，多在几十到五百元之间 ■ 直邮模式以个人快件和邮政包裹从国外发货，利用目前政策（抽查），规避部分税费		

图 6-31 跨境进口零售电商模式比较（3）

平台来说是良好的发展契机，优质的个性化商品提供已成为跨境电商平台未来的主要竞争点。

（1）跨境电商仍有较大的上升空间，创新转型至关重要。当前跨境电商行业蒸蒸日上，而平台关于商品品质的保障仍然需要改善。跨境物流的天然障碍也是跨境电商当前面临的巨大挑战，跨境电商未来仍需不断创新变革，积极适应迅速变迁的时代需求，谋求长远发展。往品质化、专业化平台转型对跨境电商的发展至关重要。

（2）跨境电商市场竞争激烈，综合自营平台各有优势。京东全球购、天猫国际等综合平台凭借其强大的电商品牌优势，能在相对较短的时间内占领一定的市场份额，综合竞争力较强；自营平台借助其精耕细作的运营模式，更好地实现对平台商品质量的把控，同时具有较好的品类适应能力，加强爆品品类销售，直切消费者需求，在市场竞争中表现突出。

（3）"一带一路"助力跨境电商，行业将迎精细化时代。随着"一带一路"倡议的推进，跨境电商将收获更为丰厚的政策红利。未来跨境电商的经营品类将更细分化，区域特色也会愈发明显，个性化、定制类的商品与服务也会愈加成熟。

6.5.2　天猫国际

2014 年 2 月 19 日，阿里巴巴宣布天猫国际（https://www.tmall.hk，见图 6-32）正式上线，为国内消费者直供海外原装进口商品，并承诺 100% 正品保障（阳光清光，全程追踪）、100% 海外直供（假一赔五，定期抽检）、100% 无忧退货（国内退货，方便快捷）。

天猫国际是跨境进口零售电商中平台式 B2C 模式的代表。除了具备平台类电商大量 SKU 特点外，它在选品数据化、配合国家监管方面独具特色，如图 6-33 所示。

在传统的网络零售业务之外，天猫国际从线上走到线下，拓展消费场景，从用户出境游购物的痛点出发，创新推出免税店 O2O 模式。通过这一模式，出境游用户能够实现出国前

图 6-32　天猫国际

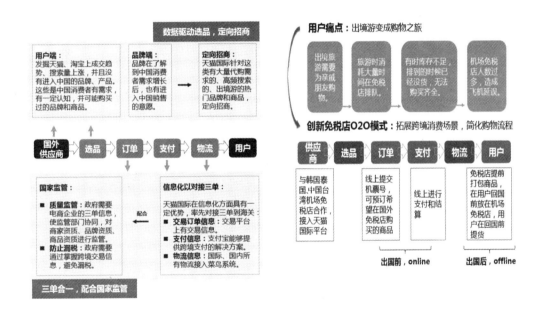

图 6-33　天猫国际模式特点

线上选购支付、出国后线下提货的便捷服务，省去出国购物的烦琐。

　　天猫国际定位中国高端消费者群，面向全球招募最纯粹海外商家。入驻商家必须具备中国大陆以外资质的公司实体，拥有海外注册商标，具备海外零售资质，并且在国外有良好的信誉和经营状况；优先招募海外知名实体卖场、B2C 网站和未进入中国市场的海外知名品牌。天猫国际暂未授权任何机构进行代理招商服务，入驻申请流程及相关的收费说明均以官方招商页面为准。

6.5.3 网易考拉海购

网易考拉海购(www.kaola.com,见图 6-34)是网易旗下以跨境业务为主的综合型电商,于 2015 年 1 月 9 日公测,主打母婴用品、美妆个护、食品保健、家居数码和服饰鞋包等类目。网易考拉海购深入货源产地直采,保证商品品质;重金批量采购,保证价格具有竞争力;自营备货政府监管,30 天无忧售后;和海关、保税区深入合作,电子化极速清关,下单后 3~15 个工作日送达。支持网易宝、支付宝、网银、信用卡等支付方式,告别多币支付烦恼。

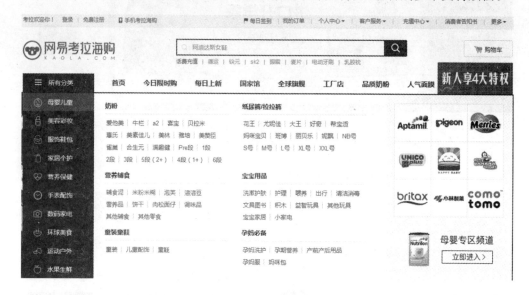

图 6-34 网易考拉海购

网易考拉海购属于媒体驱动型电商,其将海外优秀产品介绍给国内消费者,并利用媒体属性帮助国外品牌商进入中国,实现从销售商品到推广生活方式的转变。网易游戏、网易新闻客户端、网易云音乐、网易邮箱等网易全系列产品均支持网易考拉海购的流量导入。

网易考拉坚持从消费者的角度出发,精选全球高品质、高性价比的商品,让中国消费者也可以体验到海外高品质的生活乐趣。短短几年的时间,网易考拉不断赢得用户广泛的好口碑。2018 年 2 月,艾媒咨询权威发布的《关于 2017 年跨境电商市场的最新研究报告》指出,网易考拉海购以 38.8%的正品信任度领跑各跨境电商平台,以 25.8%的市场份额居于首位,这也是自 2016 年起网易考拉海购连续两年蝉联正品信任度第一、市场份额第一。2017 全年网易考拉电商业务净收入为 116.70 亿元人民币(17.94 亿美元),同比增长 156.9%。

从全球品质货源地保障正品品质,到完善的产销供应链,再到庞大的跨境电商用户群体,网易考拉海购正在通过对全球范围内的大规模采购合作,不断扩充全球商超战略版图,打造了目前跨境电商行业最全的顶级商超和百货阵容。

截至目前,网易考拉已与世界多国著名品牌达成战略合作,逐步完成其"全球商超版图"的拓展,实现对日本、美国、欧洲等海外货源地的圈地合作。另外,为了保证正品货源的供应链,除了遍布各大洲的招商版图,网易考拉海购也建立有自己的货运物流链,并在全球同步升级仓储物流能力。截至 2017 年,网易考拉海购已在美国、英国、德国、法国、荷兰、澳大利亚、日本、韩国等地开设 18 个海外仓,并计划在西欧和中东增加 5 个海外仓。预计到 2020 年,海外仓面积超过 10 万平方米。

网易考拉海购作为中国高品质综合类电商平台,为了更好地服务广大消费者,面向国内及海外招募优秀的商家。入驻商家需具备完善的公司主体、链路清晰的品牌经营授权,拥有良好的信誉经营状况。招商品类包括:母婴(除童装童鞋)、童装童鞋、服装鞋靴、运动户外、箱包配饰、家居生活、美容彩妆、个人洗护、数码家电、环球美食、生鲜、营养保健、虚拟充值。网易考拉的招商主要分三种:自营招商合作、POP 招商合作和全球工厂店招商合作。

6.5.4　洋码头

洋码头(http://www.ymatou.com,见图 6-35)成立于 2010 年,是中国独立海外购物平台的领军者。作为国内首家一站式海外购物平台,洋码头专注于连接全球零售市场与中国本土消费者,第一时间将世界各地最优质的商品、最潮流的生活方式和文化理念同步给中国消费者。通过海外买手商家实时直播的海外购物场景,以及跨境直邮快速、安全的运输,同时为消费者提供正品保障、假一赔十的服务,为消费者解决后顾之忧,让每一个中国消费者足不出户,即可安心享受海外原汁原味的正品和服务。现阶段,驻扎在洋码头上的卖家可以分为两类:一类是个人买手,模式是 C2C;另一类是商户,模式就是 M2C。

图 6-35　洋码头首页

2016 年年初,在跨境"4·8"税改政策落地之际,洋码头凭借多年累积的国际物流经验,成为行业内第一家与海关系统快速对接实现"三单对碰"的跨境电商平台,为不断提升物流效率奠定了坚实基础。为保证海外商品能安全、快速地运送到中国消费者手上,洋码头自建立以来就打造跨境物流体系——贝海国际。目前洋码头全球化布局已经完成,在海外建成十大国际物流仓储中心(纽约、旧金山、洛杉矶、芝加哥、墨尔本、法兰克福、东京、伦敦、悉尼、巴黎),并且与多家国际航空公司合作实施国际航班包机运输,每周有 40 多个航班入境,大大缩短了国内用户收到国际包裹的时间。

截至 2017 年第三季度,洋码头用户数达 4800 万,认证买手商家超过 6 万,覆盖全球六大洲,分布于美国、英国、日本、韩国、澳大利亚、新西兰等 83 个国家,每日可供购买的商品数量超过 80 万件,不断满足国人日益多元化、个性化的海外购物需求。

“黑色星期五”是全球范围内折扣力度最大的海外商品促销节点,如图 6-36 所示。作为首个将“黑色星期五”原汁原味引入中国的平台,洋码头彻底激发了中国消费者的海外购物热情。2016 年“黑色星期五”之际,交易额同比增长 6 倍,“黑色星期五”开始 10 分钟内交易额就已突破 6000 万元;客单价超 700 元。洋码头“2017 全球‘黑色星期五’狂欢节”于 11 月 17 日 0 点正式开启,一直持续至 11 月 29 日,为期 13 天。根据其官方传来的数据,11 月 17 日活动开场仅 1 分钟,平台便成交了 4 万多笔订单;7 分 53 秒,总交易额突破 1 亿元;开场半小时洋码头 APP 流量订单转化率达到 83%。

部分主流跨境进口电商 2017 “黑色星期五” 大促玩法

平台	大促时间	大促主题	优惠	大促特色	商品品类	服务特色
洋码头	11月17日-11月29日(13天)	2017全球黑五狂欢节	免费领取1117元大礼包,全球一折起	1. 结合服务升级,推出“全球优选团”; 2. 首创电商社交玩法“清空购物车”。	400多个品类,每日在售超过80万件商品,涵盖服饰鞋包、美妆个护、百货家居、运动户外、数码家电、男士用品、母婴等	1. 丰富的全球买手商家资源,同步海外正品好货,包邮保税; 2. 行业唯一自建官方国际物流,全程运输密闭可监控,跟踪进口商品全链路; 3. “慢就赔”“极速退”“先行赔付、假一赔十”,真正放心购; 4. “码头优选”,用户口碑推荐
天猫国际 TMALL.HK	11月20日-11月26日(7天)	黑五妙物大赏	通用优惠券和限定优惠券	原装进口全世界	涵盖母婴用品、智能家电、轻奢服饰、美食名酒、个护清洁、保健、家居美物等品类	1. 启动全球溯源计划,跟踪进口商品全链路; 2. 汇集生产、运输、通关、报关、第三方检验等信息,为每个跨境进口商品打上“身份证”
亚马逊 amazon 海外购	11月13日-11月25日(12天)	“真黑五”全球购物全球购物狂	72小时,4.8折起	主打“真全球、真品质、真优惠、真免邮”四大特色	覆盖服饰、鞋靴、母婴、美妆、玩具、个护健康等品类	1. 丰富的全球供应商资源,拿到一手货源 2. Prime会员定制服务,无限次跨境免邮
网易考拉海购 KAOLA.COM	11月24日-11月27日(3天)	黑五洋货节	免费领取888优惠券	与多家企业成立“美好生活联盟”。以“全球竞品同步”和“海淘新奇特”为核心	覆盖母婴、美妆、服饰箱包、家居个护、保健品、数码3C、运动户外、海外美食等品类	为会员量身定制提前购、专享价、限量高品质商品;

图 6-36　部分跨境进口电商 2017 年“黑色星期五”促销方法

6.5.5　其他平台

1. 京东全球购

京东全球购(https://www.jd.hk,见图 6-37)是京东集团国际化战略布局重点业务之一,致力于为国内消费者提供海外直供的商品。自 2015 年 4 月 15 日上线以来,吸引了 2000 多个优质海外商家入驻,SKU 超过 480 万个,覆盖母婴、营养保健、个护美妆、3C 钟表、汽车用品、家居厨具、服装、运动户外等众多产品品类,遍及美国、加拿大、韩国、日本、澳大利亚、新西兰、法国、德国等 40 多个国家和地区。

京东全球购招商的基本条件:拥有海外注册公司实体;拥有境外对公银行账户(美元结算);是品牌方或拥有品牌授权。优先审核知名品牌方/品牌代理方,知名零售商/连锁/百货商场/商超,知名 B2B、B2C 电商,有优秀的运营团队及运营基础。店铺类型分为旗舰店、专营店和专卖店。入驻资费标准为质保金 15000 美元(一次性,可退还)、平台使用费 1000 美元/(店・年),以及根据销售额扣除 2%～8%的扣点。

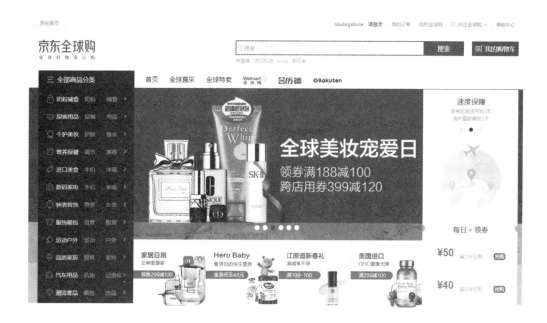

图 6-37　京东全球购

2. 唯品会国际

唯品会在中国开创了"名牌折扣＋限时抢购＋正品保障"的创新电商模式,并持续深化为"精选品牌＋深度折扣＋限时抢购"的正品特卖模式。这一模式被形象地誉为"线上奥特莱斯"。唯品会每天早上 10 点和晚上 8 点准时上线 200 多个正品品牌特卖,以最低至 1 折的折扣实行 3 天限时抢购,为消费者带来高性价比的"网上逛街"的购物体验(见图 6-38)。

2017 年 6 月唯品会正式宣布将定位语从"一家专门做特卖的网站"升级为"全球精选、正品特卖"。

图 6-38　唯品会国际

3. 小红书

小红书是一个社区电商平台(http://www.xiaohongshu.com)，目的是帮下一代消费者找到全世界的好东西。小红书由毛文超和瞿芳创办于 2013 年 6 月，主要包括两个板块、UGC(用户原创内容)模式的海外购物分享社区，以及跨境电商"福利社"。对即将出国的人来说，可以借助这个平台制定自己的购物清单，而暂时没有出国打算的人，可以通过逛社区来增长经验，或者去"福利社"完成一次"海淘"。

小红书"福利社"采用 B2C 自营模式，直接与海外品牌商或大型贸易商合作，通过保税仓和海外直邮的方式发货给用户。在小红书看来，这是能保证正品的做法，同时也能保证在进货时拿到有优势的价格。

"福利社"上线半年时间，销售额突破 7 亿元。在 2015 年 6 月 6 日开始的周年大促中，小红书在 App Store 的排名攀升到总榜第四，生活类榜第二。

4. 跨境通平台

上海跨境通国际贸易有限公司(简称"跨境通公司"，www.kjt.com)于 2013 年 9 月 10 日成立。作为中国(上海)自由贸易实验区首批 25 家入驻企业之一，跨境通是自贸区内一家从事跨境贸易电子商务配套服务的企业，专注于在互联网上为国内消费者提供一站式国外优质商品导购和交易服务，同时为跨境电子商务企业进口提供基于上海口岸的一体化通关服务。

跨境通的合作商户和所卖商品都经过了海关、检验检疫部门的备案，避免了消费者买到假货的风险，所有出售的商品都有相应的售后服务保障机制。跨境通网站上的每件商品都以中文进行说明，克服了海淘中遇到的语言障碍，并清楚地标明商品本身的价格、进口关税和物流费用，使消费者对支付的价格结构有清晰的了解。消费者只需支付人民币，省却了海淘中兑换外汇的麻烦，完成订单后跨境通网站还会提供缴纳进口关税的缴税凭证。线下，跨境通于浦东机场自贸区内搭建了跨境贸易电子商务的专业仓储设施，为合作商户各类商品的进境流程提供仓储服务和报关报检服务，并与国际、国内知名物流企业开展合作，确保快递配送服务质量。

跨境通公司的合作商户来自全球各地，它们在跨境通网站平台上主要经营进口食品、母婴用品、保健食品、鞋靴箱包、护肤彩妆、时尚服饰配饰、3C 电子产品以及生活家居八大类商品。

目前平台为入驻商户提供以下服务：备案服务、商品交易、导购和推广服务、通关服务、跨境资金结算服务。2017 年跨境通公司营业总收入为 139.99 亿元，比上年同期上升 63.99%；利润总额为 9.7 亿元，比上年同期上升 81.04%。

跨境进口电商典型平台对比如图 6-39 所示。

实例讨论

1. 速卖通是众多第三方跨境电商平台中入驻门槛最低的一家，对卖家资质和商品审核都没太多的要求。全球速卖通在 2014 年年底掀起打假热，被指"先污染后治理"。请收集相关资料，进行分析。

2. 近两年跨境电商发展迅速，吸引了大量商家的涌入，行业竞争加剧。一些热销且利润空间较大的产品如 3C 产品及附件等，众多跨境电商公司都在销售，产品同质化现象严

平台	正品保障	商品丰富性	物流方式	运费/税费	包裹安全性	适用模式
洋码头	较高	很高	海外直邮	包邮包税	安全	平台入驻
天猫国际 TMALL.HK	较高	一般	保税进口	包邮包税/部分自付	安全	平台入驻
亚马逊海外购 amazon	较高	很高	海外直邮+转运	自付	安全	自营+平台入驻
网易考拉海购	较高	较低	保税进口	自付	安全	自营
小红书	较高	较低	保税进口	自付	安全	自营
一般贸易企业（品牌代理或经销商）	较高	一般	大宗进口	零售价包含运费、税费	一般	批量进出口

图 6-39　跨境进口电商典型平台对比

重,行业内甚至出现恶劣的价格战。请收集相关资料,进行分析。

3. 跨境电商在为大众带来便利的同时,也遇到了很多棘手的问题。其中,"假货"问题仍是跨境网购的最大痛点。2018 年 2 月 7 日,中消协发布了 2017 年"双 11"网络购物调查体验情况通报会。其中,"海淘"商品涉嫌仿冒较多,聚美优品、网易考拉海购、蜜芽网、拼多多、贝贝网、国美在线、当当网、京东、淘宝的相关店铺均被发现涉嫌销售假货,部分售假还出自该电商自营店铺。对此,聚美优品、网易考拉海购、蜜芽网、拼多多、贝贝网、国美在线和京东均予以否认。请收集资料,进行分析。

实训一　全球速卖通平台

(1)登录全球速卖通首页(www.aliexpress.com),按照产品目录检索你所需要的产品信息,比如 Electronics 类目里的 Home Audio & Video。

(2)登录全球速卖通活动页面(activities.aliexpress.com),查看产品活动信息。

(3)通过百度百科了解"全球速卖通",包括适销产品、禁限售商品、跨国快递、如何入驻、如何收款等问题。

(4)登录速卖通开放平台(http://open.aliexpress.com),了解热门应用,包括:订单类、物流类、商品类、营销类、图片类、ERP 类、店铺装修类。第三方应用工具由与速卖通合作的第三方软件公司提供,第三方软件公司通过速卖通授权的开放平台 API 接口进行数据获取,并对获取的数据做相应处理,形成不同功能的各式应用和工具,帮助卖家提高操作效率和提升操作效果。

(5)选择语言和地区,登录速卖通外文网站查看,比如俄语网站(http://ru.aliexpress.com)。

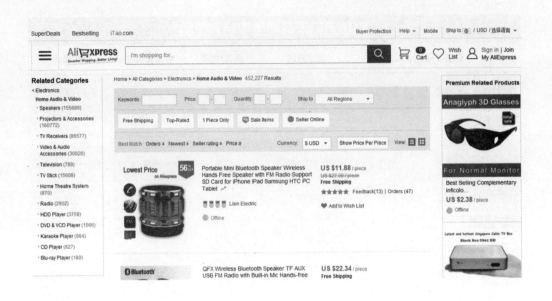

实训二　敦煌网平台

（1）登录敦煌网首页（http://www.dhgate.com），按照产品目录检索你所需要的产品信息，比如 Cell Phones & Accessories 类目中的 Cell Phone Cables。

（2）登录敦煌网商户首页中的帮助中心（http://seller.dhgate.com/help/#seller-help-center），查阅敦煌网平台规则，主要包括：服务条款、用户协议、卖家处罚管理系统、资金账户、促销活动、商户评级、一站通、注册和认证、敦煌贷款、产品和发布、物流与运费等。

（3）登录敦煌网商户首页中的帮助中心，查看页面底部的"新手指南"，在"我要开店"里进行注册登记，体验交易流程。

（4）敦煌网在2015年1月1日，其面向法语、西班牙语、葡萄牙语、意大利语、德语五大语言区的站点正式上线。在新开通的五大语言区独立站点上，敦煌网采取精准选品与人工翻译相结合的方式来引入敦煌网英语主站的优质品类，站点首页除了保留主站已有的折扣、新品、品牌专区外，还将尝试拍卖和团购等全新模块。请选择其中一个网站进行体验。

实训三　网易考拉海购平台

网易考拉海购依托网易集团庞大的用户群体和媒体资源，立志成为中国跨境电子商务的领头羊，为广大用户提供最优质的商品和服务，帮助海外品牌快速进入中国，让每一个消费者都能买到放心、优质的海外商品。品类主要包括：母婴、美容彩妆、家居个护、营养保健、环球美食、服饰鞋包、数码电器、运动户外、生鲜。

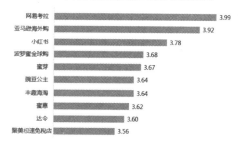

（1）登录考拉平台（www.kaola.com），了解其服务项目。
（2）浏览"国家馆"，比较其他跨境平台提供的产品目录。
（3）了解其招商合作政策。

第三篇　电子商务营销

第7章　网络营销

e-Marketing

【学习目标】

❖ 理解网络营销的目标
❖ 了解三种主要数字媒体
❖ 理解 SOSTAC 规划模型
❖ 理解场景营销在顾客分析中的作用
❖ 掌握网络营销制定中的各种决策方式
❖ 理解社会化客户关系管理
❖ 理解顾客生命周期管理的价值
❖ 了解许可营销、个性化营销与大规模定制的操作
❖ 理解在线顾客体验的价值
❖ 了解用户体验中的设计

 引导案例　百草味：从爆款突破到 IP 全局运营，玩转互联网营销

近段时间以来最热的电视剧，十有八九当属杨洋领衔的《微微一笑很倾城》，零食电商百草味身影的出现——与杨洋的携手给了"吃货们"与"羊毛们"一个大大的惊喜。与此同时，百草味推出的抱抱果以上线首月销售额超 1000 万元的表现成为一款现象级零食而引起热议。

抱抱果席卷市场的底气

抱抱果作为百草味切入资本市场以后推出的首款单品，乍一看只是红枣夹核桃，但截至 2017 年 9 月中旬，抱抱果天猫旗舰店和天猫超市的销量分别以 30 万件和 2.27 万件排名全行业同类产品第一名和第二名。甚至在上线之初就交出 18 天售出 30 万盒，一度断货这样的成绩，说明抱抱果绝不是表面看上去那么简单。

其实，就抱抱果本身而言，其主要有以下几个特点：

抱抱果以"抱抱"为名，表面上看是红枣抱着核桃，其实是取"抱"这个字所代表的拥抱含义，而拥抱给人的第一感觉往往是温情，这背后是百草味通过抱抱果阐述企业自身理念——希望每一个用户能够感受到人性的温暖，情感诉求得到释放，在每一个需要关怀和温度的时刻可以用"抱抱"来表达情意，借抱抱果向社会传达拥抱、温暖和快乐这些治愈系正能量。

同时，百草味在抱抱果这款单品上，率先实现了无添加剂和物理保鲜，因而抱抱果更加新鲜。虽然代价是相比同类产品的 10 个月保质期，抱抱果的保质期缩短到了 3 个月，但这也打造了抱抱果一览众山小的品质，更为行业树立了"短保"这一新的食品生产标准。

更重要的是，抱抱果作为一款休闲零食，口感体验是其立足之本，因此百草味在借助"短保"实现优良品质的同时，还坚持采用整颗新疆和田骏枣配整颗阿克苏薄皮核桃，将红枣的甜和核桃的香糅合在一起，味道醇厚回甘，不仅因美味广受"吃货"好评，相较都市白领日常吃的其他快餐零食，更富含多种维生素、氨基酸及微量元素，十分有益身体健康。

可以说，仅就抱抱果产品本身，其铸美味和健康为铠，造优秀品质为盾，还别具匠心地把传播温情传播爱的企业理念作为武器加入产品，让抱抱果的内涵得到了升华，为其成为横扫市场的单品爆款打下了坚实基础。

进阶营销策略，打造爆款和 IP

在市场经济时代，想要打造现象级产品，仅仅产品本身优秀是不够的。百草味立足于抱抱果本身优良的品质和内涵理念，在外围进行了线上线下的全面包装营销。

首先，百草味邀请著名设计师北邦为抱抱果设计了大白熊、兔子、熊猫、小狗、猫咪和树懒 6 种动物形象作为系列包装，外包装上更是清爽简洁的马卡龙色系打底，以萌系动物拥抱抱抱果作为形象展示，除了让人感觉清新可爱之外，还能感觉到产品所表达的情感流动。这一举改变了抱抱果枣夹核桃的单调形象，"萌系动物＋治愈系动作"取而代之，形象更加立体可爱，给消费者的印象也更深刻。

同时，百草味不仅在国内大热电视剧《微微一笑很倾城》中植入广告，并且携手暖心形象代表杨洋，还与热门韩剧《W 两个世界》《灰姑娘与四骑士》进行合作，同步将抱抱果植入。

事实上，百草味所选择的影视剧合作伙伴定位非常明确，均指向了百草味的目标用户群体——年轻人。《微微一笑很倾城》是由与网游相关的网文改编而成，其受众用户正是 30 岁以下年轻男女群体，在 20 天时间里播放量超过 88 亿次，巨大的播放量与精准的收视用户，帮助百草味实现了对目标用户群体完成大体量精准广告推送。而《W 两个世界》（漫改韩剧）、《灰姑娘与四骑士》（讲述年轻人逆袭的故事）同样如此。

更重要的是，在抱抱果形象成为立体的萌系动物造型后，也留下了更多想象空间，比如动物形象还可以有更多的创新动作或者新的形象，再比如用户还可以定制抱抱果送给最想拥抱的人，抱抱果的一系列形象还可以延伸出诸如动漫、小故事、玩偶等更多周边产品。抱抱果具备被打造成为零食界 IP 的潜力。

总的来说，百草味的营销策略是以娱乐营销加速引流＋情感互动建立黏性。抱抱果与优质偶像杨洋、热门影视剧的合作，借助后者有效扩大了产品知名度，实现了快速引流；产品定位治愈系健康小食，包装采用小动物手绘，以情感互动方式提升用户消费体验，复购率得到了大幅提升，再加上产品本身的优秀和更多附加周边的想象空间，抱抱果已经实现了从爆款到 IP 的突破。

温情理念贯穿品牌营销和生态构建

抱抱果大获成功的背后，是百草味推翻了先做产品再做营销的业界传统，即先根据自身传播人性温暖的品牌价值观制定营销策略，再推出合乎标准的产品，因此产品定位和营销策略达成了完美契合。

而这又与百草味 CEO 蔡洪亮对互联网食品行业的深度解读有着直接关系，9 月初，蔡洪亮发内部信指出:"尽管发展多年,但在一些消费者心中互联网食品企业仍是"快速"与"营销"的代名词,百草味则一直致力于改变这样的消费者认知误区。"

为此,无论是历时数年,从供应链、品控、仓储多方面努力实现的"短保",还是以娱乐营销加速引流、情感互动建立黏性的互联网营销策略,抑或切入资本市场之后,将百草味未来产品定位在保证产品质量的同时以 IP 化的路线打造爆款单品,均是百草味教育市场,构建互联网零食生态的组成部分。

可以说,百草味的目标不仅仅是要用 10 年的时间将自己打造成为销售额达 1000 亿元的食品巨头,其还找到了一个自身固有的态度:希望消费者在接触百草味的每一个瞬间都能感受到幸福;希望这个社会是充满人情味的温暖社会;希望企业在快速发展之余能够不忘初心。而这些或许正是抱抱果这款产品设计推出的初衷。

而随着零食行业的高速发展和电商渗透率的提高,在进入全新标准、模式和渠道的零食4.0 时代后,百草味又一次抢占先机,抱抱果不仅仅是一个有 IP 潜力的爆款单品,更是百草味为构建饱含企业价值观的零食生态所打下的第一根楔子。

资料来源: http://column.iresearch.cn/b/201610/781516.shtml

7.1　网络营销框架

在广告营销领域,沃纳梅克(John Wanamaker)提出的问题:"我知道我的广告费有一半浪费了,但我并不知道是哪一半?"被称作广告界的哥德巴赫猜想。在移动互联网时代,传统媒体营销在消费者沟通方面的有效性减弱,网民需求的变化和媒体环境的复杂化,正在加速媒体技术的革新,由此催生出的大数据、人工智能等智能创新科技,给数字营销带来很多新的变化和机遇,以效果、智能化为导向的营销技术成为新趋势、新竞争力。随着时代的变迁、技术的更迭,这个困扰沃纳梅克这位美国百货公司之父的难题正在被解决。

网络营销(On-line Marketing 或 E-Marketing)是以商业经营为背景,以在线营销实践应用为基础,从而达到一定营销目的的营销活动。其可以利用多种手段,如 E-mail 营销、博客与微博营销、网络广告营销、视频营销、媒体营销、竞价推广营销、SEO 优化排名营销、网络直播营销等。总体来讲,凡是以互联网或移动互联为主要平台开展的各种营销活动,都可称为网络营销。简单地说,网络营销就是使用数字技术使营销目标得以实现。

查菲和史密斯(Chaffey & Smith)提出了网络营销有 5 个方面的利益、原因或目标,称此为网络营销目标的5S。

(1)销售(Sell):通过更加广泛的渠道、更宽的产品线或更好的价格增加销售额。

(2)服务(Serve):通过在线形式向顾客提供额外的利益,通过在线聊天和在线反馈将产品开发通知他们,最终增加价值。

(3)交谈(Speak):通过追踪客户,问客户问题,进行在线采访,与客户对话,进入聊天室,向客户学习等拉近与客户之间的距离。

(4)节约(Save):节约服务、交易、管理、打印和邮寄成本。使得在线销售获利更多或者使用成本节约方案使公司能降低价格。

(5)有声有色(Sizzle):有声有色地进行在线品牌扩展,在一个全新的媒介中强化品牌价值,以网站作为创造品牌知晓度和认知度的媒介。

7.1.1　数字媒体渠道

1. 三种主要媒体渠道

赢得媒体(Earned Media)、自有媒体(Owned Media)以及付费媒体(Paid Media)已经成为当前互动营销领域的流行语。互动营销人员能够简单地将其拥有的不同媒体归为这三类,并最终优化它们的选择方案。虽然这个话题已经变得非常流行,但是业界在使用这些媒体种类时并没有统一的标准,而是各说各话。表 7-1 便是关于数字媒体的定义及作用的总结。

表 7-1　三种主要数字媒体形式

媒体类型	定义	例子	作用	优点	挑战
自有媒体	品牌自己控制的渠道	网站 手机网站/应用 博客 Facebook/Twitter账户	和现存的潜在消费者建立一个长期的关系并创造赢得媒体	可控性 经济性 长期性 多样性 特殊消费群	无保障 可信度低 扩展慢
付费媒体	通过付费来使用的渠道	广告 付费搜索 赞助	从基础作用转向催化剂,促进自有媒体,创造赢得媒体	按需使用 及时性 规模性 可控性	杂乱 回应率低 可信度低
赢得媒体	消费者成为渠道,消费者成为媒体	口碑 社交网络 "病毒性营销"	倾听和响应——赢得媒体,通常是自有媒体和付费媒体良好执行和协作的结果	可信度最高 大多数销售中起关键作用 透明且长久	不可控 可能是负面的 扩展慢 难以评估

资料来源:Forrester Research 公司

总之,同时使用不同类型的媒体会起到更好的效果。但是选择使用哪几种媒体却是十分关键的,尤其是当预算紧张的时候。所以需要根据你的目标,对媒体进行归类,并确定它们合适的作用。当你在制订未来一年的交互媒体策略时,可以参考以下几点建议(见图 7-1):

(1)创建一个以自有媒体为中心的系统。自有媒体是你能够控制的渠道,包括完全自有(如你的网站),以及部分自有(如 Facebook 或微博上的粉丝页面或者 Twitter 的账户)。自有媒体能够创造品牌的可移植性,你可以将自己的品牌扩展到你的网站之外的许多地方,尤其是社交媒体网站和独特的社区网站。在营销预算被削减 20% 的经济衰退期,这种可以直接与潜在消费者进行长期沟通交流的能力将是无价之宝。

(2)认识到赢得媒体是品牌行为的结果。"赢得媒体"其实是一个旧的公共关系术语。它主要意味着让你的品牌进入到免费的媒体中,而不是需要付费的广告的推介。然而,这个

图 7-1　新媒体营销——线上公关、线下推广、新渠道辅助营销

概念的含义已经演化成为通过社会媒体创造的透明且永久的口碑。你不但需要考虑何时通过口碑营销来尝试和促进赢得媒体的发展,还要学习如何倾听和回应好评和差评。

(3)付费媒体并没有灭亡,而是演变成为催化剂。许多人预测付费媒体,比如广告,正在走向灭亡。这种预测或许为时过早了。因为没有任何一种媒体可以像付费媒体那样确保及时性和规模性。然而,付费媒体正在从基础地位转向催化剂,即在关键时期推动更多消费者参与。

2. RACE 分析框架

市场营销是一个管理过程,其职能在于恰当地识别、预测和满足顾客的需求。如何应用数字媒体渠道支持业务目标? 可以通过 RACE 框架来说明:

(1)步骤 1(reach):到达。

在其他网站和离线媒体中构建顾客对于品牌、产品和服务的知晓度,再将其应用于网络,吸引顾客访问网络展示的内容。关键绩效指标:独立访问数量、蹦失率。

(2)步骤 2(act):行动。

利用品牌、网站或者其他在线展示吸引受众与公司或其他顾客一起行动。关键绩效指标:页面访问次数、商品页面的转换、互动比例。

(3)步骤 3(convert):转换。

实现转换营销目标,如"粉丝"、潜在顾客在接受网络展示和互动后在线或离线方式产生购买。关键绩效指标:销售转换率、客单价。

(4)步骤 4(engage):参与。

不断构筑顾客关系,以实现顾客保留目标,提升更大的价值。关键绩效指标:顾客活跃度、回头率。

3. 数字媒体渠道类型

数字媒体渠道类型,包含搜索引擎优化(SEO)、付费搜索、点击付费广告(PPC)等。

(1)在线公共关系,包含社交网络参与、媒体提醒、舆情监控、品牌保护等。

(2)在线伙伴关系,包含联盟营销、在线赞助、联合品牌、链接建设等。

(3)互动展示广告,包含媒体购买、广告网、逆向交易、赞助、行为定向等。

(4)选择性电子邮件营销,包含电子邮件列表、新闻邮件广告等。

(5)社交媒体营销,包含粉丝参与、社会形象管理、病毒式营销、顾客反馈等。

7.1.2 SOSTAC 规划模型

SOSTAC 是一个规划模型,最初在 20 世纪 90 年代由 Dave Chaffey 开发,以帮助营销策划人员更好地进行营销规划设计。SOSTAC 代表:

现状(situation analysis)——我们现在在哪里?

目标(objectives)——我们准备去哪里?

战略(strategy)——我们如何到达那里,主要的步骤有哪些?

策略(tactics)——我们究竟如何到达那里,每一个详细步骤是什么?

行动(actions)——我们的计划是什么?有哪些细节?由谁做?何时做?

控制(control)——我们如何知道是否已经到达目标?如何管理绩效?

SOSTAC 规划模型应用于数字网络营销策略的开发,SOSTAC 模型主要包括六点,如图 7-2 所示。

图 7-2　数字网络营销策略的开发过程模型

(1)背景分析:我们现在在哪里(where are we now)?

关键点包括:绩效目标(5S)、顾客洞察、电子市场的 SWOT 分析、品牌感知、内部能力和资源。

背景分析的内部因素:业绩(利润、销售额、市场份额、市场细化、市场定位、产品组成)、竞争能力(市场营销、生产、资金、技术、人力资源管理)、竞争方针(冒险、回避冒险)、营销方式(产品、价格、渠道、促销)、服务[人员、流程、标识系统(建筑、制服)]。

背景分析的外部因素:微观竞争环境(市场趋势、微观经济、市场结构)、宏观竞争环境(社会、技术、宏观经济、政治)。

● 目标我们想达到的地方(Where do we want to be)?

5 个"S"目标:销售——客户获取和保留的目标、服务——客户满意度保留的目标、交流——三方对话以及经营客户的数量、节约——量化的效益提高度、刺激——网站支持度和访问持续时间。

目标包括营销目标和特定营销传播目标:业务(理念、发展方向)、业务目标(各部门业务目标)、营销目标(市场渗透、市场发展、产品发展、多元化)、营销传播目标(知名度、客户喜好、购买意愿、购买次数)。

● 战略:我们如何达到那里(How do we get there)?

市场细分包括目标市场选择和市场定位(STP)、在线价值主张(OVP)、先后次序(信誉早于可见性)、整合(一致的 OVP)和数据库、工具(Web 功能、电子邮件、网络视频等)。

策略方法:编写策略方案、评估最佳策略方案(市场细化、目标市场、目标制定、定位、竞争优势、购买行为、传播工具、时间规划)。

● 深度策略:我们究竟如何到达那里(How exactly do we get there)?

战略的细节,包括网络营销组合(媒体组合、社交网络、战略细节实施的时机)、内容战略的细节、电子运作的启动时间表。

战术制定内容包含:目标市场、传播方法、媒体运用、销售信息、时间进度、市场研究、包装设计、销售点、广告、促销活动、新闻发布、销售会议、直邮销售、销售奖励、展览会、网上销售、总费用。

● 行动:策略的细节,谁在什么时候做什么(The details of tactics,who does what and when)?

行动内容包含活动的结果和各方职责、内部资源和技巧、外部影响力。

战术行动细节:创意和媒介简报、数据处理、印刷生产、邮寄、收集反馈意见、工作改进、跟踪拜访、效果评估、总费用。

● 控制:我们如何监控性能(how do we monitor performance)?

5S 以及网络分析 KPIs、可用性(适用性)测试、未知的顾客、客户满意度调查、网站访问者的分析、报告的频率、报告和行动的过程。

控制检测表:量化目标(阐述每一量化的目标和其完成的时间期限)、衡量方式(是否已实现目标,市场调研或销售额对比)、衡量频率(每季度? 每周? 每天?)、人力资源(是否合理)、花费(与预期相比是否合理有效)。

7.2 网络营销形势分析

形势分析在典型的营销计划中,是对公司现有营销活动效率的一种审计,分析通常包括组织内外部因素(如营销环境)、营销的内部审计(如业务效果、营销效果)、顾客研究(如消费场景)、企业资源分析(人、财、物资源)、竞争对手分析、媒介分析,最后通过 SWOT 模型分析和评估商业机会及应采取的战略。

7.2.1 营销环境分析

1. 网络新媒体快速发展

根据 CNNIC 报告,截至 2017 年 12 月,我国网民规模达 7.72 亿人,全年新增网民 4074 万人,增长率为 2.6%。我国互联网普及率达到 55.8%,与 2015 年年底相比提高 1.3 个百分点,超过全球平均水平 4.1 个百分点,超过亚洲平均水平 9.1 个百分点。截至 2017 年 12 月,我国手机网民规模达 7.53 亿人,网民中使用手机上网的人群占比由 2016 年年底的95.1%提升至 97.5%,网民上网设备进一步向移动端集中。随着移动通信网络环境的不断改善以及智能手机的进一步普及,移动互联网应用向用户各类生活需求深入渗透,促进了手机上网使用率的增长。

(1)新媒体正在逐步取代传统媒体成为使用率最高的媒体形态

艾瑞调研数据显示,新媒体正在逐步取代传统媒体成为使用率最高的媒体形态,如图7-3 所示。常使用的媒体形态中,使用视频类网站/客户端/APP 的新媒体用户从五年前的24.7%,提高到 2016 年的64.9%;新闻客户端从五年前的 15.1%提高到 2016 年的 58.6%;互联网电视和音频类网站/移动电台 APP 也有相似的趋势。相比之下,纸质报纸、纸质杂志、电视、广播电台等传统媒体的用户使用比例下降明显。电视(不联网)从五年前的64.7%下降到 2016 年的 26.7%,报纸从五年前的 56.0%下降到 2016 年的 19.1%。

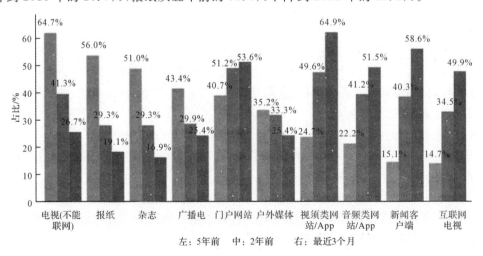

图 7-3 中国新媒体用户媒体选择分布(2016 年)

（2）社交媒体、新闻客户端成为日益重要的资讯通道

如图 7-4 所示，60.8％的新媒体用户将微信、微博等社交媒体作为获取新闻资讯的主要方式，用户日益养成依赖社交媒体获取信息以及表达诉求的习惯，同时 58.9％的用户将手机新闻客户端作为获取新闻资讯的主要方式，42.6％的用户将电视新闻作为获取新闻资讯的主要方式。

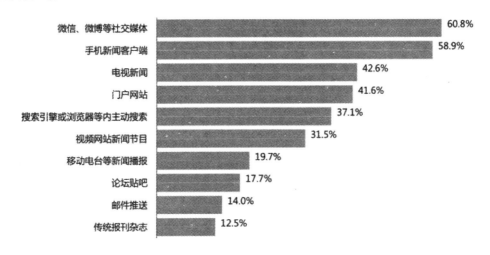

图 7-4　中国新媒体用户获取新闻资讯的方式统计（2016 年）

（3）新媒体跨屏使用行为普遍，多屏互动有较大发展

68.5％的新媒体用户在观看电视的同时"玩手机"，38.5％的新媒体用户选择观看电视同时使用笔记本电脑或者台式电脑。看电视时"多任务"现象普遍存在，在观看电视的同时，78.6％的互联网用户会用其他设备进行社交网络交流等行为（使用微博、微信、QQ 等社交或即时通信工具）。

2. 网络广告增长迅速，分类出现差异

根据清华大学新闻与传播学院发布的传媒蓝皮书，2014 年中国传媒产业总值首次超过万亿元（11361.8 亿元），较上年同比增长 15.8％。同时，网络广告收入首次超过电视广告（收入规模超过 1500 亿元），报业出现"断崖式"下滑。

2015—2017 年，中国网络广告市场继续深入发展。根据艾瑞咨询数据显示。2016 年中国网络广告市场规模达到 2910.7 亿元，同比增长 39.0％（见图 7-5）。从行业政策看，2015 年 9 月施行的"史上最严"广告法，对广告宣传用语等方面制定了诸多规范，对广告内容与表现形式提出了更高要求。从行业发展趋势看，核心广告主在削减广告支出的同时，更加注重营销效果和价值的最大化，在行业发展进程的推动下，网络广告行业整合加速，并购事件频发。从媒体终端看，移动端渗透不断加深，主要媒体移动端收入占比不断提升，移动端价值凸显。从内容市场看，综艺节目、电视剧及网络自制剧等优质资源的挖掘和掌握，成为各家视频网站争夺的重点。从广告形式看，原生广告、内容营销及创新互动营销等，更加获得广告主青睐。从媒体融合看，微博助力的台网联动、微信与电视节目的互动不断演进。

2017 年第三季度，中国网络广告季度市场规模为 939.6 亿元，环比增长 9.0％，与 2016 年同期相比增长 28.8％。整体来看，网络广告市场增速较为稳定，广告主在下半年的投放

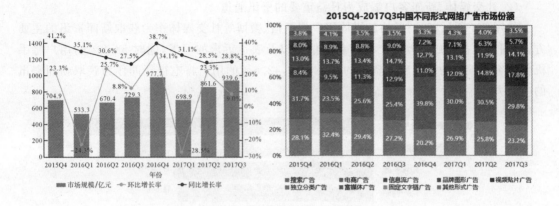

图 7-5　2015—2017 年中国网络广告市场规模与分类市场份额

预算有较大提升。随着十一假期、"双 11"、圣诞等活动和节日的陆续到来,2017 年第四季度网络广告规模仍会有较大的增长空间。

2017 年第三季度中国网络广告各形式中,电商广告占比为 29.8%,比 2016 年同期份额增长 4 个百分点,信息流广告占比超过 17%,继续保持高速增长。搜索广告占比与上季度相比略有下降,份额为 23.2%,2017 年第四季度受到电商广告增幅较大的影响,搜索广告的占比将继续下降。

(1)搜索广告包括搜索关键字广告及联盟广告。

(2)电商广告包括垂直搜索类广告以及展示类广告,如淘宝、去哪儿及导购类网站。

(3)信息流广告从 2016 年开始独立核算,主要包括社交、新闻资讯、视频网站中的信息流品牌及效果广告等。

(4)品牌图形广告主要投放在综合门户网站、垂直类专业网站上,其作用是增强品牌广告的曝光率,与传统媒体时代的"广告标王"延续着同样的思路。品牌图形广告主要包括按钮广告、鼠标感应弹出框、浮动标识/流媒体广告、画中画、摩天柱广告、通栏广告、全屏广告、对联广告、视窗广告、导航条广告、焦点图广告、弹出窗口和背投广告等形式。

(5)视频贴片广告是指视频、内容分享类网站中正文内容开始前或播放中的视频广告,以品牌广告为主。后来也有了视频暂停和结束时的静态图片广告或图文广告。视频贴片广告与电影院线的贴片广告类似,这种广告到达率高、传播效果好、容易被记忆,会员及付费用户可选择跳过广告。

7.2.2　顾客分析:场景营销

场景营销(scenarios marketing)是指基于对用户数据的挖掘、追踪和分析,在由时间、地点、用户和关系构成的特定场景下,连接用户线上和线下行为,理解并判断用户情感、态度和需求,为用户提供实时、定向、创意的信息和内容服务,通过与用户的互动沟通,树立品牌形象或提升转化率,实现精准营销的营销行为。

按场景的产生过程,可将场景分为线下场景、线上场景和融合场景,单独的线下场景和线上场景是割裂的和意义不全的。过去,线下场景不一定伴随线上场景的发生,线上场景一定有彼时彼地相对应的线下场景。现在随着线上场景无处不在,场景越来越呈现出融合趋势,线上场景与线下场景往往同时出现,而且两者间界限逐渐被打破。场景营销从线下场景出发,连接线上场景,再作用于线下场景,实现了基于场景的营销闭环(见图7-6)。餐饮、购物、休闲、出行和家庭是目前主要涉及的五大细分场景,未来场景营销将不断拓展新场景,逐步实现立体网状覆盖的场景。

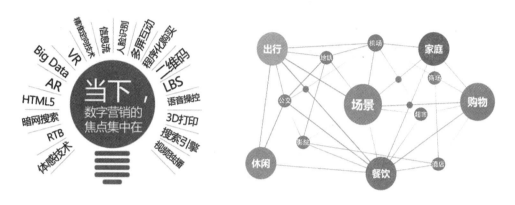

图 7-6　"互联网＋"下的场景营销

场景营销中,场景、数据、算法和体验是核心要素。场景营销代表着网络营销向线下的渗透,网络营销服务商用互联网的方式改造传统线下营销,是互联网＋在营销领域的集中体现。

1. 场景的特性

时间、地点、用户和关系构成场景,四个变量中,任一变量发生变化,场景随之发生改变。进行场景营销,需要把握场景特性:①瞬时性,人不可能两次进入同一场景,这要求场景营销做到实时化,每个时刻的营销都随场景变化;②连续性,上一个场景的结束紧接着下一个场景的开始,这要求场景营销做到无缝连接,无间断进行;③关联性,不同场景之间可以发生任意转化,这要求场景营销能做预判,准备多套营销方案随场景迁移补充或替代;④情感性,不同的场景氛围,带给人不同的感受,引发人的不同情感,这要求场景营销能体会用户在不同场景下的情感诉求,契合、烘托用户在相应场景下的情感,实现营销内容和用户的情感共鸣。

2. 场景位置定向的三种方式

在场景营销中,确定场景位置的方式称为场景位置定向。目前场景位置定向有三种方式:基于用户设备中内置的 GPS 位置信息、基于线下场景中的 Wi-Fi 设施位置信息、基于线下场景中的 iBeacon 设施位置信息。三种方式各有优势,适用范围也不尽相同:①GPS 是最早采用的方式,也是适用范围最广的方式;②基于线下场景中的 Wi-Fi 设施位置信息是目前发展比较迅速的方式;③基于线下场景中的 iBeacon 设置位置信息伴随着室内定位技术的发展在近距离定向中有独到之处。

3. 场景营销的主要环节

从广告投放的角度出发,可将场景营销的主要环节分为场景定向、用户定向、行为定向、媒体和内容策略,相较于传统网络营销,场景定向是新增维度(见图 7.7)。①场景定向是场景营销的出发点和基础,包含场景 POI(Point of Information,包含名称、类别、经度纬度、场所类型等位置信息)数据获取和场景位置定向;②用户定向指汇集多种来源的数据,将其清洗、分类、标签化,实现对目标用户的精准锁定;③场景定向和用户定向结合,实现精准行为

图 7-7　一个场景营销市场的产业链图谱

定向，依托行为定向最终完成定向过程；④媒体和内容策略是场景营销中的重要一环，是场景营销的落脚点，合适的媒体和内容策略有助于场景营销的高效达成。

4. 场景营销的核心技术

场景营销依赖于对人的线下行为的量化，线下行为的量化可通过地理围栏（Geo-Fencing）实现，即通过虚拟的围栏在现实环境中划出虚拟地理边界，形成特定的地理区域。当手机进入、离开该区域，或在该区域内活动时，手机可接收设备发出的自动通知和提示。

根据覆盖范围的不同，地理围栏应用的设备和技术也不同：①覆盖范围在 200～1000 米时，通过 GPS 或 Wi-Fi 识别；②在对精度要求更高的情况下，如小于 50 米时，通过 iBeacon 设备。基于地理围栏技术，营销服务商可在用户进入某一特定场景时，触发对用户的操作，完成营销行为。目前在场景营销中，以 Wi-Fi 应用为主，但 iBeacon 应用方式发展也十分迅速。

7.3　网络营销战略制定

战略制定（strategy formulation）包括可选择战略的识别、每一种选择的评估指标，然后选择最适合公司交易环境、内部资源和能力的战略。公司对于战略所能实现的目标应该有一个现实的认识，必须在良好的逻辑和深入分析的基础上来制定数字战略。当战略能够对特定的业务目标提供支持（如提高销售问询量或在线收入额）时，那么这样的战略就是有效的。

网络营销的关键战略决策与传统营销的战略决策是一样的，它们涉及目标顾客分组，并明确应该怎样给每个顾客群体提供价值。细分市场、寻找目标顾客、差异化和定位,在网络营销中起着关键的作用。

7.3.1 决策 1:市场/产品开发策略

市场/产品开发策略是由策略管理之父安索夫博士(Doctor Ansoff)于 1957 年提出。他以产品和市场作为两大基本面向,区别出四种产品/市场组合和相对应的营销策略,是应用最广泛的营销分析工具之一。安索夫矩阵是以 2×2 的矩阵代表企业企图使收入或获利得到成长的四种选择,其主要的逻辑是企业可以选择四种不同的成长性策略来达到增加收入的目标,如表 7-2 所示。

表 7-2 安索夫矩阵

	现有产品	新产品
现有市场	市场渗透	市场延伸
新市场	市场开发	多元化

1. 市场渗透

市场渗透(market penetration):以现有的产品面对现有的顾客,以现有的产品市场组合为发展焦点,力求增大产品的市场占有率。采取市场渗透的策略,借由促销或是提升服务品质等方式来说服消费者改用不同品牌的产品,或是说服消费者改变使用习惯、增加购买量等。

2. 市场开发

市场开发(market development):提供现有产品开拓新市场,企业必须在不同的市场上找到具有相同产品需求的使用者顾客,其中往往产品定位和销售方法会有所调整,但产品本身的核心技术则不必改变。

3. 产品延伸

产品延伸(Product development):推出新产品给现有顾客,采取产品延伸的策略,利用现有的顾客关系来借力使力。通常是以扩大现有产品的深度和广度,推出新一代或是相关的产品给现有的顾客,提高该厂商在消费者购买中的占有率。

4. 多元化经营

多元化经营(diversification):提供新产品给新市场,由于企业既有的专业知识能力可能无法得到应用,因此是最冒险的。其中成功的企业大多能在销售、渠道或产品技术等核心知识上取得某种协同,否则多元化的失败机率很高。

7.3.2 决策 2:运营/收入模式策略

战略制定通常需要公司对新的商业模式进行评估,因为要想在数字时代求得生存就意味着公司必须要持续不断开展创新,以寻找最适合公司持续发展的方式,并抵御来自竞争对手和新进入者对市场份额的争夺。

商业模式涉及公司的方方面面:包括战略、运营、人力资源、创新、财务等,因此创新商业模式是一个系统工程,其难度也要比单一功能的创新难得多。在设计或者创新商业模式时,应该以"客户价值主张"的创新为核心,以关键资源和关键流程为依托,以赢利模式为财务安全的基准线,寻求各个方面的协调发展,这样才能获得长期的成功,如图 7-8 所示。

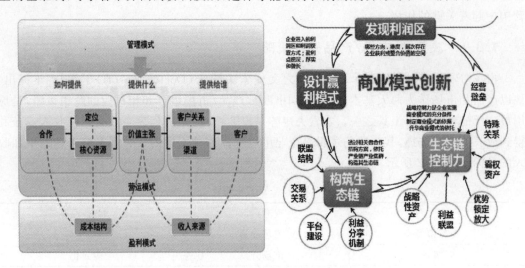

图 7-8　商业模式结构与创新

对于一家创业型公司,由于其关键资源有限,关键流程也不完整,因此在选择目标客户时一定要聚焦,价值主张一定要清晰,争取用有限的资源产生明确的"客户价值主张"。创业型公司专注于某一个细分市场是胜算最大的竞争策略,只有当公司在某一个细分领域取得绝对的领先优势之后,才能在相关领域进行拓展。

一家创业公司在设计商业模式时一定要牢牢记住以下十个字:"专业、聚焦、差异化、强检验。"专业的意思是一定要秉承专业化路线。聚焦的意思则是往小里做,做"小而美"的企业。差异化的意思是要做别人不能做、没有做的事情,确立你的独特定位。强检验则是指只有为客户创造可以衡量、立竿见影的价值,才有可能给公司带来利润。

7.3.3　决策 3:目标营销策略

目标营销(target marketing)是现代营销管理的一大经典成果。目标营销是指企业在市场细分基础上,通过评估分析,选定一个或若干个消费者群体作为目标市场,并相应地制定营销策略的过程。大多数企业对自己力图满足的消费者均有比较清楚的选择,即从分散地使用营销资源,到将资源集中于最有潜力的消费者群体(目标市场),即从对市场不加区分的广泛市场营销转变为"有所为、有所不为"的目标营销,即企业识别各个不同的消费者群体的差异性,有选择地确认一个或几个消费者群体作为自己的目标市场,发挥自己的资源优势,满足其全部或部分的需要。

目标营销有三个主要步骤:①通过市场细分来区分不同的消费者群体;②进行目标市场的选择,即评价和比较细分好的消费者群体,从中选择最有潜力的一个或几个作为自己的目标顾客群体;③为取得竞争优势,而进行目标市场定位,建立起市场上传播产品或服务的关键特征和利益。这三步环环相扣的过程,简称为 STP 战略,如图 7-9 所示。

STP 营销战略的核心在于"定位",其本质就是定位战略。市场细分(S),确定目标市场(T)实质上是在市场空间定位出目标顾客,而 STP 中的 P 则是目标顾客的心理定位。就STP 过程而言,STP 营销即是定位由空间到心理,由粗略到精确的过程。三者是一个整体,

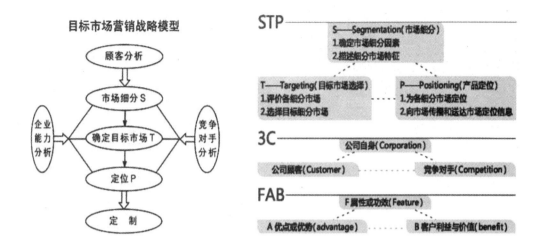

图 7-9　目标营销策略

密不可分。没有 ST 的市场空间(目标顾客)选择,也就没有 P 在目标顾客心里的精确定位。

7.3.4　决策 4:社交媒体策略

用户在移动互联网上高度碎片化地使用时间,使企业获取用户的难度越来越大。因此,在触达用户之后,通过有效互动与用户建立深层次关系,并获取有价值的用户数据,成为企业社会化营销中亟待解决的问题。无论是成熟型企业或是成长型企业,粉丝经济都是其创新营销模式、突破发展瓶颈的生命线。

在许多人心中,社交媒体不过是在 Facebook、Twitter、Instagram 或者微博上发点乱七八糟的内容而已。不过,随着这一互联网新形态的发展,它融合的可不只是简单的内容了(见图 7-10)。如果你是一位社交媒体的运营或管理人员,除了每天定期更新内容外,还需要做很多事来补全自己的工作。如果你立志在该领域做出一番成绩,下面这 11 条建议应该马上加入自己的"待完成清单"。

(1)制定自己的社交媒体策略

在发表自己的博文或帖子之前,拥有一个明确的社交媒体战略非常重要。在策略中你需要列出自己想达到的目标,如推广品牌、吸引流量或者提升销量等。有了这些目标后,你就能有针对性地制定出实现这些目标的具体实施步骤,这样在社交媒体的管理和运营中就不会乱了手脚。

(2)统一你在各平台上的品牌形象

在各大平台上,你必须保证自己品牌的延续性,你的头像和名字最好能体现出自己业务的最大卖点。虽然这是面子问题,但一定不能疏忽大意。

(3)做一份月历

与其由着性子在社交媒体上乱发一气,还不如提前做个规划,这样每个月你都能对自己的工作有个结构上的大致梳理。这样做的好处是你能保证自己的文章前后的一致性,否则一不小心很有可能自己"打脸"。同时,养成做计划的好习惯也能提高自己文章的质量,赶工确实很容易出错。

图 7-10　微博力推社会化营销解决方案

(4)在发文前要"打好提前量"

由于社交媒体流量的高峰会在每天不同的时间段爆发,因此发文的时间很重要。但如果需要发文时你在开会或者有别的工作要做呢?因此我们应该养成"打提前量"的习惯,提前规划出每天大致要发的内容,这样即使你在忙别的,也能利用定时发送完成今天的预定目标。

(5)在评论中与网友互动

如果你的社交媒体还在培养阶段,那么在评论区与网友的互动非常重要,你可以事先准备一些客套回复来提高互动效率,但对于较为热门的提问,回复时一定要走心。

(6)倾听网友的意见

除了在自己文章下的评论区与网友互动,你还得拓宽自己的眼界,善用搜索功能(你的品牌、整个行业甚至对手)看看是否有人在单独谈论你们品牌的事情。毕竟知己知彼才能百战不殆。

(7)管理自己的粉丝

由于互联网的特性,你的粉丝可能会多到让人头疼,但通过一些平台推出的工具,你可以轻松地将他们分类。举例来说,你可以将粉丝划归为客户、意见领袖、行业新闻、影响力博客和本地账号等门类。这样就能快速对他们进行监控,以便找出互动的好机会。

(8)投放广告

虽然内容是留住用户最好的工具,但为了吸引更多用户,有时你还是需要投放一些广告来求关注。在这一步,你需要理好自己的预算并且选对目标人群来实时监控广告的投放效果。不过要记住一个道理:投入的资金越多,往往换来的效果也就越好。

(9)设立抽奖互动环节

虽然这招并不一定适用于所有情况,但适时搞个抽奖在社交媒体运营的过程中确实非常重要,它能大幅提高用户的参与度,并且能帮你大量吸粉。当然,在开始前还是要注意老生常谈的话题,即做好准备。

(10)月度评估以修正战略

虽然你已经制定了自己的社交媒体战略,但这一战略必须根据现实情况不断进行微调,因此月度评估对你的工作就非常重要。通过评估,你能回过头来看看自己一个月来的得失,从而调整自己以便继续前行。

(11)及时充电以便跟上社交媒体的发展脚步

社交媒体是个变化飞快的行业,许多今天还在盛行的方法也许明天就过时了,因此你必须随时跟上潮流及时调整自己的知识结构,对新工具、新功能和搜索算法了如指掌。

7.3.5　决策 5:多渠道分销策略

分销渠道是指当产品从生产者向最后消费者或产业用户移动时,直接或间接转移所有权所经过的途径。

1. 渠道效果与选择

根据《2014 Marketing Measurement Survey Report》报告,传统渠道的商机变成销售的转化率仍然很高。在该报告的商机变成销售的转化率排名中,排在第一名的是"面对面拜访"。虽然其转化率从上年的41%降到了35%,但是仍然排名很高。其余渠道中,被调查者认为其转化率高的依次为:电话拜访(20%),PPC 点击/网站访问(11%),电子邮件询问(11%),社会化媒体融入(6%),移动站点访问(6%),网上表格/报告下载(5%),网络研讨会(4%),即时通信询问(3%)(见图 7-11)。

图 7-11　全渠道零售

这很可能有个假象,有人会以为"面对面拜访"或"电话拜访"是最好的营销渠道。然而,这可能是个巨大的误解,因为你未必有那么多的精力去做面对面拜访与电话拜访,那么你的商机总量则较少,未必最后得到的销售数量会很多。例如,你用面对面拜访,一个月只能拜访 1000 个潜在客户(或商机),其转化率即使是 5%,最后的销售数量也只有 50 个。假如,你用另一个渠道(如社会化媒体)产生数十甚至数百倍以上的商机(如每月 20000 个),即使其转化率小一些(如 0.5%),则最后仍然可以产生 100 个销售数量。

所以，下一个问题就很重要！转化率较低的渠道效果或许更明显。报告中另一个角度的统计数据——营销人更愿意用于产生商机的渠道如表 7-3 所示。

表 7-3　营销人更愿意用于产生商机的渠道

(1) 电子邮件,57%	(6) 在线显示广告/横幅广告,25%	(11) 线下媒体之电视,9%
(2) SEO/PPC,55%	(7) 公共关系,23%	(12) 内容聚合,8%
(3) 社会化媒体,44%	(8) 网上研讨会,22%	(13) 线下媒体之广播电台,6%
(4) 会议/商演/事件,39%	(9) 线下媒体/打印广告,16%	(14) APP 商店,3%
(5) 直邮,26%	(10) 移动广告,11%	

这些排名靠前的都不是线下渠道，因为它们产生商机的数量可能会比线下渠道大得多。这样，与相应的转化率相乘，或许最终获得的销售数量还是大得多。

2. 渠道冲突

渠道冲突(Channel Conflict)是指某渠道成员从事的活动阻碍或者不利于本组织实现自身的目标，进而发生的种种矛盾和纠纷。分销渠道的设计是渠道成员在不同角度、不同利益和不同方法等多因素的影响下完成的，因此渠道冲突是不可避免的。渠道冲突的原因一般归纳为：角色不一致、观点差异、决策权分歧、期望差异、目标错位、沟通困难及渠道成员间存在的资源稀缺。

传统企业做电商最头疼的是什么？线上线下的冲突，渠道、产品价格体系冲突。很多传统品牌企业做电商匆忙上马，导致严重亏损及渠道混战而不得章法，有些企业对电商业务放任运营导致传统渠道矛盾激化、价格混乱甚至引发生死存亡级别的挑战。这也是前几年很多传统品牌企业还在犹豫及踟蹰不前没有发展电商的原因之一(见图 7-12)。

线上与线下渠道冲突8大解决思路

线上是线下渠道消化存货的渠道（下水道策略）

线上是区别于线上商品的渠道（网络专销品牌）

线上是弥补线下渠道不足（地区补缺策略）

线上带动线下跑（中低价品牌）

线上提升品牌为主（主流品牌不影响线下）

线上线下渠道与价格一致（规模促销例外）

线上增值线下（线下商品增值后与线上共享）

线上网店与线下店互动协作（未来线上线下融会）

图 7-12　渠道冲突解决思路

从 2010 年年底开始，以纯休闲服饰(Yishion)开始试水电子商务，两年来在天猫和京东两个销售平台取得了不错的业绩，但是线上线下冲突的问题也一直没有得到很好的解决，2013 年 1 月，以纯宣布暂停电商业务，以纯在线商城及天猫旗舰店、京东店铺停止运营，原有以纯品牌退出电商渠道。不过，两个月之后，以纯开始谋划推出网络专供品牌。2013 年 3 月 21 日，以纯的网络专供品牌 A21 在天猫旗舰店正式上线，主要面向年轻人群，价格略低于线下品牌。

随着电商的深入发展,许多品牌商会逐步优化并减少线下经销渠道网点的架设和布局,重点扶持大渠道经销商,很大一部分品牌商转战天猫、京东等线上大电商平台,进行全网营销布局。这两种趋势必然会减少经销商渠道的中间环节,经销商渠道体系进一步扁平化,一部分被取消。有实力的经销商将与品牌商一道融入电子商务,并与电商平台利益捆绑更加紧密。线上了解、选购、支付,线下网点更多地凸显用户体验和仓储物流配送、售后服务等优势,从而达到线上线下渠道的某种均衡。同时,天猫、京东等电商平台前端连接消费者,后端将协助品牌商实现供应链、数据链、生产制造、物流体系等电商化协同,帮助品牌商企业降低成本、提升盈利能力及竞争力,最终实现消费者、大电商平台、商家、大经销商、服务提供商等的共存多赢局面。

7.4　数字平台上的关系营销

7.4.1　社会化客户关系管理

在过去 10 多年里,关系营销、直销和数据库营销共同创造了强大的营销新模式,这个模式通常被称为客户关系管理(customer relationship management,CRM)。社会化客户关系管理是通过社交媒体与客户建立紧密联系,在社交媒体中与客户互动,并通过社交媒体提供更快速和周到的个性化服务来吸引和保持更多的客户。

1. Social CRM 的本质和核心

Social CRM 借助社会化媒体的营销工具,企业可通过 Social CRM 进行智能化的社会关系网络管理,鉴别和评估社会化网络中个体消费者的价值和需求,识别和管理个体的社会化网络结构和最佳或最短路径,选择合适的社会化媒体进行适合的交互,最终通过满足个体的个性化需求实现社会关系的转变和忠诚度的提升。

Social CRM 的两个核心主体是人和话题。Social CRM 的核心基础是微信息、微价值和微网络,微信息是核心主体——人或话题的信息数据模型,微价值是社会化网络中人或话题的资产价值评估模型,微网络是人或话题的社会化网络结构模型。

微信息处理的是主体的信息维度以及识别、采集、使用和交互的数据模型,并能够与企业的 CRM 或业务系统的数据模型进行映射。

微价值是评估人或话题的社会化媒体影响力的标准体系和模型。基于社会化网络的特点,主要从度分布、度强度和集聚系数等进行评估,度分布围绕数量、分布层级、联系的最长距离/最短距离等维度进行评估,度强度围绕影响力、活跃程度、互动率、回应率、交互权重等维度进行评估,而集聚系数从群体角度围绕分组、群、标签和分类等维度进行评估。

微网络强调网络的正向和反向,即跟随者和关注者的两个方向的网络分布结构,包括度分布层级、人的数量和话题数量、节点强弱等。

2. Social CRM 的应用模型

Social CRM 在核心基础上,根据企业的实际社会化业务需求延伸出多个应用模型:微细分模型、微生命周期模型、微管道模型、微忠诚模型,有效组成社会化 CRM 的运营体系基础(见图7-13)。

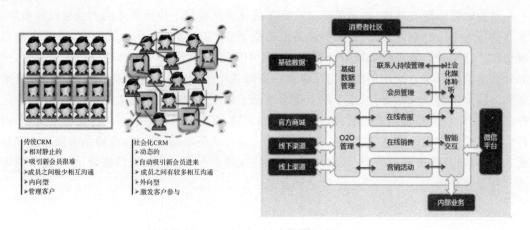

图7-13　基于微信的 Social CRM 框架

微细分模型,即分类方法,是基于人和话题的信息进行分类,其主要有4个分类方法:价值分类法、行为特征分类法、生命周期分类法和关系网络分类法。其中,价值分类法是基于微价值评估后对客户进行不同级别分类的方法;行为特征分类法是根据人在社会化网络中的行为特征信息来分类的方法,按 Forrester 公司的分类方法分为创造者、会话者、评论者、收集者、参与者、围观者和休眠者七类;但是需要强调的是微细分是动态的,不是唯一不变的。

微生命周期模型,可以分为人的生命周期模型和话题的生命周期模型,社会化网络中的人与人或企业的关系处于不同的生命周期阶段,而每一个话题也有其生命周期阶段,分析并认清生命周期曲线并有效地进行延展和激活,可以更好地提升其整体的生命周期价值。

微管道模型,关注企业在社会化网络中的销售—营销—服务的管道路径,从分享、消费者感知、转化兴趣到内部的线索等不同阶段,并设计不同业务场景下的智能话术进行话题响应,从而形成一个社会化网络与内部 CRM 相融合的微管道。

微忠诚模型,将企业的客户和会员逐步引导到社会化俱乐部中,提供积分、激励、礼品、促销等,通过客户和会员的社会化网络进行自分享、自服务和群服务,并能够吸引和推荐更多的社会化网络中的消费者进入到企业的微管道。

3.运营体系与最佳实践

对于企业而言,利用社会化媒体进行营销服务的 Social CRM 体系不是只去开几个微博或微信公众号就万事大吉了,首先,需要建立 Social CRM 的运作流程;其次,建立 Social CRM 的组织结构;同时,构建 Social CRM 的相关绩效考核指标。这样才能真正建立起有效的社会化客户关系管理体系(见图7-14)。

对于准备尝试或者计划中的企业,国外企业从微博的应用中总结了一些最佳实践,企业可以基于这些简单的做法来构建你的粉丝、品牌和客户的信任:

(1)分享。分享照片和包含你的业务相关的场景信息,或者针对正在进行中的项目或事件的一点点窥视,让消费者来获取和分享最新的动态。

图 7-14　社会化客户关系管理的演变

（2）听。定期监听关于你的公司、品牌和产品以及竞争对手的内容话题。

（3）问。用心去问你的粉丝的问题，来收集有价值的观点，同时表明你在倾听。

（4）回应。响应问候和关注，实时反馈。

（5）奖励。及时更新有关特别优惠、折扣和限时购买等微博或微信公众号。

（6）展示和推荐。展示更多的领先优势和知识常识，推荐与你的业务相关的文章和链接。

（7）互动传播。公开转发和回复你的粉丝和客户发布的很棒的微博或微信文章。

（8）建立正确的声音。微博消费者往往更喜欢直接、真诚及可爱的语气，所以应该认真考虑你微博所对应的情绪。你想怎么样出现在微博社会中呢？

7.4.2　顾客生命周期管理

传统的顾客生命周期（customer lifecycle）分为四个阶段：筛选、获得、维系和拓展。

1. 顾客筛选（customer selection）

顾客筛选是指企业确定目标顾客的类别，这一阶段企业需要根据顾客的价值和生命周期来考虑顾客细分的不同方法。目标顾客是谁？他们的价值状态怎样？他们的生命周期效价如何？以及在不同的发展阶段如何有针对性地寻找有价值的客户。在实践中，任何企业都清楚他们没有绝对的 VIP 顾客和普通顾客，必须要做的是不断的、持续的关注顾客的价值转换与发展。

2. 顾客获得（customer acquisition）

顾客获得是通过在确立了目标顾客价值最大化与获得成本最小化（可行方案）的前提条件下，企业与顾客能有效沟通并建立客户关系的一系列营销活动。在生命周期的不同阶段，对于获得顾客的针对性的手段和方法的选择非常重要。

3. 顾客维系（Customer retention）

顾客维系是指企业通过采取一系列手段和方法留住现有顾客的营销活动。不断地根据顾客的特点有针对性地调整和推出适合顾客变化需求的产品与服务，是这一阶段的重点。主要的重心是在确立顾客满意度，并且有效地提高顾客忠诚度。

4. 顾客拓展（customer extension）

顾客拓展是指拓展顾客购买产品的深度和广度，包括如何提高顾客的感知与回应，改进产品的交叉销售和前向一体化销售，改善和优化服务质量，使用适合的渠道去触及顾客。

以下一系列的顾客拓展技术对于在线零售商尤为重要：

重复销售：向现有顾客销售同样的产品，特别是对 B2B 交易尤为重要。

交叉销售：是一种发现顾客多种需求，并满足其多种需求的营销方式。从横向角度开发产品市场，是营销人员在完成本职工作以后，主动积极地向现有客户、市场等销售其他的、额外的产品或服务。交叉销售是在同一个客户身上挖掘、开拓更多的顾客需求，而不是只满足客户某次的购买需求。

个性化推荐：是根据用户的兴趣、特点和购买行为，向用户推荐用户感兴趣的信息和商品，从而实现交叉销售。随着电子商务规模的不断扩大，商品个数和种类快速增长，顾客需要花费大量的时间才能找到自己想买的商品。这种浏览大量无关信息和产品的过程无疑会促使消费者不断流失。为了解决这些问题，个性化推荐系统应运而生。个性化推荐系统是建立在大数据挖掘基础上的一种高级商务智能应用，以帮助电子商务网站为其顾客购物提供完全个性化的决策支持和信息服务。其推荐是基于：网站最热卖商品、客户所在城市、客户过去的购买行为和购买记录等（见图 7-15）。

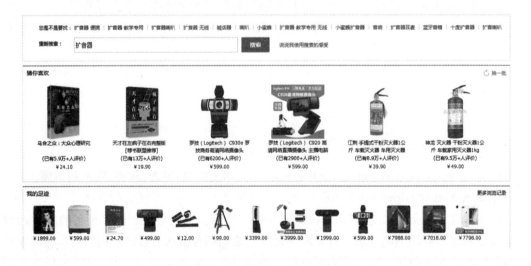

图 7-15　平台销售中的个性化推荐

向上销售：根据既有客户过去的消费喜好，提供更高价值的产品或服务，刺激客户做更大胆的消费。

7.4.3　许可营销

许可营销理论由营销专家戈丁（Seth Godin）在 *Permission Marketing：turning stran-*

gers into friends, and friends into customers, *Simon & Schuster* 一书中最早提出,这一概念一经提出就受到网络营销人员的普遍关注并得到广泛应用。许可 E-mail 营销的有效性也已经被许多企业的实践所证实。许可营销是通过与自愿参与者的相互交流,确保消费者对此类营销信息投入更多关注。这将有效推动客户和营销人员间的相互交流。

戈丁指出,过去的研究表明,我们每天通过网络或数字电视会遭到 500 条营销广告的骚扰,而现在已经增加到每天 3000 条。从营销方角度看,这稀释了信息的有效性。从顾客角度看,时间似乎越来越少,顾客正在失去耐心,并且期望得到回报,以补偿他们付出的时间和精力。戈丁把传统的营销方式称为打扰式营销(interruption marketing)。而许可营销是在与顾客建立关系之前先取得顾客的许可,同时通过为他们提供一些东西来加以补偿。

将许可营销的基本原理运用在网络环境中极其有效,因为在线运营成本较低,且媒介能自行推动此类"选择性添加"行为。广告发布后,许可营销的参与者必须先进行"选择性添加",而非"选择性退出"。

实现许可营销有五个基本步骤,戈丁把吸引顾客的注意到许可形象地比喻为约会,从陌生人到朋友,再到终生用户。

(1)要让潜在顾客有兴趣并感觉到可以获得某些价值或服务,从而加深印象和注意力,值得按照营销人员的期望,自愿加入到许可的行列中去(就像第一次约会,为了给对方留下良好印象,可能花大量的时间来修饰自己的形象,否则可能就没有第二次约会了,见图 7-16)。

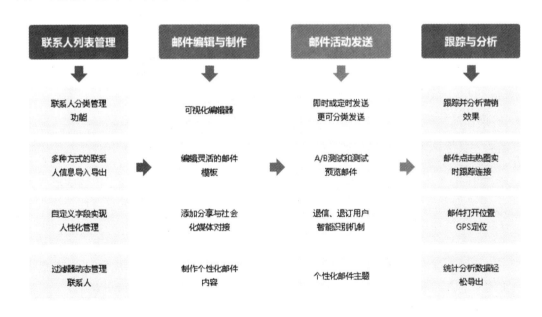

图 7-16 许可邮件营销

(2)当潜在顾客投入注意力之后,应该利用潜在顾客的注意,比如可以为潜在顾客提供一套演示资料或者教程,让消费者充分了解公司的产品或服务。

(3)继续提供激励措施,以保证潜在顾客维持在许可名单中。

(4)为顾客提供更多的激励从而获得更大范围的许可,例如给予会员更多的优惠,或者邀请会员参与调查,提供更加个性化的服务等。

（5）经过一段时间之后，营销人员可以利用获得的许可改变消费者的行为，也就是让潜在顾客说："好的，我愿意购买你们的产品"，只有这样，才能将许可转化为利润。

当然，从顾客身上赚到第一笔钱之后，并不意味着许可营销的结束，相反，仅仅是将潜在顾客变为真正顾客的开始，如何将顾客变成忠诚顾客甚至终生顾客，仍然是营销人员工作的重要内容，许可营销将继续发挥其独到的作用。

查菲（Chaffey）在 *What's new in Marketing* 中提到将戈丁的电子许可营销拓展到 E-CRM 的几条策略：

策略 1：考虑选择性进入的沟通方式。在沟通偏好中给顾客增加多种选择，促使更多关联沟通发生。

策略 2：通过结构性的方法（数据库）创造一个通用性的顾客档案。

策略 3：提供一系列选择性进入的激励措施。

策略 4：不要让选择性退出太容易。

策略 5：少问多看，观察顾客选择的选项，了解顾客的需求。

策略 6：创造一个对外联络战略，整合在线和离线沟通。

7.4.4　大规模定制与协同过滤推荐

21 世纪市场更加突出以下特点：

（1）从对标准产品的大量需求转化为不稳定的个性化产品需求，用户的个性化越来越强。

（2）由于需求的细化，统一的大市场日益细化和多元化。

（3）对企业来说，必须通过制造过程的灵活性和适应性，实现产品多样化。

（4）企业经营从以产品为中心转变为以客户为中心的运作。

（5）迅速开发新产品，提高产品的附加值，导致新产品周期越来越短。

个性化营销（personalization marketing），最简单的理解就是量体裁衣，就是企业面向消费者，直接服务于顾客，并按照顾客的特殊要求制作个性化产品的新型营销方式。它避开了中间环节，注重产品设计创新、服务管理、企业资源的整合经营效率，实现了市场的形成和裂变发展，是企业制胜的武器。特别是随着信息技术的发展，个性化营销的重要性日益凸显。

在新的市场环境中企业迫切需要一种新的生产模式，大规模定制（mass customization，MC）由此产生。1970 年，美国未来学家阿尔文·托夫（Alvin Toffler）在 *Future Shock* 一书中提出了一种全新的生产方式的设想：以类似于标准化和大规模生产的成本和时间，提供客户特定需求的产品和服务。1987 年，斯坦·戴维斯（Stan Davis）在 *Future Perfect* 一书中首次将这种生产方式称为大规模定制。他说："一般说来，与竞争对手相比，一个企业越能在大规模基础上提供定制化产品，就越能获得更大的竞争优势。"也就是说，试图从"标准化大规模"和"定制化"这一对立的矛盾中找到结合点。因此，大规模和定制化生产的特点就是在大规模基础上提供定制化产品，通过灵活性和快速响应，实现多样化和定制化，力求达到大规模生产的高效益和低成本。

大规模定制是一种集企业、客户、供应商、员工和环境于一体，在系统思想指导下，用整体优化的观点，充分利用企业已有的各种资源，在标准技术、现代设计方法、信息技术和先进制造技术的支持下，根据客户的个性化需求，以大批量生产的低成本、高质量和高效率提供定制产品和服务的生产方式。大规模定制的基本思路是基于产品族零部件和产品结构的相似性、通用性,利用标准化、模块化等方法降低产品的内部多样性,增加顾客可感知的外部多样性,并通过产品和过程重组将产品定制生产转化或部分转化为零部件的批量生产,从而迅速向顾客提供低成本、高质量的定制产品。

大规模定制是个性化定制产品和服务的大规模生产模式。在大规模定制生产条件下,根据客户需求与标准产品的差异,主要有四种策略:按订单研制(research-to-order,RTO),按订单设计(engineer-to-order,ETO),按订单制造(make-to-order,MTO),按订单装配(as-semble-to-order ATO)。客户订单分离点(customer order decoupling point,CODP 或称客户订单解耦点)是指企业生产活动中由基于预测的库存生产转向响应客户需求的定制生产的转换点。

不同类型的供货策略,满足客户分离点是不同的。如图 7-17 所示。

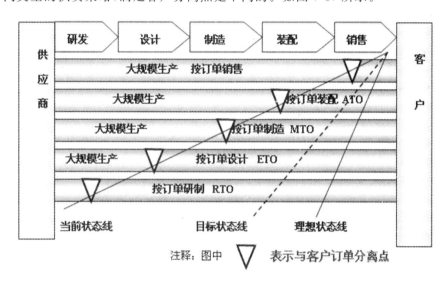

图 7-17　不同供货策略分离点对比

基于顾客个性化营销进行的推荐需要考虑协同过滤算法。协同过滤推荐(collaborative filtering recommendation)在信息过滤和信息系统中正迅速成为一项很受欢迎的技术。与传统的基于内容过滤,直接分析内容进行推荐不同,协同过滤分析用户兴趣,在用户群中找到指定用户的相似(兴趣)用户,综合这些相似用户对某一信息的评价,形成系统对该指定用户对此信息的喜好程度的预测。简单来说是利用某兴趣相投、拥有共同经验之群体的喜好来推荐用户感兴趣的信息,如图 7-18 所示。

比如我们查看手机淘宝首页,往下一拉,就能看到各种各样推荐的商品;比如用百度关键词搜索,它会给我们推荐广告,在某种程度上他的工作方式也很像推荐系统;比如用今日头条,今日头条会从数十万条的新闻中选出会被我们看到的数十条新闻,这也是推荐系统。

推荐系统在本质上是一个信息检索的系统。它和搜索最大的区别是,搜索是主动式的,根据关键词、引擎参数、搜索引擎召回和机器学习排序,决定给你看到的是哪些内容。而我们看到的推荐系统,在大多数情况下是没有主动输入的(有时会有一些简单的反馈动作),是被动出现的。

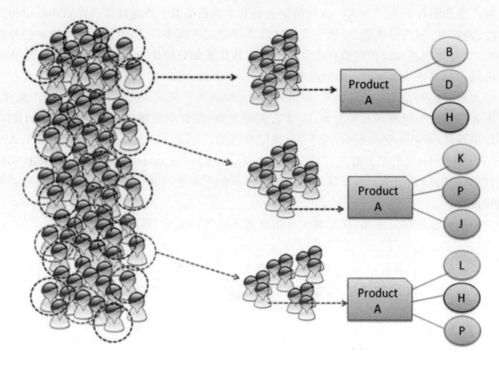

图 7-18   协同过滤算法示意

推荐系统是利用上下文,根据当前用户所处的环境,根据信息的特点来决定给你推荐什么内容和商品。推荐系统是个产品,首先需要定义用户喜欢和讨厌的事情。推荐系统用可以测量到的数据来描述喜欢和讨厌两件事情,并用这些数据来决定做什么和不做什么。

在一般网络购物中,用户表达对一个推荐商品喜欢的方式是:点击、收藏、加购物车、甚至购买下单、分享到社交平台上等。用户讨厌一个推荐商品的方式表现形式,就是会投诉、会提意见。因而我们要预防一些很可能会让用户讨厌的推荐结果,比如说推荐成人用品和内衣,尤其是在上班时间;比如推荐用户刚刚买过的商品等。

7.5   在线顾客体验

互联网作为分销和沟通渠道的出现创造了许多在线与客户的互动机会。这些互动主要发生在客户使用在线服务、搜索、比较产品信息(如性能、价格和评论)的过程中。在当前的体验经济时代,顾客对个性化的产品及服务的需求越来越高。顾客不仅对心理体验提出了新的需求,同时也对情感体验、文化体验、好奇体验等方面的需求不断增强,其注意力已经从注重产品本身转移到消费过程的体验。顾客体验是指当顾客在不同的环境中与产品、服务提供商进行某种程度的互动时所获得的相关感知。顾客体验关注的是产品所包含的服务,而非产品本身。对于购物网站来说,尤其是品牌购物网站,要在产品日益同质化的网络竞争中获得持续发展,必须通过加强在线体验,增加客户黏性。

一般而言,在线顾客体验是当顾客在网上购物时遇到各种数据(如文本信息、视觉图像、视频、音频等),顾客从认知和情感层面解释这些信息,从而形成对网站服务的印象。可以将在线顾客体验进一步归纳为四个方面:对网站的信任、网站的便利性、顾客的自主性以及顾客的关系感。如何围绕在线顾客体验更好地满足用户的需求日益成为互联网企业在市场竞争中最为关注的信息行为要素。

7.5.1　沉浸体验理论

沉浸体验(flow experience)是指活动参与者进入一共同经验模式,意识集中在很小的范围之内,其他不相关的知觉和思考都被过滤,仅对具体的目标和明确的回馈有反应,并且对环境产生控制感。

沉浸(flow)一词是由米哈里·契克森米哈(M. Csikszentmihalyi)在 1975 年提出的,当人们在进行活动时如果完全投入情境当中,注意力专注,并且过滤掉所有不相关的知觉,即进入沉浸状态。1988 年,契克森米哈更进一步指出:人会依照心理驱动力去做自己想做的事,而沉浸体验即为意识动机的外显。他同时也认为,沉浸体验发生于挑战与技能平衡时。换言之,当使用者的挑战与技能平衡,个人就会进入沉浸状态。此外,沉浸体验为一种主观且暂时的经验,这也是为何个人愿意继续进行某种活动的原因。

技能和挑战是沉浸体验中两大重要影响因素,这两个因素之间必须相互平衡,并将驱使自我朝向更高更复杂的层次,透过沉浸产生自我的和谐。由于使用者全心投入到活动中,所以可以完成平时不可能完成的任务,但是,使用者却完全没有意识到活动带来的挑战早已超过以往所能处理的程度,这种感受会让使用者更加肯定自我,并促使个人更加努力学习新的技能,求得自我的提升和满足。沉浸体验具有两大特征:第一,挑战和技能是影响最适体验的重要变量;第二,沉浸不会有极限存在,即个人会持续追求更复杂的层次以及更大的享受,如图 7-19 所示。

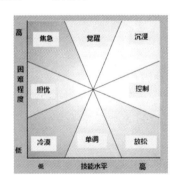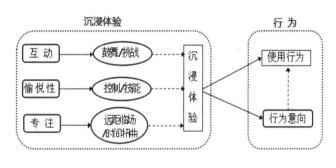

图 7-19　沉浸体验一般分析框架

随着信息技术的快速发展,沉浸理论在 20 世纪 90 年代开始向人机交互方面延伸。研究发现,在人机互动中,沉浸的主要前提除了难度与技能达到一定程度之外,还必须有一定的专注度。在针对在线游戏、在线购物、电子邮件等不同的网络信息行为做了相关的沉浸模式检验,发现在网络使用行为中,信息寻求最容易使顾客进入沉浸状态,但是不同的网络信息行为会带来不同的沉浸体验。

网络环境中的沉浸实际上是由认知控制、专注、好奇以及使用经验共同构成的多维结构。沉浸是感知体验的关键前提。体验的类型可以从顾客的参与程度以及顾客与相关事件的关系情况两个维度来考察的。其中,顾客与相关事件的关系包括了身心投入(认知)和身心融入(沉浸)两种情况。

对于购物网站来说,最大的挑战在于如何通过网络环境所提供的有限展示,使得顾客最大限度地参与并保证他们获得一个印象深刻的购物体验,进而提高顾客在线体验水平,并提高客户的忠诚度。

可以将在线顾客体验行为的经历分为三个阶段:在线认知、沉浸和在线体验行为。

(1)在线认知是顾客进入购物网站后对网站整体概况的认识。网站的整体风格、设计、布局的个性化程度将引导顾客快速定位商品,并获得商品信息的情况,同时还包括网站提供的信息对顾客产生帮助的程度。一般通过网站的易用性、有用性和个性化三方面影响顾客的网站体验,这三类因素在技术接受和在线营销研究中,均被认为是最为核心的认知因素。在线认知是沉浸的前提步骤。

(2)沉浸是指顾客在对网站已有一定认知基础上,对其产生一定的喜爱心情,并产生了一定的黏性,会习惯性地浏览网站。一般指的沉浸效应是指顾客进入专业购物网站遇到大量的视觉图像和文本信息时所产生的情感、文化和好奇的感受。基于情感的投入可以提高顾客的认知控制能力,让顾客愿意尝试新的网站服务功能以及相应的购物流程。基于文化的体验可以提高顾客对电商品牌以及网站设计独特风格的感知能力,并形成专注效应。而基于好奇的体验则有助于培养顾客尝试新服务、重复访问和定期搜索感兴趣信息与服务的浏览习惯。这三种体验分别对应于认知控制、专注、好奇三个最重要的沉浸表现。

(3)在线体验行为是顾客通过在线认知、沉浸阶段之后的行为反应阶段,也是考察顾客在购物网站中商务活动的载体。在商务实践中,顾客对品牌购物网站有所熟悉,不仅对网站在认知层面有了相关体验,同时在心理上也对网站产生了一定的情感因素,如喜爱、愉快和满意等。

7.5.2　购物决策模型

AIDMA 是消费者行为学领域很成熟的理论模型之一,由美国广告学家 E. S. 刘易斯在1898 年提出。该理论认为,消费者从接触信息到最后达成购买,会经历以下 5 个阶段:

A：Attention(引起注意)——花哨的名片、提包上绣着广告词等被经常采用的引起注意的方法。

I：Interest(引起兴趣)——一般使用的方法是精制的彩色目录、有关商品的新闻简报。

D：Desire(唤起欲望)——推销茶叶的要随时准备茶具,给顾客沏上一杯香气扑鼻的浓茶,顾客体会茶的美味,就会产生购买欲。推销房子的,要带顾客参观样品房。餐馆的入口处要陈列色香味俱全的精制样品,让顾客倍感商品的魅力,就能唤起他的购买欲。

M：Memory(留下记忆)——一位成功的推销员说:"每次我在宣传自己公司的产品时,总是拿着别的公司的产品目录,一一加以详细说明比较。因为如果总是说自己的产品有多好多好,顾客对你不相信。反而想多了解一下其他公司的产品,而如果你先提出其他公司的产品,顾客反而会认定你自己的产品。"

A：Action(购买行动)——最后是水到渠成,顾客付费购买。

如今的消费者是一个更加自主、更有力度、更愿展示形象的个体,早已不是被动地、等待着、被满足的个体。当今营销实践表明,企业不能再像以往那样进行单边思考和采取单边行动,因为品牌价值不再只是由企业创造,然后与消费者进行交换的东西,而是消费者与企业共同创造的产物。现代营销理论中所谓"共创价值",其核心思想就是如何平等地看消费者,使其与企业作为一个整体共同去创造价值、获取价值、分享价值。也就是说,消费者在参与企业创造价值的同时,也为自己谋求利益。

AISAS 模式是由日本电通公司 2005 年针对互联网与无线应用时代消费者生活形态的变化而提出的一种全新的消费者行为分析模型。它强调各个环节的切入,紧扣用户体验,如图 7-20 所示。

图 7-20 基于完美体验的日本实体零售

- Attention——引起注意。
- Interest——引起兴趣。
- Search——进行搜索。
- Action——购买行动。
- Share——人人分享。

在全新的营销法则中,两个具备网络特质的"s"——search(搜索),share(分享)的出现,指出了互联网时代下搜索和分享的重要性,而不是一味地向用户进行单向的理念灌输,充分体现了互联网对于人们生活方式和消费行为的影响,如图 7-21 所示。

7.5.3 用户体验设计

1. 什么是用户体验设计

用户体验设计是以影响企业的观念和行为为目的,创造影响用户体验的元素,并将之和企业目标同步。这里说的元素包括用户可以触碰的(如实物产品和包装)、听到的(广告和标志性的音律),甚至闻到的(蛋糕店中新出炉的蛋糕的香味)。这些元素包含了用户可以脱离物理层面,以某种方式互动的事物,例如数字化的界面(网站和手机应用)以及理所当然会有的人与人的互动(客服代表、销售员,以及朋友和家人)。

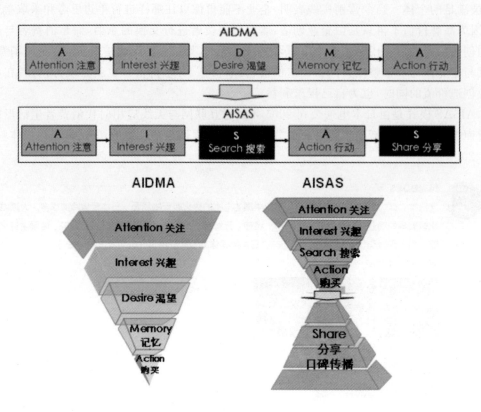

图 7-21 从 AIDMA 到 AISAS

用户体验设计要设计服务情境,通过服务展示,让用户感知信息价值,感知服务的增值作用。在进行用户体验设计前,需要回答以下问题:

(1)你想要展示信息的哪些方面?

(2)你想要信息接受者感受到什么?

(3)你想要他们对哪些信息印象深刻?

(4)你想对他们的想法和行动产生什么样的影响?

(5)如何使他们从你提供的信息中受益?

(6)如何吸引他们再次使用你提供的信息?

用户体验设计阶段需要根据不同文化背景的用户研究产品设计方向,关注用户的价值观、基本的知觉特性、操作习惯和思维方式。

在信息服务方面,用户体验的内容可以分为 3 个层次:功能体验、技术体验和美学体验。

(1)功能体验描述信息"能否帮助用户完成任务"的属性。其实,功能体验要求在每个流程设计之初要理解"为谁设计",因而应基于对用户期望、任务情境的了解。对新手访问的页面,应设计简单、清晰的结构,以便他们迅速学会界面,而对于专家用户,除了增加页面的饱满度外,还可以加入页面定制的功能。

(2)技术体验描述信息"能够帮助用户高效率地完成任务"的属性,包括信息服务能使用户快速完成任务的"省时",对用户来说,就是操作简单的"省力"和花费较少的"省钱"。

(3)美学体验描述信息"能否使用户身心愉悦地完成任务"的属性,包括视觉享受的"好看"、听觉享受的"好听"及满足心理需求的"好感"。用户对情境的美学体验是随感觉宽度和感觉深度增加的。从体验的角度而言,所涉及的感觉越多,所感知的体验就越生动,例如,在一个供应农产品市场信息的服务界面中,如果你能看见水果和蔬菜,还能触摸它们,这个环境就会有更大的感觉宽度。

功能体验、技术体验和美学体验之间有冲突时,对各类体验的平衡也是用户体验设计的内容之一。相关依据是科特勒的"顾客价值让渡理论",即用户更加强调哪种体验,则为其强化哪种体验。基于此,可以有更多的视觉因素给娱乐性经验型用户使用,更少的视觉因素给目标导向型用户使用。

2. 用户体验的层次(见图 7-22)

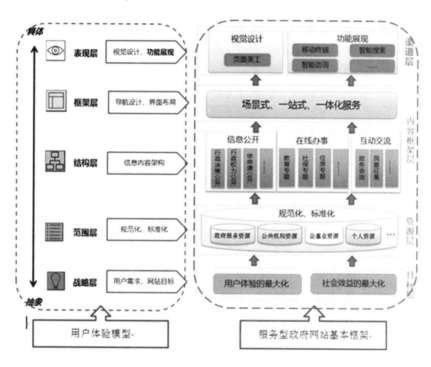

图 7-22　用户体验的层次

(1)战略层(网站目标和用户需求)。成功的用户体验,其基础是一个明确表达的"战略"。知道企业与用户双方对网站的期望和目标,有助于确立用户体验各方面计划的制订。

(2)范围层(功能规格和内容说明)。带着"我们想要什么""我们的用户想要什么"的明确认识,我们就能弄清楚如何去满足所有这些战略的目标。当你把用户需求和网站目标转变成网站应该提供给用户什么样的内容和功能时,战略就变成了范围。

(3)结构层(交互设计与信息架构)。在收集完用户需求并将其排列好优先级别之后,我们对于最终的设计作品,包括什么特性已经有了清楚的画像。然而,这些需求并没有说明如何将这些分散的片段组成一个整体。这就是范围层上面一层:为网站创建一个概念结构。

(4)框架层(界面设计、导航设计和信息设计)。在充满概念的结构层中开始形成了大量的需求,这些需求都是来自我们的战略目标的需求。在框架层,我们更要进一步地提炼这些结构,确定很详细的界面外观、导航和信息设计,这能让美丽的结构变得更实在。

(5)表现层(视觉设计)。在这个五层结构的顶端,我们把注意力转移到网站用户会先注意到的那些方面:视觉设计。在这里,内容、功能和美学汇集到一起来产生一个最终设计,这将满足其他四个层面的所有目标。

3. 用户体验设计过程(见图 7-23)

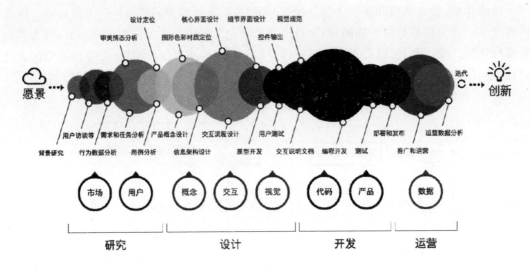

图 7-23　用户体验设计流程

用户体验设计(user experience design)是以用户为中心的一种设计手段,是以用户需求为目标而进行的设计。用户体验的概念从开发的最早期就开始进入整个流程,并贯穿始终,其目的就是保证:

(1)对用户体验有正确的预估。

(2)认识用户的真实期望和目的。

(3)在功能核心还能够以低廉成本加以修改的时候对设计进行修正。

(4)保证功能核心与人机界面之间的协调工作,减少错误(BUG)。

4. 用户体验设计的原则与目标(见图 7-24)

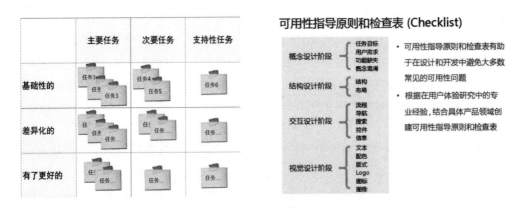

图 7-24　用户体验设计任务分解和指导原则

原则一:换位思考。站在用户的立场去体会用户的感受,以用户的身份去理解用户的行为。真正抓到用户的需求,需要对用户的感受观察较长过程,也需要有大量的用户行为数据。通过对数据的分析和研究才能更准确地掌握用户的行为,了解用户的真正需求。

原则二:简洁。设计的简洁类似于简约,并不等同于简单。去繁化简,让用户拥有更明朗的界面,操作起来更方便快捷,同时也可以得到另一种美。

原则三:让用户去做判断,不要刻意地为用户做决定。经过设计的产品最终还是要被用户所使用的,要怎么用,用它来做什么,决策权都在用户的手上。设计师不应该以个人的观点来为用户做决定。

原则四:更多的提示,帮助用户了解工具。设计的产品如果有新增的工作或是特殊的装置,需要在设计上有一个提示的功能,让用户更快地掌握产品的功能性及操作方法。这样就可以使用户更方便快捷地通过产品达到他所想要的东西。

原则五:用户的需求在不断地变化,设计手段也需要经常更新。随着生活中对工具应用经验的积累及社会、经济、科技的发展,用户的需求在不断的发生改变,所以设计师不能以静止的眼光来看待用户。

互联网行业知名的信息架构专家 Peter Morville 提出的"用户体验蜂巢模型图"中,用户体验被分成适用的、可用的、合意的、易查找的、易访的、可靠的和有价值的七大类,如图 7-25 所示,这也成为考量用户体验优良与否的重要参考依据。互联网巨头 Google 提出从 Google 到 Googley 的十大用户体验准则,即有用的、快速的、简单的、有吸引力的、创新的、适合大众的、有用的、漂亮的、值得信赖的、个性化的。认为只有达到了这十大原则平衡的产品才可以叫"Googley",它会令全世界的用户感到满足和喜悦。这也昭示了用户体验的重要性。

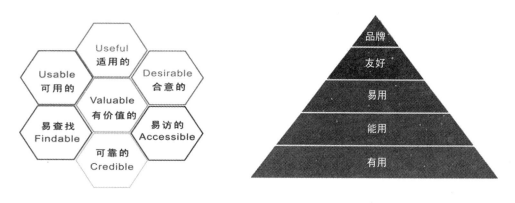

图 7-25　用户体验模型与设计目标

(1)用户体验设计的目标之一:最重要的设计对用户而言是产品有用,即产品充分地满足用户的需求。

苹果公司 20 世纪 90 年代曾推出一款 PDA 移动电话,在当时,并没有多少人有 PDA 的需求,市场测试表明,苹果公司把 90%以上的投资用在公司 1%的市场需求份额上,结果肯定是失败的。

(2)用户体验设计的目标之二:对用户而言,新产品的价值在于是否可便捷使用。

不容易使用的产品意味着没有市场。典型的案例是移动电话产品及其市场,尽管几百款的移动电话在市场中销售,但每个移动电话都是以拥有一两种独特功能而得以存在的,若使用者无法用到这些功能,或者看操作说明书成为使用负担和困惑,这就意味着该款产品将来很可能命运悲惨。产品要让用户一看就知道怎么使用,而不要去求助使用说明书,这是用户体验的关键内容。

(3)用户体验设计的目标之三:创造用户与产品之间的友好关系。

这一般是指产品人机界面的友好性,即在使用操控过程中,界面(显示系统)作用于人与人作用于产品(操控系统)的亲和、宜人的关系。

(4)用户体验设计的目标之四:由视觉设计传递给用户的信息使产品产生一种吸引力。

这种吸引力使用户感到产品可爱、有趣、亲近。"苹果"产品用户体验设计的目标就是能够让用户在视觉上受到较强的吸引,要让用户爱上这个产品,以视觉创造用户对产品的"黏度"。

(5)用户体验设计的目标之五:通过上述四个目标的整体实现,促成用户从对产品的使用、体验上升到对该品牌的认知、认可,对品牌建设起到构建作用。

实例讨论

1. 有人认为,当下互联网人口红利不再,线上流量成本攀升,互联网进入下半场;与此同时,用户离不开线下,且其回归线下服务的趋势凸显,线上与线下的连接愈加紧密。由此,网络营销不断向线下渗透,打通线上数据与线下数据的场景营销成为营销产业链中各方角色的营销新选择。场景营销以互联网的方式改造传统线下营销,是"互联网+"在营销领域的集中体现。你如何理解,请举例说明。

2. 韩都衣舍品牌已创立七八年时间。公司有自己独立的B2C官网。在淘宝、天猫、唯品会等上的综合人气都是排名第一。单日店铺最高是超过1亿人次,"双11"大概是1.3亿人次。现在整个公司的人员情况有40个业务,2600名员工。韩都衣舍贾鹏认为,网络营销要抓住细分定位。请结合韩都衣舍,谈谈你的看法。

3. 2015年4月24日,十二届全国人大常委会第十四次会议表决通过了新修订的《广告法》,新《广告法》2015年9月1日全面实施,这部被媒体称为"史上最严"的新法,针对时下广告业乱象,尤其是针对新媒体广告与明星代言领域的违规/违法行为,制定了诸多禁止条款和严厉的处罚规定。同时,按照新法规,广告中不得"使用国家级、最高级、最佳等用语",让处于"模糊地带"的宣传语被正式禁用,并明确了最高罚款额度。谈谈你对此的看法。

实训一 百度推广与百度营销

百度推广,是向企业提供的按效果付费的网络营销服务,借助百度超过80%中国搜索引擎市场份额和60万家联盟网站,打造了链接亿万网民和企业的供需平台,让有需求的人最便捷地找到适合自己的产品和服务,也让企业用少量投入就可以获得大量潜在客户,有效提升企业品牌影响力。

当网民有需求时,百度推广通过百度搜索页的推广信息和60万家联盟网站的推广信息展示,把客户带到企业的网站,促成企业与客户沟通并最终达成销售目标。

企业将在百度呈现的推广信息主要由三部分构成:标题、描述、网址(显示 URL)。

当企业推广信息与网民需求高度吻合时,会在百度搜索结果页以三种形式展现:①左侧百度推广链接位置;②左侧推广位置;③右侧百度推广链接位置。

推广信息出现在何处,由出价和质量度共同决定。高质量、高度吻合网民搜索需求的推广结果,将优先展示在首页左侧,余下的结果将依次展现在首页及翻页后的右侧。百度推广专业客服团队会提供全程专业服务,帮企业提升质量度,获得最佳推广效果。

(1)登录百度推广官方网站(https://e.baidu.com),了解百度推广的平台优势、广告类型。

(2)登录百度营销中心(http://yingxiao.baidu.com),了解搜索营销、信息流营销、精准营销、品牌营销、增值产品等内容,从"产品图谱"进入查看"工具类(搜索推广)"了解关键字竞价及排名相关信息。

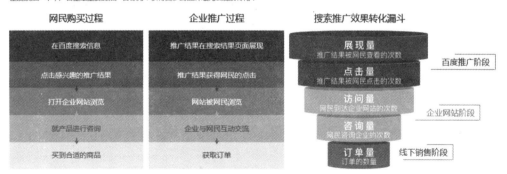

实训二　电商数据分析与营销

淘数据（www.taosj.com）是一个专门为淘宝卖家提供数据查询、数据分析的平台，拥有全面的数据分析体系，为电商卖家提供：行业数据、店铺数据、宝贝数据等多维度数据，以及直通车选词、店铺诊断、标题诊断、隐形降权、宝贝排名、数据定制等工具，是卖家运营决策重要的数据参谋。

①行业数据：提供精准行业数据分析，为店铺选品提供参考，为卖家决策提供数据支持。

②店铺数据：任意店铺数据全面跟踪，深刻剖析对手做得好的原因，取长补短。

③宝贝数据：任意宝贝数据一目了然，还可以通过手机短信实时监控，超越对手，打造爆款。

④直通车选词：根据用户提交的关键词，多维度进行快速匹配分析，帮助买家提升直通车效果。

⑤宝贝排名：实时查询热搜词的宝贝排名、7天内宝贝排名的变化，为用户提供数据参考。

⑥标题诊断：对宝贝标题进行诊断，提出优化改进建议，帮助用户优化标题，提高展现量。

⑦隐形降权：通过旺旺ID反查店铺宝贝，尽早帮助买家排除被降权的可能性。

⑧数据定制：提交您的数据定制需求，我们进行评估，并在7天内主动反馈，满足您的个性化需求。

淘数据隶属于杭州麦家科技有限公司，成立于2014年，是一家专注于电子商务领域的平台型企业。杭州麦家科技有限公司作为中国领先的电商服务平台公司之一，致力于成为

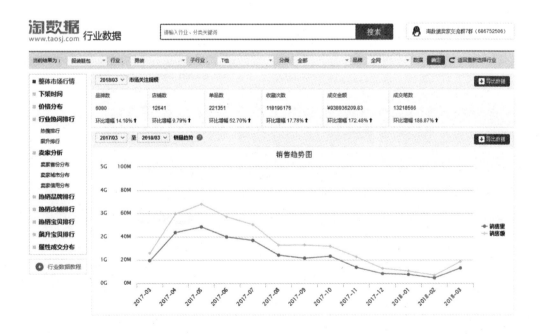

全国电商卖家的优秀合作伙伴,目前共有 5 款产品:卖家数据、卖家学院、卖家资讯、卖家服务、卖家社区,为电商卖家提供:电商数据分析(淘数据、Wish 数据、eBay 数据等)、线上线下培训、前沿行业资讯、卖家服务、交流社区等一站式服务,终身扶持卖家们茁壮成长,打造电商生态闭环。

(1)登录淘数据网站并注册。

(2)选择某一感兴趣的品类查看行业数据、品牌数据。

(3)查看店铺监控、宝贝监控相关数据。

(4)结合淘宝网排行榜,了解相关产品销售趋势。

(5)查询相关的直通车选词、宝贝排名、标题诊断、隐形降权等内容。

实训三 电商魔镜监测竞品竞店

北京爱魔镜科技有限公司(http://www.moojing.com/home),作为电商领域的大数据公司,为品牌主、咨询公司、广告公司和网店运营者提供数据服务和软件产品。"电商魔镜情报工具"已经服务于众多品牌主、咨询公司和广告公司。面向网店运营者的"电商魔镜"系列产品已经有上百万用户。

电商魔镜的数据全部来自公开页面。电商魔镜与淘宝、天猫、京东、1688、速卖通、亚马逊等电商平台无直接关联,是一家独立的电商数据机构。

(1)登录电商魔镜并注册,了解魔镜网店竞争情报。

(2)了解魔镜提供的各平台的监测分析。

(3)选择一个电商平台,了解魔镜提供的监测服务,并分析如何应用于网络营销。

第四篇　新兴电子商务平台

第8章 社交电子商务

Social Electronic Commerce

【学习目标】
- ❖ 理解社交媒体和社交化电商的相关概念
- ❖ 了解全球主要社交媒体的发展和商业化应用
- ❖ 领会移动社交的主要分类和商业价值
- ❖ 了解独立移动社交产品
- ❖ 理解并掌握微博在社交电商上的应用
- ❖ 理解并掌握微信在社交电商上的应用
- ❖ 理解社交电商的分类和商业逻辑

引导案例 拼多多：凭借低价团购模式打开市场，3年收获3亿用户

拼多多于2015年成立，创始人黄峥有科技公司背景，也有淘宝天猫店铺运营经验。成立当年就得到诸多优质天使的投资，2015—2018年完成4轮融资，总金额超过100亿元人民币，腾讯参与了B、C、D轮融资。

我国家庭年均可支配收入中位数在4万～5万元人民币，"低价爆款＋团购优惠"的策略仍有广泛受众，社交电商曾流行分佣模式，熟人社交关系的环境下，分佣模式无法成功，拼团模式才能成功。拼多多凭借此迅速切入市场，收割长尾流量，成立3年实现用户数3亿人、年成交总额（Gross Merchandise Volume，GMV）2000亿元、商户数100万个。有淘宝经验在前，商家对低价走量的销售模式十分熟悉，再加上微信超10亿个的用户基础及普及的支付系统，拼多多可以用低引流成本快速打开市场，收获不少淘宝渗透率不高的三四线城市客户。

拼多多2017年转型平台后，收入全部来自佣金和广告（2∶8），2017、2018年第一季度分别实现收入17亿元、14亿元，目前处于高速增长期。其中佣金只收取交易额的0.6%，用于第三方支付系统手续费，货币化率的提升主要依靠广告收入，目前货币化率仅为2.1%，低于阿里和京东，未来随着流量的持续积累和GMV的增加，广告变现能力将得到加强。

拼多多仍然面临客户黏性不高、客单价低的问题。其中黏性不高体现在月活数明显低于全年活跃买家数，客单价低体现在单个用户带来的GMV只有阿里的8%，单个订单金额不到京东的1/10。

2016—2018 年第一季度累计亏损 10 亿元,规模效应显现亏损逐步缩窄。各项费用中营销费用是大头,共投入 27 亿元。随着收入规模的加大,亏损率逐季度递减,净利率从 2017 年的一30% 提升到 2018 年第一季度的一15%。现金流充沛,2016—2018 年第一季度账上现金净增 84 亿元,经营活动净流入 18 亿元,融资进账 77 亿元。经营活动现金流入主要来自商户缴纳的保证金(3 年净增 24 亿元)。再加上用户购物产生的 80 亿元沉淀资金,拼多多 2017、2018 年第一季度分别收获 8000 万、5000 万元利息收入。

拼多多成立 3 年就跻身为中国第三大电商,核心优势是:①主打低价爆款;②"有奖游戏＋团购"的传播模式使分享者和被分享者双赢,从而实现低成本引流;③微信在流量等多方面的扶持。但用户和商户的切换成本较低,拼多多后续要考虑的是如何维系 3 亿人的流量,并转变为有效 GMV 从而变现。

拼多多已经完成了初始的流量积累,在客单、货币化率逐步提升的假设下,拼多多的盈利能力将逐季改善,有望在 2018 年末实现单季度的盈亏平衡。

资料来源:http://www.cfi.net.cn/p20180711000230.html

8.1　社交化电商的引入

近年来,随着我国网络购物市场增速下降和阿里京东双寡头格局的形成,电商竞争强度和方式均出现了变化,社交化电子商务成为互联网行业内热议的话题。从垂直媒体、社交网站、微信、微博等利用流量优势为电子商务企业提供营销服务,到电子商务网站自行开设博客、微博、微信公众号、论坛等活跃新老用户,再到美丽说、蘑菇街、宝贝网、拼多多等专门定位于购物分享社区的出现,社交化电子商务的形式多种多样。

8.1.1　社交化电商的概念

1. 社交媒体

社交媒体(Social Media)是指允许人们撰写、分享、评价、讨论、相互沟通的网站和技术。社交媒体是人们彼此之间用来分享意见、见解、经验和观点的工具和平台,现阶段主要包括社交网站、微博、微信、博客、论坛、播客等。社交媒体在互联网的沃土上蓬勃发展,爆发出令人炫目的能量,其传播的信息已成为人们浏览互联网的重要内容,不仅制造了人们社交生活中争相讨论的一个又一个热门话题,更吸引传统媒体争相跟进。

2. 社交网络

社交网络(Social Network Service,SNS)是指以"互动交友"为基础,基于用户之间共同的兴趣、爱好、活动等,或者用户间真实的人际关系,以实名或者非实名的方式在网络平台上构建的一种社会关系网络服务,属于目前社会化媒体中较为主流的一种形式。

3. 社交化电子商务

社交化电子商务是电子商务的一种衍生模式,是基于人际关系网络,借助社交媒介(微博、微信、社区论坛等)传播途径,以通过社交互动、用户自生内容等手段来辅助商品的买卖,同时将关注、分享、互动等社交化的元素应用于交易过程之中,是电子商务和社交媒体的融合,以人际信任为核心的社交型交易模式。社交电商是新型电子商务重要的表现形式之一。

4．Web 2.0

Web 2.0 是相对于 Web 1.0 的新的时代,指的是一个利用 Web 的平台,由用户主导而生成的内容互联网产品模式,为了区别传统由网站雇员主导生成的内容而定义为第二代互联网,即 Web 2.0。

Web 2.0 模式下的互联网应用以去中心化、开放、共享为显著特征。具体而言,用户分享:在 Web 2.0 模式下,可以不受时间和地域的限制分享各种观点,用户可以得到自己需要的信息也可以发布自己的观点;信息聚合:信息在网络上不断积累,不会丢失;以兴趣为聚合点的社群:在 Web 2.0 模式下,聚集的是对某个或者某些问题感兴趣的群体,可以说,在无形中已经产生了细分市场;开放的平台,活跃的用户:平台对于用户来说是开放的,而且用户因为兴趣而保持比较高的忠诚度,他们会积极参与其中。

Web 2.0 技术主要包括:博客、简易信息聚合、百科全书、网摘、社会网络、P2P、即时信息等。

5．Web 3.0

Web 3.0 只是由业内人员制造出来的概念词语(见图 8-1)所示,最常见的解释是,网站内的信息可以直接和其他网站相关信息进行交互,能通过第三方信息平台同时对多家网站的信息进行整合使用;用户在互联网上拥有自己的数据,并能在不同网站上使用;完全基于 Web,用浏览器即可实现复杂系统程序才能实现的系统功能;用户数据审计后,同步于网络数据。

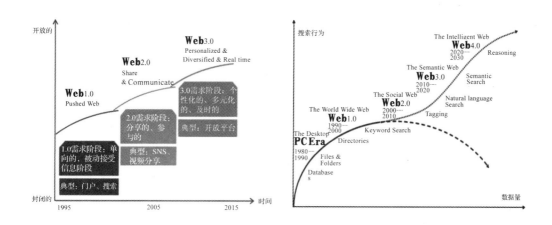

图 8-1　Web 发展阶段示意

Web 1.0 的本质是联合,Web 2.0 的本质是互动,它让网民更多地参与信息产品的创造、传播和分享,而这个过程是有价值的。Web 2.0 的缺点是没有体现出网民劳动的价值,所以 Web 2.0 很脆弱,缺乏商业价值。Web 3.0 是在 Web 2.0 的基础上发展起来的能够更好地体现网民的劳动价值,并且能够实现价值均衡分配的一种互联网方式。

8.1.2　社交媒体

社交媒体对网民的网络行为影响越来越大,根据 GWI 社交媒体数据,几乎所有网民都是社交网络用户。全球 98% 的成年网民每周都会登陆社交媒体,即使是在 55—64 岁网民中社交媒体用户占比也达到 93％。这些数据反驳了"社交媒体泡沫"的说法,事实上社交媒体的影响越来越大。

据美国市场研究公司 eMarketer 估计,2017 年全球有三分之一的人正在使用社交网络,总数达到了惊人的 24.8 亿元。亚太、拉丁美洲、中东和非洲等新兴市场的社交网络使用率正在不断上升,2016 年的增幅为 8.7％。在北美和西欧等数字化发达市场中,社交媒体的使用率非常高。在未来,社交媒体用户的增长点,主要来源于正在不断扩大和改进互联网接入的发展中国家市场,而这还要归功于廉价智能手机的普及以及政府对移动宽带的投资。智能手机是新一代互联网用户上网和访问社交媒体的主要设备。2016 年,全世界有 74.7％的手机网民使用他们的手机访问社交媒体。总的来说,社交媒体的使用是一种持续性的行为,全球 82.5％的社交网络用户每月至少会使用一次移动设备访问社交媒体。

Instagram 是 Facebook 旗下的社交媒体应用,是 2017 年最受欢迎的社交媒体应用之一。2017 年,Instagram 在全球拥有近 5.94 亿活跃用户,约占社交网络用户总数的 24.0％。在北美和西欧,Instagram 用户在社交媒体用户和整体人口中的渗透率最高。数据显示:

(1)60％的用户表示会在 Instagram 了解新商品信息。

(2)超过 2 亿 Instagram 拍客每天至少访问一个商家主页。

(3)每天在 Instagram 上对图片进行点赞的用户有 16 亿之多。

(4)40％的用户反映视频营销比纯文本的效果好。

(5)Instagram 的参与度远远高于 Facebook,比 Pinterest 高出 20％。

另外,Facebook 是目前世界上规模最大的社交媒体:

(1)在 2017 年,有超过 15.4 亿人(占社交网络用户总数的 62.2％)每月至少会登录一次 Facebook。

(2)专业分析师指出 Facebook 日均活跃用户人数为 12.56 亿,比 2016 年同期增长 18％。

(3)95％的 B2B 运营人员把 Facebook 当作他们的首选社交媒体。

Facebook 在 2017 年用户数量大幅增长,平均每个月的活跃用户数达到 20.6 亿人。其他关键社交平台用户数量在过去几个月也呈现了稳步增长,特别是 YouTube,全球每月活跃用户排名第二,拥有 15 亿活跃用户,微信则巩固了其在中国的领先地位,在中国大陆拥有超过 8.7 亿月活跃用户,占平台总用户数的 90％以上,QQ 目前拥有 8.6 亿用户,QQ 空间则有超过 6 亿的月活跃用户。而尽管全球用户下滑,LINE 在日本国内市场持续增长,达到 7000 万月活跃用户;韩国也是类似的情况,KakaoTalk 在当地获得了小幅增长,达到了 4240 万月活跃用户,如表 8-1 所示。

表 8-1　全球最受欢迎的 18 款社交媒体 APP(2017 年)

序号	名称	月活跃用户数	说明
1	Facebook	20.6 亿	世界上最大的社交网络,Facebook 的月活数早就已经超过了 20 亿大关,每天有 13.2 亿人在使用这个平台
2	YouTube	15.0 亿	YouTube(Google 旗下)用户每个月观看的视频时长超过了 60 亿小时,同时每分钟大约有 400 小时时长的视频被上传

序号	名称	月活跃用户数	说明
3	WhatsApp	13.0 亿	WhatsApp(Facebook 旗下)是目前为止世界上最受欢迎的即时通信应用。该工具在引入端到端加密技术后迅速发展,用户可以在默认情况下保证私人隐私
4	Facebook Messenger	12.0 亿	Facebook 的 messenger 是一个内置功能。这款 APP 允许用户发送消息、照片、视频等,还可以与聊天机器人进行互动,还可以使用视频和语音通话
5	微信	10.0 亿	微信是中国最受欢迎的通信 APP。最初是腾讯公司于 2011 年 1 月 21 日推出的一个为智能终端提供即时通信服务的免费应用程序
6	QQ	8.5 亿	除微信之外,QQ(腾讯公司早期产品)是中国最受欢迎的即时通讯工具之一。这款应用还提供在线社交游戏、音乐、购物、电影、语音聊天等服务
7	Instagram	7.0 亿	Instagram 是 Facebook 旗下的社交媒体应用,是 2017 年最受欢迎的社交媒体应用之一。作为一个分享照片的平台,它在 2010 年推出了更多的功能
8	QQ 空间	6.06 亿	QQ 空间由腾讯公司于 2005 年创立。允许用户更新博客、上传照片、观看视频或听音乐等
9	Tumblr	3.68 亿	雅虎公司 2013 年以 11 亿美元收购 Tumblr,该网站于 2007 年由 David Karp 创立,它为那些想写博客,对流行文化、书籍等事物充满热情的人提供了发言权
10	新浪微博	3.61 亿	新浪微博是中国最受欢迎的社交媒体网站之一,该平台提供了类似 Twitter 的服务。可以把微博理解为"微型博客"或者"一句话博客"
11	Twitter	3.28 亿	美国社交网络及微博客服务的网站,是微博客的典型应用。它可以让用户更新不超过 140 个字符的消息,这些消息也被称作"推文(Tweet)"
12	Snapchat	2.55 亿	Snapchat 在年轻一代中尤其受欢迎,它不仅仅是一个图片信息和多媒体应用,它已经成了一种现象。在 Snapchat 上发送给好友的所有信息,不管是照片还是文字,都可以根据用户所预先设定的时间按时自动销毁
13	Reddit	2.5 亿	Reddit 是一个社交新闻站点,口号:提前于新闻发生,来自互联网的声音。它主要扮演的是一个社交新闻聚合器的角色,是全球排名前十的流行网站
14	Pinterest	1.75 亿	Pinterest 鼓励用户去 pin(钉)他们喜欢的图片并归成各种画板。用户可以在平台上规划他们理想中的室内装修效果、婚礼点子或者寻找新的礼物创意
15	Ask.fm	1.6 亿	ASK.fm 是一个在 2010 年 6 月推出的免费个人问答社交网,用户可以在网站里向网友提出问题,还可以让用户使用摄像头录制视频并上传提问

续表

序号	名称	月活跃用户数	说明
16	Flickr	1.12亿	Flickr专注于摄影,多年来,它已经变成了一个真正的摄影爱好者在线社区,并为这个行业中的许多专业人士提供互相联系的机会。
17	Google+	1.11亿	Google+是一个SNS社交网站,你可以通过你的Google账户登录,在这个社交网站上你可以和不同兴趣的好友分享好玩的东西
18	LinkedIn	1.06亿	LinkedIn成立于2002年12月,并在几个月后上线。多年来,它已经成为专业人士的首选网站

市场研究公司Steelhouse/Forrester 2016年的一项研究显示,大多数营销人员(89%)将支出花费在社交广告上,而77%的人则采用展示广告或横幅广告,65%的人使用了视频广告,60%的人则使用电子邮件广告。根据2016年发布的美国年度顾客满意度指数(ACSI)显示,Twitter和Facebook等社交网站的满意度严重下滑,分别同比下降9%和8%。与之相比,网友对维基(Wikipedia)、YouTube、Google+三款产品满意度有小幅上涨,具体如下:维基百科以78分名列第一,其次是Google旗下的Youtube(77),Google+(76),Pinterest(76),Facebook旗下的Instagram(74),Facebook(68),Yahoo旗下的Tumblr(67),LinkedIn(65)和Twitter(65)。根据Pew Research显示,Facebook的满意度下降,但用户依然蜂拥而至,71%的美国成人都在使用它。广告主也喜爱它,认为它是计算投资回报率(ROI)的最佳平台。Facebook Messenger现在是这类应用的顶级平台,拥有十亿活跃用户。

流量是社交属性背后的秘密,社交流量具有量大、时长、黏性高的特点。流量的本质是时间。根据移动应用分析公司Flurry发布的数据,2016年美国用户平均每天使用移动应用的时间为5小时,其中Facebook等社交软件就占了33%。同样在中国,据Mary Meeker的《互联网趋势》报告,微信、QQ等社交软件的每日使用时长占比也超过1/3。来自社交的用户黏性是最强的,而且具有马太效应,一旦壁垒形成,新进入者将难以撬动行业强者的竞争地位。

美国市场调研机构L2在2014年发布的一份报告显示,随着社交媒体日趋成熟,目前品牌商平均拥有7.5个社交媒体账号(见图8-2)。这其中Adidas最为活跃,在13家社交平台都有它的身影,Gap、优衣库、ASOS、本田和丰田都以12家平台的数量紧随其后。而奢侈

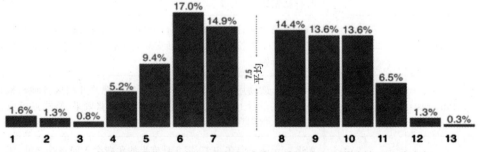

图 8-2　品牌的社交媒体账号数

品品牌中,只有 Burberry、Chanel 和 Dior 在粉丝数和参与度上挤入前 20%。

如图 8-3 所示,社交网络中最受品牌青睐的三巨头已经形成:Facebook、Twitter、Youtube,它们成为品牌最常规的合作伙伴,Instagram 紧随其后,并遥遥领先于其他平台。亚太地区(APAC)的新浪微博、微信和优酷挤入前 10,超过了 Tumblr 和 Vine,但与国际社交网络巨头相比,在品牌参与方面还有不小的差距。

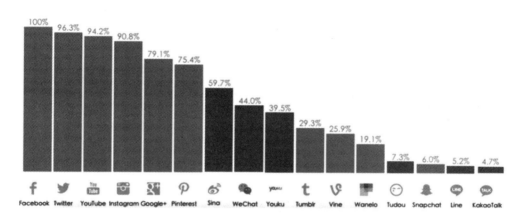

图 8-3　品牌的社交媒体采用率

8.1.3　美国的社交化网络

美国社交媒体发展历程大致如下:

2003 年,LinkedIn 成立——目前全球最著名的职业社交网站。

2004 年,Facebook 成立,同年图片社区 Flickr 成立。

2005 年,YouTube 成立,迅速成为网络视频产业中的黑马,在 2006 年就被 Google 高价收购。

2006 年,Twitter 成立,成为社交沟通和信息传播最便捷的社交媒体平台之一。

2007 年,Tumblr 成立,是介于传统博客和微博间的新媒体形态,是目前全球最大轻博客网站。

2008 年,Groupon 上线,在全球掀起了团购网站的热潮。

2009 年,基于用户地理信息的手机服务 Foursquare 上线,集地理签到、社交和游戏于一身。

2011 年,Google＋将谷歌旗下在线产品整合,基于社交网站进行分享互动。

2012 年,图片分享网站 Pinterest 异军突起,目前是全球最热门的社交网站之一。

2013 年,以 13 至 23 岁用户为目标的 Snapchat 获得两轮融资,成为新型社交形态开创者。

2014 年,Facebook 以 190 亿美元的高价收购手机社交软件 WhatsApp。

美国的独立性民调机构皮尤研究中心(Pew Research Center)一项针对美国成年人的调查发现,2018 年年初的社交媒体形势是由长期趋势和新兴趋势混合而成的。由于美国成年人当中多数人使用这些网站,尤其是领先社交网站 Facebook 和 YouTube。与此同时,年轻的美国人(特别是那些年龄在 18 到 24 岁之间的人)因拥抱各种平台而频繁使用它们而脱颖而出。18 到 24 岁之间的人中约有 78% 使用 Snapchat(平台用户中,18—24 岁多达 46.8%,见图 8-4),并且这些用户中的绝大多数(71%)每天多次访问该平台。同样,这个年龄段的美国人中有 71% 的人现在使用 Instagram,而近一半(45%)是 Twitter 用户。自从 2012 年该中心开始调查不同社交媒体的使用以来,Facebook 一直是大多数美国人的主要平台。大约三分之二的美国成年人(68%)称他们是 Facebook 用户,其中每天大约有四分之三的用户访问 Facebook。除了那些 65 岁及以上的人,现在大部分美国人都使用 Facebook。

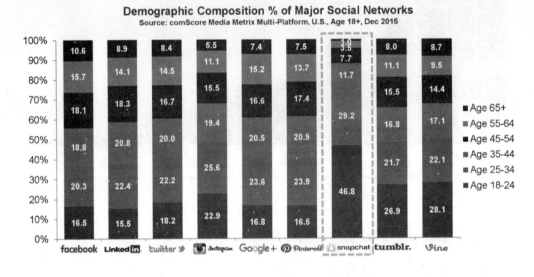

图 8-4　美国主流社交网络用户年龄分布

分享网站 YouTube 包含许多新型社交元素,而非传统的社交媒体平台。研究显示,目前近四分之三的美国成年人和 18 到 24 岁之间的人中的 94% 在使用 YouTube。这些调查结果也突出了公众对社交媒体有时相互矛盾的态度。例如,说这些平台很难放弃的社交媒体用户的份额比 2014 年年初进行的调查增加了 12 个百分点。但同样的道理,美国大多数社交媒体用户(59%)认为,放弃使用 Facebook、Instagram、Snapchat 等社交媒体不是一件困难的事情。在参与调查的用户中,只有 14% 的人表示放弃使用社交媒体是一件"非常困难"的事情,还有 40% 的人承认放弃使用社交媒体有一定难度。

目前,从美国市场来看,社交化已成为电子商务的重要趋势。其中最为典型的 F-commerce,即基于 Facebook 衍生的与交易活动相关的应用和服务。具体而言,F-commerce 的实现形式主要有以下三种:

(1)Facebook 店铺,零售商直接在 Facebook 开设店铺。

(2)电子商务网站上嵌入 Facebook 的一些功能,如登录、喜欢、开放图谱等,如图 8-5 所示。

(3)在实体店铺中融入 Facebook 的一些特征(如在实体店试衣间中试衣服可以把照片发送到 Facebook 上让朋友评论,还有 Facebook 的团购服务等)。

目前国内大部分社交网络平台也推出了类似服务电子商务企业的营销服务。通常的实

图 8-5　美国 Bebe 网店的社交链接

现形式为品牌主页＋营销推广＋用户传播（用户参与或关注活动的相关信息，将传递到用户在该社交网络上的好友圈）。

此外，美国也出现了与社交化购物相关的新模式，如 Polyvore 代表的 DIY 服务搭配平台，BeachMint 代表的名人推荐社交化购物网站（见图 8-6），Pinterest 代表的图片瀑布流形式的社交网站等。目前，类似的应用和模式开始被中国企业学习和复制。

8.1.4　中外社交网络发展阶段对比

从全球来看，移动社交行业经历多次洗牌和内部厮杀，逐渐形成了当下的行业格局。在海外，Facebook 具有绝对的覆盖广度和活跃度，同时，收购多领域的明星社交产品更助力其全行业的布局；而 Twitter 的估值和财报表现则出现了下滑趋势，2016 年 9 月正式宣布解除 140 字的限制，或将寻找拓展更多内容价值的机会。在中国，腾讯系产品（微信、QQ、QQ 空间）、新浪微博、陌陌的发展基本代表着国内移动社交的整体发展水平，各细分领域也基本有代表性的明星产品出现，然而和超过 500 款移动社交应用的总体数量相比，长尾市场仍十分巨大且复杂，很多产品都经历了从异常火爆到快速冷却的过程。

长尾市场产品的创业者羡慕明星产品，而明星产品的拥有者在功能与商业化拓展每一步的决策上也如履薄冰。移动社交市场就是这样充满危机感与挑战性，同时也充满变化和惊喜。

根据中外社交网络发展阶段的总结可知，总体来看，西方国家的社交网络形态始终引领着整体社交网络的发展。2002—2004 年、2008—2012 年是以美国为中心的西方社交网络最为重要的成长阶段，以主流社交网络如 Facebook、YouTube、Twitter、WhatsApp、Instagram、Snapchat 及 Pinterest 等产品为主要标志，并且高速发展期一般出现在新一批社交产品集中推出后的 2～4 年。

与海外相比，中国社交网络的发展高峰一般在西方社交网络发展高峰之后的 1～2 年出现，但自 2012 年后，海外社交网络的格局基本形成，很少再出现新的明星产品，而国内的移

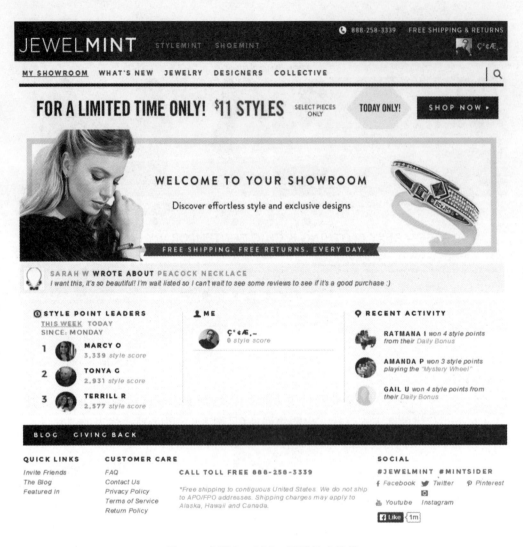

图 8-6　美国 BeachMint 网站社交链接

动社交产品则继续呈现垂直化、多样化发展,并且产品形态也从最初以借鉴西方产品再进行本土化微创新为主逐渐向自主研发与发现创意的方向改进,整体呈现出更大的发展潜力,如图 8-7 所示。

从移动社交应用的数量上来看,海外市场呈现梭形结构,头部与尾部的应用较少,腰部应用类型丰富且体量较大;中国市场则呈现三角结构,长尾市场的应用数量占比庞大。从用户角度来看,国内外市场中头部应用基本均占据市场较大份额,用户更加活跃,而与中国相比,海外市场头部应用的用户集中度更高,如图 8-8 所示。

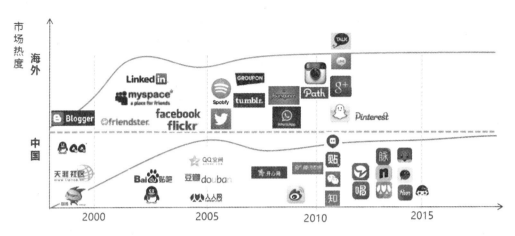

图 8-7　中外社交网络发展历程与产品对比

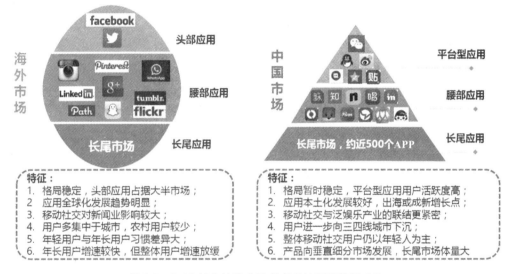

图 8-8　2016 年中外移动社交产品的发展特征对比

8.2　移动社交应用

8.2.1　移动社交概念与需求

1. 移动社交相关概念

移动社交是指用户以手机等移动终端为载体,以在线识别用户及交换信息技术为基础,按照流量计费,通过移动网络来实现的社交应用功能。移动社交不包括打电话、发短信等通信业务。与传统的 PC 端社交相比,移动社交具有人机交互、实时场景等特点,能够让用户随时随地地创造并分享内容,让网络最大限度地服务于个人的现实生活。广义的移动社交应用包括移动端各种按流量计费,以交友以及与好友联络为目的的应用,而狭义的移动社交应用主要指以交友为目的、以基于各种目的组成的交友社区为组织形式的移动应用。

从社交关系与社交渠道两个维度,可以将社交网络分为四种主要的发展模式,如图8-9所示。其中,强关系的社交网络以更强的联结性和社交属性为特点,更易形成社群形态,从而基于社群的特征和成员兴趣形成线上与线下的互动;弱关系的社交网络则具有更强的媒体属性,通过信息分享与商业价值的交换,获得更多有用的内容,从而满足自身的需求。弱关系的社交网络也可以向O2O的形态拓展,形成场景化的商业价值变现。而线上与线上的不同渠道则为社交网络提供了不同的沟通交流方式,在移动互联网逐渐成熟的今天,两者之间往往具有关联性。

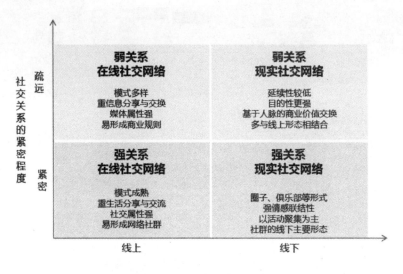

图8-9　社交关系模式矩阵

中国社交网络主要分为综合社交、兴趣社交、同性交友、婚恋交友、母婴社区、校园社交、图片社交、陌生人社交、商务社交等主要类型,如图8-10所示。其中,综合社交为目前社交网络营销的主要渠道。随着移动互联网的发展,垂直社交也有较多精准受众,也将成为必不

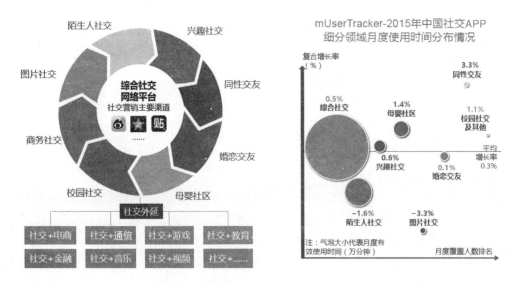

图8-10　中国社交网络平台分类及发展

可少的渠道。同时,社交属性也与多个领域交叉,产生了多种带有社交属性的外延应用类型。

移动社交产业链主要由上游合作方、内容生产方、移动社交平台与用户四个主要环节组成,如图 8-11 所示。这四个环节价值的流动以移动社交平台获得的收入为主要表现。在此过程中,用户使用移动社交平台而产生大量行为及偏好数据标签,同时形成了在此平台上的社交关系与情感联结。两者的结合使整个价值链不断优化,上游合作方因平台用户大数据的应用而更精准地触达用户并形成互动;用户因为较为稳定的社交关系而对平台的依赖度加深;同时,平台中的 PGC(专业内容生产方)与 UGC(用户内容生产方)在互动中不断被丰富和创新,从而获得更多关注,也给上游合作方带来更好的收益,使其与用户之间的关系更紧密。

图 8-11　2016 年中国移动社交产业链

2. 移动社交的用户需求

随着移动互联网的深入发展,我们与外界之间的联系被各类 APP 连接得更紧密,信息不断被透明化。但其中,关于人本身的信息是最复杂的透明化过程。信息的适度透明化提升了人与人之间的社交效率和质量,降低了沟通成本,同时也让个人形象在社交属性上展现得更加全面,更加真实。用户的社交需求也从最初的试探性社交向更加透明化的、数据源更立体的社交方向发展。

2017 年 12 月,中国移动网民每天花在各类 APP 上的总时长是 4.2 小时,其中在社交网络 APP 上逗留的时间超过 2.5 小时,观看网络视频的时间接近 30 分钟,另外还会花大概 12 分钟的时间获取新闻资讯,11 分钟进行网络购物,以及大约 10 分钟的时间玩一会儿手游。

艾瑞研究院通过深入分析超过 40 多款移动社交类产品,对产品中的各种类型的 UGC 内容与行为进行分析,结合用户调研数据,发现现有社交 UGC 的用户行为均涵盖了上百个人性需求。在这上百个需求中，有 7 个需求是主要的用户更希望满足的社交需求，如图 8-12 所示。

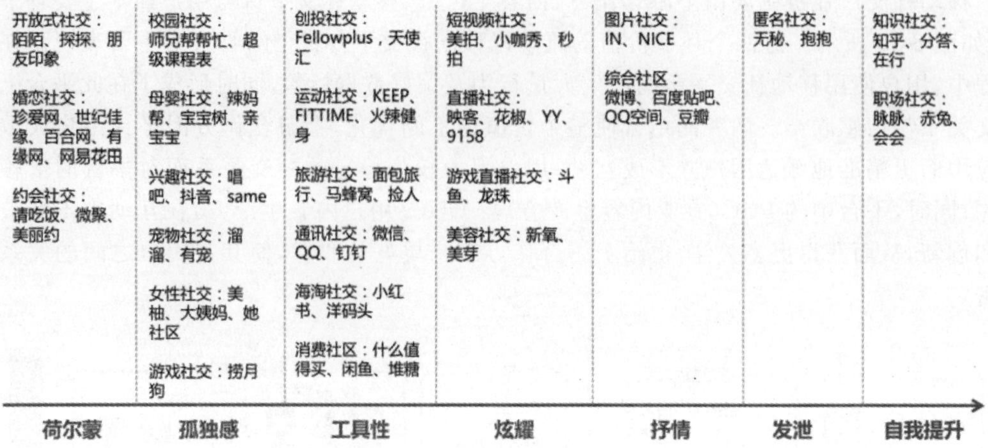

开放式社交：陌陌、探探、朋友印象	校园社交：师兄帮帮忙、超级课程表	创投社交：Fellowplus，天使汇	短视频社交：美拍、小咖秀、秒拍	图片社交：IN、NICE	匿名社交：无秘、抱抱	知识社交：知乎、分答、在行
婚恋社交：珍爱网、世纪佳缘、百合网、有缘网、网易花田	母婴社交：辣妈帮、宝宝树、亲宝宝	运动社交：KEEP、FITTIME、火辣健身	直播社交：映客、花椒、YY、9158	综合社区：微博、百度贴吧、QQ空间、豆瓣		职场社交：脉脉、赤兔、会会
约会社交：请吃饭、微聚、美丽约	兴趣社交：唱吧、抖音、same	旅游社交：面包旅行、马蜂窝、捡人	游戏直播社交：斗鱼、龙珠			
	宠物社交：溜溜、有宠	通讯社交：微信、QQ、钉钉	美容社交：新氧、美芽			
	女性社交：美柚、大姨妈、她社区	海淘社交：小红书、洋码头				
	游戏社交：捞月狗	消费社区：什么值得买、闲鱼、堆糖				

荷尔蒙　　孤独感　　工具性　　炫耀　　抒情　　发泄　　自我提升

图 8-12　中国典型社交应用与用户需求维度举例

8.2.2 社交网络商业价值

1. 增值服务是移动社交较为成熟的商业模式

增值服务在 PC 端就已经成为社交网络的一种重要的盈利方式，随着社交网络向移动端的迁移，移动增值服务也顺理成章地成为移动社交应用的一种重要的收入来源。目前一些主要的同时涉及 PC 端和移动端的社交应用，其提供的增值服务在 PC 端和移动端是打通的，基本不单独区分移动端的增值服务收费；而单纯移动端的社交应用在其商业化之初也会选择从简单、易操作、门槛低的增值服务开始。

（1）会员增值服务

会员增值服务是指体系性的增值服务提供，移动端一般与 PC 端打通，在移动端主要体现为 UI（用户界面），聊天信息同步等特权。

（2）虚拟商品销售

虚拟商品销售是指单个的虚拟商品购买，如聊天表情、主题、背景等内容的购买，与会员增值服务差别在于虚拟商品销售为单次单个的购买行为。

（3）企业增值服务

企业增值服务一般意义上来说是指企业账号在社交网络当中不同于个人账号的功能，包括企业的认证服务、对于企业的关注者的群发服务等特殊权限。

（4）公共账号服务

公共账号服务是指专门在移动端针对企业推出的增值服务，部分移动社交应用会在此项服务上对企业进行收费。

2. 广告是移动社交应用盈利的基本模式

社会化媒体营销已经成为非常重要的一种营销形式，广告主越来越重视在社交领域投放广告，进行推广营销活动（见图 8-13）。移动社交应用包含的广告形式与 PC 端类似，可以划分为展示广告、原生广告和营销推广活动等。不同类别的社交应用在广告的展示形式上也存在差异。在微博、SNS 等信息展现形式主要为信息流的社交应用当中,原生广告盛行,此外还有诸如 Banner 等展示类广告在各种社交应用当中也较为普遍。

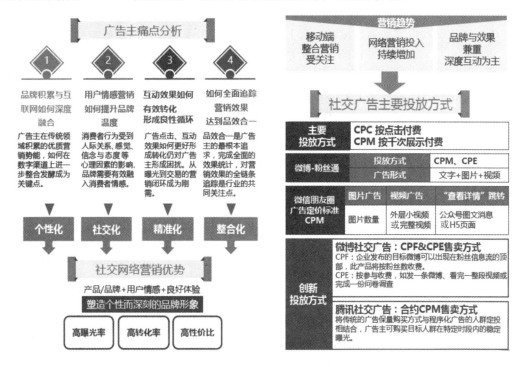

图 8-13　社交网络广告价值与策略

　　一般较为大型的移动社交应用,如微信、新浪微博等,拥有自己的广告销售团队;因此作为大媒体会自主进行广告的售卖,一般不会与移动广告平台进行合作,而是自主获得广告收入。

　　中国社交网络营销的核心价值在于解决广告主痛点,带入用户情感。当前企业的社交网络营销趋势以整合营销与深度互动为主。社交网络平台针对广告主的不同需求,提供了更加灵活的广告表现形式与广告售卖方式,多种方式的结合将助力社交网络营销的效果升级。

　　3. 移动社交应用的商业价值
　　移动社交行业分别在媒体、用户、场景、连接及内容上具有独特优势及商业价值,在保证产品内部良性运转的前提下,移动社交应用具有巨大的商业化发展空间。

　　媒体价值:通过社会化营销提升品牌影响力与亲和力,形成忠诚度高的品牌社群,进而提高转化效果。

　　用户价值:移动社交产品中的大量用户兴趣标签与行为偏好数据,对于品牌对自身用户的认知具有巨大的商业价值。

　　场景价值:基于地理位置的移动社交数据与线下场景的结合,为线下实体商业带来新的发展契机。

　　关系价值:用户的虚拟关系与实际人脉相联结,明显提升了信息间的匹配程度与使用效率,商业模式也在此过程中逐渐形成。

内容价值:移动社交应用产生的原创内容,除了表达与分享的目的之外,也为用户提供了经过过滤后的高净值信息,形成 IP 效应。

基于以上五大价值,可知移动社交具有巨大的商业潜力。从全球移动社交的发展来看,由于社交产品能够将消费者聚拢在平台上,并且消费行为受到其他用户影响的天然优势,除了如 WhatsApp 追求从简风格的个别明星应用之外,绝大多数移动社交产品首选的变现方式即为广告。为了提升广告效果与保证社交用户的黏性,社交平台进行了多种广告形式的创新。以美国移动社交产品的商业化手段为例,原生信息流广告得到了较好的认可,其他商业模式还包括开放平台、会员制、增值服务及虚拟道具等,如图 8-14 所示。

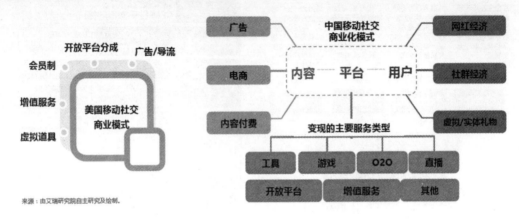

图 8-14　2016 年中美移动社交行业商业模式分析

相比于全球移动社交的商业模式,中国移动社交产品的商业化尝试最为多元,基于产业内部的内容、平台与用户三者进行多个方向的商业化探索。与美国不同的是,我国移动社交产品更愿意同时布局多个模式,而美国移动社交成品往往选择 1～2 种商业模式进行深度挖掘。

4. 大数据助力精准营销新发展

社交网络天然的兴趣导向将社交用户从多个维度划分为不同的群组,社交网络平台拥有的大量用户属性数据及用户行为数据在触达用户方面具有巨大优势。随着大数据、物联网等技术的发展,用户数据维度更全面、更及时,大数据的合理与充分利用将成为助力社交广告精准营销的重要趋势,如图 8-15 所示。

致力于用精准化广告投放提供服务,可以满足各大细分行业的广告需求,大大提升广告效果。充足的数据支撑和先进的大数据技术将进一步助力网络营销。未来的社交营销,不仅仅是连接企业与用户的平台,更是企业了解用户、与自身后台客服与管理系统相连接的工具。社交平台与企业合作的 Social CRM 系统,将打通企业从营销到转化再到决策的过程,成为企业商业闭环的强入口:

(1)社交广告能够帮助企业收集用户线索,实现数据挖掘,并从用户的反馈和互动中获得有价值的信息,助力产品的研发和营销的策划。

(2)社交广告能够帮助企业直接实现销售。

企业可以结合社交数据分析舆情、制定营销策略、提高广告投放精准性和销售转化率。

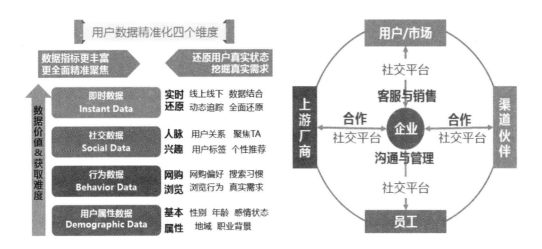

图 8-15　基于技术的社交网络创新营销价值

8.2.3　独立移动社交产品

1. 陌陌:以 LBS+陌生人为基础

陌陌自 2011 年推出以来,已经逐渐发展成为国内领先的以 LBS(位置服务)为最主要特色的移动社交平台。以陌陌以为陌生人之间提供基于地理位置的交流平台,以围绕用户社交需求提供服务为核心,打造了中国移动社交网络中具有自身特色的产品模式,吸引大量用户,尤其是年轻人的使用,积累了良好的用户基础,保持了较好的用户黏性,并在此基础上拓展了移动社交产品的商业模式。2014 年 12 月,陌陌在纳斯达克正式挂牌上市。2016 年 3 月,移动社交平台陌陌推出网页版,布局更多社交场景,覆盖更多领域。

陌陌基于自身的特色和优势,在商业模式方面的探索具有较为完善的布局和整体思考。目前陌陌已经在直播、移动营销、会员订阅服务、游戏等服务上形成了较为成熟的发展模式,其中直播与移动营销为陌陌的营收贡献最大,根据陌陌财报显示,2017 年第一季度,陌陌持续 9 个季度盈利,净营收 2.652 亿美元,同比增长 421%,月活跃用户 8520 万,同比增长 18%。陌陌直播业务营收占比约 80%,直播付费用户数 410 万。随着视频社交发展的深入,基于视频形式与地理位置信息的场景应用将更加丰富,移动营销价值也将得到进一步挖掘,如图 8-16 所示。

自 2015 年推出信息流原生广告平台之后,陌陌一直在移动营销领域不断深挖,2016 年 4 月正式发布广告程序化交易平台,结合自身特点以 LBS 为切入点为广告主提供更多渠道,推出了不同的广告形式与广告产品,不断创新营销模式。2016 年,陌陌广告平台以视频信息流广告为发力重点,满足品牌客户、中小企业及商家的不同需求,如图 8-17 所示。

2. 全民 K 歌:音乐社交

全民 K 歌是一款由腾讯公司出品的 K 歌软件,具有智能打分、专业混音、好友擂台、趣味互动以及社交分享等功能,如图 8-18 所示。2014 年 9 月 10 日,全民 K 歌 iOS 版本在 App Store 首发,推出后备受好评。2017 年全民 K 歌的市场渗透率高达 20.38%,意味着每 100 个中国移动网民中有超过 20 个人都安装了全民 K 歌,2017 年 12 月平均每天有接近 2340 万人使用了它。

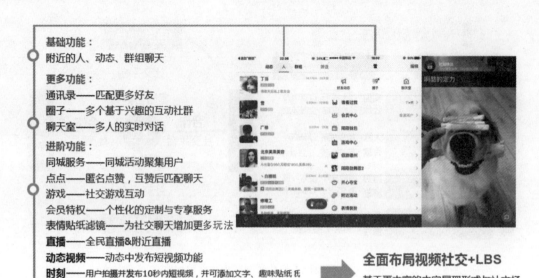

基础功能:
附近的人、动态、群组聊天

更多功能:
通讯录——匹配更多好友
圈子——多个基于兴趣的互动社群
聊天室——多人的实时对话

进阶功能:
同城服务——同城活动聚集用户
点点——匿名点赞,互赞后匹配聊天
游戏——社交游戏互动
会员特权——个性化的定制与专享服务
表情贴纸滤镜——为社交聊天增加更多玩法
直播——全民直播&附近直播
动态视频——动态中发布短视频功能
时刻——用户拍摄并发布10秒内短视频,并可添加文字、趣味贴纸 贴
及手绘涂鸦。每条"时刻"可以设置保存时间,好友可以对"时刻"
打赏虚拟礼物,或直接发送消息进行交流。

全面布局视频社交+LBS
基于更丰富的内容展现形式与社交场
景,进一步挖掘社交营销的价值

图 8-16 陌陌社交网络功能

陌陌广告精准投放方式	陌陌主要广告形式	陌陌广告平台主要特点
1. 常规定向; 2. LBS定向; 3. POI定向。	1. 信息流广告: 应用推广、动态、落地页 2. 视频广告; 3. 到店通; 4. 开屏广告; 5. 植入广告	1. 根据推广需要灵活定向,投资回报率较高; 2. 原生广告创意与互动性更强; 3. 每组广告可多创意展现,根据用户素材偏好,不断 优化推广效果; 4. 对接开放平台,监测数据透明,便于广告主及时调 整营销策略。

主流社交网络自有广告平台对比分析

广告平台	售卖方式	用户数据维度特征	广告形式	展现形式
广点通	CPM	基于用户属性与行为	品牌广告/原生广告 广告位类型丰富 例:朋友圈广告、查看详情、H5等	图片、文字、视频
微博粉丝通	CPM/CPE	基于用户关系与兴趣	品牌广告/原生广告 广告位类型丰富 例:粉丝头条、品牌速递等	图片、文字、视频
陌陌	CPM/CPC/CPD	基于用户属性与地理位置	品牌广告/原生广告 广告位与产品功能相结合 例:信息流、到店通、直播植入	图片、文字 视频、直播

图 8-17 陌陌自有广告平台特色

3. 知乎:知识型社交

知乎是一款以知识分享、网络问答为主要社交形态的兴趣社交移动应用。知乎中形成的社交圈子及话题以理性为主要特征,用户分享着彼此的专业知识、经验和见解,为中文互联网源源不断地提供高质量的信息。知乎网站于 2010 年 12 月上线,过去采用邀请制注册方式,2013 年 3 月起向公众开放注册。

知乎的移动端产品主要沿袭了网站的社交形式,但重新加入了更符合移动端的交互功能,并推出媒体属性更强的独立产品——《知乎日报》,为用户提供更多的知识服务,不断挖掘用户需求。2016 年,知乎在移动社交产品功能方面的尝试不断,除了原有的知乎与《知乎

图 8-18　全民 K 歌功能

日报》外,值乎与知乎 live 等功能对平台的社交内容价值进行了深入的探索,并立足于现有的优质社交资源与内容逐渐布局自身的知识服务生态,如图 8-19 所示。

图 8-19　2016 年知乎功能及布局

　　知乎作为国内知识型社交方面的代表性产品,其在商业化方面的探索也保持着较为谨慎且冷静的态度,2010—2014 年,知乎平台上的直接商业化体现较少,保持了较高的内容质量和友好的社交氛围,也建立了品牌的差异化形象。随着网络信息超载,冗杂信息不断增多,近年来,网民对于优质内容的渴望与认可度不断提高,知乎立足于自身的内容资源与用户社交关系,对内容价值进行多角度的挖掘,从而拓展出了特色的商业模式。2016 年,知乎在经过几年经验与品牌积累的基础上,商业化进程加快,并进行了更加清晰的战略布局。知乎 live 和知乎书店的推出,完善了知乎知识生态体系的重要环节,未来的知乎或将继续拓展使用场景、连接更多不同的平台、完善广告形式及投放规则,逐步在知识服务市场进行创新。

　　如图 8-20 所示是国内外主流知识产品。

产品形态	典型产品	产品特色	商业模式
图文	维基百科、百度百科	基于UGC的网络百科全书	公益为主
音频	得到、喜马拉雅、蜻蜓FM	结构化、体系化精品内容	广告、用户付费
视频	网易云课堂、慕课	专业团队生产为主 具有部分职业教育属性	用户付费
直播	千聊、荔枝微课	实时互动、低门槛	用户付费
问答	Quora、知乎、百度知道	以问答为核心的知识平台	广告、用户付费等

图 8-20　国内外主流知识产品分析

8.3　新浪微博与社交电商

根据新浪微博（简称微博）发布的 2017 年第四季度及全年财报，微博 2017 年净营收 11.5 亿美元，较上年增长 75%。广告和营销营收 9.967 亿美元，较上年增长 75%；增值服务营收 1.533 亿美元，较上年增长 81%。来自中小企业、大客户和非广告业务的营收以及利润均实现强劲增长。2017 年 12 月的月活跃用户数（MAUs）较上年同期净增约 7900 万，达到 3.92 亿。月活跃用户数中 93% 为移动端用户。2017 年 12 月平均日活跃用户数（DAUs）较上年同期净增约 3300 万，达到 1.72 亿。微博强劲的社交平台效应，持续增长的用户规模和用户活跃度，以及丰富的营销产品，使其成为中国移动营销的重要组成部分，进一步巩固了微博作为中国社交媒体平台的领先地位。

综合艾瑞监测数据及微博官方数据，艾瑞分析认为，在国内市场，以微博为代表的社交网络用户规模仍具有较大发展空间，视频与直播成为微博用户持续增长的两大重要动力。同时，受益于中国及全球社交网络营销整体均呈现快速增长的趋势，以及自身商业产品布局的完善，微博广告客户类型正变得多元化，营收结构也得以优化，这将进一步释放平台的商业潜力。

从全球社交网络行业情况来看，各大主流社交网络的竞争格局逐渐形成。其中，Facebook 的用户规模与商业化能力最强，且最具有全球化的布局。根据 2017 年第二季度财报数据显示，第二季度，Facebook 收入增长 45%，达到 93.2 亿美元，利润增长 71%，达到 38.9 亿美元。2012 年，Facebook 开始销售移动广告空间时，很多分析师都不确定这一决定是否会成功。现在，移动广告为 Facebook 收入增长贡献了 90%，占其总收入的 86%。月活跃用户（MAU）首次超过 20 亿；日活跃用户超过 13 亿，占 MAU 的 2/3 左右。而一直被外界拿来比较的微博对标产品 Twitter，2017 年第三季度营收为 5.9 亿美元，比上年同期下滑 4%，该季度月活跃用户数为 3.3 亿，比上一季度增加了 400 万，与上年同期相比上涨 4%。

8.3.1　新浪微博社交商业价值

艾瑞分析认为,微博作为国内主流的社交网络媒体,除整体营收规模与 Facebook 及 Twitter 存在较大差距之外,已经在用户数据与用户价值方面具有与 Twitter 抗衡的能力,在新业务和新产品不断迭代方面也要整体快于 Twitter。随着微博平台化的发展策略进一步落地,微博正在从一个微博客向综合社交媒体平台发展,将具有"Twitter＋Instagram＋Youtube"的属性,包含更多的内容形式,体现更高的用户价值与商业价值。同时,Facebook 的全球化战略也为微博的未来发展提供了更多思路。

截至 2017 年 12 月,新浪微博的日活跃用户(DAU)1.34 亿,同比增长 37.6%,市场渗透率为 34.03%,同比增长 11.5%。在社交类应用中,仅排在微信、QQ 之后,如图 8-21 所示。

2017年12月排名	对比去年变化	应用名称	DAU(单位:万人)	同比(去年12月)	2017年12月排名	较去年变化	应用名称	市场渗透率	同比(去年12月)
1	--	微信	58,122.0	10.6%	1	--	微信	72.29%	-1.4%
2	--	QQ	28,832.6	-8.6%	2	--	QQ	71.06%	-6.0%
3	--	手机淘宝	18,482.7	11.8%	3	--	手机淘宝	53.39%	7.7%
4	--	支付宝	15,822.2	1.4%	4	--	支付宝	53.37%	11.9%
5	--	搜狗输入法	15,182.5	28.8%	5	+2	WiFi万能钥匙	44.74%	11.7%
6	+1	新浪微博	13,388.8	37.6%	6	+3	腾讯视频	43.12%	18.3%
7	+1	WiFi万能钥匙	11,462.9	35.2%	7	-2	搜狗输入法	41.26%	-1.1%
8	+1	腾讯视频	10,928.9	30.7%	8	--	爱奇艺	40.38%	3.1%
9	+3	腾讯新闻	10,244.5	37.7%	9	--	高德地图	38.92%	30.7%
10	-4	手机百度	9,657.9	-3.2%	10	-4	手机百度	36.25%	-11.9%
11	+13	快手	9,500.0	168.9%	11	+1	新浪微博	34.03%	11.5%
12	+3	今日头条	9,206.2	40.3%	12	+4	美团	32.48%	19.0%
13	--	爱奇艺	8,613.0	20.6%	13	-2	酷狗音乐	32.10%	-0.9%
14	-3	QQ浏览器	8,271.4	9.7%	14	+1	应用宝	31.16%	9.7%
15	-1	腾讯手机管家	8,044.6	16.5%	15	--	QQ浏览器	30.48%	4.1%
16	-6	酷狗音乐	7,690.5	-5.6%	16	-6	百度地图	28.73%	-12.2%
17	+12	王者荣耀	6,362.6	146.7%	17	+2	百度输入法	28.18%	23.6%
18	-2	QQ音乐	5,962.8	-2.6%	18	-1	QQ音乐	24.91%	0.6%
19	--	UC浏览器	5,850.4	16.5%	19	-1	优酷	23.78%	0.6%
20	-3	360手机卫士	5,527.2	-4.5%	20	+16	快手	22.78%	83.9%
21	-3	百度输入法	4,637.1	-15.3%	21	+2	腾讯新闻	22.43%	12.1%
22	+5	高德地图	4,199.7	49.4%	22	+10	王者荣耀	22.19%	66.7%
23	-3	优酷	3,877.5	-10.0%	23	-1	今日头条	21.11%	-0.7%
24	+1	讯飞输入法	3,769.5	7.1%	24	+2	京东	20.65%	33.8%
25	-3	QQ邮箱	3,323.0	-12.0%	25	--	全民K歌	20.38%	31.3%
26	+5	京东	3,221.7	30.4%	26	+243	拼多多	18.98%	1507.6%
27	+1	美团	2,999.1	12.2%	27	-7	UC浏览器	18.74%	-16.3%
28	-2	应用宝	2,918.6	-8.2%	28	-7	腾讯手机管家	17.13%	-23.2%
29	-6	开心消消乐	2,740.6	-22.8%	29	+5	唯品会	15.67%	22.4%
30	-9	QQ空间	2,682.6	-30.8%	30	+17	携程旅行	13.58%	53.3%

图 8-21　移动互联网 APP 日活跃用户及市场渗透率

在微博用户的偏好上,95 后年轻人在微博上会较多提及一些文娱类的内容,如综艺、影视、漫画等。网络综艺节目在近几年获得了快速发展,大量网络综艺节目的出现让人耳目一新,也吸引了众多爱玩爱段子的 95 后。除此之外,95 后微博用户还经常提及北京、纽约等地点,对于跨地域的文化、旅游等类目可能更感兴趣。

在社交媒体的各类信息中,新闻与热点事件、休闲搞笑类内容受到了最多 95 后微博用户的关注;除此之外,兴趣圈子内的资讯分享也受到多数 95 后的重视,圈子内的核心用户也会因此受到更多关注,重要性不断上升(见图 8-22)。兴趣圈子是社交媒体的基础组织,兴趣圈子的活跃与核心用户的增多是社交媒体保持活力、吸引用户的关键,也是社交媒体源源不断地创造新内容的重要因素。针对特殊兴趣圈子的营销活动可以从该群体内的核心用户入手,以吸引其他用户的关注。

图 8-22　2017 年 95 后微博用户热词与关注信息

1. 官方微博与微博企业版

为了保障微博用户的权益，新浪微博推出认证系统。微博认证的标志是在认证用户的名字后有一个金色的"V"的标志。微博认证包括：

个人认证：适用于微博用户真实身份的确认。

官方认证：适用于企业、政府、媒体等组织机构的官方账号，如图 8-23 所示。

认证类别

政府官方认证	媒体认证	企业认证	机构认证	校园认证	公益认证
公安、司法、交通、医院、市政、工商等政府机构官方账号认证。	报纸、杂志、广播电台、电视台、栏目、播客等账号认证。	持有营业执照，具有经济法人资格的企业、个体商户官方账号认证。	场馆、粉丝团体、体育俱乐部、车友会等官方账号认证。	校园官方、团委、院系、社团、校友会等官方账号认证。	慈善基金会、公益机构、公益项目等官方账号认证。

图 8-23　官方微博认证

自媒体认证：帮助优质作者变现，提升品牌影响力。

获得微博认证后，获得的优势：

独有认证标识：让用户可以第一时间识别身份。

个人认证终身免费：微博个人认证终身免费服务。

专享多种特权：微博会员、粉丝头条专属折扣、搜索优先推荐等。

个性服务：粉丝服务平台、管理中心等认证用户专属功能。

官方微博是基于微博为企业、机构量身打造的服务平台。企业在前端通过官方微博进行信息分享、传播,与用户进行深度互动;在后台则通过微博企业版进行个性化的功能设置、数据分析服务和舆情监测。微博企业版更便捷地帮助企业找到目标用户进行互动沟通,提升转化效果,如图 8-24 所示。

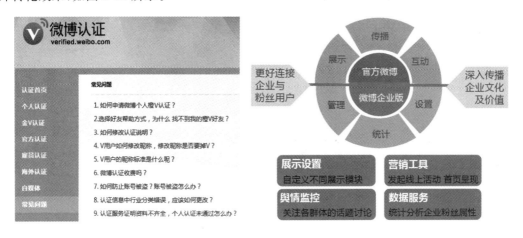

图 8-24　微博认证及价值

2. 微博信息流广告产品

信息流广告(news feed ads)是与产品功能混排在一起的原生广告,既包括社交平台上与好友动态混排的广告,也包括资讯媒体中与新闻信息混排的广告。这种新的社交广告形式确保企业发布的广告微博一定能够被自己的粉丝看见,而不是淹没在消息流中。广告微博会在用户第一次登录微博时出现,用户刷新之后便会下沉,且 24 小时内不会再出现该企业的广告微博。

微博广告产品分为三类:一是信息流推广广告;二是展示广告;三是与关键词相关的话题广告(见图 8-25)。微博信息流广告收入占总广告收入超过 50%,展示广告约占 1/3。

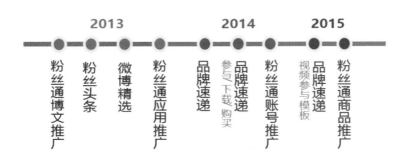

图 8-25　新浪微博的广告产品发展

微博广告中心是以微博信息流广告——粉丝通为主要广告展现形式的自助广告平台(见图 8-26)。企业通过该平台可以对广告展现方式、出价方式、价格、人群定向等多维度进行自助选择与投放,实现微博营销的统一管理。客户在粉丝通服务开通后,将享受微博提供的以下服务:客户指定微博将根据微博粉丝通技术规则,投放于微博信息流的顶部或微博信息流靠近顶部的位置;客户可以根据注册的用户名和密码,登录微博,查询自己的曝光量和

图 8-26　微博广告中心

数据等情况；由微博投放的客户指定的微博每被转发或评论或收藏或赞一次，系统将自动从客户预付服务费用中扣除一次的费用，该次收费的具体金额是由实时竞价情况所决定的，且该次收费金额小于客户的出价。客户应保证预付款余额足以支付服务费用，如遇余额不足，客户应及时进行费用的缴纳，否则会影响使用。

"微博粉丝通"是基于新浪微博海量的用户，把企业信息广泛传送给粉丝和潜在粉丝的营销产品，它会根据用户属性和社交关系将信息精准地投放给目标人群，同时微博"粉丝通"也具有普通微博的全部功能，如转发、评论、收藏、点赞等，是微博营销的实用工具（见图 8-27）。

图 8-27　微博粉丝通产品类型与价值

8.3.2　新浪微博社交分析

1. 个人微博管理中心

在微博的"管理中心"可以对自己的微博进行分析,包括数据助手、粉丝服务、微博橱窗、内容收益、营销推广、设置管理、我的应用和微博钱包。其中,在数据助手,可以查询和分析粉丝变化(数量变化、来源、类型、性别/年龄、地区分布)、主页浏览量、微博帖子阅读数、发博总数/评论数、互动分析、账号分析、文章分析和视频分析,如图 8-28 所示。

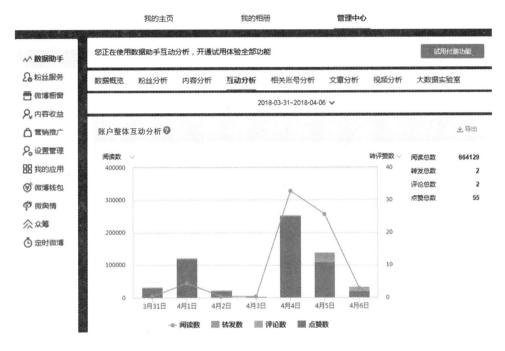

图 8-28　个人微博管理中心

2. 微博应用

微博应用是基于微博系统由第三方开发及维护的组件,如图 8-29 所示。通过使用不同的微博应用,您可以以各种方式享用到不同于官方提供的微博功能。这些功能或新鲜有趣,

图 8-29　微博应用广场

或奇特个性,或实用有效。由于应用组件非新浪官方开发,使用方法及使用中所遇到的问题详见各个组件的应用介绍,有些应用需要获取您的信息,或者是将您的微博账号与您在其他网站的账号进行绑定等。这些操作需要得到您的授权。通过新浪微博官方提供的授权页向第三方应用进行授权,这种授权不会泄露您的账号密码。

3. 微指数

微指数是通过关键词的热议度,以及行业/类别的平均影响力,来反映微博舆情或账号的发展走势,如图8-30所示。

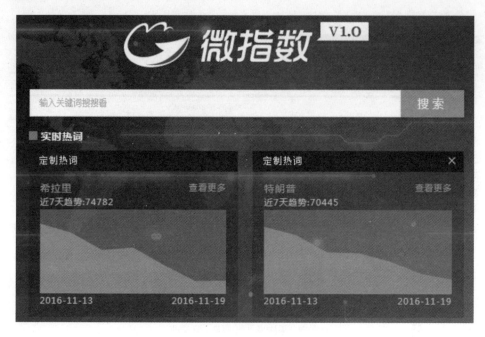

图8-30　微博微指数

微指数分为热词指数和影响力指数两大模块,此外,还可以查看热议人群及各类账号的地域分布情况。

热词指数,可以查看关键词在微博的热议度,了解热议人群的地区分布情况。推荐热词是根据近期的微博热议度较高的关键词来推荐。

热词指数是基于关键词每日的微博热议度,以关键词为统计对象,科学分析并计算出各个关键词在新浪微博平台中的长期热议趋势,并以曲线图的形式展现的指标;热议度是基于关键词的提及频率,考虑到反垃圾机制及舆情口碑后,综合得出的指数指标。

热词指数主要有以下三个功能:

(1)热词趋势

我们可以分别看到"情人节"在一个月、三个月、半年以来的微博热议趋势。在热议指数趋势图上,在2月14日"情人节"当天的热议指数达到了800多万条。在趋势图中我们点击任意拐点,便可进入当天热议这个词的相关精彩微博。

(2)人群分布

在热词趋势图下面我们可以看到热议人群的地区分布。我们可以看到热议"情人节"这个词的用户分布,17.2%来自广东,10.8%来自上海。鼠标移到某个地区会相应地显示该地区的人群比例。

（3）对比分析

除了可以查看某一个词的热词分布,还可以通过输入多个词进行趋势对比。例如,我们对比"鲜花""巧克力"的趋势发现,"鲜花"和"巧克力"均在 2 月 14 日当天热议指数达到顶峰,但是明显"巧克力"的提及度要高于"鲜花",这说明在情人节巧克力比鲜花更受情侣们的钟爱。

影响力指数包括政务指数、媒体指数、网站指数、名人指数四块。

（1）政务指数

政务指数是基于微博影响力的数据,包括政府、公安、交通、医疗、司法、市政、工商税务等类别行业在微博平台的整体发展运营指标。如点击"合肥警方"即可进入其官方新浪微博。右列显示昨日的政务微博的影响力,可以查看其近期影响力变化趋势是上升还是下降。

（2）媒体指数

媒体指数就是报纸、杂志、电视、电台等媒体类微博影响力分析指数。除了可以直接查看总的媒体类别的影响力指数以外,还可以查看行业内的不同类别之间的指数对比。

（3）网站指数

网站指数包括文化教育、潮流时尚、行业资讯、休闲娱乐、医疗健康等行业网站的微博影响力分析指数。除了查看趋势、内部对比外,还有相关推荐的行业类别榜。

（4）名人指数

名人指数是指在新浪微博中的名人用户的微博影响力分析指数。

4. 微舆情

微舆情(wyq. sina.com)以中文互联网大数据及新浪微博的官方数据为基础,专注于互联网舆情、商情监测及社会化大数据场景化应用,如图 8-31 所示。微舆情凭借自身数据挖掘和大数据处理技术,以及专业的报告分析能力,成为政府、企业、个人首选的大数据服务品牌。

图 8-31　微博微舆情

微舆情免费注册，免费试用，收费低廉，是将互联网信息采集、数据挖掘和大数据处理技术应用到舆情服务的一次颠覆性创新。传统的舆情监测系统价格昂贵，动辄几万、几十万元，而微舆情通过创新的互联网信息采集、存储、处理技术，大大降低了使用舆情服务的成本，能以极低价格快速获得舆情监测与预警服务。

微舆情利用独有的分布式网络技术，对互联网上舆情相关数据源进行完整采集，同时根据用户预定的监控关键词对全网数据进行补充获取。微舆情可以在很短时间内收录到国内外重要网站、论坛、微博、微信公众号、贴吧、博客等互联网开放平台的相关信息，通过中文智能分词、自然语言处理、正负面研判等大数据处理技术对收录到的信息进行处理，发现涉及用户的舆情信息，及时通过手机 APP、电子邮件、私信等方式进行报警。

微舆情提供包括：热度指数、信息监测、文本挖掘、全网事件分析、微博事件分析、微博传播效果分析、竞品分析、评论分析、简报制作、报告定制等服务。热度指数提供社会化大数据搜索，包含热度指数、传播分析、口碑分析、微博情绪。热度指数涵盖教育、明星、股票、娱乐、人物、汽车、手机、景区、电脑、家电、食品、美妆、金融等分类。

全网事件分析和微博事件分析可以对某一指定事件在互联网（或微博）上的传播情况进行多维度分析，包括事件简介、事件趋势、热点词、意见领袖、核心传播人、热门信息、传播途径、表情分析、博主分析、数据类型和评论分析。微博传播效果分析可以对单条微博的传播情况进行多维度分析。竞品分析可以对同类事件、人物、品牌或地域进行多维度数据比对。

8.4　微信与社交电商

微信（WeChat）是腾讯公司于 2011 年 1 月 21 日推出的一个为智能终端提供即时通信服务的免费应用程序。微信支持跨通信运营商、跨操作系统平台通过网络快速发送免费（需消耗少量网络流量）语音短信、视频、图片和文字，同时也可以使用通过共享流媒体内容的资料和基于位置的社交插件"摇一摇""漂流瓶""朋友圈""公众平台""语音记事本"等的服务。

8.4.1　微信功能与影响力

1. 基本功能

聊天：支持发送语音短信、视频、图片（包括表情）和文字，是一种聊天软件，支持多人群聊。

添加好友：微信支持查找微信号、查看 QQ 好友添加好友、查看手机通讯录和分享微信号添加好友、雷达加朋友（添加身边的朋友）、面对面建群（与身边的朋友进入同一个群聊）、扫一扫（扫描二维码名片）等多种方式。添加好友需要双方互相关注。

通讯录：设置微信好友的通讯录，可以对好友设置备注及标签（用于分组管理），并设置朋友圈权限。单个微信号的好友上限是 5000 个。

实时对讲机功能：用户可以通过语音聊天室和一群人语音对讲，但与在群里发语音不同的是，这个聊天室的消息几乎是实时的，并且不会留下任何记录，在手机屏幕关闭的情况下仍可进行实时聊天。

朋友圈：用户可以通过朋友圈发表文字和图片，同时可通过其他软件将文章或者音乐分享到朋友圈。用户可以对好友新发的照片进行"评论"或"点赞"。其中拍摄的微视频也可以在朋友圈里发布,限定时长为 10 秒。在朋友圈里发布的内容可以设置成公开、私密、部分可见、不给谁看。

微信小程序:2017 年 4 月 17 日,小程序开放"长按识别二维码进入小程序"的能力。在 2017 年 3 月底,小程序还新增了"第三方平台"和"附近的小程序"两项新功能。

微信支付:是集成在微信客户端的支付功能,用户可以通过手机完成快速的支付流程。微信支付向用户提供安全、快捷、高效的支付服务,以绑定银行卡的快捷支付为基础。支持支付场景包括微信公众平台支付、APP(第三方应用商城)支付、二维码扫描支付、刷卡支付。用户只需在微信中关联一张银行卡,并完成身份认证,即可将装有微信 APP 的智能手机变成一个全能钱包,之后即可购买合作商户的商品及服务,用户在支付时只需在自己的智能手机上输入密码,无须任何刷卡步骤即可完成支付,整个过程简便流畅。

查看附近的人:微信将会根据您的地理位置找到在用户附近同样开启本功能的人。

摇一摇:是微信推出的一个随机交友应用,通过摇手机或点击按钮模拟摇一摇,可以匹配到同一时段触发该功能的微信用户,从而增加用户间的互动和微信黏度。

微信卡包:主要功能是帮助用户管理虚拟卡券,其可以聚合传统实物钱包里存在的优惠券、电影票、会员卡、登机牌等信息,有点类似于 Passbook,但由于是集成于微信内,所以使用更加便捷。

微信红包:包括一对一发送的红包(上限 200 元)和群内红包(随机的拼手气红包、固定金额的普通红包),未领取的红包 24 小时后退回。

2. 影响力

微信的即时通信、语音和视频聊天、群聊、朋友圈等功能,极大地聚合了数字经济用户,截至 2017 年 12 月,微信月活跃账户数达到 9.80 亿个,同比增长 15.8%;2018 年 3 月,月活跃账户数超过 10 亿元,成为中国首个月活跃用户超过 10 亿的手机应用。微信构建了协同共享的数字经济关系,微信公众平台、企业微信等功能,帮助用户和企业建立了数字化的沟通交流方式和网络化合作关系,截至 2016 年年底,企业微信接入 3100 万用户。

微信通过公众平台、企业微信、支付、小程序等功能的不断创新,从提供基础社交通信功能的原生阶段,演化至连接生活、商业、产业的开放阶段,再到连接设备、社会的系统性生态阶段,影响范围随用户规模增长、功能服务完善而日益延展,如图 8-32 所示。

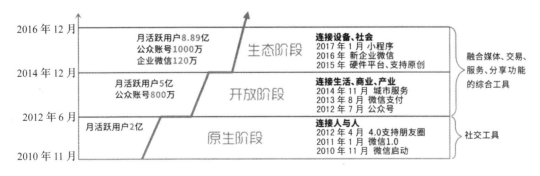

图 8-32　微信影响范围成长历程

微信极大地拓展了个体的社交边界，2016年微信用户平均好友数量达194人，约是两年前的2.4倍。根据人类学经典的"邓巴数字"理论，人类精力允许人类拥有稳定交际关系的人数上限为150人。微信不断创新技术与模式，降低交流成本，使沟通更便捷，其正在挑战传统理论，为用户拓展交际圈提供更多可能。

据测算，2016年微信带动社会就业规模达1881万人，同比增长7.7%，其中直接就业466万人，增长6.2%；间接就业1415万人，增长8.2%，带动就业结构与新经济发展环境协调。

8.4.2 微信公众号与小程序

微信公众平台主要面向名人、政府、媒体、企业等机构推出的合作推广业务。微信公众平台于2012年8月23日正式上线，曾命名为"官号平台"和"媒体平台"，目的是创造更好的用户体验，形成一个不一样的生态循环，简单来说，就是可以利用微信公众平台进行一对多的媒体性行为活动，如商家通过申请公众微信服务号通过二次开发展示商家微官网、微会员、微推送、微支付、微活动、微报名、微分享、微名片等，已经形成了一种主流的线上线下微信互动营销方式。

微信公众号通过服务号、订阅号、企业号实现了将人、商品/服务、资讯/信息及企业的连接，对微信"连接一切"的使命起着关键的支撑作用，如图8-33所示。

账号分类

图 8-33　微信公众账号分类

1. 服务号功能

服务号是公众平台的一种账号类型，旨在为用户提供服务。1个月（自然月）内仅可以发送4条群发消息。

发给订阅用户（粉丝）的消息，会显示在对方的聊天列表中相对应微信的首页。

服务号会在订阅用户（粉丝）的通讯录中。通讯录中有一个公众号的文件夹，点开可以查看所有服务号。

服务号可申请自定义菜单。

2. 订阅号功能

订阅号是微信公众平台的一种账号类型，旨在为用户提供信息。个人申请，只能申请订阅号。每天(24 小时内)可以发送 1 条群发消息。

发给订阅用户(粉丝)的消息,将会显示在对方的"订阅号"文件夹中。点击两次才可以打开。

备注:在微信 4.5 版本之前申请的订阅号可以有一次机会升级到服务号,新注册的微信公众平台账号在注册到第四步的时候有一个选择类型让你选择订阅号或者服务号,这个一旦选择就不可以改变。作为企业推荐选择服务号,因为后期对服务号腾讯会有一些高级接口开放,企业可以更好地利用微信公众平台服务您的客户。

3. 企业号功能

企业号是微信公众平台的一种账号类型,旨在帮助企业、政府机关、学校、医院等事业单位和非政府组织建立与员工、上下游合作伙伴及内部 IT 系统间的连接,并能有效地简化管理流程,提高信息的沟通和协同效率,提升对一线员工的服务及管理能力。

2017 年 6 月后,企业号已升级为企业微信,如图 8-34 所示。企业微信继承原企业号所有能力,成员扫码关注后即可在微信中接收企业通知。同时提供专业的企业内部通信工具,预设轻量 OA 应用和丰富 API,集成多种通信方式,助力企业高效沟通与办公。

图 8-34　企业微信(原企业号)

4. 微信小程序

微信小程序是一种新的开放能力,开发者可以快速地开发一个小程序。小程序可以在微信内被便捷地获取和传播,同时具有出色的使用体验,如图 8-35 所示。

小程序是一种不需要下载安装即可使用的应用,它实现了应用"触手可及"的梦想,用户扫一扫或者搜一下即可打开应用,也体现了"用完即走"的理念。因此,应用将无处不在,随时可用,但又无须安装卸载。对于开发者而言,小程序开发门槛相对较低,难度不及 APP,能够满足简单的基础应用,适合生活服务类线下商铺以及非刚需低频应用的转换。小程序能够实现消息通知、线下扫码、公众号关联等七大功能。其中,通过公众号关联,用户可以实现公众号与小程序之间相互跳转。

图 8-35　微信公众账号及小程序举例

8.4.3　社交电商发展模式：平台型与导购型

社交电商在发展模式上可以分为平台型和导购型（见图 8-36）。

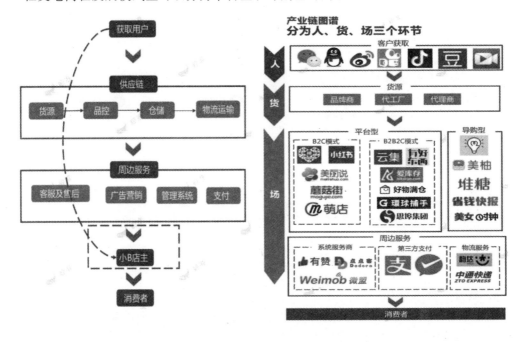

图 8-36　社交电商的人、货、场

1. 平台型：控制流量和供应链两端

同时控制流量和供应链两端，模式较重，但如果对两端同时经营好，在未来会有很大的成长空间，有望成为独角兽企业。平台型根据服务对象的不同可分为 B2C 和 B2B2C。B2C 企业商品直接面向 C 端消费者，商品来自自营或者第三方平台入驻企业。平台需要承担选品、品控、物流、仓储以及售后等服务，如小红书。B2B2C 类的企业直接面向个人店主等小 B

用户,再由小 B 直接面向 C 端消费者。小 B 主要负责流量获取和分销,商品、库存、物流以及售后等服务由上游的大 B 端平台来承担,如云集微店、贝店。

小红书隶属于行吟信息科技(上海)有限公司,是一个网络社区,也是一个跨境电商,还是一个共享平台,更是一个口碑库。小红书的用户既是消费者,也是分享者,更是同行的好伙伴。小红书创办于 2013 年,通过深耕 UGC(用户创造内容)购物分享社区,短短 4 年成长为全球最大的消费类口碑库和社区电商平台之一。截至 2017 年,小红书用户突破 5000 万人,每天新增约 20 万用户,其电商销售额已接近百亿元。

云集微店是一款在手机端开店的 APP,为店主提供美妆、母婴、健康食品等上万种正品货源,并有海量商品文案、手把手培训、一件代发、专属客服等特色服务,是个人零售服务平台。云集微店自 2015 年成立以来,店主数已突破 300 万,为数百万人提供了兼职机会,2017年成交总额破 100 亿元,拥有 1000 万下单用户,人均包裹达到 10 个。云集微店创始人兼CEO 肖尚略表示,2018 年,云集微店要继续发力供应链升级,拓展全新品类,同时聚焦于5000 个精品 SKU 和品制 500 战略,冲刺 300 亿元年度交易额。

云集微店的产品特色:

(1)正品保障:云集微店与品牌方或大型贸易商合作,采购流程层层把关,正品直采,只做货源。阳光保险为云集微店提供正品承保。

(2)轻松经营:云集微店所有商品不需要打款,不需要压货,店主出售商品后即可获得佣金,云集专属物流中心统一发货。云集平台专属客服为云集店主、消费者解答问题。

(3)宣传简单:生动有趣的文案和图片,一键复制保存,可以分享到各大社交平台。

(4)全程指导:店主都有相应导师培训。另有平台专属培训师,定期教学,传授销售、管理技巧。小白也能成长为销售达人、明星店主。

(5)会员注册:云集微店需要被邀请,才可以注册开店。

(6)APP 登入账号:提交个人相关信息,并确保被录入系统之后,可根据手机号码,获取动态验证码登录云集微店 APP。

贝店是贝贝集团基于“无社群不电商”的理念,全新推出的社交电商 APP。作为全民手机开店 APP,贝店鼓励店主入驻。由贝店负责前期货品准备、发货和后期客服等各个环节,店主只需发发朋友圈完成产品推荐环节即可,如图 8-37 所示。

2. 导购型:控制流量端,不控制供应链

前期主要通过优质内容聚集用户,之后向其他电商平台导流,只控制流量端,不控制供应链和商品货源,对于这类公司来说,持续产出优质的内容是关键,以降低用户流失率和提高用户黏性,从而将粉丝转化成客户,如由工具切入社区和电商的美柚。

厦门美柚信息科技有限公司,创始于 2013 年 4 月,是一家专注为女性服务的互联网公司。秉承“让女人更美更健康”的理念,美柚以经期管理为切入点,为女性提供备孕、怀孕、育儿、社区交流等服务。目前,美柚用户超过 1.5 亿,日活跃用户 700 多万。美柚 2017 年的营收规模为 4 亿元。美柚的电商模式主要是通过淘宝客返点和广告费收入,如图 8-38 所示。

美柚的产品特色:

(1)智能预测:记录、提醒、预测经期时间;记录心情、习惯等经期的细节。

(2)她她圈:拥有 160 个火爆圈子,可与同好结盟,迅速扎堆,供用户安放情感的女性社区,包含恐怖片达人、萌图收集癖、二次元少女等。

图 8-37　云集与贝店的推广

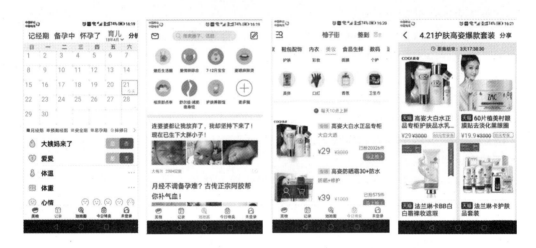

图 8-38　美柚的社交电商

(3)柚子街:汇集全网超值底价好货,每天 100 款新品,激发变美的灵感,增添生活的情趣和品位。

(4)四种身份,一键切换:开启经期、备孕、怀孕、育儿四大模式,让用户从校服到婚纱,从少女到妈妈,不同时期受到不同的照顾。

柚币商城:可免费兑换想要的商品。

社交电商流量获取的三大方式分别是拼团、分销和社群。

(1)拼团:通过熟人之间或者陌生人之间拼团,激发用户的参与感,由用户分享形成自传播,降低引流成本。通常选择需求量大、毛利高的产品,牺牲掉部分利润,提高成交量。销量的规模优势也有利于平台与上游生产商之间谈判,提高议价能力。拼团模式对供应链的要求较高,如果供应链无法支撑,会影响用户体验,不利于后续的营销。

(2)分销:每个用户都可以是一个小 B 端和分销渠道。依靠成交的佣金刺激更多传播,提高成交量。分销模式适合毛利高的品类,跟拼团相比虽然短期内无法产生大量利润,但是长期来看则能够为平台电商增加大量流量入口。

(3)社群：将有明显共同属性的一群人聚合在一起，根据这些人的特定需求和爱好，销售垂直的品类，如美妆、母婴用品等。社群模式需要充分了解垂直品类用户的需求，及时收取用户的反馈，了解社群运营逻辑和方法。

8.5　其他社交网络服务

1. 职业社交网站

职业社交网站是为职业人士创造的一个在线社交平台。在这个平台上，用户可以通过不断扩展的人际网络从容地寻找职业联系人、雇主、雇员、专家甚至投资者。

LinkedIn(领英)，全球最大职业社交网站，是一家面向商业客户的社交网络，成立于 2002 年 12 月并于 2003 年启动，于 2011 年 5 月 20 日在美国上市，总部位于美国加利福尼亚州山景城。网站的目的是让注册用户维护他们在商业交往中认识并信任的联系人，俗称“人脉”。用户可以邀请他认识的人成为“关系”(Connections)圈的人。现在用户数量已达 2 亿，平均每一秒钟都有一个新会员加入。2014 年 2 月 25 日，LinkedIn 简体中文版网站正式上线，并宣布中文名为“领英”。领英宣布，由中国本土团队独立研发的基于真实身份的职场社交 APP——“赤兔”上线。

2016 年 6 月 13 日，微软官方博客宣布，微软和 LinkedIn 公司已经达成了一项最终协议，微软将以每股 196 美元，合计 262 亿美元的全现金收购包括 LinkedIn 公司的全部股权和净现金。2017 年 BrandZ 全球最具价值品牌 100 强，领英(LinkedIn)科技以 135.94 亿美元排名第 79 名。

LinkedIn 有三大不同的用户产品，也体现了三种核心价值，分别是职业身份、知识洞察和商业机会。

2. 婚恋交友

网络交友是通过互联网平台结识到的朋友；而专门为谈婚论嫁的男男女女搭建的社交平台，叫婚恋网站，如世纪佳缘、百合网和珍爱网。婚恋网站的建立，使得大量的适龄的青年甚至大龄人士足不出户就可以向自己喜欢的人生发出爱情邀请，借助婚恋网站平台谈情说爱直至谈婚论嫁。如图 8-39 所示是基于用户关系链的社交产品。

							2016年4月易观千帆月活数据排名TOP500中各类社交类应用个数分布
婚恋交友	以约会、恋爱、择偶为目的的交友关系	世纪佳缘	百合网	珍爱网	有缘网	花田交友	2
同性交友	针对同志群体的交友	Blued	The L热拉	Aloha	拉拉公园	zank	1
情侣互动	恋人、情侣间加深感情的社交应用	小恩爱	恋爱记	微爱	QQ情侣	想你	1
陌生人社交	不相识的人间因相似位置、兴趣而建立的不以约会恋爱为目的的交友关系	陌陌	探探	请吃饭	友加	比邻	15
轻熟人/熟人社交	熟人、半熟人间因某种目的建立的社交联系	微信	微博	脉脉	奶酪	鉴鉴	8

图 8-39　基于用户关系链的社交产品

实例讨论

1.“微商”这个名称的由来,是因在微信朋友圈卖货而起。大概在 2015 年前后,有人开始在微信朋友圈卖货,由于那时候的微信朋友圈还比较单纯,大多数都是熟人,因此熟人天然的信任背书,让一些人尝到了甜头。在利益的驱使下,传统微商利用层层代理出货赚钱,价格层层递增,售卖的产品利润成倍级放大,但是在产品质量和用户的购物体验上,却完全跟不上。价格虚高,囤货,动销差,加之金字塔式的拉人头代理赚钱的模式,导致微商很快被贴上了“杀熟”“传销”的印象标签,彻底将行业污名化了。社交电商的实质,其实重点还是社交,卖货只是顺便的事。社交只是一种手段,货和服务才是根本,想要在熟人之间卖货而不会引起反感,前提是卖的是好货。只有好产品才能在社交关系链上流动,而这会是社交电商平台可持续发展的核心。对此,你有什么看法?

2.微信本身是社交工具,但围绕其生态展开的流量、电商交易最近潮水涌动:拼多多引发广泛关注。拼多多是借助微信红利异军突起的平台型电商。通过在微信中拼团裂变,拼多多做到 3 亿用户、千亿元年 GMV 只用了两年。最近,社交电商频获资本加注,一夜之间,几乎所有投资人都在看社交电商。仅 2018 年 1 月,就有 SEE 小电铺、有好东西、爱库存、思埠、无敌掌柜等社交电商公司宣布新融资,融资金额多在亿元及以上,背后不乏腾讯、红杉、赛富亚洲、愉悦资本、快手等知名机构和公司。接下来我们想通过实际案例探讨几个问题:

(1)微信近 10 亿的月活跃用户被视为宝藏,宝藏中蕴含着怎样的大机会?

(2)微信的流量红利怎么玩,不同的社交电商用什么方式获取红利、建造壁垒?

(3)小程序的数量已经超过 58 万个,日活跃用户 1.7 亿,在社交电商中起到了什么作用?

(4)社交电商的淘金者会造就什么样的营销人?

实训一　新浪微博

注册新浪微博,完成以下任务:

(1)通过“发现”功能,在“热门微博分类”搜索“数码”“美妆”类目的微博信息,选取影响力高的微博,分析两者在内容营销上的差异。

(2)通过“高级搜索”中的“找人”,搜索你所在城市(地点),与你所学专业相关的(标签)微博账户;尤其是那些“关注”在 500 以下、“粉丝”在 1 万以上、“微博”在 2000 条以上的账户。

(3)通过“管理中心”查看自己的各类微博运行数据,尤其是“数据助手”里的各项数据。

(4)通过“管理中心”里的“微博橱窗”创建自己的商品。

(5)进入 http://open.weibo.com,了解微博开放平台信息。

(6)下载手机新浪微博 APP,用手机登录,了解微博支付相关信息。

(7)为家乡市/县新开发旅游项目、美食、文创、商业设施写一篇博文,并通过热门话题(#)及@相关负责机构,得到他们的认可和转发。

(8)评价一件热点事件,发表自己的观点,并通过热门话题(#)及@相关负责机构,得到他们的认可和转发(努力让转发次数超过 20 次)。

实训二　微博传播分析

(1)登录新浪微博,在"管理中心"中"数据助手"里查看"大数据实验室",对单条微博的传播效果进行分析(点击微博发布时间,进入该条微博网页,网页地址栏中的链接即为该条微博的链接)。

转发评论趋势图　　　　　　　　　　　　　　　　　　　　　　　■转发　■评论　■意见领袖

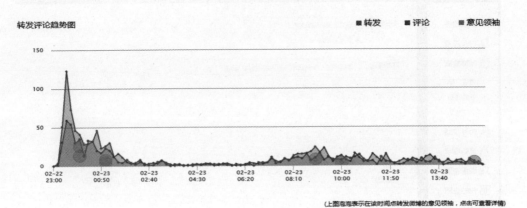

（上图泡泡表示在该时间点转发微博的意见领袖，点击可查看详情）

该微博于02-22 23:06发布后，于02-22 23:30达到转发、评论高峰，转发峰值59条、评论峰值123条，此后微博传播速度逐渐降低。

博文概况

单条微博传播指数 77.28

单条微博传播指数旨在综合评价单条微博传播效果，计算维度包括3个方面：1）基本传播因素：转评赞、阅读量等；2）覆盖用户因素：参与传播的独立用户数；3）传播深度因素：转发层级；指数越高，说明单条微博的传播效果越好，指数范围：0~100。

有效转发数　791次

去掉垃圾转发与定向转发后的有效转发数

覆盖人次　272,729人

该微博覆盖的微博用户数，包括博主与转发者的粉丝数

内容敏感度　0.00%

对转发与评论内容进行综合语义分析

关键传播用户

引发最大转发的转发者

北鼻凹凸曼
带动再次转发数：1

转发者兴趣标签

评论者兴趣标签

(2)知微传播分析

知微是专业的互联网大数据传播分析平台,其基于海量数据的分析、挖掘和可视化,构建社会热点事件的发现、追踪、挖掘及预测的完整生态,进一步形成有效的事件影响力评价标准。

微博传播分析平台(www.weiboreach.com)由知微大数据公司设计开发,提供可视化的微博传播路径图、传播关键人物分析、转发粉丝属性分析、传播层级比例分析、传播情感分析、传播水军参与情况分析。

知微产品包括:

①知微传播分析:深入洞察微博传播影响力,为企业、政府和运营机构营销、舆情和运营的评测提供全方位的数据支持,具有准消费者洞察、营销效果评测和品牌形象维护的功能。

②知微数据博物馆:事件博物馆,最全的互联网社会热点聚合平台,最深度的事件真相解读,在这里,可以读懂网络中国。

③社会化媒体大数据实验室:基于百亿量级的微博、微信数据精心打造;针对高校的软硬件成套的定制化解决方案,具有日常教学功能、内部科研功能、讲解演示功能、对外服务功能。

功能说明	Q&A	
模块名称	功能名称	功能说明
总览	整体评价	本消息在曝光量(未去重的转发者粉丝总和)、用户总评(用户活跃度、粉丝量等指标的加权平均)、情感值(正负情感)、内容分析(消息传播深度)四个维度上与行业标准的比较
	消息传播各项指标	包括用户质量、水军比例、短链点击数等的总体概述
	微力值	综合该消息的传播深度、广度及参与用户各项指标加权后得出的微博影响力总体评价
传播分析	转发时间趋势	各时段转发量数值及相应的参与意见领袖(KOL)
	关键账号	带来二次转发最多的前十个微博账号及其传播路径
	转发层级分析	显示各层的转发数量
参与者信息	地域分析	转发者的所在省份,显示各省份的转发人数、比例及其在全国的排名
	微博来源	转发者使用各客户端的比例分布
	认证男女	转发者的性别比例、认证类型比例
	粉丝质量	所有转发者的粉丝的各区间分布
	活跃用户	极活跃用户、较活跃用户、活跃用户、不活跃用户的数量(根据大量采集的用户行为划分区段)
引爆点	引爆点	十大关键传播账号
短链分析	链接地址	所分析的微博中含有的短链接
	点击数	短链接被点击次数
	分享数	短链接在微博上的被分享次数
	评论数	短链接在微博上的被评论次数
	Referer来源	前五大短链点击来源
	点击地域分布	各省份点击该短链的用户的数量和比例
	点击/转发比例	各省份的点击用户数和转发用户数比例
水军分析	总体分析	给出无水军、疑似水军、轻度水军、重度水军判别
	水军危害	文字说明微博营销中颀见水军的危害
	营销账号水军分析	给出该条微博转发者中的营销账号的水军比例
内容分析	情感值	该条微博转发中呈现出的正能量、中性能量、负能量数值
	关键词/字	给出转发语中的高频词,并分别按序给出正面高频词和负面高频词,并可查看该正面/负面高频词的提及次数,以及提及关键词的微博
	提及关键词的转发	包括转发者、转发时间、微博地址

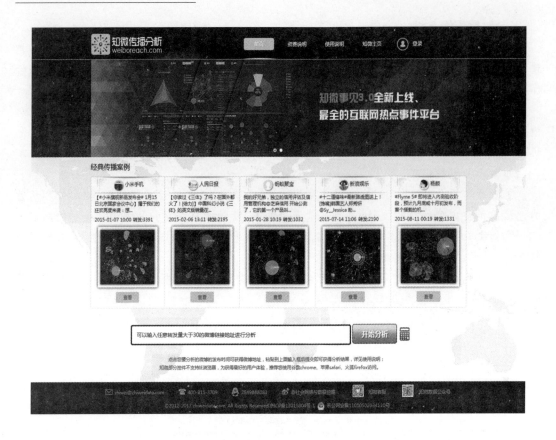

实训三　云集微店与贝店

根据自己的方便性,选择云集微店或贝店 APP 下载安装至手机,从朋友处获得邀请码(贝店的可选邀请码为 171834)。体验开店的过程,并分析开店的成本以及自己如何从中获利。

第9章 网红经济

Online celebrity economy

【学习目标】

❖ 了解当前的网络红人现象

❖ 了解网红发展过程和阶段

❖ 了解当前网红的基本分类和特征

❖ 了解网红经济地图和产业链构成

❖ 了解在线直播,掌握一种直播方式

❖ 了解在线直播的产业链

❖ 理解电商红人的逻辑

 引导案例 英媒称网红经济改变中国电商模式:产品设计由粉丝决定

英媒称,每天,有数以百万计的中国人在逛社交媒体,跟踪网红的帖子或收听直播。粉丝们正在帮助新一代中国互联网明星把他们的知名度变现,并在这个过程中撼动了中国的电子商务行业。

据英国《经济学人》周刊网站 2018 年 3 月 15 日报道,与传统奢侈品和美容品的品牌大使不同,许多网红是靠吸引眼球的在线内容而非知名度建立起粉丝群的。最成功的一些网红并不是特别迷人。

报道称,一些网红已被奢侈品牌招募。一家瑞士制表企业聘请了一位网红为年轻都市人制作一段视频广告,受众包括她在社交媒体上的 2700 万名粉丝。据艾媒咨询的张毅(音)估计,在淘宝等购物网站或微信等社交媒体应用的销售额中,高达 15% 受网红推荐的影响。一件裙子的长度可能是由网红粉丝的一次调查决定的;它的发布日期可能基于它获得的点击量、分享量或评论数量,有时还会促成最后时刻的设计调整。

报道认为,这对零售商提出了新的挑战,因为其供应链必须更快地响应网红的判断。以前,一家公司会寻找一位名人来与其形象相匹配,但网红和他们的粉丝正在塑造这些商品。

另一个挑战来自网红自己。他们不仅靠网上的支持度或建议来赚钱,还启动了他们自己的电子商店。据易观国际数据,2016 年,网红的收入达 530 亿元人民币,而销售商品仅占不到一半(其余大部分来自直播和广告)。

报道称,一些网红更进一步。2017 年 11 月,方女士推出了自己的服装系列。她说,这么做的初因是她喜欢的品牌并不总能与她和粉丝分享的趋势相匹配。通过创建自己的品牌,她可以完全控制品质。她也获得了新的收入来源。艾媒咨询估计,目前只有 3%～5%

的网红延续了方女士的创业之路。但它预计该模式将成为一个横跨娱乐和电子商务的行业，并受到在线数据的驱动。

报道称，一个行业确实正在涌现，以帮助那些互联网新星。中国现在有50家左右的专业网红孵化器。它们寻找有前途的候选人，帮助他们掌握在线商业模式，充当供应链管理人和代理商。它们还帮助招聘设计师，采购面料和寻找工厂。2016年，孵化器如涵公司已经与几十家有影响力的企业签订了合同。

网红经济有望继续增长。易观国际指出，2016年，网红经济已经比中国电影业的票房还要高15%，2017年可能超过1000亿元。

报道认为，它的成功说明了网络零售和社交媒体在中国相互融合的现实。

资料来源：http://www.xinhuanet.com/world/2018-03/24/c_129836598.htm

9.1　网红现象

一般意义上说，"网络红人"（网红）是指在现实或者网络生活中因为某个事件或者某个行为而被网民关注从而走红的人。他们的走红皆因为自身的某种特质在网络作用下被放大，与网民的审美、审丑、娱乐、刺激、偷窥、臆想以及看客等心理相契合，有意或无意间受到网络世界的追捧，成为"网络红人"。因此，"网络红人"的产生不是自发的，而是在网络媒介环境下，网络红人、网络推手、传统媒体以及受众心理需求等利益共同体综合作用下的结果。

从电子商务角度说，网红指的是在社交平台上具有一定量的社交资产，并且有能力将这些社交资产变现（变现方式通常包括广告与销售）的人。其范围不止于网络上走红的、善于自我营销的美女，网络上以新浪微博为主的各大社交平台上均长期活跃着各类垂直领域的意见领袖或者行业达人，游戏、动漫、美食、宠物、时尚、教育、摄影、股票等领域都有一些极具影响力的网红。

随着技术和市场的升级，网红已经从现象逐渐转型成为一种经济产业。通过网络走红，通过网络实现变现成为一个鲜明特征。2015年也被称作网红元年，2016年，以短视频、直播电商为主要趋势的网红经济产业正在受到投资者前所未有的关注，被称为网红2.0时代到来，如图9-1所示。

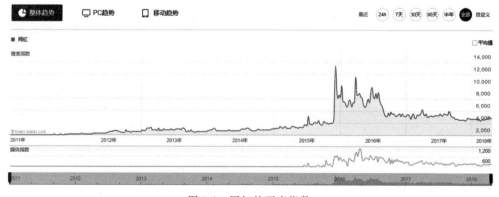

图9-1　网红的百度指数

9.1.1　网红进化史

严格意义上讲,网红并非新生事物。最早一批的网红以安妮宝贝、痞子蔡等网络小说家为主,活跃在榕树下、晋江等文学网站。他们通过作品连载提高人气,并通过出书或付费阅读等方式变现;BBS 时代的网红以"芙蓉姐姐"和"凤姐"为代表,活跃在天涯、猫扑等社区论坛,他们凭借团队炒作,以恶搞和低俗的形象赚得大众眼球,成为社会热议话题,通过参加商业活动赚取出场费;当下的网红指活跃在社交媒体与电商平台的各领域达人,他们通过在社交网络提供内容,开展推广营销活动提高人气,通过电商、微商、广告等多种途径变现。

1. 美国网红

在美国做时尚营销的人们,都会常常用这样一个词:Influencer,又称 Blogger(博主)。国内称意见领袖(key opinion leader,KOL),又名博主、网红。顾名思义,网络红人,有专门属性的忠实粉丝。做博主营销横跨于公关(PR)、社交新媒体(Social)、内容营销的中间,起着非常大的公关、品牌和影响力。

美国的时尚网红现在大多集中在一个平台上:Instagram,如图 9-2 所示。美国的网红(女)有以下几种特征:

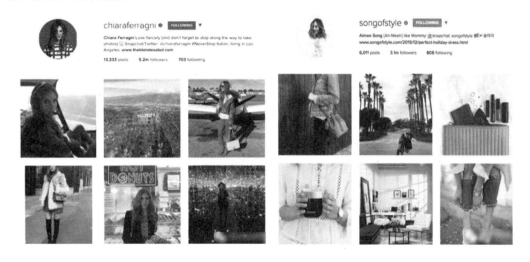

图 9-2　美国 Instagram 上的网红

(1)她们自己本身就是最棒的 content marketer(内容制作、摄影、文案、营销家):爱好摄影、构图且对色彩搭配敏感,玩转社交网络媒体有经验。

(2)对时尚搭配的专业度非常高,有领先市场的影响力,通常脸美、身材好、钱多(所以买了很多衣服试着玩)。

(3)有个性又有魅力:网红最关键的就是有正能量的光环,让你有种"做女人原来可以这么美"的向往感。

2. 国内网红

国内网红现象之前经历了匿名社区、草根红人、段子手三个发展阶段。在匿名社区和草根红人的阶段,网红主要靠发布优质内容获得影响力。社交网络的出现使段子手成为网红主力,开始进行粉丝沉淀,营销内容也变得多元化。

移动互联网的普及,进一步加速了网红行业生态的升级,网红进入以内容 IP、产业化和多媒体为主的发展阶段。随着社交网络、移动支付、视频直播等互联网基础服务设施的普及,全民的内容创作能力和商业运作能力在互联网上被激活,直接推动了网红从现象升级为一个具备投资价值的产业。随着网红产业的形成,加之各方力量的推动,必然会催生更多更有价值的"网红制造"的爆品内容,如图 9-3 所示。

图 9-3   中国网红进化过程

伴随着网红面貌和特征的变化,"网红经济"的概念在近几年被提出,几个重要时间节点包括:2014 年"双 11",淘宝女装店铺前十名中有七个为网红店铺,新一代网红的商业变现能力得到大众关注;2015 年 8 月,淘宝网举办"网红现象研讨会",正式提出网红经济的概念;2015 年"双 11"期间,网红店铺仍占据淘宝女装 C 店前十的七席,数十家红人店销量达 2000万~5000 万元;2015 年末,新浪微博评选年度微电商十大网红。知名网红年收入过亿等新闻充斥大众媒体,网红经济成为社会各界的热议话题。

9.1.2   网红产生背景

据艾瑞咨询的报告,2018 年,粉丝规模在 10 万人以上的网络红人数量持续增长,较2017 年增长 51%。其中粉丝规模超过 100 万人的头部网红增长达到了 23%。而网红数量增长的一大原因是粉丝数量的增长,截至 2018 年 4 月,中国网红粉丝总人数保持了之前不断增长的势头,达到 5.88 亿人,同比增长 25%。近年来,网红、自媒体、主播、KOL 这些词不停地出现在大众视野,这与网民的个体需求及技术与商业的推动关系密切。

(1)个体表达的需要。随着社会生活注意力向网络转移,人们越来越具有展示自己个性、发挥个人才能、实现自我价值等需求。对于许多网红和她们的粉丝而言,其最基本的动机就是为了表达的需要。

(2)个体参与的需要。物质基础决定上层建筑,当人们最基本的生存需要得到满足的时候,对于具有社会价值和精神价值的公共事务的关注程度就会增强。

(3)个体成就的需要。人们内在具有希望成就一番事业、获得荣誉的需要。当个体在现代化进程中发展,其对成就的需要就尤为迫切。

(4)大众需求与社会氛围。内容消费观的转变、对娱乐化内容的迫切需求,以及虚拟社区亚文化语境下的价值认同都对网红产生需求,尤其现代性语境下的"娱乐至死"、去中心化、人格化特质凸显。

(5)技术和商业驱动。在技术上,表现为移动互联网发展、社交网络变迁、网络视频功能的优化与完善。在商业上,自媒体、泛娱乐、新型营销和广告的快速发展都推动了网红的大量涌现。

大体上,拼颜值、拼内容、拼团队、拼制作成为当前网红竞争的主要内容。视频、直播、电商是当前网红发展的主要趋势,资本的不断涌入也助推网红产业链条不断完善和发展(见图 9-4)。

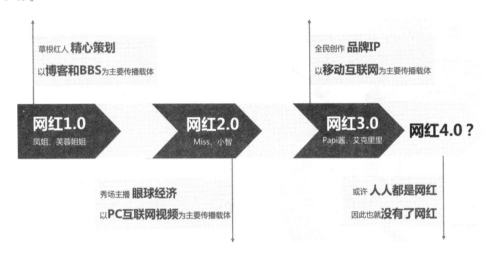

图 9-4　中国网红发展阶段(艾媒咨询)

我国电商行业开始进入转型期,行业面临三大痛点,而网红经济恰好迎合了这种趋势。

(1)产品同质化现象严重,难以符合新一代消费者对品质与个性化的要求。网红淘宝店走定制化路线,采取限量发售的销售策略,满足了顾客张扬个性的需求。一周至少一次的上新速度顺应顾客追赶时尚潮流的心态。根据淘宝官方统计,网红店铺 76%的顾客为 18～29 岁的年轻女性。作为同龄人,她们更容易接受网红们有意渗透在营销背后的生活方式,推崇网红们普遍传播的特立独行、潇洒的个性爱好,成为网红的忠实粉丝,在网红营销的强力视觉冲击下,进行冲动购买和重复购买。

(2)卖家与产品品类众多,提升了消费者的时间成本。网红凭借时尚品位与专业选款能力,为相同偏好的粉丝节省了搜寻成本,提高了购物效率。

(3)流量获取成本高、转化率低。传统以平台为中心的流量分配模式导致营销费用高,中小卖家难以负担。而且,不加分类的流量导入到卖家后很难与产品匹配,导致流量转化率低。而对于网红店铺而言,网红本人即为最大的流量入口,无须另外支付成本;粉丝群体的黏性越大、忠诚度越高,粉丝向消费者的转化效率则越高。由于网红店铺的靓丽表现,淘宝、微博等纷纷对网红店铺提供支持,进一步推动了网红经济的快速发展。

9.2　网红画像

2016 年 3 月 19 日,自媒体红人"Papi 酱"获得由真格基金、罗辑思维、光源资本和星图资本联合注资的 1200 万元人民币，业内人士预测 Papi 酱估值已达 3 亿元。Papi 酱，"一个集美貌与才华于一身的女子"，原本是中央戏剧学院导演系硕士，2015 年 10 月开始在网络上发布原创短视频，凭借犀利的吐槽和夸张的演技迅速走红网络，短短四个月时间粉丝已破千万，被封为"2016 年第一网红"。

　　Papi 酱为什么快速走红？其一，兼具颜值、实力与个性。拥有高颜值、高学历的 Papi 酱大胆以"贫穷＋平胸"自嘲，一改普通网红晒合照，秀奢侈品的套路，自编自导自演个人短视频，以吐槽和演技征服粉丝。相比其他网红，Papi 酱拥有颜值派、实力派、个性派的综合特质。其二，发布平台定位精准、受众广泛。选择在用户规模、媒体属性、消费属性等方面占尽优势的微信和微博作为发布平台，依靠粉丝自发转载完成病毒式推广。其三，视频内容受众极广。选择家庭沟通、过春节、谈恋爱等日常话题，吐槽一针见血，能够引起广泛共鸣。其四，推广模式符合快餐经济特点。Papi 酱的视频普遍不超过 5 分钟，"短视频＋公众号"的组合保证了作品的点击量与推广度，一举成为"40 多条视频吸粉两千万"的现象级网红，如图 9-5 所示。

视频名称	发布时间	时长	微信打赏数量	微信阅读数量	微信点赞数量	微博转发数量	微博评论数量	微博点赞数量
大家好，我又来精分了	2016-03-21	2：43	2850	100000 以上	17353	26040	20811	152161
男性生存法则第四弹	2016-03-14	3：00	2575	100000 以上	15880	85076	70131	192733
你听到过这些话吗？	2016-03-7	1：58	3175	100000 以上	18343	92364	35871	315389
张总教你微电影【第一弹】	2016-02-29	3：16	2926	100000 以上	14211	66279	37559	221472
有些人一谈恋爱就招人讨厌	2016-02-13	4：50	3324	100000 以上	14753	273297	118524	387044
马上就要过春节了，你准备好了吗？	2016-02-6	4：44	3596	100000 以上	13920	233932	72264	301107
美女的烦恼你们不懂【第二弹】	2016-02-1	3：07	780	100000 以上	3932	18296	16527	110242
明星获奖时，心里在想些什么	2016-01-25	2：38	1345	100000 以上	6098	18342	13603	104898
我又来玩小咖秀了	2016-01-25	1：02	712	100000 以上	4162			
微信有时候真让我崩溃！	2016-01-18	3：20	2072	100000 以上	13011	95072	38518	211564
男性生存法则第三弹——女人为什么要逛街	2016-01-11	1：57	1616	100000 以上	5472	60597	39865	159279
上海话＋英语第三弹	2016-01-5	1：02	940	100000 以上	4129	36662	24296	114597
2015 年末，2016 年前，来自 Papi 酱的，一发心灵鸡汤	2015-12-31	1：47	1726	100000 以上	6210	43433	19319	98020
我把《恶棍天使》给看了	2015-12-28	1：40	1069	100000 以上	4375	15429	20111	84903
马上就是 12 月 25 号了	2015-12-25	1：48	859	100000 以上	4289	19339	11131	85594
圣诞节，你真的了解吗？	2015-12-23	2：42	821	100000 以上	2934	8361	9922	50366
2015 年度十大烂片最专业点评	2015-12-19	3：02	1167	100000 以上	3760	10593	10579	54518

图 9-5　Papi 酱部分视频作品影响力统计

　　Papi 酱如何变现？从网红经济产业链来看，Papi 酱已经逐渐完成了社交资产的积累，目前转入社交资产变现阶段。一期广告植入标价 30 万元，标志着 Papi 酱变现可能更倾向于社交平台（广告植入、品牌代言等）以及线下活动（演艺通告、明星店铺等）。Papi 酱获风投事件又一次引发了大众对于网红的关注。伴随着网红与娱乐圈明星的绯闻以及网红惊人盈利能力的曝光，"网红"已成为 2017 年度最热词汇之一。

　　根据特征，国内网红可大致分为颜值派、实力派与个性派三类。

（1）颜值派，圈粉变现最容易。网红不局限于美女，但高颜值更容易获得大众的好感，也更容易实现粉丝变现。这类网红一般通过开淘宝店售卖服装或化妆品盈利，她们亲自试穿或试用商品，利用优越的外貌条件带给粉丝美好的视觉体验，并传达"购买同款即可变美"的暗示，从而刺激消费需求。"颜值派"网红多为模特出身，如瑞丽模特张大奕、爱物模特雪梨，如图 9-6 所示。

图 9-6　张大奕与雪梨的微博

（2）实力派，内容 IP 创造者。这类网红在某个垂直领域有一技之长，通过提供优质内容吸引粉丝，并挖掘其聚焦领域的变现机会。例如，游戏玩家讲解电竞直播，健身教练指导减肥塑身，财经专家发表时事看法，摄影师讲解拍摄技巧等。这类网红多为自媒体，在擅长领域具有一定的影响力与话语权，如图 9-7 所示。

图 9-7　伍声与龚文祥的微博

（3）个性派，与众不同赚眼球。这类网红因个性迥异而迎合了网民的猎奇心理。2016年，薛之谦很火，这位"过气"多年的歌手，靠着一身写段子的本事成为"网络最红段子手"（微博粉丝 3936 万），如图 9-8 所示。

图 9-8　薛之谦的微博

内容创业服务平台——新榜（newrank.cn）于 2016 年 4 月首发全平台网红排行榜，对于"网红"，他们的定义标准力求"纯粹""典型"，所以必须具备以下特征：

（1）网生或重生于社交媒体，而不是将传统线下内容与身份进行线上化；

（2）引领潮流文化，生产创作年轻人普遍关注和消费的内容；

（3）具备人格化的偶像气质；

（4）有清晰的商业变现能力或潜力；

（5）跨平台传播，特别是活跃在视频点播平台、直播平台。

基于以上筛选标准，新榜对分散在微博、微信公众号、优酷、腾讯视频、爱奇艺、搜狐视频、美拍、秒拍、YY、斗鱼、虎牙等各个网络平台的网红进行汇总，形成近 2000 个网红样本，并针对这些网红的自身传播能力和声量，进行数据采集和分析，最终生成 2016 年 3 月"网红排行榜"100 强榜单，以及"美颜装扮""才艺搞笑""游戏电竞""文化乐活"四大分类榜单，具体算法如图 9-9 所示。图 9-10 为 2017 年 11 月第 19 期网红排行榜。

艾媒咨询认为，理论上讲，网络上红起来的人都可以被称作网红。他们把中国网红分为四大类：自媒体网红、话题型网红、淘女郎、主播类网红，如图 9-11 所示，所有网红基本都依附于电商、社交媒体或者直播平台。而网红世界也是有等级的，像 Papi 酱一样的头牌网红少之又少，90％的网红未能实现变现，但网民的围观、荷尔蒙刺激、欲望追求等心理足以让众多网红保持旺盛的生命力。

根据艾瑞咨询与微博联合发布的《中国网红经济发展洞察报告》（2018 年），伴随着网红数量的大幅增加，其涉及的领域也在不断扩大，从早期的娱乐内容作品创作以及美妆到接下来的知识科普、信息分享，再到现在的美食、财经等亟待挖掘的新兴垂直领域，都在不断发展成为孕育新生代网红的土壤。传统的文娱领域依旧占据网红所在领域的主导位置（见图 9-12）。在排名靠前的领域内，泛娱乐类领域数量最多，达到了 5 个，且排名均靠前。

一级指标	二级指标	满分分值	指标释义
网红自身传播（600分）	微博传播力	360分	2016年3月，该网红新浪微博账号的传播力，包括发布数、阅读数、转评赞、打赏、订阅数等
	微信传播力	240分	2016年3月，该网红微信公众号的传播力，包括发文次数、篇数、阅读数、点赞数等
网络舆论声量（400分）	微博提及度	120分	2016年3月，所有新浪微博博文中，提到该网红的博文数量
	微信提及度	200分	2016年3月，所有微信公众号发文中，提到该网红的文章数量
	百度指数	80分	2016年3月，百度搜索指数平均值，包含PC端和移动端
传播加分项（500分）	视频点播传播力	250分	该网红视频自媒体频道的全网粉丝数，平台包括主流视频网站和短视频APP
	视频直播传播力	250分	该网红直播账号的全网粉丝数，平台包括主流直播网站和直播APP

图 9-9　新榜网红评选标准

图 9-10　新榜网红排行榜（2017 年 11 月）

图 9-11　艾媒咨询的网红分类

图 9-12　微博网红及直播的关注点

9.3　网红经济地图

严格意义上讲，网红并非新生事物，但"网红经济"这一概念近几年才被提出。网红经济是指围绕网红开展的商业营利活动，而实现从"网红"至"网红经济"的跨越需要具备两个前提，一是高质量的社交资产；二是恰当的商业模式。伴随着消费趋势变化，电商面临产品同质化、流量获取成本高、转化率低等诸多问题，以及消费者获取信息方式的转变，而网红经济近几年来得到快速发展。

国君纺织服装团队联合和君资本发布了网红经济地图。网红经济地图包括上游社交平台、中游网红孵化和下游网红变现渠道。

1. 上游社交平台是网红主要的流量来源

我们可以把社交平台类比成地方政府，网红孵化的各类企业类比成地产开发商，在社交平台上吸引粉丝则相当于开产商向地方政府拿地。不难理解，社交平台对于网红流量的重要性。越大的社交平台资源越多，越大的孵化公司在社交平台上的话语权越重。社交平台向孵化公司收费也将是必然趋势。

（1）网红电商类的社交平台。

①最主要的是综合性平台——微博和微信。微博由于开放性和弱关系属性,是最容易电商化的社交平台,目前绝大多网红电商主要以微博为平台,吸引粉丝关注、与粉丝互动。

②自建社交关系的平台包括美丽说、蘑菇街、Onlylady 社区等。这种社交平台面向对某一领域感兴趣的用户,建立对应的社交关系,由于社交属性比较单一,重在吸引有效粉丝上。

③跨境电商社交平台包括小红书、洋码头,实际上也是一种自建社交关系的平台。

（2）移动直播/录播社交平台

活跃在这些平台上的网红主要通过虚拟礼物、演艺等方式变现。目前电商化还处在尝试阶段,盈利模式也不同于网红电商平台。

2. 中游网红孵化器和网红经纪作为运营商,是网红的主要供给方

目前比较领先的网红孵化公司包括杭州如涵(www. ruhnn. com)、杭州缇苏(www. pblab. com),像网红商学院(如中视网红商学院 www. zstar. cn)、网红学院这种专门做网红培训的机构也得到了快速发展。

（1）网红电商开启网红孵化先河

杭州如涵、杭州缇苏原来都起源于淘品牌,它们也是最早积累了如何去发掘、打造网红经验的公司。这些公司会挑选具有一定量级粉丝(10 万以上)、具有审美输出能力、某种调性特质突出的人,帮助提供营销内容策划、内容制作、买手和设计师支持,来不断吸引粉丝,最终成为可变现的网红。网红电商的网红也从最开始的服饰,走向了化妆品、首饰、奢侈品、旅游、休闲食品、保健产品等多行业的网红。

（2）专业的网红培训机构兴起

网红商学院起步较早,是以研究网红经济为主题的学习型社群,输出与网红行业相关的资讯和知识,并不局限于培养包装网红,它们也通过知识输出培养和聚拢更多的网红行业人才。预计未来越来越多的类似演艺培训学院的公司会兴起,提供更多网红资源。

3. 下游网红是变现渠道

目前网红较好的变现方式是电商、广告、打赏、演艺。

（1）网红电商公司主要通过电商变现。如杭州如涵、杭州缇苏、美丽说、蘑菇街、小红书、洋码头等。

（2）内容类网红主要通过广告变现。如冷笑话精选等,这些内容网红粉丝调性不统一,较难开发针对粉丝的电商化产品,因此广告是最好的变现方式。

（3）直播类公司主要通过打赏。直播类网红与粉丝进行实时互动,通过表演、聊天技巧等手段,让粉丝通过送虚拟礼物进行打赏变现。具有直播能力的网红,往往具有一定的表演能力,未来可能通过影视、综艺的方式变现,同时也有部分直播网红开始电商化。

我们把图 9-13 和图 9-14 进行简化,更直观地展现网红经济地图,如图 9-15 所示。社交平台、网红孵化、供应链、变现平台构成网红经济的全产业链。

一方面,直播平台仍然处于亏损状态,而另一方面,网红们的成本不断攀升。如今的网红经济已经初步形成了上、中、下游紧密联动的专业化生产产业链。网红更像是一种产品,上游负责生产产品,中游负责推广产品,下游负责销售产品,形成了拥有推广渠道、内容、销售途径等环节的营销闭环。不同网红变现方式也有所差异,但主要的变现渠道在于广告、打

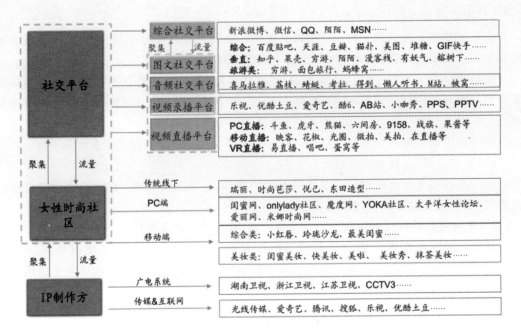

图 9-13　网红经济上游:社交平台是网红的流量来源

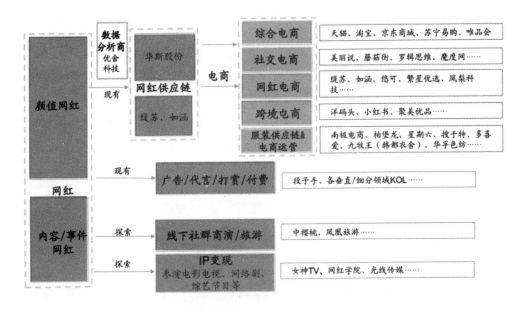

图 9-14　网红经济下游:网红主要依靠电商或广告变现

赏、电商收入及付费服务,而当网红成为 IP 之后,其变现能力将更加强大,形象代言、出书、进军影视界、衍生品制作等都可能作为变现的方式,如图 9-16 所示。

从网红商业化探索看,网红进行商业化变现的方式主要有(见图 9-17):

(1)虚拟礼物:在斗鱼、繁星、花椒、映客等直播平台上,粉丝打赏赠送的各种虚拟礼物;

(2)销售商品:在淘宝等平台,向粉丝销售商品;

(3)广告:在微博等社交媒体上为品牌商做广告;

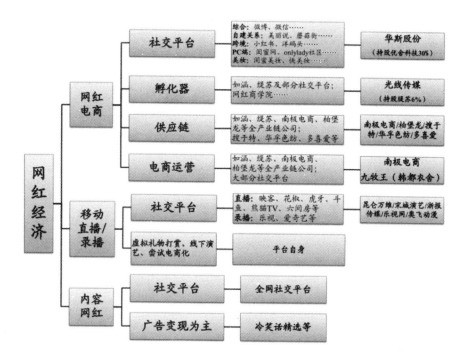

图 9-15　网红经济地图简化版

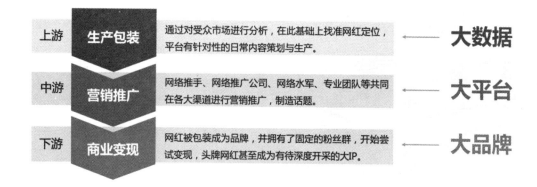

图 9-16　中国网红经济产业链构成

（4）围绕内容的 IP 变现：做内容生产者，如同道大叔不仅将发布新书《狮子座》，而且还将带来十二星座人偶音乐剧以及十二星座限量版公仔；

（5）创业：如陆琪在 2014 年注册了自己的公司；

（6）转变成艺人：如扮演网剧《万万没想到》中王大锤而走红的白客，客串了周星驰电影《美人鱼》，主演了电影版的《万万没想到》。

从几种典型的变现模式看，目前主流的变现模式是虚拟礼物、销售商品和广告收入，其中，虚拟礼物是伴随较早出现的一批 PC 直播平台如 YY、9158 等发展起来的较为成熟的变现模式，后来，随着市场发展又先后出现了电商、广告等变现模式。随着市场的深入发展，网红变现的模式越来越多元化，开始出现围绕内容变现、创业等的新兴变现模式（见图 9-18）。

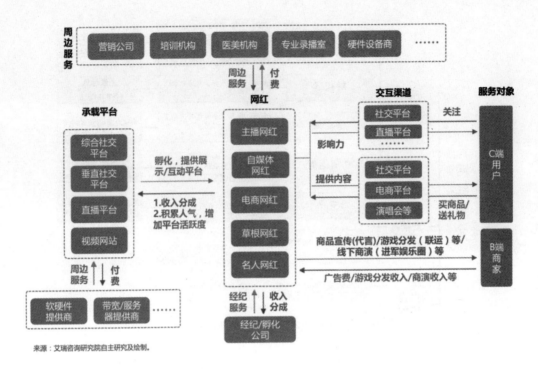

图 9-17　2016 年中国网红产业各参与方的变现方式

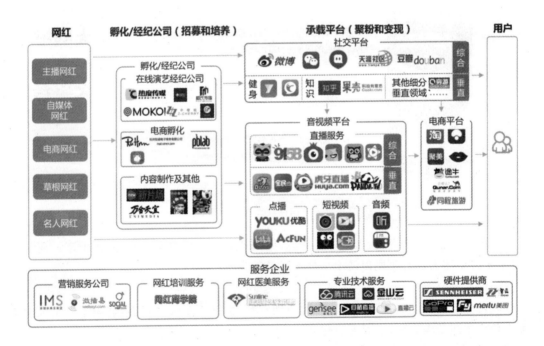

图 9-18　2016 年中国网红产业链图谱

9.4　在线直播

1. 在线直播的诞生

回顾互联网发展史，娱乐内容正在不断突破我们的想象。从文字到图片，再到视频（录播/直播）、VR/AR，互联网内容都分别在更新迭代并形成错综复杂的组合，信息量和生动性一直在丰富中，如图 9-19 所示。

内容形态	文字	图片	长视频（录播）	短视频（录播）	直播	VR/AR（现状）	VR/AR（展望）
主要创作模式	UGC	UGC/PGC	PGC/UGC	UGC	UGC	PGC	UGC/PGC
创作门槛	低	低	较高	较低	较低	很高	降低趋势
作品时长	数千字/章节	单图/多图	数分钟至数小时	数十秒至数分钟	数分钟至数小时	数分钟至数小时	数分钟至数小时
更新频次	日更	日更	日更/周更	日更	日更	不确定	高频趋势
传播载体	PC端移动端	PC端移动端	PC端移动端	PC端移动端	PC端移动端	PC端移动端 VR一体机	PC端移动端 VR一体机
呈现形态	一次元	一次元/二次元	三次元/二次元	三次元	三次元	N次元	N次元
代表性公司	榕树下、起点中文网	猫扑、天涯、in、微博	优酷、爱奇艺、乐视、A站、B站	美拍、小咖秀、快手	9158、YY、斗鱼、虎牙、映客、易直播、果酱、咸蛋家	唱吧、易直播	未来将有越来越多公司引入VR技术进行内容直播和分发

资料来源：方正证券研究所

图 9-19　互联网平台的内容演进规律

2004 年，乐视网的成立掀开了国内视频网站成长的序幕。2005—2006 年，土豆网、56 网、激动网、PPTV、PPS、优酷网、六间房等相继上线，为用户带来新型的内容和新颖的视频内容观看体验，UGC 的"播客"模式再次引发全民参与的热潮，逐渐对传统电视台系统造成冲击，也引来各大巨头争相布局。后期包括搜狐、新浪、网易等主流门户网站以及百度、腾讯等互联网巨头也涉足视频领域。其间同时孕育了第一代的直播网站，为避开巨头的乱战，YY、9158 等公司另辟蹊径，孵化出直播的互动视频模式，给用户提供了区别于以往录播的实时直播内容，实时观看、深度互动的体验给用户开启了一个新的大门。同时，正因为用户可以用虚拟物品表明好恶，"打赏"的盈利模式得以建立并发扬光大，成为继"游戏、广告、电商"以外的第四种互联网盈利方式。2007—2012 年，A 站（http://www.acfun.cn）、B 站（http://www.bilibili.com）上线并快速发展，为单调的视频内容增加了弹幕功能，进一步丰富了互动体验，并培育了一大批忠实的年轻用户。

自 2015 年在线直播正式得到普及并进入大众的视野开始，行业经历了资本的涌入和白热化的竞争，到 2017 年竞争格局逐步形成，用户沉淀后规模扩大的速度有所放缓。随着行业的逐渐稳定，全民直播的风潮也渐渐消退，真正优质的 PGC 和 PUGC 内容得以被保留并成为主流。在行业进入成熟期的情况下，当下发展的重点在于建立起真正健康的、规模化的商业模式，各平台开始逐渐重视来自于 B 端的收入，并且开始关注如何利用直播的优势和特点帮助广告主进行产品和品牌的营销，从而实现最大限度的流量变现，如图 9-20 所示。

图 9-20　网络直播行业发展各阶段特点

2. 在线直播的发展

自从 2014 年以来,泛娱乐直播行业一直处于快速增长的模式。2017 年,国内泛娱乐直播市场规模达到 453.2 亿元,较 2016 年增长 63.6%。预计在 2020 年泛娱乐直播市场规模将达到 1120.9 亿元,同比增长 25.4%。随着越来越多的网红涌入直播行业,直播及其衍生出的收入方式如打赏以及与平台之间的签约费也为网红们带来了可观的收入。据统计,直播、签约费及粉丝打赏所带来的收入占比已经达到 38.4%,如图 9-21 所示。

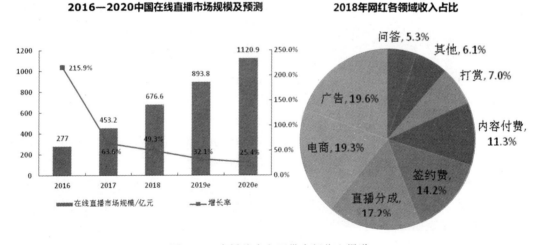

图 9-21　直播从多方面带来新收入渠道

3. 在线直播产业链

在互联网用户消费习惯变化和粉丝经济兴起的背景下,国内娱乐直播平台已经形成三方分化的状态:秀场直播＋游戏直播＋全民(移动)直播。虽然总体来看,直播的产业链条相对简单,但平台、主播、观众构成了最重要的三大角色,如图 9-22 所示。而直播这种业态突破了传统的互联网三大盈利模式——游戏、广告、电商,通过粉丝"虚拟物品"打赏建立了第四种盈利模式。

随着直播平台越来越正规化且制作内容越来越精良,在扩大流量的同时,各平台也致力于摆脱过去大众附加在直播行业之上类似于"低俗"的负面标签。它们希望以更多创新的、

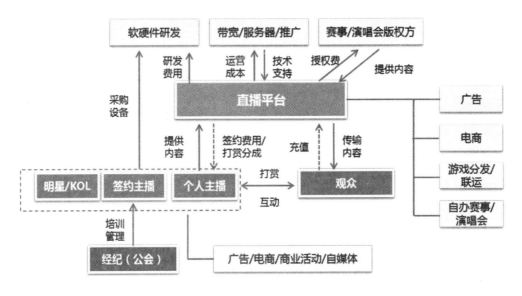

图 9-22　在线直播的产业链

来源：www.iresearch.com。

长期的营销模式去吸引大型广告主的合作，这样不仅能够提高平台本身的商业变现能力，而且能够将品牌主与直播平台的形象一同进行提升，拓宽企业资源，从而实现产业链升级。与直播相结合的营销方式正是在这一背景下受到了越来越多直播平台的重视。对于直播平台来说，当流量增长进入瓶颈期时，它们需要开拓除打赏和增值服务之外的商业化变现渠道，因此会更加倚重由营销所带来的收入。另外，对于广告主来说，随着技术的进步和直播平台内创新营销玩法的开发，直播营销这种能够以相对较低的成本换取在集中流量下多次曝光的营销方式将会获得越来越多的关注，如图 9-23 所示。

9.5　电商网红

根据阿里大数据分析，2015 年是电商红人产业爆发元年，电商红人店铺销售规模在一年间接近翻倍。电商红人集中在与女性相关的行业，电商红人店铺售卖的商品中女装占比最大，其次是女鞋和母婴产品。新品类扩张迅猛，红人模式正向女装以外的其他领域高速拓展，如向生活用品领域渗透。电商红人店铺粉丝主要是生活在一二线大城市的女性消费者。生活在都市的女性追求潮流与个性，红人的粉丝与这一群体吻合，二线城市是红人最主要的消费市场。电商红人店铺的粉丝集中于经济发达地区外，除经济较发达的沿海地区外，内陆地区如四川和湖北也热衷在红人店铺消费。95 后是增长最快的消费者群体。他们追求年轻、时尚，个人品位未完全成型，更容易受红人推荐的影响。

尽管随着网红经济产业的不断发展和完善，各种变现方式也层出不穷，但电商作为传统变现手段之一，在 2017 年的表现仍旧十分亮眼。截至 2018 年 4 月，网红电商成交总额（GMV）年度增长量高达 62％。在各细分领域之中，服饰类是龙头，其 GMV 占总规模超过70％。在知识科普领域方面，其下垂直领域通过电商的收入表现也十分令人瞩目。母婴育

图 9-23　中国在线直播营销产业链图谱

儿类在 2016 年 GMV 占整体知识科普领域收入的 55.2％。而其他领域虽然占比不及母婴育儿类，但均保持了高速的年增长率，其中数码类、教育类和健康医疗类 GMV 增速均超过了 500％，分别达到 759.3％、661.7％及 509.9％，如图 9-24 所示。

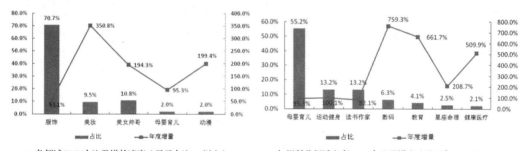

(a) 各领域GMV占比及增长速度（显示占比2%以上）　　(b) 知识科普领域电商GMV占比及增速（显示占比2%以上）

图 9-24　电商网红的品类和区域分布

来源：www.iresearch.com

互动平台（如新浪微博，优酷土豆）与电商平台（淘宝网）结合，形成一套完整的产业闭环。以女装行业为例，女装网红的生态与传统快时尚行业并无明显区别，均由设计、营销、生产三个环节组成，如图 9-25 所示。但不同的是，网红把通过互动平台聚集的粉丝转化为消费的核心群体，能够更精准、更快速地把握消费者的需求，节省了营销的时间和成本。

为什么网红店会成为热点？下面以服装行业为例来说明网红电商的逻辑。

目前服装产业链的销售端主要分为线下实体销售以及线上销售两部分，而线上销售目前又延伸出了网红店铺这种新型的销售手段。网红的出现改善了目前供应链效率较低以及不够精准的问题。从供应链和零售两端来看：

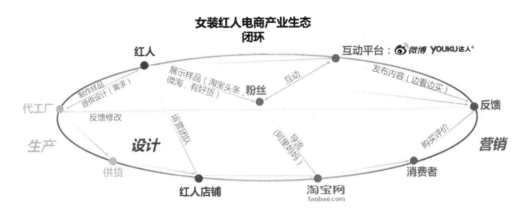

图 9-25　女装网红电商创业生态闭环

(1)网红买手制的购物模式提升供应链效率

传统服装产业链包括服装设计、组织生产以及服装销售三部分。在这三个部分中,服装设计和组织生产这两个环节属于整体产业链的制造端。各品牌在利用广告打造品牌方面比较成功,但由于在设计、供应链及终端营销管控各方面均难以专业化、存在不同程度的缺失,在不确定的外部冲击下容易陷入销售效率下降、渠道库存巨大、资金周转缓慢的困局。网红作为买手制模式中的意见领袖,通过精准营销方式促进服装产业链效率提升。

(2)网红销售模式有望为品牌商打开吸引客流新通道

在产业链的零售端,线下门店和天猫开店在费用上有着较大区别,如表 9-1 所示。

表 9-1　线下门店和天猫开店的费用

目前直营体系线下门店开店费用(粗略估计)		目前天猫开店费用(粗略估计)	
租金	25%	天猫抽成	5%
推广费用	5%	仓储物流成本	10%
人工成本	10%～15%	网页维护及服装拍摄制作费	5%
其他杂项开支	10%～15%	推广费用	15%～30%
		人工等管运成本	10%～15%
总计	50%～60%	总计	45%～65%

资料来源:网络资料,中国银河证券研究部

在线下实体门店上(主要指直营),品牌商需要负责店铺租赁、店员雇佣、各种品牌推广以及店铺的最终运营。由此带来的业务支出主要包括店铺租金、广告费用、人工成本以及其他运营相关开支。品牌的线下开店模式均有一个从规模经济逐步转向规模不经济的过程。在品牌创立之初,品牌商在广告宣传方面从无到有的大量投入带来的客流量,由于低基数效应将使得公司的店铺扩张以及单店销售取得高速增长。但随着公司规模扩张到一定的阶段,由于特定消费群体需求的逐渐饱和或者单一品牌推广边际效用的下降,单纯的线下广告以及开店模式所获得的边际收入将大幅降低,这也使得租金、人员工资等一系列费用在总收入中的占比大幅提升。

在此大背景下，线下品牌商均要寻找新的品牌推广廉价渠道以获取新的廉价客流，由此形成了以淘宝/天猫为首的 C2C、B2C 电商的兴起。在初始阶段，由于阿里系平台仍以吸引客流为主，因此淘宝或天猫的引流费用极其低廉，品牌商纷纷入驻淘宝/天猫为代表的电商平台，以其低廉的流量费用代替日渐高昂的店铺租金以及广告推广费用。然而，随着阿里系对平台流量变现的逐步开启，淘宝/天猫等平台的流量费用也日渐高昂。根据 2015 年阿里巴巴年报，其集团广告服务收入/平台 GMV 的数据从 2012 年的 1.2% 上升至 2015 年的 2.4%。在天猫平台抽成、平台引流广告费用与日俱增的情况下，各大品牌广告费用率也逐步上升。如电商品牌韩都衣舍，其推广费用占总收入的比例已超过 10%，而其众多子品牌的推广费用大多占总收入的 20%～30%。

在平台引流费用昂贵且效率低下的情况下，各品牌商开始寻找新的营销办法。随着越来越多的商家在电商平台开店以及流量费用的日渐高昂，品牌商所支付的推广费用转化成实际消费的效率日渐低下（比如平台类目繁多，置顶或搜索功能并不一定能使消费者进入品牌商网上店铺），目前传统 B2C 电商获得一个实际客户的成本已突破百元。因此，各品牌商亟须寻找新的吸引流量手段以代替依托中心平台的引流方式。网红为品牌电商吸引流量提供了一个新的渠道选择。网红经济作为粉丝经济的平民化表现形式，能够通过社交平台的海量流量以及精准营销大幅提高转化率。由于粉丝关注的网红均为各自专业领域的达人，所以其对网红推销的专业领域产品会更加敏感也更容易接受（比如游戏达人推荐的游戏硬件会更容易被游戏粉丝接受），因此提高了消费者的转化率。

虽然网红销售本身仍只是一种销售方式，但其有望将线上交易场所从中心电商平台转移至社交电商平台。虽然网红销售只是品牌商又一次销售渠道的改变，但是由于身处互联网社交平台这一独特环境中，使其成为移动社交电商 B2C2C 变现的一个缩影。随着品牌商将交易转向网红，网红所依托的社交平台将吸引越来越多的顾客浏览，产生更多的产品展示。移动社交电商通过无缝对接社交平台的方式将迎来更多的产品交易。

网红电商目前较为普遍的模式是：网红本人作为店主，在淘宝开设个人品牌店铺，通过运营自己的微博账号，向其淘宝店铺导入顾客，把粉丝转化成顾客，从而将社交流量转化成店铺销量。网红在店铺中承担的角色通常是流量召集者。网红通过自己的专业观点输出或生产专业内容，建立具备购买属性的目标粉丝群体，她们的粉丝通常是对网红的专业审美高度认同，对网红具备较好的信任度，愿意持续关注网红发布或推荐的内容。部分网红在店铺运营中同时承担选款的工作，即通过个人审美和对流行趋势的判断，选定当季或下季的店铺销售款式，这通常需要高度的专业性和丰富的经验。

想要成为电商网红是非常困难的。通常网红的粉丝具有相对发散性，很难聚集到某一具体购买人群，比如余潇潇 Jessica 的粉丝大多都是年轻女性，都喜欢与众不同的服装风格，甚至消费能力都相仿，这使得她开店不到一年就实现销售额过亿元。这需要网红在聚集粉丝初期就要清晰地为粉丝画像，每一条内容的投放和每一个互动都要目标清晰明确。很少有网红能够独立完成其店铺的整体运营工作，店铺的店面设计及线上陈列、供应链管理、淘宝站内的流量运营、客服体系、物流管理等通常由网红的合作伙伴或代理公司完成。目前国内较大规模的代理运营公司包括杭州宸帆（钱夫人家雪梨定制）、杭州如涵控股等，它们拥有强大的供应链管理能力和店面运营团队，可以同时支持数个网红店铺的运营工作，是全新的电商运营模式。

实例讨论

1. 美国著名艺术家安迪·沃荷曾经预言:"在未来,每个人都会有 15 分钟的成名时间。"除了成名更快外,这句话还有另一层意义,即每个人走红的时间也非常短暂。如今这个预言在网红身上实现了。绝大部分的网红一夜爆红,但又迅速归于平静而被遗忘,只有少数能够持续走红。你如何理解"网红难以持续,网红经济却成常态"?

2. 持续输出内容是成为网红的前提,为什么内容输出从 UGC 到 PGC 是网红成长的关键?

3. 2016 年被业内称为"直播爆发元年",直播平台和直播网红层出不穷。而除了娱乐直播持续火热之外,教育直播这一新兴领域也逐渐受到资本市场和平台机构的青睐。你认为教育直播能成为投资风口吗?

实训一 美空网时尚平台

美空网(MOKO!)是中国第一时尚人才成长平台,汇聚了国内最多的美女艺人和几乎全部一线时尚摄影师、化妆造型师。美空网于 2007 年创建,创建伊始,其先进的个人作品展示空间模式和极具冲击力的高品质视觉图片受到国内爱好时尚人群的热烈追捧。

2014 年 5 月,美空网获得由厚持资本领投的 5000 万元投资。按照美空网 CEO 傅磊的发展规划,美空网将发展成为集分享、合作、社交、电商、线下活动等功能于一体的互动全媒体平台。

2015 年 10 月,美空网获得香港上市公司拉近网娱集团战略投资,并且顺利嫁接到资源和生态的全新平台。2016 年 8 月,美空网对外宣布,在 B 轮融资中获得由万吨资产领投的近亿元投资。

(1)登录美空网(http://www.moko.cc),了解其基本内容。

来源:艾瑞咨询研究院自主研究及绘制.

（2）查询"聚娇"、"人才库"、"梦工厂"栏目的内容。

（3）通过"机遇"查看工作机会。

实训二　花椒直播平台

　　花椒直播于 2015 年 6 月上线，定位于强明星属性的移动社交直播平台，目前，包括范冰冰、张继科、王祖蓝等在内的上百位当红明星入驻花椒直播，形成了包括明星、网红、素人用户的生态结构。

　　根据 2016 年 9 月花椒官方数据，花椒 DAU800 万，MAU3500 万，累积下载量 1.3 亿次，每天开播主播近百万，每日观众同时在线峰值 55 万。

　　在发展过程中，花椒在内容、产品技术等方面不断进行创新。2016 年 5 月，花椒启动校园造星计划，遴选"最美主播"，做草根明星孵化。2016 年 6 月 2 日，花椒 VR 直播专区上线。2016 年 6 月 15 日，花椒发布"融"平台，目前已同途牛影视、百合网等多家企业达成合作。2016 年 9 月，花椒举办花椒之夜，成为直播行业第一个颁奖盛典。范冰冰、张继科、王祖蓝等 30 位明星大咖及 300 位花椒当红主播齐聚"花椒之夜 2016 闪耀星芒颁奖盛典"，为直播正名，致力于打造"直播界的奥斯卡"。

　　根据花椒直播发布的 2016 年度大数据，90 后是直播和看直播的重要人群。在年龄分布上，90 后主播占花椒直播开播总人数的 68%，观看直播的用户中 90 后占 57%。而在地域分布上，东北主播成为主力，占比达 30%。主播大多具有"双重身份"，网红在主播中人数最多，占比达 33.8%。

花椒直播是行业首个推出校园频道的直播平台。校园数据方面,花椒直播已经覆盖全国 98.7％的院校,其中北京电影学院、四川音乐学院和华北理工大学三所高校占据前三。众多专业中,播音主持专业在数量上排名第一,之后是表演和英语。校园主播收入方面,花椒校园主播平均月收入达到 1.6 万元,是北京市 2016 年平均收入的 2.3 倍。排名前 50 位的主播平均月收入超过 20 万元,排名第一的校园主播月收入 190 万元,是 2016 年北京白领平均月收入的 275 倍。

直播有这么高的收入,一方面是平台签约分成,另一方面也源于粉丝的打赏。花椒直播副总裁郭鹤曾表示,花椒主播一般可以分到打赏的 70％,头部主播可以达到 80％。打赏的数据显示,花椒直播上主播总收礼数已超 50 亿次。打赏额土豪榜上,自由职业、公司职员、产业/服务工人、公司高管名列职业前四,标注为“大学教授”身份的注册用户以年度打赏额超 5000 万元居第五位。同时,北京、广东、上海、浙江、江苏等地盛产“土豪”(月打赏 1 万元以上),其中北京地区“土豪”数最多,占比达 20.4％。另外,“土豪”用户中半数已婚,20％的“土豪”是 95 后。

(1)通过原有的微博、微信或 QQ 账号登录花椒直播平台(http://www.huajiao.com)。

(2)了解花椒直播平台上的各类服务项目。

(3)下载花椒 APP,通过手机登录,查看花椒直播提供的服务。

(4)开通直播功能,了解主播的功能和任务。

第 10 章　O2O 与新零售

Online to Offline Electronic Commerce and New Retail

【学习目标】

❖ 理解 O2O 的概念与价值

❖ 了解本地生活 O2O 发展与市场结构

❖ 理解本地生活 O2O 商业逻辑

❖ 熟悉餐饮外卖 O2O 项目的运作

❖ 理解新零售的概念与模式

 引导案例　阿里"新零售"，难掀起零售业变革，只是一个马甲

纵观历史，零售业重大变革的价值在于重新定义用户价值。而阿里巴巴所谓的新零售模式，并不能称之为零售业的第四次变革，仅仅是阿里现有平台经济模式的一种变形，不过是穿上了"随时随地多场景的新消费体验"这件马甲而已。

一、零售业的三次变革

1. 超市革命

1916 年，Piggly Wiggly 第一家自助服务商店在美国田纳西州孟菲斯市开业，成为超级市场的雏形。Piggly Wiggly 的全新零售模式改变了以往顾客与售货员隔着柜台沟通的传统业态，顾客可以自由地接触商品。从此，超级市场的零售模式风靡全球，Piggly Wiggly 迅速扩张为拥有 600 多家店面的零售巨头，广告和商品包装业也因此兴起。Piggly Wiggly 所引领的超市革命，为顾客带来了便利的同时增加了顾客对商品的触达率，从销售方式这个维度重新定义了顾客价值。

2. 供应链整合

1962 年，Wal-Mart(沃尔玛)平价商店在美国阿肯色州成立，公司的宗旨是"帮顾客节省每一分钱"，向顾客承诺其商品品质不变但价格最低。同时，沃尔玛将超市彻底改造成"一站式购物平台"，使顾客可以在最短时间内以最快的速度购齐所需商品。为了达到这个目标，沃尔玛对传统零售业供应链体系进行了大刀阔斧的改革。

从 20 世纪 80 年代起，沃尔玛就建立了行业统一的 EDI 系统进行商品识别，并通过该系统与供应商并联动态调整门店采购计划，同时利用电子支付系统(EFT)完成货款支付。通过技术升级，沃尔玛的库存周转率大幅提高，还节省了大量的事务性作业成本，并降低了

库存。

通过这些措施,沃尔玛在商品数量增加、品质提升的基础上,做到了"天天低价",不但引领了第二次零售业变革,也使自己成了新的零售业巨头。沃尔玛基于供应链整合管理的全新零售模式,为顾客带来了更高品质的商品和更低的价格,从而重新定义了顾客的价值。

3. 电商革命

1995 年,eBay、Amazon 在美国成立;2003 年,淘宝成立;2004 年,京东商城上线。随着互联网大潮的来临,零售业也开始了第三次变革,那就是电商革命。

在线销售的形式突破了时空与地理位置的限制,并实现了更大范围的比价效应。用户可以随时随地通过电商渠道选购自己所需要的商品,并实现比传统商超更低的价格,与此同时,物流业也随着电子商务的火爆迅速崛起。

电商模式的核心在于平台经济,也就是通过建立平台联通商家与用户,通过管理商家和顾客来获得规模效益。第三次零售业变革重新定义了用户的购物习惯,同时也诞生了亚马逊、京东、淘宝这样的电子商务巨头。

二、阿里的新零售模式并没有重新定义顾客价值

从零售业三次变革的历史中可以看出,零售模式的变革关键在于它是否可以重新定义顾客价值。

那么,此次马云和阿里所谓的新零售模式又是如何定义顾客价值的呢?就是:"随时随地多场景的新消费体验。"在这里,顾客价值的核心是"体验",是一种软性心理价值诉求而非实物功能诉求,是个性化的、变动的,而非标准化、固定范式的,所以需要通过随时随地和多场景来满足。"随时随地"意味着线上线下要相互打通,物流仓储要更加便捷高效。而"多场景"则既要包括线上线下购物场景,也要包括线上线下的体验交流场景。

通过分析阿里巴巴现有平台经济模型我们发现,阿里巴巴的核心商业模式是以零售为依托,以支付为入口打造基于双边市场的平台经济,从而通过管理商家和顾客来获得规模收益并打造购物社区。阿里巴巴以零售为依托,支付宝为入口打造了一个支付平台并免费提供给消费者使用,对其产生了一种聚拢效应。这时,消费者这个群体就对商家产生了价值,商家就有积极性加入到平台上来,而阿里巴巴则趁机对商家收取较高的费用,来弥补消费者这一方使用平台时所产生的运营成本。

而平台经济模式的一大特点则是"交叉外部性"。平台上的消费者越多,商家加入平台的兴趣就越大;而随着商家数量的不断增多,消费者也越发的愿意来参加平台的活动。这样就形成了一个良性的正循环关系,因为消费者、商家两者间的关系相互交叉同时又是网状结构,所以就是"交叉网络外部性"。

这个理论不但可以解释阿里巴巴的支付平台经济,还可以带入线下商业环境中,这也解释了为什么商业地产越来越喜欢打造饭店、儿童乐园、购物、电影、超市为一体的综合性商业中心。正是由于阿里巴巴特有的平台经济特色,导致它必须不停地引入更多的消费流量。也因此在 BAT 竞争激烈的大背景下,阿里巴巴不断通过"双 12"线下购物节、"咻红包、传福气"等系列活动来巩固自己的双边用户稳定性。

而此次与百联的合作,无疑可以大大增加其支付平台的商户接入,完善其购物社区场景,从而基于"交叉网络外部性"和"交叉补贴"的平台经济逻辑又可以带来更多的顾客流量,进一步提升其平台经济规模,对后来者构建起规模壁垒。但是其平台经济模型并无任何改变。因此从这一点来看,所谓新零售模式,其本质仍然是换了马甲的平台经济模式。

三、阿里所谓的新零售模式仅仅是 BAT 的游戏,其他人无法复制

通过上面的平台经济模式分析,我们认为打造这一模式需要两个条件:

(1)平台方必须有能力一手托着商家,一手拉住用户。

(2)平台方必须有管理双边用户的手段。

目前,中国能做到这一点的只有 BAT 三家:阿里的管理手段是支付;腾讯的管理手段是社交(目前又多了微信支付);百度的管理手段则是搜索。因此,BAT 三家从本质上来讲都是平台经济。

所以,中国只有百度、腾讯有能力全面复制马云的新零售模式,京东做不到,苏宁、国美更做不到。在管理双边用户的新手段没有诞生之前,新零售模式仍然只是互联网巨头之间的游戏,很难被其他零售企业所复制。而站在巨头游戏的角度来解析,与其说马云的新零售模式是为了满足顾客的新消费体验,不如说是阿里巴巴应对腾讯小程序线下战场的一次战略反击。

资料来源:http://www.100ec.cn/detail-6386734.html

10.1　O2O 的概念与价值

2014 年无疑可以称为"O2O 元年",不仅阿里巴巴、腾讯、百度、京东、顺丰等巨头都宣称"进军 O2O、打造闭环",各种令人眼花缭乱的创新项目,只要跟互联网沾上边的都必称自己是 O2O。经过多年的发展,O2O 模式已被运用到生活服务场景的方方面面。

10.1.1　O2O 的概念

O2O 的概念自 2010 年年底在中国引起了业界的广泛讨论,其广阔的前景为各方所看好,O2O 行业也被普遍认为是下一个万亿元规模的市场,如图 10-1 所示。

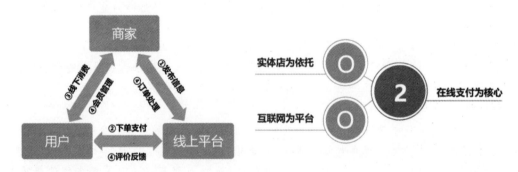

图 10-1　O2O 概念模型

O2O 概念是伴随着 2010 年中国团购市场的兴起而逐渐成为热门话题的,而团购也第一次大规模地教育了线下的本地生活服务商户,促进了 O2O 市场的快速发展。

O2O,特指本地服务电商化。从广义上讲,O2O 是指通过线上营销推广的方式,将消费

者从线上平台引入到线下实体店,即 Online To Offline;或通过线下营销推广的方式,将消费者从线下转移到线上,即 Offline To Online,在整个过程中不完全强调要通过线上支付环节完成交易。从狭义上讲,O2O 是指消费者通过线上平台在线购买并支付/预订某类服务/商品,并到线下实体店体验/消费后完成交易过程;或消费者在线下体验后通过扫描二维码/移动终端等方式在线上平台购买并支付/预订某类服务/商品,进而完成交易。狭义 O2O 强调的是交易必须是在线支付或预订的,同时商家的营销效果是可预测、可测量的,如图 10-2 所示。

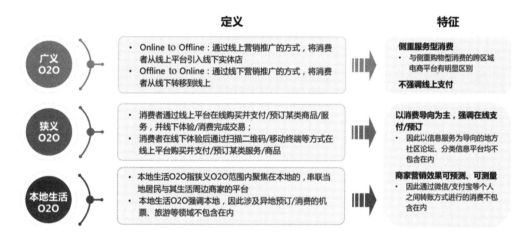

图 10-2　O2O 相关概念与特征

本地生活 O2O,是指在同一城市(或地区),为满足居民日常生活需求提供商品或服务的商业模式,其必须同时涉及线上线下流程(包括但不限于预订、支付、下单),且商品交易与服务产生的场所必须在本地。

由于是根源于居民生活的多元化需求,所以本地生活 O2O 囊括范围非常广阔,一般包括餐饮、商超宅配、送洗、家政维修、美容美护、休闲娱乐(包括按摩、洗浴服务等)、婚庆、亲子、教育、电影等十几个细分领域,如图 10-3 所示。

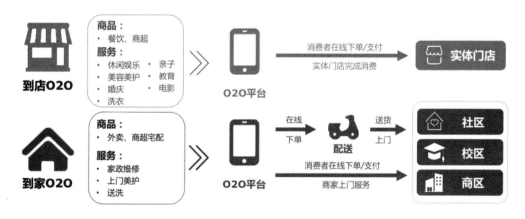

图 10-3　本地生活 O2O 模式

1. O2O 概念的首次提出

2010 年 8 月 7 日,TrailPay 创始人及 CEO Alex Rampell 在 TechCrunch 的约稿 *Why online 2 offline commerce is a trillion dollar opportunity* 中结合 Groupon、OpenTable、Restaurant.com 和 SpaFinder 的兴起首次提出了 O2O 这一概念。Alex 认为 O2O 的关键是吸引线上用户到线下实体店中去消费。对线下商户来说,O2O 的商业模式结合了线上支付、线下体验。而对消费者来说,O2O 模式是借助线上对线下服务的一种发现机制。Alex 所指的 O2O 特指本地生活服务领域,同时强调了"线上支付"这一环节在 O2O 模式中的重要性和区别于 Yelp、CitySearch 模式的意义,即线上支付使得 O2O 模式变得可预测、可测量,帮助商户考察线上渠道的绩效,并有助于完成商业闭环。

Alex 还给出了 O2O 市场(当时特指本地生活服务 O2O 市场)的潜在容量。他认为 O2O 市场的容量推算逻辑是居民可支配收入中非商品类消费部分的线上渗透。根据这一逻辑,他认为 O2O 市场是一个庞大的市场,其容量会远大于传统的商品类电子商务。O2O 改变的是本地生活服务的线上发现和支付的环节。这一时期的 O2O 就是指本地生活服务电商,更多地强调发现机制、线上支付对本地生活服务行业带来的驱动和引擎作用。

2. Groupon 模式遭质疑

2010 年 11 月 17 日,Alex Rampell 就 Groupon 模式对 O2O 进行了再次思考,发表了 *Why Groupon is no ebay*。他指出了 Groupon 模式的问题:①每个细分市场都需要大量销售人员,使其缺乏像传统互联网企业一样的产品或服务的网络效应;②无进入壁垒,其他企业想要复制这一模式非常容易;③依靠折扣模式留不住用户,用户随时都会被更低价的服务吸引;④留不住商户,商户随时可能去其他团购网站。他还援引了 Benchmark Capital 副总裁 Matt Cohler 的观点:Groupon 的商业模型没有任何壁垒,唯一的壁垒就是品牌壁垒。而如此一来,用户因为对 Groupon 的品牌记忆而进入网站,团购单则变成了借助 Groupon 品牌得以向用户展现的一个广告单元,Groupon 仅仅是广告模式的进化版本。

Groupon 能够保持其毛利率高于其他竞争者的唯一方法是与渠道合作伙伴形成收益分享联盟。Alex 认为,Groupon 所在的市场并不是一个"赢家通吃"的市场,而是一个"赢家占优"的市场。他认为,进入电子商务市场并没有壁垒,但是规模经济效应导致小玩家基本不可能在这一市场生存。而 Groupon 所在的市场(即本地生活服务电商市场)可能也是这样一个市场。这一时期,Groupon 模式开始遭到质疑,紧随其后,国内的团购市场也快速进入寒冬期(2011—2012 年),团购网站粗放式扩张的后遗症爆发,大量网站倒闭。O2O 模式面临质疑,亟须重回理性。

在国内,O2O 行业长期进行补贴引流的烧钱营销,然而在资本转冷的时候,许多使用场景模糊、低频,以及盈利模式不明确的 O2O 公司纷纷倒下。巨头 O2O 公司也开始抱团取暖,行业发展进入瓶颈期。在多年的野蛮生长后,O2O 开始进入精耕细作阶段。

3. 对 O2O 的再思考

2012 年 5 月 14 日,Alex Rampell 在 *Service as a SKU* 中重新思考了 O2O 模式。他提出第一阶段的 O2O 特点是基于折扣、互动信息推送和人为制造稀缺性。而 O2O 的下一个机会在于将"服务"标准化,按最小库存(SKU)的方式去管理和销售。"Service as a SKU"这一想法可被推广到各种服务中去。

Alex 提到,诸如 Groupon 和 LivingSocial 这类 O2O 行业的早期领导者,专注于通过折扣、人为制造时间或数量稀缺性的模式主要有两大问题：①购买决策反向，即用户在此类网站上的购买决策很大程度上源于团购网站的价格吸引，而非自身的需求。同时此类网站受品类限制，不提供用户必要的服务购买，如家政服务。②无折扣不购买，即团购网站留不住用户，要靠优惠信息的推送来唤起用户。而将 O2O 概念延伸到服务的全领域，将"服务"标准化，进行实时动态管理和销售才是 O2O 的下一个机会。

O2O 企业想要抓住这个机会需要有以下条件：①无缝衔接的信息系统，用于部署服务的 SKU，提供实时的库存管理；②可靠的评分系统，用于对标准化服务的评价，并分析用户的语意反馈；③服务的呈现方式不以折扣和推送的形式出现，而以服务体验吸引用户主动到网站进行消费；④与商户形成牢固的合作关系。Alex 指出，将服务进行库存化、标准化并不会直接带来销售的增长，但是没有标准化和库存化管理的服务更提不上改善用户体验，帮助用户实现一键购买。

从这一时期至今，O2O 的概念已经延伸至所有的服务领域，且针对不同的使用主体，O2O 发生着含义的变化。对线上互联网企业来说，O2O 是指互联网企业成为线下服务类商户的销售渠道；对零售商、渠道商来说，O2O 是线上线下的渠道整合；对商品和服务的提供商来说，O2O 是经营活动的线上线下拓展与整合。第一类特指互联网企业，第二类含线上和线下的渠道商和零售商，第三类则为传统企业的互联网化。

10.1.2　O2O 的价值

1. 对比优势

O2O 的优势在于把线上线下的优势完美结合；通过网络引导，把互联网与实体店完美对接，实现互联网落地；让消费者在享受线上优惠价格的同时，又可享受线下贴身的服务；同时，O2O 模式还可实现不同商家的联盟。

(1)O2O 模式充分利用了互联网跨地域、无边界、海量信息、海量用户的优势，同时充分挖掘线下资源，进而促成线上用户与线下商品及服务的交易，团购就是 O2O 的典型代表。

(2)O2O 模式可以对商家的营销效果进行直观的统计和追踪评估，规避了传统营销模式的推广效果不可预测性。O2O 将线上订单和线下消费结合，所有的消费行为均可以准确统计，进而吸引更多的商家进来，为消费者提供更多优质的产品和服务。

(3)O2O 在服务业中具有优势，价格便宜，购买方便，且折扣信息能及时获知。

(4)O2O 将拓宽电子商务的发展方向，由规模化走向多元化。

2. 营销核心

O2O 营销模式的核心是在线预付。从表面上看，O2O 的关键似乎是网络上的信息发布，因为只有互联网才能把商家信息传播得更快、更远、更广，可以瞬间聚集强大的消费能力。但实际上，O2O 的核心在于在线支付，一旦没有在线支付功能，O2O 中的在线不过是替他人作嫁衣罢了。就拿团购来说，如果没有能力提供在线支付，仅凭网购后的自家统计结果去和商家要钱，结果往往是双方无法就实际购买的人数达成精确的统一而陷入纠纷。

在线支付不仅是支付本身的完成，是某次消费得以最终形成的唯一标志，更是消费数据唯一可靠的考核标准。尤其是对提供在线服务的互联网专业公司而言，只有用户在线上完成支付，自身才可能从中获得效益，从而把准确的消费需求信息传递给线下的商业伙伴。无论 B2C 还是 C2C，均是在实现消费者能够在线支付后，才形成了完整的商业形态。而在以提供服务性消费为主，且不以广告收入为盈利模式的 O2O 中，在线支付更是举足轻重。

3. 个性化

对本地商家来说，O2O 模式要求消费者在线上支付，支付信息会成为商家了解消费者购物信息的渠道，方便商家收集消费者的购买数据搜集，进而达成精准营销的目的，更好地维护并拓展客户。通过线上资源增加的顾客并不会给商家带来太多的成本，反而带来更多利润。

此外，O2O 模式在一定程度上降低了商家对店铺地理位置的依赖，减少了租金方面的支出。对消费者而言，O2O 提供丰富、全面、及时的商家折扣信息，能够快捷筛选并订购适宜的商品或服务，且价格实惠。对服务提供商来说，O2O 模式可带来大规模高黏度的消费者，进而能争取到更多的商家资源。掌握庞大消费者数据资源且本地化程度较高的垂直网站借助 O2O 模式，还能为商家提供其他增值服务。

4. 商业模式

O2O 的精髓是：帮助品牌/商家与用户之间建立四个层次的无缝联结。

（1）商品联结：弱联结。当消费者通过购买商品与商家/品牌建立连结时，他只是"顾客"。购买一结束，顾客有可能不会再来光顾。毕竟这是一个商品极大丰富、顾客喜新厌旧的时代。

（2）服务联结：较强联结。服务可以提升顾客的满意度，有效加深对服务提供者的印记。服务本身就是很重要的"体验"。当双方通过服务而建立联结时，消费者会成为商家或品牌的"用户"。

（3）情感联结：强联结。融入了情感之后，"用户"就升级为"粉丝"了。粉丝不仅会与品牌建立强烈的情感联结，粉丝之间也会产生较强的认同感。各种粉丝团、后援会、同城会都是由热心粉丝创建的，甚至成为某些粉丝生活的一部分。

（4）事业联结：深度联结。基于对品牌的深度认同，有些粉丝会加入到品牌的销售或服务体系中，成为其生态体系中的一分子。例如，遍布各地的"小米之家"服务站，几乎都是当地的资深米粉加盟小米而创建的。他们早已经不是单纯的"消费者"，而是成为品牌的"事业合伙人"，品牌给他们的人生打下深深的烙印。

O2O 的精髓，就是要帮助品牌/商家随时随地与用户保持联结，并让更多的消费者从"顾客"变成"用户"，再变成"粉丝"，甚至发展成为"事业合伙人"。而手机、平板电脑，以及越来越多的智能设备，让"随时随地的联结"成为可能。

O2O 模式的基本商业逻辑是：用户在线上平台预先支付，线下消费体验，商家能够实时追踪其营销效果，由此形成闭环的商业服务和体验过程。目前这种模式存在四种运作类型，即 Online to Offline、Offline to Online、Online to Offline to Online、Offline to Online to Offline，后两种类型是衍生而成的，如图 10-4 所示。

那么，为什么实现与用户"无缝联结"变得如此重要，甚至成为新的商业模式？我们来回顾一下过去的零售商业形态，本质上都是在做"流量"的生意。最早的时候，商家争相到人流密集的大街上去开店，以昂贵的店铺租金成本来换取旺盛的"客流量"。后来，大型购物中心、Shopping Mall、城市综合体的兴起，成为品牌开店的首选。其本质也是通过高昂的租金来换取客流量，然后品牌商家还要持续投放大量的广告来吸引客流。十年前，PC 互联网、电子商务的兴起，打破了从生产到零售之间的层层分销壁垒，让信息透明、渠道扁平，最终形成了 BAT 这三大"流量巨头"。这三大巨头提供的基础服务都是免费的,而它们巨额的收入本质上都是来源于"点击流量"。传统商业是"渠道为王",因为渠道终端掌握着客流。PC互联网时代则是更加突出"流量为王"。

图 10-4　O2O 四大模式

　　O2O 商业模式的实质就是:以"经营粉丝"为核心,不断提升用户体验满意度与忠诚度,通过粉丝开展"口碑营销",形成企业运营的良性循环。而"无缝联结"是实现这一目标的核心方式。以此为基点来看各个行业的 O2O 具体应用,不论是以什么为入口,跟实体业务如何结合,最核心、最有价值的部分一定是"会员大数据"。如果不能通过 O2O 获取大量会员数据,不能激活企业内部一直沉寂的各种会员数据,那么这种 O2O 最终必定是一场空。

　　O2O 模式本身就是"传统行业与移动互联网深度融合而诞生的新模式"。从这个角度看,它是传统行业的拯救者。2015 年,O2O 模式将会在各种传统行业中大量落地应用,涌现出许多成功的案例。大胆拥抱 O2O 的企业将会收获到模式转型的成果。而更多还在观望徘徊,甚至对移动互联网视而不见的企业将会面临着更加猛烈的冲击。从这个意义上讲,O2O 将是这些企业的颠覆者。

10.2　本地生活 O2O 发展

10.2.1　本地生活 O2O 发展历程与市场结构

　　本地生活 O2O 最早起源于聚合本地商户服务信息的点评类网站,2010 年开始,众多团购平台相继上线,各垂直细分领域开始有一些企业崭露头角。众多厂商依靠大规模价格补贴,用户、消费单量急剧增长,短时间发展速度令人咋舌。2016 年,随着资本转冷,大量实力不足的企业被淘汰,行业进入洗牌期。通过技术和模式创新,降低运营成本、提高服务质量将成为 O2O 企业升级之路的重要突破口,如图 10-5 所示。

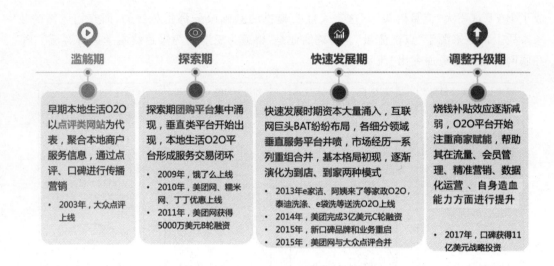

图 10-5　中国本地生活 O2O 发展历程

　　本地生活 O2O 渗透率低,蕴藏巨大发展潜能。数据显示,本地生活 O2O 市场快速发展,市场规模迅速攀升,2016 年行业整体市场规模已超 7000 亿元,延续了数年 40% 以上的高增长态势。快速发展主要归因于由于各细分领域的发展阶段、消费者规模不相同,市场份额呈阶梯状分布。餐饮市场由于本身线下体量巨大且具有高频、刚需、容易规模化的特征,用户培育与市场拓展难度相对较小,发展最为成熟,餐饮 O2O 占本地生活 O2O 整体市场份额不断上升,2016 年占比高达 54.9%。此外,商超宅配在电商、新零售促进下快速发展,家政维修、送洗等标准化程度相对较高的细分领域受用户接受程度不断上升的影响,市场份额连年升高。

　　到店 O2O 由于起步较早,且不受设备、场景等方面的限制,能覆盖更多的细分领域,在本地生活 O2O 领域一直占据着绝对主导地位。随着移动支付对用户生活场景覆盖度的不断提升,到店 O2O 市场规模持续增长,2016 年为 6124.4 亿元,预计 2019 年将达 9647.9 亿元(见图 10-6)。近年来,消费者习惯不断转变,外卖、家政等上门服务在高补贴刺激下爆发式增长,在本地生活 O2O 中占领越来越重要的地位,如图 10-7 所示。

10.2.2　本地生活 O2O 商业逻辑

　　本地生活 O2O 平台一边为消费者,另一边为线下本地商家。平台两端具有强大的网络效应,即越多的商家将会吸引越多的消费者,反之亦然,因此很容易形成强者愈强的局面。本地生活 O2O 平台的商业模式是基于线上与线下的结合,其重要功能在于连接商户、用户两方。能否有效地兼顾用户与商户的需求,助力双方实现增值,是本地生活 O2O 平台能否发展壮大的关键。

　　商户需求:①品牌需求(用户如何知道我),线上店铺建设,拓展服务边界;活动策划运营,提高商家曝光度与知名度;②获客需求(如何让更多用户消费),线上流量入口,丰富内容引流;大数据分析精准获客,降低获客成本;③效率需求(如何降低成本,提升收益),在线预订排队支付,降低商家人工成本;大数据支撑商业决策,提升商家运营效率。

　　用户需求:①信息需求,线上平台实时展现商户信息,拉近用户与商户距离;②服务需

图 10-6　2017 年中国本地生活 O2O 产业链图谱

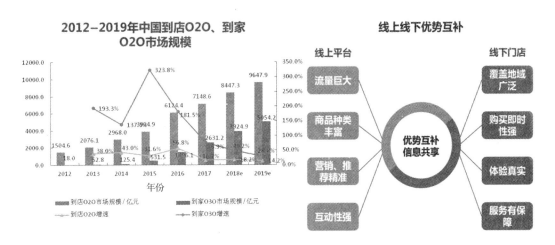

图 10-7　中国本地生活 O2O 到店、到家互促发展

求,预约、排队、支付及上门,多类服务满足用户多场景需求;③价格需求,各类促销活动及优惠信息,为用户决策提供参考;④品质需求,在线评价分享,反馈意见方便其他用户了解产品及服务的质量。

1. 到店 O2O

到店 O2O 聚焦店铺服务交付场景,在团购时期发展壮大。但团购模式发展了数年时间,还是无法避免一些难题:对于平台而言补贴一停用户就少;对商户而言,经常面临"不接团购人少没钱赚","一接团购人多赔着干"的尴尬局面。平台、店家与消费者三方博弈的结局往往是价格上涨、消费者买单。正是意识到了这种不健康的商业循环,众多到店 O2O 平台纷纷转战 B 端:依靠精细化运营手段为商户导流,而提高效率成为到店 O2O 发展方向。

到店 O2O 平台本身并不直接向消费者提供商品/服务,也不需要物流配送团队,而是通过平台连接线下门店资源与消费者,对两方需求进行匹配,模式较轻。综合类到店平台具备建立场景消费关联的优势,通过餐饮等发展较为成熟的细分领域,不断扩大业务范围,将休闲娱乐、运动健身等其他更多细分场景串联起来,建立一站式生活服务生态圈。垂直类平台深入某一细分领域,不断向产业链上下游延伸,探寻更多增长可能。目前,综合类平台巨头凭借强大流量基础形成规模优势,在到店 O2O 市场占据了绝对领先地位,如图 10-8 所示。

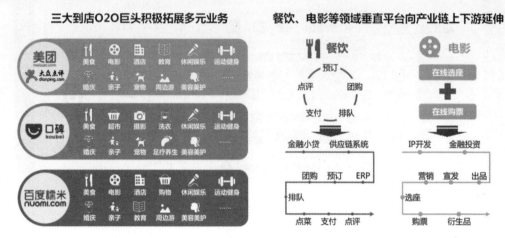

图 10-8 综合平台多元布局,垂直平台瞄准产业纵深

在团购模式逐渐式微的情况下,转战 B 端成为到店 O2O 平台的共同选择,赋能商户、提高效率成为竞争制胜点。团购模式难以为继,加上消费升级的到来,个性化消费与服务体验成为用户诉求,到店 O2O 企业开始逐渐放弃以往"刺刀见红"的价格战营销模式,转向提升效率、赋能商户的深度运营模式,将重点转移到线下。精细化运营提升用户体验替代了原来的单调烧钱,成为留住用户的主要方式,如图 10-9 所示。

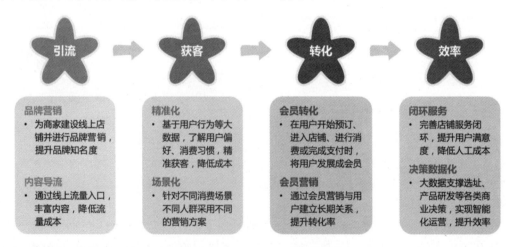

图 10-9 2017 年中国到店 O2O 平台赋能商户

2. 到家 O2O

到家 O2O 存在实物与服务两大运营模式,实物类物流是"根",服务类内容是"本"。

实物类与服务类的最大区别在于其提供产品的最终形态,在连接用户的最后一环,实物类 O2O 是物流配送,而服务类是上门服务,因此也就决定了两者在产业链运作模式的侧重有所不同。实物类侧重于商品品质与配送效率,商品质量和物流运送时间是消费者着重考虑的因素;服务类侧重于服务质量,如何提供有竞争力的服务、整合各类服务资源,是相关厂商着重关注的问题。根据是否自建物流团队或涉足供应链,实物类到家 O2O 与服务类到家 O2O 都存在轻重模式之分。

(1)实物类细分领域特点对比:餐饮外卖 VS 商超宅配

餐饮外卖和商超宅配作为到家 O2O 起步最早的两个领域,在经历了数轮市场"血拼"之后,市场格局已经基本稳定。在资本的推动下,市场已经逐渐走向集中,对模式的探索也已经进入相对成熟的阶段。对于此时的商超宅配与外卖行业来说,如何提升物流的速度与质量成为进一步提升市场竞争力的核心。

(2)服务类细分领域特点对比:家政维修 VS 上门送洗 VS 上门美业

目前服务类各细分领域的发展在市场体量上出现了较为明显的两极分化,家政维修占据绝对优势,上门送洗与上门美业还有待提升。但无论对哪个细分领域来说,服务质量的把控、对消费者习惯的培养都是目前服务类到家 O2O 所面临的重要问题,如图 10-10 所示。

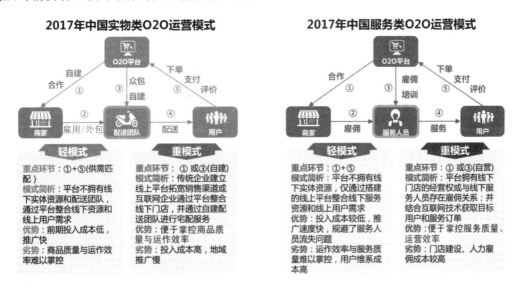

图 10-10　2017 年到家 O2O 实物与服务模式

前期粗放式增长过后,本地生活 O2O 行业进入调整升级期,行业参与者纷纷通过精细化运营、商业模式改进等手段打磨自身,行业壁垒不断提高。到店 O2O 已聚焦美团点评、口碑、饿了么三大综合平台,B 端赋能对流量、数据及技术的高要求将阻碍绝大多数新进入者的发展可能。随着消费者对服务品质的要求不断增加,到家 O2O 通过建设服务团队、实现流程服务标准化、改进供应链流程等措施进一步推动行业向便利化、精细化、品质化的方向发展,入局难度进一步提升,行业领先者将凭借自身资金及模式优势快速发展,如图 10-11 所示。

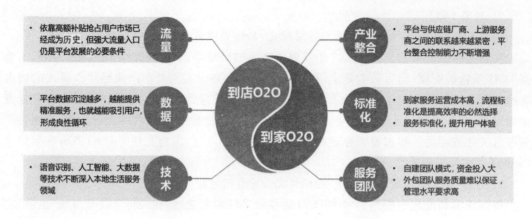

图 10-11　2017 年中国本地生活 O2O 行业壁垒

10.3　O2O 应用之餐饮外卖

2016 年 3 月，商务部发布《关于推动餐饮业转型发展的指导意见》，鼓励餐饮企业运用互联网、大数据、云计算等技术提高管理水平，推动餐饮实体店开展电子商务应用或与网络服务平台深入合作，积极开发网上营销、在线订餐、电子支付、美食鉴赏、顾客点评等服务功能，大力发展外卖和外送服务模式，实现餐饮服务的线上线下融合创新发展。餐饮外卖在经历过去几年的快速发展后，2017 年渗透率已经超过 7%。

餐饮用户端对互联网的触达方式经历了一个演变的过程，从早期团购的模式，教育和培养了新一代线上餐饮消费用户群体，然后经历了外卖的发展，并成为当前餐饮渗透率最高的用户餐饮线上触达方式，并伴随着外卖群体的剧增，信息服务等配套餐饮服务也逐渐崛起，私厨等细分市场也开始发酵。餐饮企业数字化在餐饮 SaaS 的帮助下逐步从餐饮传统运营迈入了企业数字运营时代，而当期餐饮供应链的互联网化整合也在不断推动餐饮企业在供应链上游的数字化进程，如图 10-12 所示。

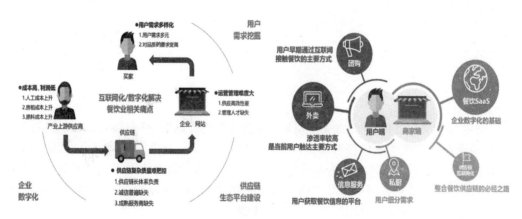

图 10-12　餐饮业痛点与互联网触达方式

餐饮商家互联网化及数字化发展有如下痛点：

(1)线上平台中心化导致餐饮商家微利。传统餐饮商家经过互联网数据化洗礼，已经开始关心产品变革，渴望根据自身特色打造运营模式。当前互联网餐饮平台中心化严重，压制商家要求更多毛利，导致当前餐饮商家微利现象普遍。

(2)客群变化带来的竞争冲击。客群正发生巨大转变，顾客群中强调性价比、体验感、个性化的 90 后成为主力，休闲类餐饮品类增长迅速，餐饮商家正面临客群变化带来的竞争冲击。

(3)营销手段匮乏，流量难以互导。数据时代下的餐饮要求不同体量餐饮商户匹配不同的 SaaS 解决方案。商家根据不同的顾客，提供个性化的优惠和活动，达到更大的转化率以提升业绩。在餐饮互联网化及数据化转型的初期，没有大数据支持的餐饮商家无法做到营销手段与用户定位相匹配，线上与线下流量难以互导。

1. 美团点评

大众点评网(dianping.com)成立于 2003 年 4 月，是本地生活信息及交易平台，美团网(meituan.com)是 2010 年 3 月成立的团购网站。2015 年 10 月，美团网与大众点评网合并成。近年来，美团点评不断拓展业务边界，覆盖领域从最初的餐饮扩张到酒店、婚庆、教育甚至出行、金融等诸多领域。此外，美团点评还将触角伸向了这些产业的上下游，着手参与行业上下游的产业互联网化。2017 年美团点评交易额达到 3570 亿元，营业收入达 390 亿元。

美团点评于 2016 年 7 月提出互联网已进入下半场，并进行架构调整，形成了餐饮平台、酒店旅游、到店综合(除餐饮和酒店外的业务)三驾马车的新格局。从原来的单纯线上营销，转而帮助商家更好地解决 IT 系统、营销管理等痛点，通过营销赋能、经营赋能、物流赋能、金融赋能、IT 赋能、供应链赋能"六大赋能"，促进传统行业发展升级，如图 10-13 所示。

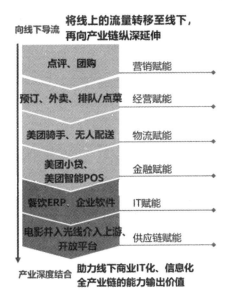

图 10-13　美团点评的赋能路径

2017 年全国餐饮收入已经超过 3.9 万亿元，其中外卖是最受关注的餐饮业态。2017年，美团外卖总交易额达到 1710 亿元，点评已经是全球最大的餐饮外卖服务提供商。业务几乎覆盖全国所有人口 10 万以上的县,商户的覆盖量也已超过 200 万家。2017 年美团外卖用户数达 2.5 亿,活跃配送骑手超过 50 万名,覆盖城市超过 1300 个。

自 2015 到 2017 年,美团点评的营业收入从 40 亿元增长到 390 亿元;交易用户人均每年交易笔数从 10.4 笔提升至 18.8 笔,3 年增长超 80%。具体到餐饮外卖领域,美团点评所占国内市场份额已经从 2015 年的 31.7% 增至 2018 年第一季度的 59.1%,单日外卖交易笔数超过 2100 万笔。

美团外卖依托美团团购的优势资源、用户积累和技术支持,上线不到三年实现了快速增长,在扩充品类的同时,大力发展物流配送项目,启动众包物流发展模式以优化外卖体验。

此外,美团外卖利用团购的合作商家和大规模地推人员,迅速扩充市场,下沉渠道。2015 年 10 月美团点评和大众点评合并之后,美团外卖与三四线城市的合作更多,如图 10-14 所示。

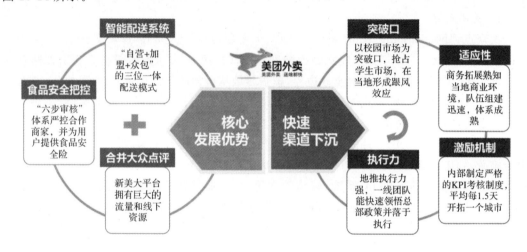

图 10-14　美团外卖发展优势及渠道下沉情况

作为生活服务电商巨头的美团点评以“吃”闻名,但并不止步于“吃”。从“吃”开始,美团点评逐渐把业务扩展至多种生活服务品类,形成三大业务板块——餐饮外卖,到店、酒店及旅游,以及新业务。除了餐饮外卖,2017 年,美团的到店、酒店及旅游业务的年度交易金额达 1580 亿元,通过美团平台预订的国内酒店间夜量共计约 2.05 亿,较 2016 年增长 56%。通过以“吃喝玩乐”为核心,美团点评把业务拓展到了人们日常生活的方方面面。

2. 饿了么/口碑

饿了么是中国最早的在线外卖平台,于 2009 年 4 月上线,截至 2017 年 6 月,饿了么在线外卖平台覆盖全国 2000 个城市,加盟餐厅 130 万家,用户量达 2.6 亿,公司员工超过 15000 人。2016 年以来,饿了么大力推进全时段、全品类的发展战略,实现订餐服务全时段覆盖,大力拓展除餐饮外的其他品类,填补配送团队闲时业务空缺,提升产出效率。在商户端,开启采购平台,为商家提供一体化运营解决方案。物流方面,与阿里合作研发人工智能调度系统,进一步优化配送效率,开始试点“帮买帮送”跑腿业务,发展同城物流,如图 10-15 所示。2016 年 4 月,饿了么获得阿里巴巴 12.5 亿美元的融资,“阿里系”为其提供金融、支付、运营、云计算等方面的支持。

近年,饿了么布局上下游产业链,打造餐饮配送生态服务,并进一步拓展核心配送竞争

图 10-15　2015—2017 年饿了么业务动态

力,在无人配送等技术领域努力构建竞争壁垒。从上游原材料供应端来看,饿了么将面临餐饮 B2B 的激烈竞争,特别是在京东入局餐饮 B2B 的情况下,整合上游原材料商,创新食材供应模式是发展重点。从餐饮配送端来看,无人配送正受困于大数据、AI 与物联网技术的滞后,要实现技术竞争壁垒难度较大。在阿里巴巴收购饿了么的背景下,如何运用阿里巴巴的新零售基础设施、产品、技术、组织等方面的优势提升市场竞争力是当前阶段需要考虑的关键点,如图 10-16 所示。

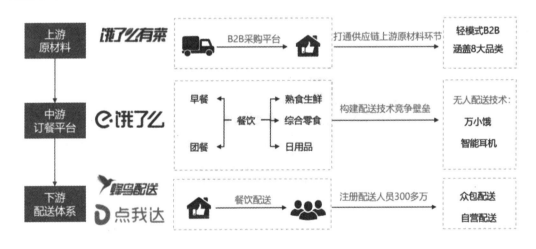

图 10-16　饿了么推进餐饮行业产业链互联网化进程

口碑网成立于 2004 年。2006 年,阿里巴巴注资口碑网。2018 年 1 月,口碑网被正式纳入阿里巴新零售体系。公司以"生态模式"向线下扩张,平台开放支付、会员、营销、信用、社交关系链等九大接口,引入更多的系统商、服务商共同为线下商家提供价值;覆盖餐饮、超市、便利店、外卖、商圈、机场、美容美发、电影院八大线下场景,遍及全国 200 多个城市和澳大利亚、亚洲等 12 个国家与地区。口碑通过支付即会员和大数据能力,为商户追踪、识别、管理线下的自有流量,并且给商家提供精准营销,助其提升运转效率和收益。2017 年口碑上线口碑码战略、收入月增系统、无人餐厅等产品，给商家提供转型新零售的工具和模式，如图 10-17 所示。

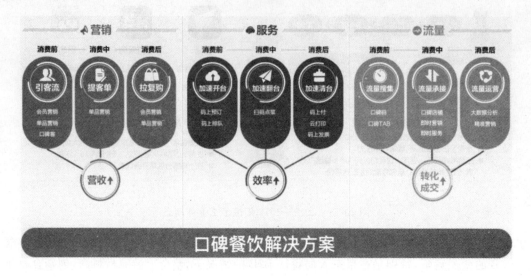

图 10-17　口碑网餐饮解决方案

10.4　新零售

10.4.1　新零售的概念

阿里巴巴在 2016 年"双 11"首次提出新零售后，引发了零售业、消费品品牌的剧烈反响。阿里巴巴 CEO 张勇说，走向新零售的核心是，基于从以商品为核心的到以内容为核心的消费洞察重构起点，触发要完成在企业内部的组织之间的重构、职能之间的重构，充分利用互联网爆发新零售力量。新零售不同于传统线下零售，也与一般意义上的网络购物有差别，它具有自己新的特征，如图 10-18 所示。

新零售诞生的契机及推动因素包括：

（1）线上零售遭遇天花板。虽然线上零售一段时期以来替代了传统零售的功能，但从两大电商平台，天猫和京东的获客成本（已超过 200 元）可以看出，电商的线上流量红利见顶；与此同时，线下边际获客成本几乎不变，且实体零售进入整改关键期，因此导致线下渠道价值正面临重估。

（2）移动支付等新技术开拓了线下场景。智能终端的普及，以及由此带来的移动支付、大数据、虚拟现实等技术革新，进一步开拓了线下场景和消费社交，让消费不再受时间和空间制约。

（3）新中产阶级崛起。接受过高等教育、追求自我提升的新中产阶级，逐渐成为社会的中流砥柱。相较于价格，他们在意质量以及相应的性价比，对于高质量的商品和服务，他们愿意为之付出更高的代价。不菲的收入与体面的工作给中产阶级带来片刻的欣慰，但不安

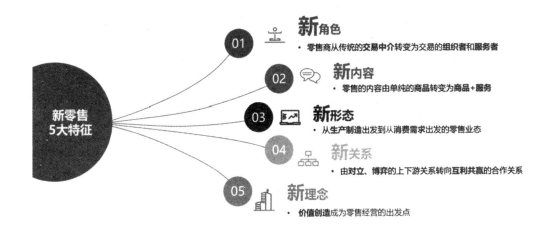

图 10-18　新零售的 5 大特征

与焦虑才是中产阶段光鲜外表下最戳心的痛点,消费升级或许正是他们面对这种焦虑选择的解决方案。

　　广义上,在零售上进行创新的都可以称为新零售;狭义上的新零售,就是在技术驱动的效率提升下,双向流量的服务性零售。对于狭义零售的解读可以从三方面进行。首先,不论新零售怎么发展,它在本质上依然是零售,而零售就需要售卖大量不同种类的商品,需要一个大杂烩式的平台。其次,什么是双向流量,其实就是 O2O。但不论是线上还是线下,都要在原来的逻辑上进行更深的演化,关注线上线下的融合,实现线上线下一体化的流量。此外,服务性零售,就是指业态融合。比如在卖货的时候,流量达到了瓶颈,想要继续增流,就可以通过增加服务性流量,将体验、娱乐、教育都放在一起,用那些流量来为零售增益。现在新零售延伸出来很多概念,比如阿里巴巴叫新零售,京东叫无界零售,苏宁叫智慧零售,叫法不同,但逻辑和内核都是一样的,本质上都是想通过线上线下结合,进一步获取流量,提升成本效率。线上连接线下后,它变现的渠道就可以通过供应链延伸。

　　新零售的核心是对流量的获取。流量获取成本的提升是新零售产生的根本原因。新零售的产生与技术发展有关,但根本原因还是流量获取成本不断提升,旧的业态模型破裂,电商流量红利逐渐枯竭。为了进一步挖掘流量红利,就出现了新零售,来打通线上线下。所以在新零售里,流量是核心。其实零售的本质就是两个端口,一端是满足消费者不断变化需求,即场景端;另一端是对接更高效的供应链。从场景端来说,不论是提升效率,还是加深体验,其目的都是为了吸引流量。而零售平台获得了充足的流量后,它就可以对供应链进行调整,压缩成本,获得利润。

10.4.2　新零售的模式

　　2017 年中国零售数字创新大会上,万达网络科技副总裁徐辉认为,新零售可能就是四件事情——连接、数据、互动和营销。其中连接是基础,数据是核心。大数据并不是数据大,大数据只有它去做到实时、实效,才能成为企业的核心竞争力,才能构建一个大数据、大会员、大行销这样一个铁三角的架构(见图 10-19)。

　　实体商业越来越关注消费体验。随着消费升级,实体商业和互联网不断的碰撞、融合、

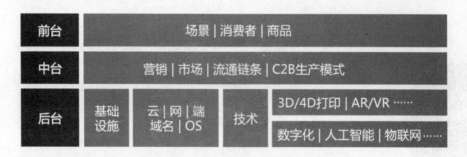

图 10-19　新零售知识框架

渗透,为消费者打造吃喝玩乐购这样一个一体化的体验和场景,变成了实体商业的重中之重。虽然实体商业已经在不断尝试和越来越广泛运用互联网,但是商业的本质还是那三个要素:人、物、场,但在这三个当中最核心的是人。今天的消费者需求是很多元化的、多场景的。同时消费者所表现出来的消费行为也体现出空间立体化、决策瞬时化、信息社交化、时间碎片化、交易移动化等特征。

未来最贵的一定是连接,物与物的连接,人与人的连接,人与物的连接,有了这些连接再配上必要的数据分析和流程决策,一个单一交易不再是一个瞬间的结束,而是一个新的交易和一个更长久关系的开始。随着电商黑科技不断出现,在新的场景下新零售的定义就要求对消费者能够做到可探知、可服务、可洞察、可触摸。由于大数据、人工智能给了零售新的机会和手段,能够对人、对物、对环境进行全面感知,能够做到一个综合一体化、客户化的营销。通过这些实时的数据能够对整个经营的情况做到一个智慧的决策和判断。

目前,新零售市场的竞争主要由阿里巴巴、腾讯两大寡头主导。

在新零售模式中,阿里巴巴新零售围绕零售主体进行变革,把控线下渠道入口。阿里巴巴新零售的策略是借鉴阿里巴巴电商经验,以阿里巴巴为核心的新零售打法,强调中心化生态效应,通过对各渠道的控制能力,以及阿里巴巴后台技术的支撑,为无数前端场景赋能,如图 10-20 所示。

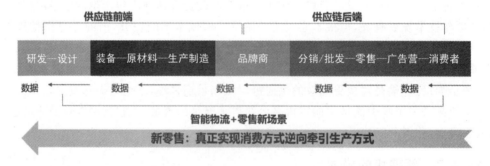

图 10-20　新零售价值链:逆向生产

腾讯新零售则围绕社交流量(微信、QQ)展开,零售主体成为一个线下出口。腾讯新零售以社交平台为依托,强调共享式生态效应,多数采取参股的方式,不直接掌控或参与新零售主体的运营,给各方以最大限度的自由发挥空间,如图 10-21 所示。

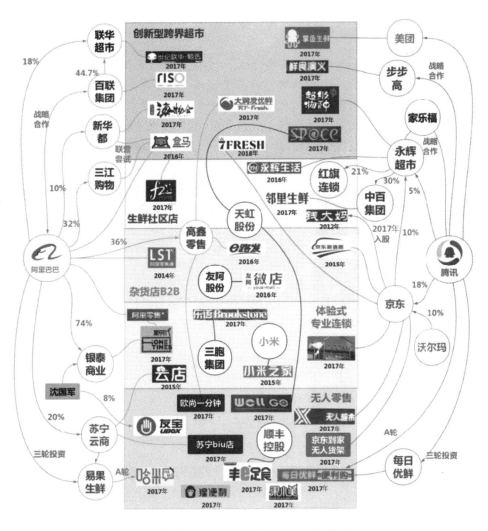

图 10-21　阿里巴巴和腾讯的新零售布局

实例讨论

1. 有人表示现有 O2O 平台将失去优势。O2O 平台的核心能力是通过庞大"地推"发展、维护线下商户。据某科技媒体统计,2015 年仅餐饮业 O2O 线下推广人员,全国已经超过 10 万人。未来,当线下商家以"淘宝卖家"自居,地推的重要性将大大减弱甚至消失。58 同城与 craigslist 的对比可以说明问题:只有 32 名员工的美国分类广告网站 craigslist 日均访问量和访问页面分别达到 985 万和 1.8 亿。58 同城用 5000 多人做与 craigslist 相似的事,做得还不如人家好。反差如此之大的原因有:第一,craigslist 用户上网注册、发布信息,而 58 同城却用数千"地推"去"扫街";第二,craigslist 用户讲诚信,虚假信息不多,而 58 同城成立了信息审核部,对平台上来自全国各地的数百万条信息进行审核(从开始填写信息到发布成功,要经过 5 道过滤,包括人工审核);第三,craigslist 用户参照 Q&A 可以自行解决多数问题,而多数中国用户更倾向于打电话,58 同城只好跑到天津泰达建立了一个有 500 个座席的电话呼叫中心。在不久的将来,技术进步加上商家电商意识的提高,万千中小商家会像淘宝卖家那样把自家的服务产品放到电商平台，个个都是"淘宝卖家"，地推铁军将失去用武之地，新美大的核心优势将会消失。结合自己的体验，谈谈你的看法。

2. 有人认为O2O本质上不属于互联网，是一个典型的伪互联网概念，因为：它不是以IT技术革新为核心驱动；它不具备互联网行业规模化后边际成本趋近于零的发展趋势；它再造了消费场景却没有显著地提升产业链上下游的协同效率，做了加法没有做出减法，对于绝大多数传统行业而言线上还只是个信息中介平台，而且与线下拓展越来越重合的模式已经严重背离了轻公司、轻运营的初心。结合自己的观察，谈谈你的看法。

3. 业内主流看法一直是传统零售商将会消亡，但电商巨头最近的举动表明情况并非如此。从前亚马逊和阿里巴巴一直对传统实体店避而远之，但它们最近一反常态，开始建立实体店。两家公司都纷纷采取措施，向混合商务公司转型——整合电商和实体店的各自优势。这对零售行业意味着什么？亚马逊和阿里巴巴在进军实体零售业务方面有哪些不同之处？亚马逊和阿里巴巴进军传统零售业会对传统零售商产生怎样的影响？

实训一　美团网的吃喝玩乐

美团网，是2010年3月4日成立的团购网站。美团网有着"吃喝玩乐全都有"的宣传口号。为消费者发现最值得信赖的商家，让消费者享受超低折扣的优质服务；为商家找到最合适的消费者，给商家提供最大收益的互联网推广。

作为全球最大的餐饮外卖服务提供商，以及中国最大的到店餐饮服务平台，美团网在全国超过2800个市县，为超过3.1亿用户和440万商家提供服务，平台完成的交易笔数超过

58 亿,交易金额达人民币 3570 亿元。这家"中国领先的生活服务电商平台"的战略使命,只有一句话:让所有人"eat better,live better"。

(1)登录美团网(www. meituan. com)了解全部分类中的各项业务(美食、外卖、酒店、电影、机票、休闲娱乐、生活服务、丽人、运动健身等)包含的范围。

(2)登录手机美团 APP,点击"附近",了解你附近的吃喝玩乐项目。

(3)你消费过的服务项目中,最满意美团网提供的什么服务?

(4)点击"我的",然后通过"美团服务""我要合作"了解商家入驻、代理商加盟等事宜。

(5)了解大众点评 APP 有哪些美团没有的新服务。

实训二　口碑网的生活圈

口碑网是一家为用户提供本地生活服务信息与评论的互联网公司,2015 年 6 月 23 日,阿里巴巴集团与蚂蚁金融服务集团深度整合双方优势资源,投资 60 亿元,重新启用"口碑"品牌,专注协助本地生活服务的转型升级。阿里巴巴将为口碑平台提供云计算、平台建设等底层的基础支撑,蚂蚁金服将为口碑平台及平台的线下商户,提供移动支付、消费信贷、信用体系及小微贷款等多方面的金融服务。2015 年 9 月,口碑正式启动"全民开店"计划(也称"百万招聘"计划),计划逐步投入 10 亿元在全国范围召集百万口碑客,两个月吸引 100 万商户入驻。2015 年 11 月,口碑正式发布开放平台,向线下商家开放平台流量、会员营销、支付体系和大数据运营四大能力,帮助商家更简单、更高效地做生意。

2015 年 12 月 12 日,口碑联合 30 万商家共同打造"1212 支付宝口碑全球狂欢节",活动共计吸引 2800 万人参加,一天内为线下商家带来超过 1951 万会员。根据阿里巴巴 2017 财报,口碑 2017 第二季度的交易额达到 920 亿元人民币。目前,入驻口碑平台的商家数超过

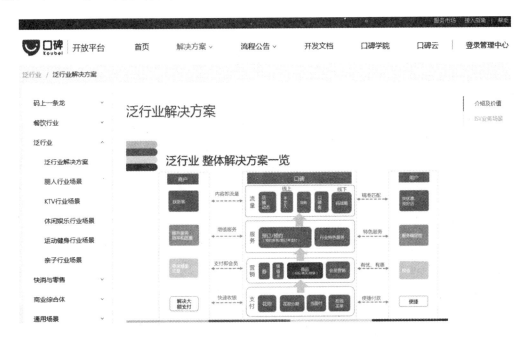

250万家；口碑的日交易笔数突破2000万笔。2018年1月，口碑正式被纳入阿里新零售体系。

(1)登录口碑网(www.koubei.com)了解"我是商家""我是服务商""我是开发者"分别提供的服务与功能。

(2)点击"帮助中心"(help.koubei.com)，了解签约和入驻条件和流程。

(3)登录手机口碑APP，点击"附近"，了解你附近的吃喝玩乐项目。

(4)点击"生活圈"查看"推荐""探店"里的相关文章介绍。

实训三　那些年曾经风光过的O2O项目

2015年，O2O被称为行业爆发之年，在移动互联网的大潮下，一大批O2O企业诞生，覆盖人们日常生活的方方面面，甚至改变了人们的生活习惯。

然而，1年后盛景便已不再。自2015年年底至今，O2O遭遇了名副其实的资本寒冬，不再是投资者眼中的香饽饽。这一年来，O2O俨然已经变成了一个残酷的市场，所涉及的各个领域，包括餐饮、生活服务、汽车、洗染等，都有大批的企业走向死亡，用哀鸿遍野来形容也不为过。随着一批上门洗车、洗衣、保健、美甲美容等创业公司的消失，一度火爆的社区＋O2O概念也逐渐冰封。

总体来看，O2O死亡的通病主要有以下四种：

(1)低频次伪痛点。对于O2O来说，消费频次十分重要，即便是利润很高的领域，用户很少使用，也会面临很严重的问题。比如婚庆O2O，虽然婚庆整体的市场规模不小，但这个行业的需求频次很低，而且也无法提高用户黏性，这种O2O想活下去真的很难，酷结网就是一个典型的例子。

(2)同质化严重。由于O2O门槛比较低，即使没有多少行业经验的人，也可以在短时间内进入某一领域。比如家教、餐饮、洗车等，而最鲜明的例子当属生鲜O2O。该领域不乏明星企业，如天天果园、果食帮等，每家所能给用户提供的都是果蔬、肉蛋类商品，并没有明显的差异化核心竞争力，无法给用户提供非选其中一家的理由。如今，果食帮停业，天天果园大批门店关闭。

(3)盈利模式不清。O2O各领域有超过一半的企业都没有清晰的盈利模式，甚至将融资的钱烧光都找不到盈利点，部分O2O企业倒闭名单：

(4)金链断裂。投资人对于一家初创企业来说至关重要，有一种"成也投资人，败也投资人"的感觉。刚刚拿到投资的O2O企业，很容易陷入盲目扩张的陷阱，还没有实现盈利就将拿到的钱都挥霍一空，往往这种情况也会导致投资人的反感，不愿继续投资。汽车O2O博湃、教育O2O为艺等，都是因为资金链断裂而关门。

持续了两年左右的O2O创业热潮之后，经过轮番厮杀，战场上已经堆满"白骨"，最终留下的只是少数。实际上，O2O是一种商业模式的创新，线上与线下的结合存在着现实环境的可行性。

只不过，伪需求和伪痛点的挖掘及误区，让大量O2O失去活力。项目能否活下来要看这个项目能否为用户提供真正有价值的服务，能否在实际运用过程中找到合理清晰的盈利

品牌名称	成立时间	所在地	创始人	主营业务	备注	行业
娜米汇	2010年11月	杭州	刘勇明	娜米汇隶属于杭州徐娜拉电子商务有限公司，是美妆分享社区	·频次低，非刚性需求顾客消费习惯尚未形成；·属非标类服务，无行业标准。	美业 O2O
宝贝盒子	2012年3月	上海	黄俊茗	宝贝盒子为爱漂亮的时尚女性提供个性化、专业真实的心得分享与购买指南		
美姬	2013年4月	上海	高超	在求美者和追求精益的发艺人中间建立一个跨平台的线上交流平台		
简部网	2013年6月	常州	苏文畅	为消费者提供专业的本地美发预约指南		
放心美	2013年7月	北京	许单单	帮助用户寻找发型师，基于地理位置实现用户和发型师对接		
时尚猫	2013年7月	北京	赵剑	发型师预约服务		
SHOW发	2013年8月	深圳	未知	支持找发型、试发型、秀发型、寻找和预约发型师等		
大风吹	2014年9月	上海	李琪	为用户提供预约消费优惠及社交圈子等服务的手机APP	·低频消费用户黏性低二次开发机会小；·缺乏线下资源基础，市场竞争力不足。	婚庆 O2O
婚礼优品	2009年11月	上海	未知	婚礼业信息技术、管理咨询及品牌行销整合服务提供商		
典享美忆 Dimemor	2010年5月	上海	未知	环球婚纱写真预订平台，现已停止运营		
红运娃娃 LuckyDoll	2011年6月	北京	庄天鹏	包括创意婚品、创意礼品、FLASH婚礼动画和定制漫画的婚礼服务平台		

品牌名称	成立时间	所在地	创始人	主营业务	备注	行业
定酒宴网	2011年6月	上海	王化波	宴会分销网站	·低频消费用户黏性低二次开发机会小；·缺乏线下资源基础，市场竞争力不足。	婚庆 O2O
婚博商城	2012年8月	上海	未知	婚庆行业B2B服务网站		
帅小子	2013年4月	上海	未知	婚纱照网购预订服务网站，已停止运营		
IDO婚礼分享网	2013年5月	北京	李坚	记录和分享婚礼喜悦的应用，已停止运营		
酷结网	2014年5月	北京	孙珈	一站式婚庆服务平台		
墙蛙科技	2011年5月	杭州	梁书斌	家居装饰品的数字化开发、生产、销售	·同质化严重，核心竞争力不足；·价格战严重，成本过高。	家居 O2O
宜居家装网	2011年9月	北京	周源	家装设计、选材、预算等		
美装	2013年6月	北京	王贵亮	是装修装饰行业垂直性门户网站，提供装修资讯、装投标对接等服务		
宅师傅	2013年10月	上海	孙佳	提供装修监理、问答、图纸预算和审核等服务		

模式。有业内人士曾给 O2O 创业者过一个建议：活得长，比长得快重要得多。

（1）从下面选择一个你熟知的 O2O 项目分析其成长和失败的原因。

（2）针对目前仍然运行的 O2O 项目，分析其发展的趋势和可能遇到的困境。

品牌名称	成立时间	所在地	创始人	主营业务	备注	行业
币达代驾	2010年9月	上海	杨磊	提供垂直预订服务，推出了酒后代驾、商务代驾、婚庆代驾、旅游代驾为主的专业性服务		
打车小秘	2011年7月	北京	周航	打车小秘是一个手机打车APP，易到用车团队开发		
摇摇招车	2011年11月	北京	王炜建	一款智能招车应用，让您用快捷、有趣的方式享受到私人专属接送服务		
拼豆拼车	2012年4月	北京	李哲	拼豆拼车是一个拼车信息快速发布与匹配平台及APP应用，拼豆科技开发，旗下还有拼豆小区、拼豆生活等APP	•BAT 三巨头进入出行类 O2O 市场，国际巨头 Uber 进入中国，市场格局明显门槛过高，其他中小企业生存艰难。 •投资人态度谨慎，融资难度大。	出行 O2O
堵车么	2012年4月	北京	赵林	是一个分享实时路况的应用，提供城市出行互助平台服务等		
打车吧	2012年9月	北京	蒋婉宁	打车吧隶属于北京易思优科技有限公司，是一款打车应用		
云代驾联盟	2012年10月	北京	俞国华	代驾联盟运营平台，专业代驾公司		
大黄蜂打车	2013年3月	上海	孙华南	免费的正规出租车打车应用		
51打的	2013年3月	上海	未知	手机打车移动应用，开发了电召小精灵、搭配司机版的车载迷你小盒子		
开8拼车	2013年4月	北京	张绮雯	开8拼车是一款基于地理位置提供拼车服务的手机APP		
淘代驾	2013年7月	北京	张谦	自主代驾司机搜索服务平台，为使用者提供专业的代驾司机比价搜索服务		
爱拼车	2013年10月	浙江	杨洋	基于手机的P2P智能拼车服务平台		
cocar共享租车	2014年9月	上海	戴菁莪	P2P租车平台，用户可以把自己闲置的车辆出租给有需要的人		

品牌名称	成立时间	所在地	创始人	主营业务	备注	行业
叫个外卖	2014年11月	湖南	宋明佳	O2O外卖，通过APP、微信号以及PC网站等非主流方式销售标准中式快餐及配套的果品饮料		
烧饭饭	2014年12月	上海	张志坚	上门厨师服务	•烧钱、补贴抢用户问题严重，降低利润赚取流量； •物流成本过高，规模化发展困难； •项目同质化，细分垂直领域用户量较小，需求频次较低。	餐饮 O2O
呆鹅早餐	2014年4月	浙江	蓝耀栋	早餐预订平台		
饭是钢外卖	2009年2月	北京	刘强	O2O模式外卖网站		
小叶子外卖	2009年3月	上海	范晔	主打上海市场的外卖订餐服务		
筷乐777	2011年7月	江苏	张凌志	提供预订、餐厅优惠、活动信息、会员交流等服务		
蜂翼天使	2011年7月	北京	胡驾晟	手机点餐系统及餐饮服务商		
好吃佬美食网	2011年12月	湖北	吴剑文	武汉地区的O2O餐饮平台		
菜谱网	2012年10月	浙江	未知	基于地理位置的美食信息服务		
Q点外卖	2012年12月	广东	陈绍磊	前身是"叫饭"，手机订餐外卖服务应用		
果粉厨房	2013年5月	北京	尹锋	面向白领的在线订餐及安全套餐服务平台		

第11章 电子商务创新创业

Electronic Commerce entrepreneurship and innovation

【学习目标】

❖ 理解为什么中国现在出现创新创业高潮
❖ 了解三维一体的创业资源供给系统
❖ 了解众创空间能提供的资源
❖ 了解中国主流众创空间的类型
❖ 了解36氪中国创新创业指数
❖ 了解腾讯开放战略
❖ 理解互联网创业公司成长的各阶段及其关键需求

 引导案例 **2018年互联网创业关键词**

2018年互联网创业关键词,看懂就赚了!

每年的4—5两个月,在互联网业内,既是招聘求职高峰,又是各大互联网公司密集调整制定新战略和业务结构的时候,暗潮涌动,变化常在。

现在,更多人开始更加真切地感受到了所谓互联网"下半场"的肃杀与严峻——陌陌并购了探探,滴滴与美团之战一触即发,"区块链"飞速成为全民级爆点话题……

这样的时代,总是让太多人血脉偾张,也让太多人心生迷茫。

因此,我们试着从自己的判断和思考出发,对于整个互联网行业在2018年可能会出现的一些大变化做出了一个重要的"猜想"。

关键词:技术　产品　创新

2018年开始,互联网行业出现"产品大年"。立足于整个行业的层面来看,互联网行业的发展和创新,始终存在着三个核心驱动力——技术、产品和运营。

而如果回顾从1998年至今20年的互联网发展历程,我们会发现,技术、产品和运营三者始终在行业内呈现出交替引领着行业的发展和竞争的态势,并呈现出一定的周期性。

具体来看,在互联网世界的任何一个新兴行业或领域内,总是呈现出早期技术先行,完成大量底层基础设施的建设,而后进入到需要把技术转化为"产品"的时代,众多产品开始在产品形态、用户体验等层面展开无数创新与激烈竞争,呈现出百花齐放之势。

再随之,产品的竞争到达一个阶段后,创新空间已经很少,于是竞争焦点开始转移到"运营"层面,大家更多拼的是策略、操盘节奏和精细化程度。

最后，围绕着一类技术而展开的创新、发展和竞争也总会遇到瓶颈，于是，当建立在旧有技术和底层设施上的商业竞争逐渐趋于格局明朗和稳定之时，往往也正是新的技术开始孕育之时，而新的技术，也将会引领新一轮的竞争发展周期。

回顾以往，从大一些的 PC 互联网时代到移动互联网时代再到如今的人工智能，又到具体一些的搜索技术到 P2P 技术再到大数据，几乎无一不与这一趋势高度吻合。

如果仅仅立足于近 10 年的互联网发展来看，我们其实也完美经历与复刻了这一周期：

(1)2008—2012 年：3G 网络与 4G 网络等通信标准、智能手机等各类移动终端、HTML 5.0 等各类应用服务平台技术在一点点从孕育、诞生、应用到逐渐成熟，逐渐能够支撑大规模应用场景，移动互联网的商业竞争重心多处于"技术"端。

(2)2012—2015 年：基于移动场景的各类产品形态开始大规模涌现，整个移动互联网的商业竞争重心全面转向产品端，并先后诞生了包括微博、微信、高德地图、植物大战僵尸、网易云音乐、陌陌等在内的一系列代表性产品。其间，几乎每一个细分领域，从社交到阅读到工具到电商，都经历过从成百上千款 APP 百花齐放到最终少数几款产品一统江湖的过程。同期，《人人都是产品经理》这样的书籍蹿红，并引领了"产品经理"成为互联网业内最火爆的职位，亦可视为代表性事件。

(3)2015—2017 年：移动互联网中大量产品开始趋近于同质化，纯粹依赖于"产品创新"和"产品体验"已经很难再形成商业竞争层面的制高点，同时移动互联网又开始大量与线下场景＋深度服务相结合，商业竞争重心渐渐转移到"运营"端。尤其是 2016、2017 年，成了互联网业内的"运营"大年，如滴滴、美团、大量头部自媒体这样强依赖于运营策略和具体执行的产品崛起，微信朋友圈刷屏事件阶段性成为常态，整个互联网行业的运营人才需求全面爆发，《从零开始做运营》《运营之光》等书籍全面走红。

(4)2017—2018 年：移动互联网所引领的商业竞争格局逐渐趋于稳定，竞争焦点从各细分行业内的垂直应用创新竞争开始转移到巨头之间的"大布局＋大战略竞争"，行业纷纷高呼"下半场来临"，如腾讯对垒阿里巴巴，头条直面百度，美团硬杠滴滴等。

同期，行业内开始大量孕育包括人工智能、大数据引领下的新零售、区块链等新技术。另外，在过去 2 年时间内，用户端对于产品的"审美疲劳"也已开始渐渐显现——在过去 2～3 年里，占据着用户最多时间的也始终都是微信、头条、知乎等超级产品，说起新兴的产品，最多加上快手、抖音的名字，这与 2013—2015 年每隔 1～2 个月就会出现几个有趣的新产品的局面大相径庭。

时至今日，那些时不时总会觉得自己其实已经不那么喜欢刷朋友圈、刷知乎，但有时候又会觉得好像也没什么别的地方可刷的用户，正在变得越来越多——换句话说，在诸多用户的潜意识里，可能正在呼唤着一些新产品的出现。

资料来源：创业大连 DEPO,2018 年 5 月 12 日

11.1 创新创业：最好的时代

从 20 世纪初熊彼得第一个从经济学角度系统提出创新概念，认为"创新是一种生产函数的变动"开始，有关创新理论的研究在不同国家和不同时期不断地被赋予新的特点。当

前,创新已经成为经济社会发展的主要驱动力和第一要素。"十三五"期间,我国将创新升至中国五大发展理念之首,创新驱动的供给侧改革是今后经济发展的首要任务和主攻方向。

在中国,创新创业发展即将出现新的高潮。随着政府积极推动、产业资本和金融资本的大量涌入,双创活动具备了更多的政策资源和资金支持。在政策动力和市场动力的双重作用下,双创活动未来还将进一步升温,预计未来几年将出现新的高潮。

"大众创业、万众创新"首次提出是在 2014 年的天津夏季达沃斯论坛上。李克强总理强调,要坚持创新驱动发展战略,扎实推进"双创",不断激发市场活力、潜力和社会创造力。如今"双创"已成创新驱动发展战略的重要载体:从中关村创业大街的创业者,到大企业"内部双创"的大工匠,再到投身"互联网+农业+扶贫"的农业创客,越来越多来自大中小企业、涵盖一二三产业的人们投身其中。世界知识产权组织公布的 2017 年全球创新指数排名中,中国从 2013 年的 35 位提升至第 22 位,居中等收入经济体之首。中国早期创业活动指数为12.84%,高于美、德、英、日等发达国家,2016 年中国获得的风险资本投资额约占全球总额的四分之一(见图 11-1)。

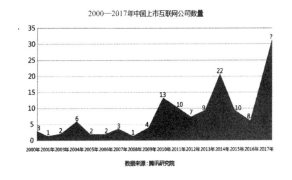

图 11-1　互联网创业投资发展情况

11.1.1　互联网创投高潮

互联网创业浪潮已持续 20 多年。从创业公司上市的情况来看,自 2000 年来,已经产生了五次高峰,几乎三年一次。每次上市高峰后,创投资本就会大量退出股市,进入新的创业项目中。随着时间的推移,创投资本的规模也越来越大,一次比一次更有力地推动着创业活动的发展。

2000—2004 年,中国互联网逐渐走出寒流,迎来了上市的小高峰。大量的资本在股市上退出后涌入到创业项目中,催生了更大规模创业高潮的产生,2010 年共有 13 家互联网公司上市,创下了的新高。2011 年之后,每年上市的互联网公司数量开始爆发。5 年间出现了58 家上市公司,超越了前十年之和,并在 2014 年达到了史无前例的新高度。

从 2015 年开始,行业迎来了第四次创业潮。这一年的投资数据显示,全球创新创业投资规模创出新高。据 KPMG 统计,2015 年全球有创投支撑的创业企业共获得 7872 笔投资,总金额达到 1285 亿美元。同时,与投资金额剧增相应的是估值超 10 亿美元的"独角兽"企业大量涌现。2015 年,全球共有 72 家创业企业成为"独角兽"企业。

从全球技术创新与经济增长的周期来看,现在仍处于以信息及通信技术为标志的互联网技术革命时期。它始于 20 世纪 70 年代,经过近 50 年的发展,进入广泛和深度应用的互联网＋阶段,将催生大量新技术、新产业,同时,也酝酿着以人工智能为代表的下一轮技术革命。信息化、网络化推动着全球生产格局的形成,催生了大量的创业机会。技术创新与商业模式、金融资本深度融合,不断地降低了创业门槛,推动创业浪潮迅速扩大。

"大众创业、万众创新"的号召提出后,创业热浪持续升温,具体表现在以下三方面:

(1)85％的中国民众表现出强烈的创业意愿,全球排名第一,如图 11-2 所示。

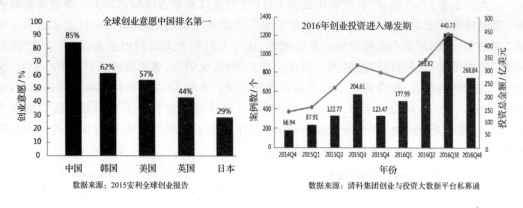

图 11-2　中国创新创业持续升温

(2)新增创业者和新增公司数量持续增长。据腾讯开放平台统计,新增开发者的数量已突破百万。从全国新注册企业来看,2015 年日均新注册企业 1.2 万户,年平均增长率为 33.74％,2016、2017 年新注册企业日均分别达到 1.5 万户和 1.66 万户。

从行业分布来看,约八成的新注册企业分布在第三产业,互联网＋相关行业成为创业热点;95％以上的"独角兽"企业分布在热点领域,其中互联网金融、电子商务、汽车交通和 O2O 服务行业异军突起。

在市场准入方面,中国涉企证照大幅精简,降低了兴办企业的资金、场地门槛,激发了民众创业投资热情。根据世界银行发布的数据显示,2013 到 2017 年度,中国营商环境的世界排名提高了 18 位,其中开办企业的便利度上升了 65 位。

11.1.2　中国双创浪潮的双重动力

创新是社会进步的灵魂,创业是推进经济社会发展、改善民生的重要途径,创新和创业相连一体、共生共存。近年来,大众创业、万众创新兴起,催生了数量众多的市场新生力量,促进了观念更新、制度创新和生产经营管理方式的深刻变革,有效提高了创新效率、缩短了创新路径,已成为稳定和扩大就业的重要支撑、推动新旧动能转换和结构转型升级的重要力量,正在成为中国经济行稳致远的活力之源。

1. 第一重动力:政府推动

"双创"的第一重强大动力来源于政府的决心,这种强大的意志将持久地延续几十年。 2016 年 5 月,中国政府在《国家创新驱动发展战略纲要》中提出了未来的发展目标:2020 年,中国将建成创新型国家,科技发展成为经济社会发展的有力支撑。而中国科技创新的基本指标是,到 2020 年,经济增长的科技进步贡献率要从 39％提高到 60％以上,全社会的研发投入占 GDP 比重要从 1.35％提高到 2.5％。

国家领导人高度重视创新创业。2014 年 6 月 3 日,习近平总书记在国际工程科技大会上的演讲中指出:中国是世界上最大的发展中国家,发展是解决中国所有问题的关键。要发展就必须充分发挥科学技术第一生产力的作用。我们把创新驱动发展战略作为国家重大战略,着力推动工程科技创新,实现从以要素驱动、投资规模驱动发展为主转向以创新驱动发展为主。

李克强总理在 2014 年 9 月夏季达沃斯的开幕式的演讲中更是将"万众创新、大众创业"上升到政府战略高度,提出要从中解放经济、提升经济活力,这将成为中国经济增长的新引擎。除了领导人的重视,来自政府推动的另一种力量则是对创新创业提升综合国力的期待,"双创"不是简单的新企业替代旧企业,而是顺应信息技术革新大潮,去推动新经济、新产业的发展,完成传统经济的调整和转型,从而提升综合国力。

经过三年多的发展,来自政府的驱动力不再仅仅是一种设想和表述,而是落到了许多正式的文件和规划之上,达到了一个全新的高度。这些文件之中,最醒目的莫过于"两会"政府报告和新近发布的战略纲要。2016 年"两会",政府报告强调"要培育壮大新动能,大力发展新经济",政策也将向新动能、新产业、新业态等倾斜。之所以有这样的表述,是因为决策者已经意识到,以"互联网十""分享经济"为代表的新产业、新技术、新业态,成长速度超出预料,可以很好地支撑就业、促进服务业发展。新动能的崛起,还可以为传统的动能改造升级创造条件。2017 年 7 月为进一步系统性优化创新创业生态环境,强化政策供给,突破发展瓶颈,充分释放全社会创新创业潜能,在更大范围、更高层次、更深程度上推进大众创业、万众创新,国务院推出《关于强化实施创新驱动发展战略 进一步推进大众创业万众创新深入发展的意见》。

2. 第二重动力:市场驱动

除了政府,市场的持续驱动成为创新创业发展的第二重动力。

首先是创业风投项目快速增长。据清科集团旗下创业与投资大数据平台私募通(www.pedata.cn)数据显示,2014 年我国创业投资机构共发生 8533 项投资案例,2015 年我国创业投资机构共发生 14987 项投资案例,2016 年和 2017 年分别为 15434 项和 12465 项。从投资金额来看,中国创业投资规模正在以翻倍攀升,2014 年上半年,投入到创投市场的现金总量为 200.55 亿美元,两年之后则攀升到了 471.81 亿美元。截至 2017 年年底,中国股权投资市场资本管理量接近 8.7 万亿元人民币,人民币基金在中国股权投资市场的主导地位愈加明显。投资方面,2017 年中国股权投资市场共发生投资案例数量 10144 起,涉及投资金额合计达到 1.2 万亿元人民币,同比分别增长 11.2%、62.6%。随着近年来中国私募股权投资市场规模的扩大,其投资总量占我国 GDP 比重不断增长,对实体经济的支持作用正在逐渐显现。2017 年中国股权投资市场投资总量占我国 GDP 比重达到 1.5%,较 2016 年提升 0.5%,创历史新高。

众创空间数量的激增和质量的不断提高,使得创业不仅能够实现个人财富的积累,也有力地带动着社会就业。截至 2017 年 9 月,全国共有众创空间 4298 家,它们与 3200 余家科技企业孵化器和 400 余家企业加速器共同形成接递有序的创新创业孵化链条,2016 年共服务创业团队和初创企业近 40 万家,带动就业超过 200 万人,实现了创新、创业、就业的有机结合与良性循环。在众创空间中,有 8.3 万名专兼职创业导师服务创业者,12.9 万人成为创新创业服务人员。据腾讯开放平台资料显示,2014 年,开放平台上注册开发者数量为 450

万,截到 2017 年,腾讯开放平台上注册者数量超过 600 万。在两年内共增加了 150 万开发者。其中个人与公司的比例为 7：3,直接带动个人就业/创业 105 万人次。

3. 联合创业:为创业配置最佳的成长资源

联合创业为创业配置了新的引擎。当前,创业不再是孤军奋战、单打独斗,而是与众创空间密切结合,双方可以通过资源置换结成关系密切的创业同盟。众创空间提供三维一体的创业资源服务,可以对接互联网＋O2O＋线下资源,大大提升了创业成功率。

回顾近 20 年创业史可以发现,中国创业以互联网为驱动,而互联网创业先后经历了 3 次热潮。在不同阶段,创业资源的供给体系也在不断演化。当下,我们正处于以"互联网＋"为特色的阶段,创业者已经从过去的赤手空拳打天下的创业状态中跳了出来,参与到产业生态资源的分享。

(1)第一阶段是市场化程度较高的互联网创业

自 1998 年渐入高潮,以风险投资为代表的市场化服务出现。2000 年左右,风险投资在国内开始发展起来,为政府投资的模式打开了突破口,丰富了创业公司融资的途径,降低了创业的门槛。

(2)第二阶段是移动互联网创业

自 2009 年开始,以移动互联网创业为龙头,出现了创业要素协同。投融资和媒体营销推广服务开始出现在创业服务机构的平台上。创业服务机构逐步演化为聚合办公场所、投融资服务、媒体服务等多种服务形态的平台。新的创新服务产业包括 2009 年末成立的创新工场、2010 年腾讯推出的开放平台、2010 年问世的创客空间、2010 年 12 月创立的氪空间、2011 年相继成立的车库咖啡和 3W 咖啡等。这些新兴的平台提供多要素、平台化的服务,使得服务更具深度和广度。它们拥有更强的资源共享特征,致力于为创业者提供更低成本、更高效率的服务。"众创空间"的雏形就此诞生。

(3)第三阶段是互联网＋创业

2015 年开始,创业出现产业生态资源分享的新需求。互联网渗透社会各个领域,与传统行业资源深度融合,互联网成为线下实习发展的基础设施,创业项目急需对接互联网产业生态资源。2014 年,腾讯众创空间提出了"以百亿资源扶持百家创业企业"的"双百计划",并联合腾讯自身营造的产业生态圈资源,与传统孵化模式的各种线下资源,扶持优秀创业团队,加速项目成长。伴随着众创空间的出现,联合创业开始涌现。

4. 创业资源供给新模式:三维一体服务

互联网＋时代创业,需要线上服务、线下服务和 O2O 服务三维一体的资源供应模式。"众创空间"在各类孵化器的基础上,融合多种服务和要素,打造一个分享、开放的创业服务生态系统,是对现有创业服务体系的一种重大升级。

2015 年 3 月,国务院颁发的《发展众创空间创业资源供给新模式:三维一体服务推进大众创新创业的指导意见》明确提出了众创空间的概念,进一步明确了众创空间的资源供给能力。该意见指出:众创空间是顺应网络时代创新创业特点和需求,通过市场化机制、专业化服务和资本化途径构建的低成本、便利化、全要素、开放式的新型创业服务平台的统称。这类平台,为创业者提供了工作空间、网络空间、社交空间和资源共享空间。

国家发改委组织编写的《2015 年中国大众创业万众创新发展报告》也指出这一特征,并认为,众创空间需要具备的功能有:通过创新与创业相结合,线上、线下和 O2O 相结合,孵化与投资相结合,指导和培训相结合,以专业化服务推动创业者应用新技术、开发新产品、开拓新市场、培养新业态。

从实际情况来看,目前国内众创空间提供的服务,大多数集中于线上或线下单个维度,但也在从单维度向多维度转型。只有极少数的众创空间能够提供包括O2O在内的三维一体服务(见表 11-1),如腾讯众创空间。

表 11-1　三维一体的创业资源供给系统

维度	区域孵化体系	培训成长体系		投资体系	职能服务体系			品牌营销体系	
线上	开放平台	在线课程	行业资讯	投融资	线上交流平台	产品设计服务	技术支撑	媒体/平台宣传推广	流量资源
O2O					企业服务(财务、法律、人力资源、工商注册等)				
线下	基础空间/软硬件设施	政府政策	创业导师/创业指	训练营	投融资	交流活动	产品开发支持	企业服务	市场活动

双创活动、初创企业,特别是拥有自主知识产权的高科技创新企业,是构成一个经济体国际竞争力的重要元素。从不同的权威机构各自发布的创新指数、创业指数和全球竞争力指数做比较分析,也很容易看出三者之间的强正相关关系:双创越活跃的经济体,国际竞争力越强。

目前中国的创新创业水平在全球处于中间位置,与发达经济体相比仍然有一定的差距,但整体的国际竞争力并不弱,在世界经济论坛(World Economic Forum)发布的最新一期全球竞争力报告中,中国在 140 个经济体中列第 28 位,比双创水平类似的其他经济体排位高出不少,如图 11-3 所示。

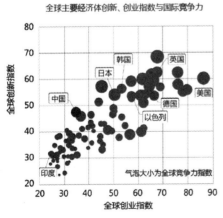

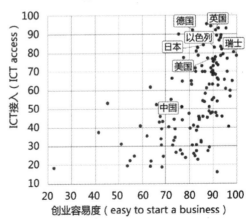

图 11-3　双创中的国际比较

11.2 创新创业服务特征

在众创空间的概念 2014 年首次在中国被提出之前,中国主流的创业孵化平台为孵化器。据统计,2000 年,中国企业孵化器数量为 164 家,2011 年为 1034 家,到了 2014 年,全国科技企业孵化器数量已超过 1600 家,2015 年全国孵化器数量为 2500 余家。

与此同时,众创空间呈现出大爆发的趋势。2014 年,全国众创空间数量不超过 50 家,到 2015 年年底,科技部备案的全国各类众创空间已经超过 2300 家。截至 2016 年年底,全国纳入"火炬计划"统计的众创空间有 4298 家,科技企业孵化器有 3255 家和企业加速器有 400 余家,创新、创业、就业实现同频共振地有机融合。根据科技部数据,2017 年年底,全国共有各类众创空间 5500 余家,全国科技企业孵化器数量超过 4000 家,创业孵化平台当年孵化团队和企业超过 50 万个。

孵化器和众创空间在全国范围的高速发展,带动了各地双创氛围和相关产业的快速发展,成为吸纳和培养人才、创造社会就业的载体。如图 11-4 所示,纳入"火炬计划"的众创空间内有 48% 的创业企业是大学生创业团队,位居首位,其次是科技人员创业、连续创业和大企业高管离职创业,分别占 22%、16% 和 8%;还吸引了超过 5000 多个留学归国创业项目和海外入驻项目,共占总体的 6%。

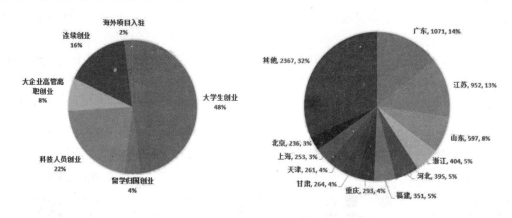

图 11-4 众创空间创业者构成与地区分布

目前,我国创业孵化载体主要分布在广东和江苏两省,数量分别达到 1071 家和 952 家,合计所占比重达到 27%。山东、浙江、河北和福建依次位列 3—6 位,创业孵化载体数量均在 300 家以上,合计所占比重为 23%。

11.2.1 众创空间服务能力爆发:从单一服务到全要素生态

与过去不同的是,众创空间呈现出新的趋势:正在追求能够为创业者提供尽可能多的服务。由此带来的好处是,大大改善了过去创业服务资源碎片化的问题,提高了孵化效率的同时,也对孵化规模提出了新的要求。从创业需求看,众创空间需要汇聚全社会资源,搭建创业资源生态,改善创业资源闲散问题,这些资源包括以下九个方面(见图 11-5):

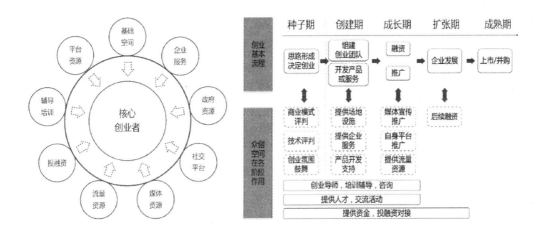

图 11-5　创业必备九大资源与众创空间在创业五阶段的作用

① 基础服务：如低成本办公环境、软硬件,解决办公等基础问题,节约创业者的成本。

② 企业服务：如法律、财务、税务、人力、社保等,节约创业者的精力。

③ 政策资源：众创空间为创业者对接政府优惠政策提供支持,解决创业者的后顾之忧。

④ 发展资金：汇聚创业所需的发展资金,如种子投资、天使投资、VC 等。

⑤ 社交平台：通过线上线下聚合人才,提供活动交流,促进团队发展。

⑥ 成长辅导：提供创业指导培训,提升创业者的能力,把握企业发展方向。

⑦ 平台技术：提供平台资源和技术支持,有利于产品开发。

⑧ 网络流量：为创业者提供流量资源,有利于产品的营销推广。

⑨ 媒体资源：为创业者提供媒体资源,提升品牌及产品的曝光率和知名度。

众创空间"全面"集聚创业资源,有利于创投双方提升效率。对于创业者来说,通过创业空间,有望以低成本、高效率获取支持服务,相较于单打独斗的传统创业状态,创业效率可以提升;对于产业服务机构来说,通过创业空间,投资机构、媒介传播机构、云服务商等机构可以获得优质的投资项目,减少项目搜寻成本,加强风险控制。

从当前国内众创空间所提供的主要服务种类数据看,超过 90% 的众创空间在提供办公场地的同时,还为入驻的创业企业提供创业教育培训、创业导师服务、创业投融资服务、技术创新服务、政策落实、创新创业活动等创业能力提升服务,近半的众创空间还为企业提供国际合作机会,全方位促进入驻创业企业健康发展,提高创业成功指数。

一般来说,创业前期面临三个险关,分别是种子期、创建期和成长期。根据各时期主要需求的不同,众创空间提供的主要服务也有所侧重。

(1)种子期的主要难题是创业思路如何成型。众创空间可以对创业项目的商业模式和技术进行评判,有利于创业者找到项目的不足,及时修正创业思路,减少不必要的时间和精力的浪费,起到对创业项目的初步筛选作用,从中甄别出有潜力者重点扶持,对于优秀项目进行入孵培养,从而增加了创业的成功率。众创空间还能为优秀项目提供种子基金,支持其后续的创业活动。

(2)在创建期,需要考虑如何降低成本,专注于核心业务发展。众创空间通过提供基础的空间和软硬件设施,能够降低创业成本。通过配置一系列的第三方企业服务,如工商注册、法律、财务、税务、人力等,可以有效节约创业精力,帮助创业者专注于核心业务和产品开发中,为创业成功增加了保障。部分创业空间还得到了政府的政策支持。

（3）在创业成长期,需要考虑如何快速打开市场。众创空间提供推广营销和流量资源的服务,加速产品打开市场。如腾讯众创空间流量资源优势,能够为创业者的产品提供海量用户、应用接入等帮助。在整个创业期间,创业项目的融资和人才需求都贯穿始终,因此,许多众创空间都会提供投融资服务,帮助创业团队寻找志同道合的合伙人。

11.2.2　知名众创空间的六大门派

中国众创空间形成了六大门派,分别为教育培训型、投融资服务型、联合办公型、媒体延伸型、产业生态资源分享型、政府主导型,如表 11-2 所示。六大门派的定位各有特色,在服务的全面性上也存在差异。目前,众创空间整体呈现出向提供全要素、一站式的创业服务生态发展的趋势。

表 11-2　中国主流众创空间六大门派

六大门派	核心特点	代表
教育培训型	空间＋培训＋科技转化	启迪之星、清华X-lab、北大创业孵化营、亚杰会等
投融资服务型	投资＋辅导培训	天使汇、创投圈、创新工场、联想之星、车库咖啡等
联合办公型	空间＋服务＋活动	优客工场、SOHO3Q、梦想＋、纳什空间等
媒体延伸型	媒体＋社交＋活动	创业邦、黑马会、36氪、科技寺、3W咖啡等
产业生态资源分享型	空间＋产业生态＋平台	腾讯众创空间、百度创业者中心
政府主导型	空间＋政府政策＋区域特色	梦想小镇、义乌创客中心、北京亦庄云基地

从表 11-3 众创空间提供的服务类型的数量来看,腾讯众创空间等处于领先地位,初步实现了为创业者提供全要素服务的目标。各众创空间在发挥自身核心资源优势的基础上,积极整合第三方资源,努力实现服务类型的全面发展,以及和线上、线下服务的结合。

从综合服务类型与服务质量来看,腾讯众创空间与启迪之星孵化器目前在综合实力上领先,表现为布局城市数量多,实体面积大,有较强的投资资源与导师资源;在创业导师资源方面,各家企业都依托背景资源,提供了较为丰富的创业培训;在基金规模与投资能力上,都采取"自身设立投资基金＋聚合外部投资基金"的方式强化投资能力。

人才缺乏、资金困难、市场开拓困难、产品竞争激烈、创业成本上涨等是创业者面临的共同问题。调查显示,对于企业发展中遇到的主要困难,64.19％的创业者认为是"人才缺乏",57.21％的创业者认为是"资金困难",51.97％的创业者认为是"市场开拓困难",38.43％的创业者认为是"市场竞争激烈",36.24％的创业者则认为是"房租、人力等成本连年上涨"。因此,众创空间能否解决人才、融资、培训辅导、营销推广、产品开发、流量支持以及降低成本等资源十分重要。在不断的发展和摸索中,每家众创空间也根据自己的核心能力,突破创业瓶颈,逐渐形成自己的优势和风格(见表 11-4)。

表 11-3　各众创空间服务数量

主要众创空间	基础空间	企业服务	政策支持	交流活动	创业培训	产品开发	营销推广	投融资	流量资源
腾讯众创空间	√	√	√	√	√	√	√	√	√
百度开发者创业中心	√	√	√	—	√	√	√	√	√
启迪之星	√	√	√	√	√	√	√	—	√
3W咖啡	√	√	—	√	√	√	√	—	√
优客工场	√	√	—	√	√	—	—	√	—
创新工场	√	√	—	√	√	√	—	√	—
梦想小镇	√	√	√	√	—	—	—	—	—
36氪	√	—	—	—	—	—	√	—	√
科技寺	√	√	—	—	√	—	—	—	—
联想之星	√	—	—	—	—	—	—	—	—

表 11-4　众创空间着力突破的瓶颈

瓶颈	突破方式	典型代表
人才供给	1.高校依托，高端人才输送 2.自身培养人才 3.平台人才聚合	启迪之星☆☆☆ 北大创业孵化营☆☆☆ 3W咖啡☆☆
投融资	1.自身聚集投资基金 2.打造投融资平台，对接资本 3.投融资专业辅导和顾问	天使汇☆☆☆☆ 启迪之星☆☆☆ 联想之星☆☆☆
培训辅导	1.创业导师 2.创业训练营等 3.专业培训活动 4.创业指导咨询	启迪之星☆☆☆☆ 联想之星☆☆☆ 黑马会☆☆☆

瓶颈	突破方式	典型代表
营销推广	1.媒体资源宣传推广 2.自身平台推广 3.流量资源提供 4.营销推广活动	腾讯众创空间☆☆☆ 36氪☆☆☆ 百度创业中心☆☆☆ 3W咖啡
产品开发支撑	1.产品、研发、运维支持 2.加工制造资源 3.开源开放平台 4.公众平台入口	腾讯众创空间☆☆☆☆☆ JD+☆☆☆ 微软加速器☆☆☆
基础空间和配套设施提供能力	1.低成本办公空间 2.配套社区生态 3.政府政策	启迪之星☆☆☆☆ 腾讯众创空间☆☆☆ 优客工场☆☆☆

（1）从人才供给来看，国内创业人才主要来源于两方面，一方面是平台自身培养提供，如国内外高校毕业生；另一方面是平台提供的交流活动，为创业者带来了寻找创业伙伴的机会。其中，依托高校建立的启迪之星清华大学 X-lab、北京大学创业孵化营，依托自身学生和校友资源，聚合高端人才。而 3W 咖啡凭借由中国互联网行业领军企业家、创业家、投资人组成的人脉圈层，辅之以拉勾网的宣传吸收作用，为创业者输送了大量人才。

（2）从突破投融资瓶颈的方式来看，比较有特色的是自筹基金和股权众筹两种方式。如采取自筹基金方式的腾讯众创空间，其依托约 200 亿元的腾讯产业共赢基金，同时还聚合了各类其他基金。截至 2015 年年底，腾讯众创空间直接为创业者带来收益超过 125 亿元。又如采用股权众筹的天使汇，成功地推动这一筹资模式逐渐走向成熟。据统计数据显示，截至目前，天使汇已帮助 408 个创业项目完成融资，融资总额超过 40 亿元人民币。

（3）从创业培训服务体系看，多个平台都构建了自己的创业辅导学堂。例如，启迪之星依托清华大学和启迪控股资源形成的科研和教育优势，为创业者提供导师匹配、创业课程、创业沙龙等培训课程。腾讯众创空间则凭借腾讯专家团、知名创业辅导机构、长江商学院、南极圈、优米网等行业知名机构导师组成的强大阵容，依托腾讯大学为开发者和创业者提供技术、创业等课程培训。

（4）从营销推广服务来看，线上推广成为标配。腾讯众创空间主要依托其线上优势、海量用户和推广平台，为创业项目提供推广营销服务，如应用宝、广点通等。如米果特卖（www.meguo.com）投放广点通后，每日曝光量亿级以上，有效广告 200＋；在同期投放媒体中点击成本最低；到达率 85％，与其他平台数据相比高了 30％，取得了营销效果的全面升级。

（5）从线上流量资源来看，流量是创业项目的刚需。目前，只有腾讯众创空间和百度创业中心提供互联网的流量资源。这两家平台在互联网行业中拥有入口优势，可以为创业项目配置相应的网络资源。

（6）从产品开发能力来看，有网络背景的众创平台可以提供专业的产业、研发和运维等技术支持，有利于缩短产品开发时间，提高产品开发的效率和质量。在这方面，腾讯众创空间、百度创业中心，微软加速器等大型企业具有突出优势。

11.2.3　中国创业创新指数

1. 36氪"中国创业创新指数"

"中国创业创新指数"是由 36氪与中国经济研究院联合推出的反映全国各省市县创新创业进展的实时动态指数数据，真实有效地反映各地创新创业成果及效果，如图 11-6 所示。全国 300 多个城市中，"双创"指数北京排名第一，呈现稳定发展趋势，其次是上海、广东、浙江和江苏，如图 11-7 所示。

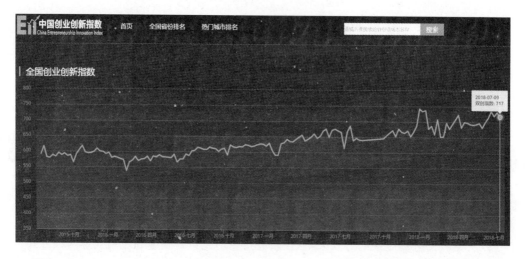

图 11-6　36氪（北京协力筑成金融信息服务公司）提供的全国创业创新指数

"双创"指数 2.0 从产出、投入和生态三个维度，选取了区域的创业企业、融资、就业、技术成果、服务平台、政府基金、科技投入、生态、氪指数等相关指标，用大数据抓取综合分析全国及区域创业创新的活跃程度和发展形势。

就目前国内外研究成果来看，国内外创新指数分析还存在一些不足，分别体现在三点：第一，传统指数往往是通过间接统计数据反映创业和创新能力，缺少对创业企业的微观分析，数据不够直接准确；第二，受限于数据能力，传统指数往往采用调查问卷的形式来获取数

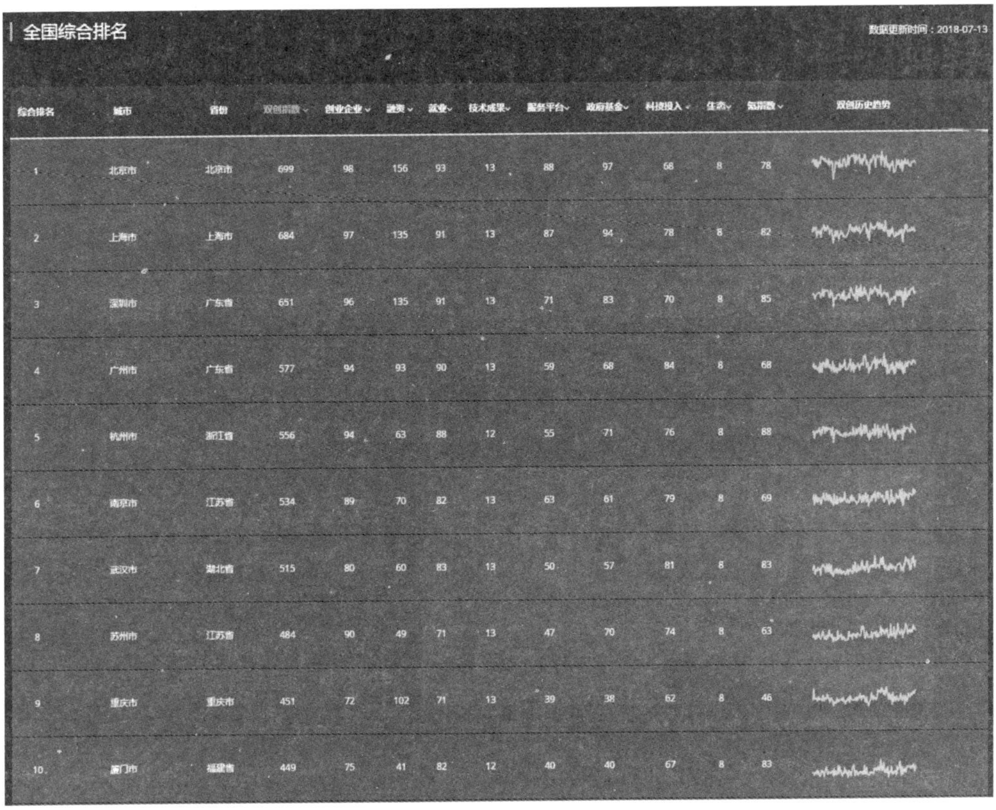

全国综合排名　　数据更新时间：2018-07-13

综合排名	城市	省份	双创指数	创业企业	融资	就业	技术成果	服务平台	政府基金	科技投入	生态	知指数	双创历史趋势
1	北京市	北京市	699	98	156	93	13	88	97	68	8	78	
2	上海市	上海市	684	97	135	91	13	87	94	78	8	82	
3	深圳市	广东省	651	96	135	91	13	71	83	70	8	85	
4	广州市	广东省	577	94	93	90	13	59	68	84	8	68	
5	杭州市	浙江省	556	94	63	88	12	55	71	76	8	88	
6	南京市	江苏省	534	89	70	82	13	63	61	79	8	69	
7	武汉市	湖北省	515	80	60	83	13	50	57	81	8	83	
8	苏州市	江苏省	484	90	49	71	13	47	70	74	8	63	
9	重庆市	重庆市	451	72	102	71	13	39	38	62	8	46	
10	厦门市	福建省	449	75	41	82	12	40	40	67	8	83	

图 11-7　双创指数全国综合排名前 10 位的城市

据，分析结果偏主观片面；第三，传统指数更新的周期为半年或一年，面对瞬息万变的创业环境，过于滞后。

36 氪推出的指数，应用大数据技术整理海量数据，意在为创业者找到合适的地点落地创业，为投资人找到合理的投资区域，为政府创新创业决策提供依据。对于寻找全国热门创业城市、挖掘热点创业领域，以及广大创业者、国家创新创业活动来说具有重大意义。

该指数是目前中国覆盖范围最广、城市最多的双创指数，包括环境、人才、资本、健康度、活跃度等多项指标组合，并定期发布。比如，资本指标具体衡量该地区的创新创业企业的投融资现状，从资本市场的角度反映该地区创业的现状。衡量的数据包括：每一家创业公司获得融资的轮次、时间、额度、占有股份、投资人或投资机构、估值等。

2. 腾讯研究院“中国大陆创新创业先锋指数”

2016 年腾讯全球合作伙伴大会上，腾讯研究院和腾讯开放平台发布了《2016 创新创业白皮书》。中国大陆 TOP 50 的创业活力城市，除了青海、西藏和宁夏回族自治区之外的省区市，均有城市上榜，体现了双创经济在我国大陆的发展已经走向深化，其中省会城市和直辖市占据一半以上（见图 11-8）。

无论是从活跃开发者数量、上线 APP 数量、有效创业项目数量，还是从创业环境和资本集聚度来看，传统一线城市的虹吸效应都有突出表现，尤其是以北京、上海、深圳为代表的头部城市，基于其相对成熟的创业条件和创业氛围，更加强化了其难以撼动的优势地位。在此

一级指标	二级指标	指标定义	指标权重
创业人才得分	活跃开发者人数	目标城市活跃开发者人数	20%
	应届大学生数量	目标城市应届大学生数量	5%
创业市场得分	创业成果	目标城市新增APP总数 / 目标城市新增有效创业项目总数	12.50%
	领军创业企业数量	目标城市估值>10亿元的创业企业数量	12.50%
创业环境得分	众创空间及孵化器数量	目标城市国家级众创空间数量 / 目标城市国家级孵化器数量	12.50%
	政府双创政策分	目标城市政府创业政策分	12.50%
创业资本得分	融资成功案例规模	目标城市累计融资成功案例数量	25%

中国大陆创新创业先锋城市指数

0.000　50.000　100.000　150.000　200.000　250.000

城市	指数	城市	指数
北京	254.806		
上海	139.385		
深圳	125.757		
杭州	44.509		
广州	43.555		
成都	26.492		
重庆	19.805		
天津	18.409		
南京	17.733		
武汉	16.406		
厦门	14.705		
福州	14.689	海口	5.289
苏州	13.250	泉州	4.901
西安	10.529	宁波	4.856
长沙	10.219	佛山	4.828
青岛	10.196	珠海	4.735
郑州	7.948	贵阳	4.599
南昌	7.793	兰州	4.312
济南	7.581	太原	4.275
大连	7.433	南宁	4.259
无锡	7.209	常州	4.060
昆明	6.792	乌鲁木齐	3.708
石家庄	6.717	绵阳	3.647
合肥	6.378	赣州	3.443
沈阳	6.375	廊坊	3.338
东莞	6.218	呼和浩特	3.176
长春	6.033	烟台	3.117
哈尔滨	5.828	秦皇岛	3.078

图 11-8　中国大陆创新创业先锋城市（腾讯）

基础上形成的城市得分排名呈现出了明显的 L 形分布状态,头部三个城市为北京、上海和深圳,得分远高于其他城市,尾部城市的得分差异则相对较小,头部尾部的发展差距十分大。依据排名相邻的城市间的得分差异大小,可以将 TOP 50 城市划分为以下三个梯队:

第一梯队:北京、上海、深圳。与紧随其后的城市得分差异最大的城市为深圳,这就意味着,排名前三的城市的发展水平和潜力内部差距较小,而与其他城市差距较大,是当之无愧的头部城市。

第二梯队:杭州、广州、成都、重庆、天津、南京、武汉。这 7 个城市与第一梯队一起,即为得分 TOP10 的城市,同时也包含了得分大于平均分的全部城市。这些城市虽然未能进入前三,但发展潜力巨大,并各自依据其区位特点和优势资源走出了适合自身发展的特色道路。

第三梯队:排名在 11 位以后的即为第三梯队城市。它们的创新创业发展水平相对较低,与第一、二梯队城市相比,经济基础和资源优势相对薄弱,还处在双创探索期,有待进一步确定具有独特竞争力的突破点和增长点。但与此同时,不能忽视的是,在第三梯队中,还形成了独具特色的"黑马城市",通过在特定产业上的深度布局,未来也有望成为独具特色的创业亮点城市,如福州大力发展 VR、贵阳大力推动大数据等。

11.3　腾讯开放战略

11.3.1　腾讯开放战略 3.0

腾讯公司开放战略以助力互联网创业者发展,推进产业链合作共赢,繁荣互联网生态为目标,以"大众创业、万众创新"为契机,将自身核心资源开放给创业者。目前已经形成了开放战略 3.0。

开放战略 1.0:线上孵化。2011 年腾讯实施开放战略。先后完成入口、资源、能力的开放共享,为创业者提供全流程、全方位、立体化的平台环境。

开放战略 2.0:立体式孵化。2015 年腾讯启动众创空间计划,根据创业者的需求,联合地方政府、运营商、第三方服务机构等合作伙伴以及多方社会资源,从软、硬件等多方面打造更好的线上、线下创业环境,为中小微企业和创业者提供全方位服务的立体化孵化加速器。目前已经形成了创孵、创服、创投、创培、创星、创联六大服务体系。

开放战略 3.0:全要素众创空间。2016 年,腾讯线上开放平台创业公司达到 600 万家,帮助平台企业上市达到 20 家,腾讯开放平台的合作伙伴总估值已突破 3000 亿元。截至 2017 年年底,在全国各地共建 34 个众创空间。

腾讯 2011 年提出打造创新创业生态的开放战略,从最早的流量开放、底层技术开放到平台开放、服务开放,建立了全方位开放体系,如图 11-9 所示。截至 2017 年,第七届腾讯全球合作伙伴大会公布的数据,腾讯开放平台合作伙伴总数已超 1300 万,创造就业岗位 2500 万个,累计总分成超过 230 亿元。

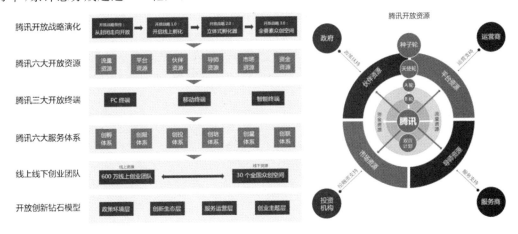

图 11-9　腾讯众创空间开放体系及开放资源

未来,腾讯线下实体众创空间将继续在全国各地部署落地,实现地区高端人才聚集、优秀项目运转,推动产业转型升级,拉动区域经济增长。

11.3.2　腾讯开放能力矩阵

腾讯众创空间聚集六大服务体系,为创业者提供立体化、全要素、线上及线下孵化空间,助力创新创业,扶持企业快速健康成长。

1. 腾讯众创空间创孵平台

(1)创孵平台创孵体系:是指腾讯众创空间的载体办公服务体系,为创业企业提供线下物理办公环境。腾讯众创空间借助腾讯及合作伙伴的互联网资源优势,充分和国际接轨,为培养孵化创业者营造了良好的新创业氛围,线下创业园区内部整体设计和办公氛围采用轻松、自由、活跃的格调,让互联网创业团队能尽情发挥创新思路,并通过自由开放的讨论和不定期的行业、高校研讨会进行思想的碰撞与交流,从而不断完善自身的产品建设。

（2）创孵体系的构成要素：

①联合办公区间：涵盖智能硬件、科技、互联网、文化创意等各个行业，将独立办公＋开放办公相结合，配套会议室、中型培训教室，设置胶囊公寓、洗浴、洗衣、健身等区域，为创业团队提供全生命周期承载。

②投资、第三方服务机构空间：设置专门的投资机构空间，对创业团队提供近在咫尺的投融资服务；同时重视对团队的创业服务，引进第三方创业服务机构入驻空间。

③商业服务空间：充分发挥空间规模优势，提供互联网＋新商业业态服务，如互联网智能餐饮、O2O体验店等服务。

④加速器空间：可面向 A、B 轮以后的创业团队进行加速，支持办公室＋实验室模式。

目前，传统的众创空间正朝着办公生活一体化的"双创"基地发展。以往众创空间更多只是为创业者提供物理工作空间，解决办公问题。但在"双创"基地中，创业与生活不再是对立的存在，"双创"基地将集创业办公服务、产业科技园区、居住生活于一体，成为更有效的创业形态。如海口的腾讯生态村。

（3）创孵平台申请流程如下：

①入驻申请地址：PC 页面登录众创空间（open. qq. com）申请入驻，或移动端关注微信公众号"腾讯开放平台"，点击"企业服务"再选择"入驻众创空间"申请入驻。

②入驻申请流程：创业团队通过线上提交项目信息后，腾讯众创空间创孵平台会对项目进行评审；符合入驻的创业团队，区域经理会安排约谈或路演；审批成功的项目团队，将被通知入驻及对接入驻服务（见图 11-10）。

图 11-10 腾讯众创空间项目入驻流程

（4）腾讯众创空间创孵平台服务：为创业者提供便捷的一揽子服务。企业成长过程中，除了共性的场地、人才、培训、辅导、宣传及资金对接外，每个阶段我们也注重不同的服务，如图 11-11 所示。

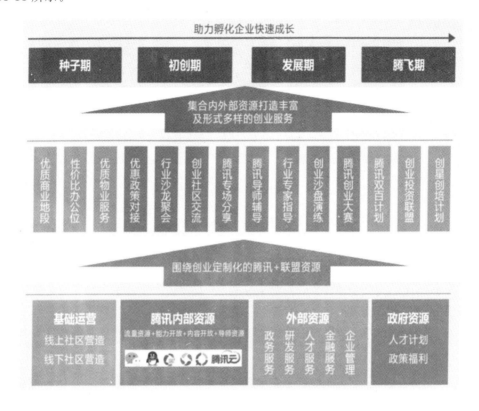

图 11-11　创孵平台服务助力企业快速成长

①种子期：腾讯众创空间注重为创业团队提供服务，如商业模式辅导及技术评判、早期种子资金对接以及团队的搭建。

②初创期：注重为创业者提供产品策划及运营深度指导，并帮助其核心人才以及优秀基金公司对接。

③发展期：注重企业规模化发展，提供专家导师辅导、与知名基金公司对接、海量资源注入及品牌曝光资源。

④腾飞期：注重企业战略辅导、核心人才专业培训、优质及专属资源注入、品牌集中曝光以及创星培育等。

11.4　互联网创业成功之路

11.4.1　公司成长六阶段及关键需求

六阶段模型由腾讯众创空间与北京大学光华管理学院董小英教授研究团队对腾讯众创空间孵化企业进行的深入调研走访获得，如图 11-2 和表 11-5 所示。

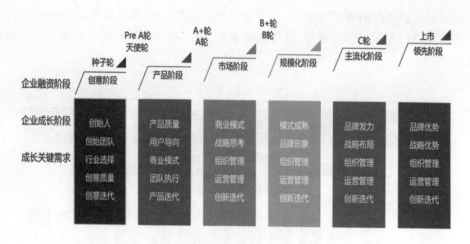

图 11-12　创业企业成长阶段及需求

表 11-5　创业企业成长关键要素

关键要素	创意阶段	产品阶段	市场阶段	规模化阶段	主流化阶段	领先阶段
人才	创始人的能力素养 创始团队能力互补	技术研发人才	能吃苦的人才 执行力高的人才	专业化人才	专业化人才	专业化人才
产品	明确、清晰、新颖的 产品思路 解决用户真正的痛点 产品思路的调整纠错	明确的产品定位 和用户定位 设计出简单易用的产品 产品的调整和迭代	产品的市场表现 产品的创新迭代	产品相对成熟 产品的创新迭代	产品相对成熟 产品的创新迭代	产品成熟 产品的创新迭代
商业模式	初步的设想	初步的勾勒	战略思考 盈利能力	商业模式具有 可复制能力	战略布局 品牌发力	战略竞争力 品牌竞争力
管理	创始团队的价值观一致	团队具备较强的执行力	组织管理 运营管理	组织管理 运营管理	体系化的管理机制 企业文化氛围	体系化的管理机制 企业文化氛围
投资	种子轮或天使轮 将创意转化为产品 投资人的经验传授	天使轮、Pre A轮或A轮 产品开发与维护公司运营 品牌背书和宣传机会	A轮、A+轮或B轮 大力度推广产品 品牌背书和宣传机会	B轮、B+轮 产品品类的规模化 市场地域的规模化	B轮、B+轮、C轮 品牌发力 战略布局 创新迭代	准备上市
其他资源	导师资源	导师资源 办公场地资源	导师资源 办公场地资源 第三方服务资源	导师资源 办公场地资源 第三方服务资源 战略资源	导师资源 办公场地资源 第三方服务资源 战略资源	导师资源 办公场地资源 第三方服务资源 战略资源

11.4.2　双创涟漪模型及创造力系统

互联网时代的联合创业,是实现创业企业健康快速成长和发展的过程,需要整合社会各方的资源和能力,来满足创业企业在不同发展阶段中的各种需求。从整体来看,创新创业形成了涟漪模型,包括创业主体层、服务运营层、创新生态层和政策环境层。

(1)创业主体成长是创新创业整个体系的核心目标。创业公司的初创发展主要历经六阶段:创意阶段、产品阶段、市场阶段、规模化阶段、主流化阶段以及领先阶段。在六阶段中,创业公司成长的六大关键要素为:人才素质、产品服务、商业模式、管理能力、资金资源、创新迭代。人才素质是指创始人、创始团队以及公司员工需要具备专业经验和能力,具有强大的执行力度,拥有一致的认知观念。产品服务是指创业公司的产品和服务需要以用户为导向,解决用户的真正需求。商业模式是指创业公司需要具有适合的商业模式,具备盈利能力。管理能力是指创业公司的核心管理团队具有体系化的组织管理方法和运营管理方法。资金资源是指创业公司在任何阶段都需要外界基于资源的帮助和资金的扶持。创新迭代是指创业公司需要具备动态能力,观察市场的变化,根据用户反馈和用户数据,持续调整、改善、更新产品服务、商业模式和管理方法。

(2)服务运营的支持为创业者的快速发展铺好道路。以腾讯众创空间为代表搭建的创新创业服务六大体系能够有效地帮助创业公司解决在发展过程中遇到的问题,快速地帮助创业公司获取所需要的资源服务。腾讯的六大服务体系包括:创孵体系、创服体系、创投体系、创培体系、创星体系、创联体系。创孵体系作为载体办公服务体系,为创业企业提供线下物理办公环境。创服体系为创业者提供一站式创业服务,让创业者聚焦自身的核心能力发展创业项目。创投体系为创业者提供风险投资的资本支持和资源扶持。创培体系为创业者提供系统化、专业化的培训,能补齐创业者短板,提升创业项目的成功率。创星体系为创业者提供选拔和宣传的平台。创联体系整合了社会多方资源,腾讯众创空间充分利用腾讯开放平台的优势资源,已接入数百家创业服务商,创业服务包括财、法、税等标准化需求,营销、设计等非标准化需求等,未来将涵盖全方位的创业服务。

(3)创新生态的形成为创新创业搭建成长环境。以腾讯为代表的领先互联网企业在构建中国双创生态的过程中扮演了重要的角色。腾讯作为连接器,全方位聚合社会多方主体,联合打造创新创业的生态体系,并且打通不同生态体系之间的连接,提高生产力,助力产业升级。腾讯作为资源整合者,全面开放企业内的核心资源,整合社会多方资源,为创业者提供最需要的资源服务,助力创业企业快速发展。腾讯作为驱动器,全力推动创新创业生态中的持续创新,使生态中的各方主体,特别是创业者,实现经济、财富、价值的增长。

(4)中国政策环境为创新创业的发展稳固根基。自 2015 年以来,国家层面与地方层面密集出台扶持"双创"的政策,达 2000 多项。在政策环境层面,形成了支持创新创业的六大要素。在国家层面,政策体系的不断完善为双创提供政策保障,市场公平环境的构建为创业者提供更多机会,简政放权的理念使创新创业高效便利,人才机制的不断健全激发鼓励人才创新创业,平台建设的大力发展推动双创生态体系的构建,资金支持的引导和推进使创新创业稳步发展。在地方层面,基于地方特色打造具有区域竞争力的双创体系,在国家政策的指导下建立保障地方特色双创体系的配套政策,落实简政放权理念为创业者提供便利服务,形成具有地方特色的吸引人才的机制,有效进行资源整合推动地方双创生态体系的构建,拓展融资渠道为双创提供资金保障。

实例讨论

1. 小米科技董事长兼 CEO 雷军出席 2017 年亚布力中国企业家论坛并发表演讲:"我是说每一个创业者,也在提醒我自己,不要把自己当企业家看,要把自己当阿猫阿狗看。我觉得创业真心不是人干的事情,如果我们没有阿猫阿狗的决心就不要来创业。其实每一个创业者在走向成功之旅的过程中,都是历经坎坷,历经折磨,历经各种误解、委屈、抹黑,他们都是披荆斩棘,一点点走出来的。我在办小米的时候,我说我要有当猪的天分,我要有创业之心、敬畏之心。我都是"猪"了,我都躺在地板上了,没有人能击败我了,做什么事情一定能

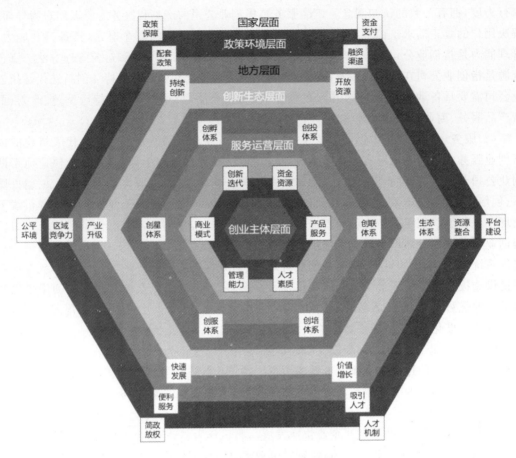

图 11-13 创新创业的"涟漪"模型

做成。所以谈到风口的猪的时候，本质上强调这第二个重点，就是我们一定要有这样的态度，只有这样的态度你才有机会把事情做成。"你如何理解这段话？

2. 产业互联网：未来 20 年最重要的创业机会。产业互联网时代，就是以互联网为基础构造的 2.0 时代，就是互联网发展的下一站，曾经一度和物联网的概念混淆，这个不正确，物联网还是一个物理性的状态概念，产业互联网的维度要高得多，有更大的主导性和更多的创造机会，物联只是一个必要条件。在产业互联网时代，跨界的广度、频度和深度是今天不可同日而语的，商品的品类和个性化需求会令商品的种类以几何级数的速率增加，这是一个极为广袤和浩大的机会，而且相比现在的互联网产业而言，提供的发展机会要更多元，因为每一个行业都要被互联网深度改造，其中的沟壑与壁垒还是不同于现在的 1.0 虚拟时代，要相对复杂得多。因为它需要很多的复合型人才，既懂某个行业，又有互联网意识和产业的训练，这在目前，全社会是不可能提供这样的人才群体的，它的集聚与积累需要时间，需要发展历练，但另一面，它机会巨大！从这里看出去，未来复合型人才会非常热门，所以有着一定关联轨迹的多次跳槽，也许很有利于未来的发展。你如何评价以上这种说法？

3. 真格基金的徐小平认为：2016 年投资市场是回归理性的一年，估值下降是一个重要表征。2014、2015 年的平均估值要比之前两年高一倍，而 2016 年的平均估值与 2015 年相比则降了 50% 左右。我们持续看好以下几个领域：第一，共享经济领域，在这个领域中的优客工场成为 2017 年第一个"独角兽"。第二,人工智能领域毫无疑问也会诞生重量级的公司。第三,就是在线教育领域。这些也是 2017 年真格会重点关注的投资领域。2017 年新年伊始,我们已经投资了好几个项目,其中就有汽车共享,也有机器人学习的顶级公司。真格基金创立迄今,一直坚持一个原则:不投模式、只投人。因为牛人意味着学习力、工作力、影响力,所以我们投人、还只投牛人,不断寻找牛人,尽量做创业者的第一个投资人。你对此有何感受?

实训一　36 氪中国创业创新指数

36 氪(北京协力筑成金融信息服务股份有限公司)创办于 2011 年 7 月,是国内知名互联网创业生态服务平台,基于深耕中国互联网创业多年的优势,在 2015 年又添新身份:股权类互联网金融平台。36 氪由 36 氪股权投资、投融资 FA 服务、36 氪媒体以及 36 氪研究院四块业务构成,此外,36 氪旗下还拥有为创业者提供众创空间服务的子公司"氪空间"。

36 氪中国创业创新指数(http://inno.36kr.com/#/city_map)

(1)查看热门城市排名,以及你所在城市的创业创新指数。

(2)查看所在城市的创业创新相关指数:

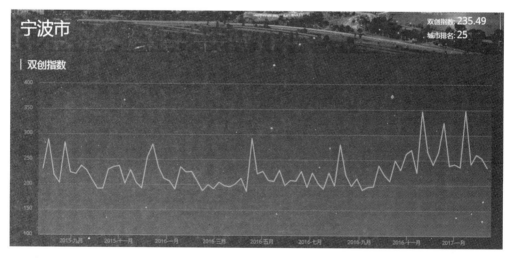

①创业企业;

②融资;

③就业;

④技术成果;

⑤服务平台;

⑥生态;

⑦氪指数

(3)查看各省份综合排名,并查看以上各分项相关的指数排名。

(4)查看相关的创业公司,包括:电子商务、社交网络、智能硬件、媒体、工具软件、消费生活、金融、企业服务、旅游户外、房产家居、文体艺术、教育培训、汽车交通、物流。并查看融资阶段（包括天使轮、Pre-A轮、A轮、B轮、C轮、D轮、E轮及以后）。

实训二 京东金融：京东众筹与京东白条

京东金融集团，2013年10月独立运营，定位金融科技公司，至今已建立起八大业务板块——供应链金融、消费金融、众筹、财富管理、支付、保险、证券、金融科技。京东金融是京东集团旗下子集团，主要有2大产品：京东众筹和京东白条。2017年1月4日，中国银联同京东金融签署战略合作协议，并宣布后者旗下支付公司正式成为银联收单成员机构。

京东金融集团定位金融科技公司，遵从金融本质，以风控能力建设为战略第一位，以数据为基础，以技术为手段，搭建服务金融机构和非金融机构的开放生态，致力于提升金融服务效率，降低金融服务成本。京东金融集团通过领先的大数据应用，叠加机器学习、人工智能、区块链等新兴科技，建立起独有的大数据体系、技术体系、风控体系、支付体系、投研体系、投顾体系等一整套金融底层基础设施。公司通过将技术、产品、用户、资金端、资产端开放给银行、证券、保险等各类金融机构及其他非金融机构，提供菜单式、嵌入式服务，为其赋能，这是一个"金融＋互联网"的全新模式。

在2016年，众筹模式成了"双创"时代最火爆的商业模式之一，而随着"双创"与"资本寒冬"及"资产荒"等现象的出现，在2017年众筹行业迎来"寻资产"向"养资产"的质变。为更好地迎合市场及社会经济发展的需要，京东众筹进行了多维度的变革，构建起产品众筹、私募股权融资、众创生态和众创投资基金四大体系，陪伴企业从0到100的全成长过程，助力双创企业更好更快发展。截至2017年年初，京东众筹累计融资额达到40亿元，扶持创业创新企业已经超1万家，项目成功率超过90％，遥遥领先其他平台，稳坐国内众筹行业第一的宝座。

（1）通过京东众筹查看当前即将结束的项目，并通过（金额最多、支持最多）排序进行查看。

（2）查看最新上线的众筹项目，分析判断哪些项目可能会得到更多支持？

（3）查看京东白条，了解其中的运行机制。

实训三　阿里巴巴投资数据分析

阿里巴巴集团经营多个领先的网上及移动平台，业务覆盖零售和批发贸易及云计算等。阿里巴巴投资部会通过投资的方式来完善阿里巴巴集团的商业生态圈，并且结合专业的投资后管理，帮助被投资企业成功。阿里资本合计投资了超过208家公司，其中在2015年的时候达到了顶峰，达到67家，2016年则投资了52家公司。

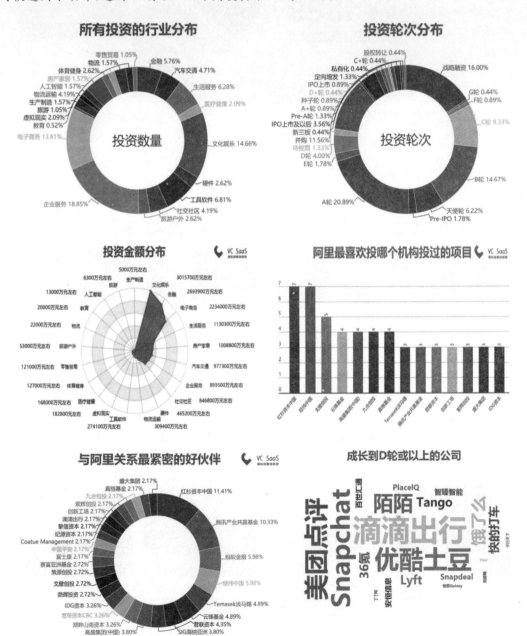